Stephan Hoffmann

Das Elend aus der Flasche

Biographischer Roman

2. Teil
Zurück ans Licht

NOTschriften - Verlag

„Das Elend aus der Flasche - Teil 1: Vollkommen ausgeliefert“
erschien 2002 in der 1. Auflage im Notschriften-Verlag,
ISBN 3-933753-32-5.

Impressum:
2. Auflage 2005

Tel./Fax: 0351/8386989
info@notschriften.de www.notschriften.de
Coverfotos: Jens Kuhbandner
Druck/Bindung: Gemi s.r.o.

ISBN 3 - 933753 - 54 - 6

Liebe Regina,
hiermit möchte ich Dir dieses Buch widmen und mich ganz herzlich dafür bedanken, daß Du mit mir gemeinsam durch all die Höhen und Tiefen gegangen bist.
Ohne Dich hätte ich das niemals geschafft!
In Liebe
Dein Stephan

Mitte Januar 1982 wurde ich aus dem Bezirkskrankenhaus Arnsdorf entlassen. 14 Wochen war ich vor der Außenwelt behütet und beschützt worden. Jetzt mußte ich alleine zu recht kommen. Gut gerüstet dafür war ich ja. Im Kopf war alles klar. Die Therapeuten hatten sich sehr um mich bemüht.

Neben den eigentlichen Therapiemaßnahmen hatte die Entziehungskur noch einen weiteren Vorteil: Keiner der Patienten wurde entlassen, bevor nicht eindeutig geklärt war, wo er in Zukunft wohnen und wo er arbeiten würde.
Viele waren durch ihre Trunksucht ins asoziale Abseits gestürzt, hatten Arbeit oder Familie verloren oder beides mit einem Mal. Denen wurde von der Klinik aus mit allen Mitteln geholfen.
Leider war das eben nur im Sozialismus möglich.
Heute sind die Patienten auf die Hilfe von Verwandten, Freunden und Sozialarbeitern angewiesen.

Bei mir war alles gut vorbereitet. Ich hatte meine eigene kleine Wohnung, hatte eine Arbeitsstelle und Kollegen, die es auf jeden Fall noch einmal mit mir versuchen wollten. Mein Meister würde mir jeden Morgen vor der Arbeit das Disulfiram geben. Das war ein Medikament, welches ich täglich einnehmen mußte. Es machte es mir unmöglich, Alkohol zu trinken.
Auch meine Mutter hatte ihre Unterstützung gegenüber meiner Therapeutin in der Klinik zugesichert. Sie hatte mit ihr ein langes Gespräch geführt und dabei erfahren, daß Alkoholsucht eine schlimme Krankheit ist.

Pläne für mein weiteres Leben hatte ich reichlich geschmiedet.
Ich wollte auf jeden Fall so schnell wie möglich meine Fahrerlaubnis machen, damit ich in der LPG nicht mehr zum „Fußvolk" gehörte, sondern auch mit dem Traktor fahren konnte.
Außerdem plante ich auf der Abendschule meinen Facharbeiter nachzuholen. Später würde ich dann eine Familie gründen, so richtig mit Kindern und so.
Es sollte ab sofort also nichts mehr schief gehen, denn gute Vorsätze hatte ich in Hülle und Fülle.
In meiner Wohnung waren inzwischen die Heinzelmännchen am

Werk gewesen. Alles war sauber und aufgeräumt. Sogar ein kleiner Blumenstrauß stand auf dem Tisch. Meine Mutter hatte sich alle Mühe gegeben.
Ich schaute in den Wäscheschrank. Er war Fach für Fach gefüllt mit sauberer Wäsche. Ich hatte bisher noch gar nicht gewußt, daß ich so viele Anziehsachen hatte. Sicher, die meisten davon würde ich sowieso kaum noch tragen, denn sie waren uralt und unmodern. In den letzten Jahren hatte ich kaum Geld für neue Kleidung ausgegeben, sondern alles nur in Alkohol umgesetzt.
Das würde sich nun aber ändern.
Ich ging hinüber in die Küche und brühte mir einen Kaffee, das einzige Getränk, welches mir zur Zeit schmeckte.
Tee fand ich zu fade und Limonade war auch nicht gerade mein Fall. Fruchtsäfte wären gut, aber da gab es kaum welche zu kaufen. Es war Glückssache, wenn man im Laden etwas davon erwischte.
Ich nahm den Kaffee mit hinüber ins Wohnzimmer, setzte mich aufs Sofa und schaute mich um.
Eigentlich hatte ich es ja ganz gemütlich, dachte ich mir.
Ich schaltete das Radio ein. DT64 spielte gerade den Titel „Jugendliebe“ von Ute Freudenberg und der Gruppe Elefant. Das hatte mir gerade noch gefehlt! Ein wunderschönes Lied und zur Zeit der absolute Hit in der DDR.
Unweigerlich mußte ich dabei wieder an Carmen denken und an die traumhaft schöne Zeit, in der wir zusammen waren. Über sechs Jahre waren seither vergangen, aber mein Herz wurde immer noch schwer, wenn ich an sie dachte. So einer großen Liebe begegnet man nur einmal im Leben, davon war ich felsenfest überzeugt, und wie immer machte ich mir Vorwürfe, daß ich es hatte so weit kommen lassen, daß Carmen mich verließ. Hätte ich mich mehr um sie bemüht und vielleicht schon damals etwas weniger getrunken, wären wir vielleicht heute noch zusammen. Wer weiß das schon?
Realistisch gesehen, war das allerdings Quatsch, denn meine Alkoholsucht hätte garantiert diese Liebe vernichtet.
Auf jeden Fall müßte ich mir trotzdem wieder eine Freundin zulegen. Vielleicht half es darüber hinweg.
Das war allerdings leichter gesagt als getan, denn zur Disko würde ich in der nächsten Zeit auf jeden Fall nicht gehen. Da wäre ich viel zu schnell von meinen alten Kumpels umringt, denen ich aber in

Zukunft aus dem Weg gehen wollte. Von allein würde aber kein Mädel bei mir zu Hause vorbei kommen. Da mußte ich mir schon etwas einfallen lassen.
Doch jetzt dachte ich zunächst daran, daß ich morgen arbeiten gehen mußte. Ein wenig mulmig war mir schon dabei zumute.
Mit Siggi, meinem Meister, hatte ich ja gesprochen. Er sagte mir alle Hilfe zu, aber ich wußte nicht, wie sich meine anderen Kollegen mir gegenüber verhalten würden. Schließlich hatte ich sie vor der Entziehungskur ganz schön im Stich gelassen. Dafür schäme ich mich noch heute.

Am nächsten Morgen ging ich bewußt so auf Arbeit, daß ich genau zum Arbeitsbeginn den Stützpunkt erreichte. Ich wollte mich erst bei meinem Meister melden, bevor ich den anderen über den Weg lief.
Siggi saß in seinem Büro am Schreibtisch und telefonierte gerade, als ich zu ihm hereinkam.
Er nickte mir freundlich zu und rief in den Hörer hinein: „Ha, Werner, weißt du wer gerade gekommen ist? ... Nee? ... Der Stephan! Da freu' ich mich! ... Ja, mach's gut!" Er legte den Hörer auf und sagte zu mir gewandt: „Das war der Klötzer, Werner. Ich soll dich schön grüßen!" Er stand auf und reichte mir mit strahlendem Gesicht die Hand: „Grüß dich erstmal, Stephan. Nee, ich freu' mich wirklich! Hast du alles gut überstanden?"
„Grüß dich, Siggi! Naja, es ging, aber noch einmal möchte ich da nicht hin", antwortete ich.
„Ich geb' dir gleich mal deine Tablette." Er kramte in seinem Schreibtisch. „Ach ja, da sind sie ja. Hier ..." Er reichte mir eine Flasche Selters. „Die habe ich extra für dich reserviert. Damit du die Dinger auch hinterbekommst."
Er gab mir eine der Tabletten und achtete darauf, daß ich sie auch hinunter schluckte. So war es mit ihm abgesprochen. Dann trug er Datum und Uhrzeit in das extra dafür angelegte Heft ein und setzte seine Unterschrift daneben.
„Und das ist wirklich so, daß du dadurch überhaupt keinen Alkohol trinken kannst, wegen einer einzigen Tablette?" fragte er zweifelnd.
„Nicht mal einen Tropfen. Das würde mich glatt umhauen."
„Und wie ist das dann mit Pralinen, die mit Alkohol gefüllt sind, Weinbrandbohnen oder so was?"

„Das ist dasselbe. Genauso würde es mich auch umhauen, wenn ich zum Beispiel Hustentropfen nehmen würde, in denen auch Alkohol enthalten ist“, erklärte ich ihm.
„Kann man sich gar nicht vorstellen, auf was du da jetzt alles aufpassen mußt.“ Er schüttelte mit dem Kopf. „Und mal angenommen, du merkst zu spät, daß da irgendwo Alkohol drin war. Was passiert denn da mit dir?“ fragte Siggi.
„Naja, dann wird mir eben nach einer Weile schlecht, dann bekomme ich einen roten Kopf, das Herz fängt an zu rasen und die Luft bleibt mir weg.“
„Ach, du Schreck und wie kann man dir dann helfen?“
„Gar nicht“, sagte ich. „Das geht nach ein paar Stunden von alleine wieder weg.“
„Da kann man bloß hoffen, daß das nicht passiert“, meinte er besorgt. Dann stand er auf und sagte: „Komm, wir gehen rüber zu den anderen. Denen hab ich schon gesagt, daß du heute kommst und hab auch versucht zu erklären, daß du gar nichts mehr trinken kannst. Aber vielleicht kannst du selbst noch ein paar Worte dazu sagen.“
Wir betraten den Aufenthaltsraum und begrüßten uns.
Alle Augen waren auf mich gerichtet. Doch zu erst fing der Meister an zu reden: „Wie ihr seht, ist der Stephan ab heute wieder bei uns. Ich hab ihm schon in Arnsdorf gesagt, als ich ihn das letzte Mal besucht hatte, daß wir uns alle bereit erklärt haben, ihn wieder bei uns aufzunehmen und das was gewesen ist, ist gewesen. Das ist Schnee von gestern. Zu seiner Krankheit kann der Stephan vielleicht am besten selbst etwas sagen.“
Es herrschte erwartungsvolle Stille. Siggi nickte mir zu.
Mir war die Kehle wie zugeschnürt. Tausend Gedanken schossen mir auf einmal durch den Kopf, vor allem der, wie sehr ich meine Kollegen in der Vergangenheit enttäuscht hatte. Damit ich keinen anschauen mußte, sah ich lieber auf meine Schuhe. Ich mußte mich erst ein paar mal räuspern, ehe ich sprechen konnte.
„Naja, als erstes“, fing ich endlich an, „muß ich mich bei euch entschuldigen, wegen der vielen Fehlschichten, die ich vor der Entziehungskur gemacht habe. Es kommt bestimmt nicht wieder vor.“
„Das ist schon `ne Weile her. Das haben wir schon vergessen“, witzelte Werner.
Die anderen nickten zustimmend.

Er wollte mir damit helfen, das spürte ich, um die ganze Runde etwas aufzulockern.
„Zu meiner Krankheit ist nicht viel zu erklären", fuhr ich dadurch ermutigt fort. „Ich bin alkoholsüchtig. Das ist ähnlich wie eine Drogensucht und bedeutet für mich, daß ich keinen Alkohol mehr trinken kann, wenn ich nicht wieder rückfällig werden will, keinen Tropfen mehr. Leider ist es ja so, daß das Zeug alles gut schmeckt und mein Appetit darauf ja nicht schlagartig verschwunden ist. Deshalb gibt mir Siggi das erste halbe Jahr lang früh eine Tablette, damit ich der Versuchung besser widerstehen kann. Wenn ich nämlich trotz der Tabletten etwas trinke, dann geht es mir danach hundsmiserabel."
„Soll das etwa heißen, du kannst überhaupt nichts mehr trinken, dein ganzes Leben lang?" fragte Wolle ungläubig.
„Naja, so wie der Stand der Forschungen auf diesem Gebiet ist, hat man die Sucht ein Leben lang auf dem Hals", antwortete ich.
Auch Fred zog ein ungläubiges Gesicht und meinte: „Das kann ich mir nicht vorstellen. Angenommen, du würdest die Tabletten später mal nicht mehr nehmen, dann würde dir doch bestimmt eine Flasche Bier nicht schaden, oder? Deswegen fängt man doch nicht gleich wieder an zu saufen!"
„Das ist ja eben das Dumme", versuchte ich ihm zu erklären, „jeder normale Mensch kann nach einer Flasche Bier aufhören mit trinken. Deswegen denken die meisten, es würde nur am Willen liegen, wenn einer säuft oder nicht, aber bei Alkoholkranken ist das eben anders, völlig anders, leider. Durch die eine Flasche Bier wird in mir ein Suchtmechanismus in Gang gesetzt, den ich dann nicht mehr alleine stoppen kann. Außerdem reichen dazu schon viel geringere Mengen Alkohol aus, vielleicht nur ein Schluck Bier."
„Kann man sich nicht vorstellen. Da hast du dir ja was vorgenommen, Hut ab, Schlanker!" sagte Fred sichtlich beeindruckt. Trotzdem schüttelte er immer noch ungläubig mit dem Kopf.

In den nächsten Tagen arbeitete ich viel mit Egon und Erhard zusammen. Beide tranken nach wie vor ihr Bier auf Arbeit, aber sie boten mir niemals welches an. Im Gegenteil, wenn zum Beispiel Egon einen ausgab, brachte er mir immer eine Flasche Limonade mit.

Das fand ich anständig, obwohl ich ehrlich gesagt, viel lieber Bier getrunken hätte, denn der Appetit darauf war da. Er war sehr oft da.

Irgendwie hatte ich das Gefühl, daß sich meine Kollegen viel mehr um mich bemühten als früher. Egal wo wir waren, ob beim Brigadeabend in der Kneipe, beim Kegeln oder zum Brigadeausflug, es schien immer das Wichtigste für sie zu sein, daß ich etwas Alkoholfreies zu trinken bekam. Erst wenn das erledigt war, kümmerten sie sich um die anderen Getränke. Kamen einmal Fremde dazu, die sich darüber wunderten, daß ich keinen Alkohol trank, erklärten sie ihnen, daß ich Medikamente nahm, die sich nicht damit vertrugen. Es war unglaublich, wie sie sich Mühe gaben, aber es war wirklich so.

Wenn ich heute zurückblicke, war diese Brigade für mich das größte Glück, welches ich nach der Entziehungskur hatte. Über die vielen Jahre hinweg, in denen ich mit diesen Kollegen zusammenarbeitete, gab es nicht eine einzige Begebenheit, bei der mir einer von ihnen Alkohol angeboten oder auch nur eine dumme Bemerkung zu meiner Abstinenz gemacht hätte, nicht einmal andeutungsweise.

Deshalb habe ich ihnen so sehr viel zu verdanken. Für sie war es vielleicht mit der Zeit selbstverständlich geworden, daß sie mir halfen, aber das war es eben nicht. Ich kannte genügend Beispiele von Alkoholkranken, denen die eigene Brigade zum größten Verhängnis wurde.

Eine dumme Begebenheit gab es aber doch. Unsere Brigade wurde, wie jedes Jahr, mit dem Titel „Kollektiv der sozialistischen Arbeit“ ausgezeichnet. Zur Auszeichnung dazu gehörte eine ordentliche Prämie für die Brigadekasse.

Wir beschlossen den Inhalt dieser Kasse bei einer Feier in der Gaststädte „Seeblick“ in Moritzburg auf den Kopf zu stellen.

Die Frauen der Brigademitglieder waren mit eingeladen, denn in dem Lokal konnte auch getanzt werden und zu später Stunde sollte es noch eine Nachtwäsche-Modenschau geben.

Wir waren in allerbester Stimmung. Zum Essen wurde ordentlich aufgetafelt, alles nur vom Feinsten. Zum Abschluß gab es noch für jeden einen großen Eisbecher.

Ich hatte gerade die ersten Löffel davon gegessen, als ich plötzlich

einen eigenartigen Geschmack im Munde verspürte und eine wohlige Wärme die Speiseröhre entlang kroch.
Ich bekam sofort Herzklopfen.
Vorsichtig kaute ich weiter auf den Früchten herum und fand heraus, daß darunter eine Kirsche war, die nach Alkohol schmeckte.
Vor Schreck schluckte ich alles schnell hinunter.
Was hätte ich denn sonst machen sollen hier am Tisch und mit den vielen feinen Leuten im Lokal?
Ich konnte sie doch nicht wieder ausspucken, obwohl das besser gewesen wäre. Wenn nur meine Kollegen um mich herum gesessen hätten, hätte ich das sicher auch getan, aber die Anwesenheit der Frauen hatte mich in dieser Situation nervös gemacht.
Vorsichtig schielte ich reihum. Niemand schien mein Mißgeschick bemerkt zu haben. Ich war total verunsichert.
Schließlich beschloß ich, vorsichtig weiter zu essen und achtete dabei darauf, daß ich keine der Kirschen mehr mit aß. Die ließ ich in der Schale zurück.
Jetzt konnte ich nur noch hoffen, daß das Disulfiram in meinem Körper die eine Kirsche verfehlte, die ich gegessen hatte.
Doch das tat es eben nicht.
Ich begann zu spüren, wie sich die Wärme, die diese kleine Kirsche in meinem Magen verursacht hatte, in meinem ganzen Körper auszubreiten begann. Langsam, aber mit immer stärker werdenden Druck, schwoll mein Kopf an und drohte zu zerplatzen. Mit schweren Hammerschlägen dröhnte mein Herz im ganzen Körper. Ich bekam keine Luft mehr.
„Nichts wie raus hier!“ sagte ich mir. „Sonst ersticke ich.“
Ich stand vom Tisch auf. Alle Blicke richteten sich auf mich. Doch ich beachtete sie nicht. Ich wollte nur raus.
Mit kraftlosen Schritten schleppte ich mich zum Ausgang. Plötzlich spürte ich, wie sich mein Magen zu wehren begann. Ich schaffte es gerade noch bis zu den ersten Bäumen am Eingang der Gaststätte, dann kam das noble Essen wieder zurück auf die Welt. Mein Magen hob und senkte sich in einem fort und wollte sich gar nicht wieder beruhigen, obwohl bereits alle Gänge des Menüs wieder zum Vorschein gekommen waren.
„Mensch, Stephan, was ist denn mit dir los?“ Siggi war mir nachgelaufen. Er klopfte mir leicht auf den Rücken und fragte besorgt:

„Kann ich dir irgendwie helfen?“
Ich konnte als Antwort im Moment nur mit dem Kopf schütteln. Langsam ließ die Revolte in meinem Magen nach. Er hob sich in immer länger werdenden Abständen. Schließlich schien er sich ganz beruhigt zu haben. Ich richtete mich wieder auf und spürte, wie meine Knie zitterten. Kalter Schweiß stand auf meiner Stirn.
„Scheiße!“ fluchte ich fast lautlos und ließ mich von Siggi zur Treppe des Eingangs führen. Kraftlos ließ ich mich auf die Steinstufen fallen. Viel weiter hätte ich es im Augenblick auch nicht geschafft. Der starke Druck in meinen Adern hatte zum Glück etwas nachgelassen. Nur der Kopf schien noch riesig groß zu sein.
„Mensch, wieso ist dir denn so schlecht geworden? Wir haben doch alle das gleiche gegessen“, fragte Siggi kopfschüttelnd. Er war kreidebleich, und ich sah ihm an, wie besorgt er war.
„Das war das Eis“, sagte ich.
„Das Eis?“
„Ja, bei den Früchten waren Kirschen dabei, die in Alkohol gelegen hatten“, erklärte ich ihm.
„Davon hab ich gar nichts gemerkt“, sagte Siggi und schüttelte ungläubig mit dem Kopf.
„Doch“, bekräftigte ich. „Ich hab es sofort gemerkt, als ich eine im Mund hatte, aber da war es eben zu spät. Ich konnte sie ja nicht wieder ausspucken. Da hätten mich ja alle dumm angesehen. Deshalb hab ich sie hinuntergeschluckt in der Hoffnung, daß das Disulfiram sie nicht erwischt, aber da hatte ich eben falsch gedacht.“
„Und das war wirklich nur die eine Kirsche?“ fragte er zweifelnd.
Ich nickte.
„Das glaubt man gar nicht!“
Nach einer Pause sagte er dann: „Das ist ja sagenhaft, was die Tabletten für eine Wirkung haben. Das ist ja direkt gefährlich. Da müssen wir in Zukunft aber viel besser aufpassen. Nicht daß du uns eines Tages wegen so einer blöden Kirsche von der Schippe springst!“
Wiederum nickte ich nur, doch dann gab ich schließlich zu: „Ich hätte sie eben doch ausspucken müssen. Das nächste Mal weiß ich es.“
„Naja, hinterher ist man immer schlauer“, meinte Siggi und klopfte mir aufmunternd auf die Schulter.
„Und, geht’s dir jetzt wieder besser?“ fragte er.

„Naja, es geht. Du kannst schon wieder hinein gehen. Ich komme auch gleich nach."
„Ich kann dich doch hier nicht alleine sitzen lassen!" sagte er empört.
„Nee, geh nur ruhig wieder rein, ich nehm nur noch kurz ein paar Züge frische Luft."
Siggi ging, wenn auch widerwillig, zu den anderen.
Mir ging es wirklich schon wieder besser. Eigentlich könnte ich jetzt beruhigt Alkohol trinken, ging es mir durch den Kopf. Das Disulfiram würde nicht mehr anschlagen.

Ich hatte das während der Entziehungskur in Arnsdorf zusammen mit einem anderen Patienten getestet. Den Tip bekamen wir von anderen.
Wir hatten kurz vor der Entlassung zwei Heimfahrtage bekommen, damit wir beweisen konnten, daß wir draußen ohne Alkohol klar kamen.
Kai, so hieß der andere, und ich wollten das unbedingt einmal ausprobieren. Deshalb fuhr ich mit zu ihm zum Übernachten.
Abends gingen wir zusammen in eine Kneipe und bestellten uns jeder ein kleines Glas Bier. Das tranken wir bis zur Hälfte und warteten ab. Die Wirkung setzte auch sehr schnell ein. Spätestens nach 10 Minuten bekamen wir beide knallrote Birnen. Nach weiteren 5 Minuten mußten wir beide auf die Toilette, um uns zu übergeben.
Wir brauchten aber eine Ewigkeit, um wieder halbwegs auf den Beinen stehen zu können. Im Gegensatz dazu, wie schnell ich mich nach der Kirsche im Eis eben erholt hatte, war damals die Wirkung des Disulfiram noch viel schlimmer, so daß wir beide dachten, daß unsere letzte Stunde geschlagen hatte.
Wir hatten nicht bedacht, daß wir am Morgen nicht die normale Tablettendosis bekommen hatten, sondern gleich die Dosis für zwei Tage.
Nachdem es uns wieder halbwegs besser ging, setzten wir uns zurück an den Kneipentisch. Vorsichtshalber bestellten wir uns erstmal eine Limonade und warteten noch eine Zeit lang, bis wir wieder vollkommen normal waren.
Die nächsten Biere taten uns dann nichts mehr an, aber richtige Stimmung kam nach dem gerade erlebten auch nicht auf. Nach höchstens 6 oder 7 Bierchen gingen wir heim und legten uns schlafen.

Mit meinen alten Kumpels hatte ich nicht mehr viel im Sinn.
Nicht, daß ich ihnen direkt aus dem Wege ging, denn wenn wir uns auf der Straße trafen, blieb ich oft stehen und wechselte mit dem einen oder anderen ein paar Worte.
Hin und wieder versuchten sie mich zu überreden, doch für eine Weile mit in die „Perle“ zu gehen. Diesem Drängen gab ich aber nur einmal nach und kam mir dabei ziemlich doof vor.
Ich saß in der Nische zusammen mit Feier-James, Brennoli und Mermingas, aber so rechte Stimmung wollte bei mir nicht aufkommen. Ich hatte mir ein Kännchen Kaffee bestellt. Die anderen tranken natürlich ihr Bier.
Für mich war es das erste Mal, daß ich mir reichlich beschissen vorkam, in der Kneipe zu sitzen und kein Bier trinken zu können, obwohl mir der Zahn tropfte.
Wenn ich wenigstens Kraftfahrer wäre, dann könnte ich behaupten, daß ich dann noch fahren müßte, aber so wußte jeder, daß ich draußen nur mein altes NSU-Fahrrad geparkt hatte.
Feier-James machte ein sorgenvolles Gesicht und sagte nachdenklich: „So, so, Titius, da bist du also weg vom Alk.“
„Wie du siehst“, antwortete ich.
„Und wie lange willst du das durchhalten?“ fragte er und fügte hinzu: Ich meine, davon“, er deutete auf meinen Kaffee, „wird man doch impotent.“
„Naja, eigentlich soll ich ein Leben lang keinen Alkohol mehr trinken. Wie lange ich das schaffe, kann ich allerdings überhaupt nicht sagen“, antwortete ich.
Ich hatte in diesem Moment wirklich so meine Zweifel, daß ich das noch lange durchhalten würde.
„Nun laß doch Titius in Ruhe“, schaltete sich Brennoli ein. „Ich find das ganz in Ordnung und kann bloß sagen, alle Achtung Titius. Das hätte ich dir, ehrlich gesagt, nicht zugetraut.“
Ich warf ihm einen dankbaren Blick zu, denn mir war die ganze Diskussion unangenehm. Am liebsten wäre ich gleich wieder gegangen. Ich wollte aber kein Spielverderber sein und ging erst, nachdem ich das zweite Kännchen Kaffee ausgetrunken hatte.
Als ich mich von den anderen verabschiedet hatte und wieder draußen auf der Straße stand, atmete ich erleichtert tief durch.
Es war schon ein bedrückendes Gefühl, mit den alten Kumpels am

Tisch zu sitzen und zu spüren, daß man einfach nicht mehr dazu gehörte.
Der Kaffee hatte mich auch nicht angeregt, denn in der letzten Zeit trank ich am Tag manchmal bis zu zwanzig Tassen, mindestens aber zehn. Ich wußte bereits von anderen „trockenen" Alkoholkranken, daß das eine Art Suchtverlagerung war.
Dazu kam noch, daß ich jetzt noch viel mehr rauchte als früher.

Jeden ersten Dienstag im Monat kam ich, neben den regelmäßigen Einzelsprechstunden bei Dr. Rößger, er war Facharzt für Neurologie und Psychiatrie, mit einigen „Leidensgefährten" zusammen.
Ich nahm abends an Gesprächen einer Selbsthilfegruppe für Alkoholkranke teil.
Hier traf ich auch Karl-Heinz Göpfert und Klaus Hackel wieder, mit denen ich bereits in Arnsdorf zusammen war. Auch Dr. Rößger und seine Frau waren mit dabei.
Der Abend verlief jedes Mal so, daß Kaffee ausgeschenkt wurde, und dann sprach der Reihe nach jedes der etwa 15 Gruppenmitglieder darüber, wie es ihm im vergangenen Monat ergangen war. In erster Linie ging es dabei darum, wie man damit klar kam, den Versuchungen des Alkohols zu widerstehen, aber auch private, familiäre Probleme konnten mit angesprochen werden.
So untereinander, mit Gleichbetroffenen, konnte man sich gegenseitig viel besser Ratschläge geben, denn jeder hatte bereits irgendwelche Erfahrungen gemacht, die den anderen in der jeweiligen Situation helfen konnten.
Deshalb ging ich sehr gern zu diesen Abenden, denn ich fühlte mich in diesem Kreis sehr wohl. Jeder hatte für meine Fragen ein offenes Ohr. Das fand ich gut und ich litt immer mit, wenn einer nicht eisern geblieben war und einen Rückfall hatte.
Die häufigste Ursache für solche Rückfälle waren irgendwelche Probleme in der Partnerschaft oder im Betrieb, mit denen der Betroffene nicht klar kam.
Obwohl mir das bisher noch nicht passiert war, konnte ich mich aber sehr gut in die einzelnen Situationen hineinversetzen. Zum Beispiel bei der Vorstellung, eine Partnerin zu haben, die nicht nur regelmäßig Alkohol trinkt, sondern säuft, könnte ich auch nicht garantieren, daß ich nicht doch eines Tages vor lauter Frust mit

saufen würde. Die eine Lösung dafür wäre, man schafft es mit Überzeugung, daß die Partnerin weniger trinkt oder die andere, man trennte sich von ihr. Eine dritte Möglichkeit gibt es dafür nicht.

Doch auch ich hatte so meine Probleme: Ich fühlte mich einsam. Nach der Arbeit und an den Wochenenden wußte ich nicht so richtig, was ich mit mir anstellen sollte.
Ich kaufte mir am Zeitungskiosk regelmäßig Rätselhefte und wurde zum Stammkunden in der Stadtbibliothek.
Meine Mutter hatte mir zwar ihren Wohnungsschlüssel gegeben, so daß ich bei ihr auch dann Fernsehen konnte, wenn sie nicht zu Hause war, aber das brachte mir nur wenig Ablenkung.
Ich hatte niemanden, mit dem ich reden konnte.
Sicher, meine Kollegen, meine Mutter und auch die Leidensgefährten aus meiner Therapiegruppe hatten immer ein offenes Ohr für mich, aber sie ersetzten alle nicht das, was ich mir wünschte.
Ich sehnte mich nach jemandem, mit dem ich über alles reden konnte, über meine Träume von der Zukunft und alle Dinge, die mich in der heutigen Zeit bewegten.
Abends, wenn ich allein zu Hause war, dachte ich oft an meine alten Kumpels in der Kneipe, und sehr oft war ich nahe dran, mir die Schuhe anzuziehen und in die Perle zu marschieren.
Ich stellte mir dann immer bildlich vor, wie sie alle staunen würden, wenn ich plötzlich aufkreuzten würde, mich zu ihnen an den Tisch setzte und in Ruhe ein Bier trank. Vielleicht auch zwei oder drei, um mich dann wieder von ihnen zu verabschieden.
Das wäre schon großartig, fand ich. Doch natürlich wußte ich, daß das nicht möglich war, schon alleine wegen dem Disulfiram.

Im Sommer 1982 hatte ich die erste Etappe zur Alkohol-Abstinenz ohne ernsthafte Probleme geschafft. Die Zeit, in der ich das Disulfiram einzunehmen hatte, war abgelaufen.
Abgesehen von der Dauer meiner Entziehungskur, lebte ich jetzt bereits ein halbes Jahr „trocken", ohne einen Tropfen Alkohol.
Darauf war ich schon ein bißchen stolz.
Mein Arzt holte mich aber schnell wieder auf den Boden der Tatsachen zurück und wies ausdrücklich darauf hin, daß ja erst jetzt die wirkliche Abstinenz beginne.

Ab sofort konnte ich meinen inneren Schweinehund nicht mehr damit überzeugen, daß ich sowieso nichts trinken konnte, weil ich ja das Disulfiram einnahm. Dazu brauchte ich in Zukunft andere Argumente, und das machte mich auch so verdammt unsicher. Würde ich das überhaupt durchhalten?
Ein Rückfall konnte ganz schnell passieren. Das wußte ich von zahllosen Beispielen meiner Leidensgenossen. Am schlimmsten fand ich dabei immer, daß oft nur ein einziger Schluck, diesen verfluchten Suchtmechanismus wieder in Gang gesetzt haben soll.
Alle waren sie binnen kürzester Zeit wieder dort angelangt, wo sie mit Trinken aufgehört hatten.
Das konnte ich mir kaum vorstellen. Ich zweifelte auch daran, ob das bei mir genauso sein würde. Wieso sollte ausgerechnet ich anders sein, wie andere?
Meine Schulkumpels von früher, mit denen ich zusammen in die Kneipen ging, waren auch nicht alkoholsüchtig geworden, obwohl sie oft genauso viel getrunken hatten wie ich.
Bei der Entziehungskur hatte mir der Psychologe von wissenschaftlichen Studien erzählt, die ergeben hatten, daß bei etwa 10 Prozent der Menschen die Veranlagung, überhaupt alkoholabhängig werden zu können, vorhanden sei.
Das würde dann aber auch nur zum Ausbruch kommen, wenn man regelmäßig Alkohol trank. Wiederum würde sich dieses Krankheitsbild bei Frauen und sehr jungen Leuten viel schneller herausbilden.
Aber warum sollte ausgerechnet ich zu den 10 Prozent gehören und stimmte denn eine solche wissenschaftliche Studie überhaupt?
Meine Zweifel kamen schließlich auch nicht von ungefähr.
Bisher konnte nämlich noch kein Wissenschaftler genau nachweisen, was denn nun eigentlich diese Alkoholsucht im menschlichen Organismus auslöste. Bisher gab es darüber nur Vermutungen. Die reichten vom Stoffwechsel bis hin zum Nervensystem. Genaues wußte man aber noch nicht.
Da es also selbst den Wissenschaftlern noch zweifelhaft war, welche Stelle im Körper für das Suchtverhalten verantwortlich ist, war ich mir selbst schon gar nicht im klaren darüber, ob ich überhaupt alkoholsüchtig war.
Diese Überlegungen ließen mir keine Ruhe mehr.
Ich konnte mir einfach nicht vorstellen, daß ich wirklich anders

sein sollte, wie zum Beispiel Schusti, Ratze und Wiedel, mit denen ich früher viel zusammen war. Von denen ist keiner Alkoholiker geworden, nur angeblich ich.
An einem Nachmittag im Oktober wollte ich mir deshalb darüber Klarheit verschaffen. Sozusagen, wollte ich den endgültigen Beweis erbringen, daß ich doch nicht alkoholkrank war.
Ich war in der Wohnung meiner Mutter. Es war samstags und sie war bei Herrn Müller. Dort wollte sie auch gleich übernachten.
Ich nahm mir vor, es mir für meinen Beweis recht behaglich zu machen.
Im Wohnzimmerschrank hatte ich vor längerer Zeit schon eine kleine Flasche Pico-Sekt gesehen. Diese holte ich mir jetzt zusammen mit einem Glas heraus und setzte mich damit gemütlich vor den Fernseher. Gemütlich war sicherlich stark übertrieben. Zumindest tat ich so, als wäre ich die Ruhe in Person. In Wahrheit war ich aber innerlich völlig aufgeregt.
Schon vielen vor mir hatte diese kleine Menge Alkohol das Genick gebrochen. Deshalb versuchte ich mir immer wieder einzureden, daß ja von den zwei kleinen Gläschen Sekt überhaupt nichts passieren konnte.
Ich mußte zugeben, das prickelnde Getränk schmeckte ausgezeichnet. Nach dem ersten Glas machte ich eine längere Pause und horchte dabei tief in mich hinein. Doch ich konnte nichts entdecken, was da drinnen nach Sucht rief.
Ich sah das natürlich als ein beruhigendes Zeichen an und trank nun schon bedeutend unbekümmerter das zweite kleine Gläschen. Es schmeckte noch viel besser, als das erste.
Die Wärme des Alkohols breitete sich wohltuend in meinem Körper aus. Dieses angenehme Gefühl hatte ich unendlich lange Zeit nicht mehr spüren dürfen und so sehr vermißt.
Nachdem ich auch dieses Glas geleert hatte, fühlte ich mich bedeutend besser als vorher. Die Zweifel und die Unsicherheit waren wie weggeblasen.
Je mehr ich in mich hinein horchte, desto klarer wurde mir, daß ich keinerlei Verlangen verspürte, noch mehr Alkohol zu trinken.
Also war ich doch nicht süchtig! Davon war ich jetzt felsenfest überzeugt. Die Ärzte hatten sich bei mir gründlich geirrt. Viele Gedanken gingen mir gleichzeitig durch den Kopf.

Meine Zukunft nahm ganz andere Farben an. Ich konnte wieder ganz normal trinken, wie alle anderen auch. Ich war kein Außenseiter mehr.
Ich stellte mir vor, wie ich wieder mit den anderen zur Disko ging und wie ich dort eine neue Freundin fand. Hübsch würde sie sein. Ich könnte mit ihr über alles reden und ein bißchen würde sie mich immer an Carmen erinnern, das war natürlich klar.
Die Freude über meine neueste Erkenntnis ließ mich nicht länger vor dem langweiligen Fernsehgerät verharren. Ich stand auf und schaltete das Gerät ab. Unentschlossen lief ich vor dem Fenster auf und ab. Mir war der Gedanke gekommen, daß ich ja gleich heute Abend noch mein neues Leben ausprobieren konnte. Da erst Samstag war, konnte ich am nächsten Tag in Ruhe ausschlafen.
Jetzt überlegte ich nur noch, ob ich in die „Lößnitzperle" gehen sollte, um meinen alten Kumpels die Neuigkeit mitzuteilen, daß wir uns in Zukunft wieder öfters sehen würden oder ob ich lieber gleich zur Disko in die „Völkerfreundschaft" fahre.
Schließlich entschied ich mich für die „Perle". Zur Disko konnte ich ja später noch fahren.
Ich räumte die Flasche weg, machte das Glas sauber und stellte es zurück in den Schrank. Meine Mutter sollte sich keine unnötigen Sorgen machen. Deshalb beseitigte ich lieber alle Spuren. Sie würde es sicher nicht begreifen können, daß ich neuerdings doch wieder trinken konnte.
Das war ja selbst für mich noch vollkommen unglaublich, aber es war eben so.
Ich legte ihr noch einen Zettel hin, auf den ich schrieb, daß ich in meiner Wohnung war und mich mal so richtig ausschlafen wollte. Ich hätte in den letzten Tagen zu viel gearbeitet. Es hätte ja sein können, daß sie über Nacht doch nicht bei Herrn Müller blieb und sich Sorgen machte, wenn ich nicht da war.
Dann machte ich mich auf den Weg.

Die „Lößnitzperle" war brechend voll an diesem Abend.
Meine Kumpels staunten nicht schlecht als ich auftauchte und machten mir bereitwillig an einem der Nischentische Platz, in dem sie etwas zusammenrückten. Noch mehr staunten sie schließlich, als ich mir bei Lilo ein Bier bestellte.

Feier-James konnte sich vor Überraschung und Freude kaum beherrschen und sagte: „Mensch, Titius, das ist ja der absolute Wahnsinn. Wir hatten dich nämlich schon völlig abgeschrieben!"
Dann brach es aber doch aus ihm heraus und er rief trällernd zur Kellnerin: „Lilo, eine Runde Bier und Oberförster für unseren Tisch. Das geht auf meine Rechnung. Titius ist zurückgekehrt, Abfahrt Verrückte, hahaha, hihihi!"
„Hattest du nicht erzählt, du willst überhaupt nichts mehr trinken, Titius?" fragte mich Elektro-James, der neben seiner Freundin mit am Tisch saß.
„Naja, mit Wollen hatte das nicht viel zu tun", antwortete ich ihm. „Ich mußte nur ein halbes Jahr lang Tabletten nehmen, die sich mit Alkohol überhaupt nicht vertragen."
„Und jetzt kannst du wieder ganz normal trinken, ohne am nächsten Tag einen Taddrich zu haben?" fragte Feier-James mit ehrfurchtsvoller Miene.
„Na, das siehst du doch. Ganz normal wie jeder andere auch", sagte ich nicht ohne Stolz.
Ein wenig unwohl war mir bei diesen Worten. Schließlich hatte ich so vielen versprochen, nichts wieder zu trinken. Ob das meine Mutter war, mein Arzt, meine Kollegen oder die Leute aus der Therapiegruppe, alle würden sie jetzt wohl im ersten Moment enttäuscht sein. Das war verständlich, denn sie hatten ja keine Ahnung, daß ich in Wirklichkeit gar nicht alkoholkrank war.
Davon mußte ich sie erst noch langsam und behutsam überzeugen.

Leider vertrug ich an diesem Abend nicht allzu viel. Das lag sicherlich an der langen Abstinenz. Nach fünf Gläsern Bier und vier Oberförstern begannen sich die Bilder vor meinen Augen langsam zu drehen.
Mit der Disko wurde es also nichts mehr. Ich strich lieber die Segel und ging nach Hause.
Vorher sagte ich noch meinen Kumpels Bescheid, daß ich am nächsten Tag nicht aufkreuzen würde, denn wenn ich am Montag zeitig aufstehen müßte, würde ich vorher nicht mehr in die Kneipe gehen.
Sie versuchten mich noch zu überreden, doch wenigstens zum Frühschoppen zu kommen. Da hätte ich ja noch genügend Zeit auszuschlafen, aber ich sagte ihnen nur, daß ich mir das noch überlegen müßte.

In dieser Nacht schlief ich tief und fest wie lange nicht mehr. Obwohl ich bereits 21.30 Uhr zu Bett gegangen war, wachte ich erst gegen 10 Uhr auf.
Im Grunde genommen fühlte ich mich ganz wohl. Außer ein paar Kopfschmerzen und ein klein wenig Unruhe, was ich alles auf das viele Rauchen am Abend schob, ging es mir gut.
Ich stand auf und kochte mir einen Kaffee. Dazu schmierte ich mir eines der Milchbrötchen, mit denen ich mich bevorratet hatte, dick mit Butter. Beim Essen überkam mich wieder mein schlechtes Gewissen.
Eigentlich hatte ich mir ja selbst geschworen, mein Leben in Zukunft ohne Alkohol zu meistern, da mir dieser in der Vergangenheit nur Probleme beschert hatte. Allerdings bin ich damals davon ausgegangen, daß ich alkoholsüchtig sei. Nachdem ich nun festgestellt hatte, daß ich das gar nicht war, hatte sich ja alles grundlegend geändert. Mit diesen Gedanken konnte ich mein Gewissen wieder etwas beruhigen.
Ich schaltete das Radio ein, genoß den Kaffee und rauchte eine dazu. Dabei mußte ich an meine Kumpels denken, die sich jetzt zum Frühschoppen versammeln würden. Eigentlich hatten sie ja recht. Warum sollte ich mich denn nicht auf ein paar Bierchen zu ihnen gesellen? Schaden konnte das wirklich nicht.
Also machte ich mich auf den Weg. Unterwegs dachte ich noch daran, daß ich unbedingt zum Mittagessen bei meiner Mutter sein mußte. Hauptsache, sie roch dann nicht gleich meine Fahne.
Doch bis dahin waren noch zwei Stunden Zeit.
Vorsichtshalber wollte ich lieber keinen Schnaps trinken.

In der Perle war bereits ein reges Treiben.
Der Frühschoppen am Sonntagmorgen war für viele Radebeuler Ehrensache.
Feier-James und ein paar andere knobelten mit Streichhölzern. Inge, die Kellnerin, schaute großzügig darüber hinweg, denn eigentlich war das hier untersagt. Ich setzte mich zu ihnen und machte mit.
Wir spielten wahlweise um ein Bier, einen kleinen Schnaps oder eine Mark.
Anfangs nahm ich beim Gewinnen nur Bier, aber da die anderen sich auch alle nur Schnaps spendieren ließen und ich gar nicht so

schnell das Bier austrinken konnte, trank ich dann doch lieber einen Pfefferminzlikör.
Das Spiel machte mir unheimlichen Spaß, denn so etwas ähnliches hatte mir in den letzten Monaten auch gefehlt. Ich konnte es deshalb kaum glauben, daß es bereits zehn Minuten vor um zwölf war, als ich das erste Mal auf die Uhr schaute.
Wenn ich noch halbwegs pünktlich zum Mittagessen bei meiner Mutter sein wollte, hätte ich jetzt blitzartig losgehen müssen.
Doch jetzt hatte ich keine Lust dazu. Das Knobeln machte mehr Spaß, und ich sagte mir, daß mir bestimmt eine passende Ausrede einfallen würde. Der überwiegende Teil von meinen Kumpels wollte erst gegen 13 Uhr gehen.
Also blieb ich auch.
Als wir uns dann von einander verabschiedeten, versprach ich Feier-James noch, am Nachmittag auf zwei, drei Bier vorbeizuschauen.
Dann ging ich mit schweren Schritten nach Hause.
Ich mußte mich erst einmal aufs Ohr legen.
In den knapp drei Stunden hatte ich ganz schön gebechert. Am Ende waren es acht kleine Schnäpse und zwölf Bier gewesen.
Bevor ich einschlief, mußte ich aber noch an meine Mutter denken, die sicherlich mit dem Essen auf mich gewartet hatte.

Als ich wieder aufwachte, wußte ich nicht gleich, was los war. Wurde es schon langsam hell oder wurde es langsam finster?
Ich schaltete das Licht ein und sah auf die Uhr. Es war kurz nach 17 Uhr. Das trübe Wetter draußen machte alles noch finsterer.
Sofort fiel mir wieder ein, daß ich mich ja mit Feier-James in der Perle verabredet hatte. Sicher würde er bereits warten.
Ich stand auf und schaute zum Fenster hinaus. Im Wohnzimmer meiner Mutter brannte Licht. Schnell machte ich meine Lampe wieder aus. Von ihrem Schlafzimmerfenster aus könnte meine Mutter auch bei mir das Licht brennen sehen.
Nun war ich regelrecht in der Klemme.
Eigentlich müßte ich unbedingt zu ihr hinüber gehen. Ich könnte ja sagen, daß ich gerade erst aufgewacht war. Doch ich fühlte mich beschissen. Das würde sie mir bestimmt nicht abkaufen, wenn sie mich so sah.
Ich hatte mich im Spiegel betrachtet, und mir war klar, daß man

mir sofort ansehen mußte, daß ich nicht nüchtern war. So ein Mist aber auch!
Lange brauchte ich nicht überlegen, um den Entschluß zu fassen, auf ein paar Bierchen zu Feier-James in die „Lößnitzperle“ zu gehen. Schließlich konnte ich mich jetzt sowieso nicht bei meiner Mutter sehen lassen und außerdem war es erst am späten Nachmittag. Nur kurz wollte ich bleiben, weil ich ja morgen wieder arbeiten mußte.

Feier-James hatte mir einen Platz in unserer Nische frei gehalten. Er mußte sich ziemlich sicher gewesen sein, daß ich wirklich aufkreuzen würde.
„Na, Titius, biste wieder der Alte“, sagte er, als ich mich gesetzt hatte.
„Ich muß erst mal was trinken, wer bedient denn jetzt?“ fragte ich ihn nervös.
„Horst“, antwortete er, „der hat heute Zoff mit dem Mischa Heine.“
Dieser saß zwei Nischen weiter und brüllte am laufenden Band: „Deutschland!“ Das tat er immer, wenn er reichlich gebechert hatte. Da die Kellner wußten, daß hier im Gastraum immer mindestens ein „Gummiohr“ anwesend war, gaben sie Mischa regelmäßig Lokalverbot, damit sie selber keine Scherereien bekämen. Heute war es demnach wieder soweit.
Horst, der Oberkellner, kam auch prompt mit schnellen Schritten um die Ecke und steuerte direkt die Nische an, in der Mischa saß. Es gab einen kleinen Wortwechsel zwischen den beiden, dann zerrte Horst Mischa am Arm, zog ihn von seinem Platz hoch und führte ihn geradewegs vor die Kneipentür.
Es dauerte ewig, bis ich mein erstes Glas Bier bekam. Ich hatte inzwischen einen solchen Durst, daß ich es gleich auf ex austrank. Nach einer Weile und drei Bieren fühlte ich mich schon besser, bedeutend besser. Auch die Gewissensbisse, die ich wegen meiner Mutter hatte, waren wie weggeblasen.
Trotzdem hielt ich an diesem Abend nicht lange durch. Ich hatte erst 12 Biere und zwei Oberförster getrunken, als ich feststellen mußte, daß ich den Gesprächen der anderen nicht mehr ganz folgen konnte. Also bezahlte ich und machte mich lieber auf den Heimweg.

An der frischen Luft merkte ich selbst, daß ich nicht mehr geradeaus lief. Ich machte mir aber deshalb keine Sorgen, denn es war erst kurz nach 22 Uhr, und ich hatte noch genügend Zeit zum Schlafen, denn die Wecker klingelten erst halb sechs.

Ich konnte nicht mehr schlafen, weil ich auf die Toilette mußte. Noch halb schlafend, mit fast geschlossenen Augen tastete ich mich die Treppe hinunter.
Als ich wieder hinauf in mein Zimmer kam, schaute ich auf meine Wecker und erschrak. Es war bereits 5.45 Uhr. In einer Viertelstunde mußte ich auf Arbeit sein. Mit einem Schlag war ich munter.
Während ich mich hastig anzog, überschlugen sich meine Gedanken. Schwein gehabt, dachte ich nur, daß ich zufällig munter geworden war. Das hätte mir gerade noch gefehlt, wenn ich heute zu spät kommen würde. Das Theater erlebten meine Kollegen vor der Entziehungskur ja sehr oft mit mir. Jetzt hatte ich ihnen versprochen, daß das nicht mehr vorkommt.
Drei Wecker - wieder nicht gehört! Unwillkürlich mußte ich an meine „Glanzzeiten“ denken, als es 7 scheppernde Wecker in einer Blechwanne nicht geschafft hatten, mich aus dem Schlaf zu reißen.

Als ich pünktlich, es war genau 3 Minuten vor 6 Uhr, mit meinem alten NSU-Fahrrad über den Hof von unserem LPG-Stützpunkt jagte, hätte ich bald Wolle umgefahren, der gerade aus dem Mopedschuppen kam. Er konnte gerade noch zur Seite springen und rief erschrocken: „Hee, hier hat's aber einer eilig, wohl verschlafen?“
„Nee, nee“, sagte ich völlig außer Atem. „Ich hab nur unterwegs jemanden getroffen, mit dem hab ich mich dann verquatscht. Der hat auch noch fast seinen Zug verpaßt“, schwindelte ich.
Jedenfalls war ich pünktlich, das war die Hauptsache.
Ich wurde von Siggi dazu eingeteilt, mit Egon und Erhard zusammen, das Maissilo abzudecken, damit der Kran dann die Futterwagen für den Stall beladen konnte.
Danach sollten wir mit Wolle in die Bettfedernfabrik nach Coswig fahren und Abfälle holen für die Kompostierung.
Mir fiel die Arbeit heute ungemein schwer. Obwohl Montag war, hatte ich überhaupt keine Kraft. Außerdem fühlte ich mich total überreizt.

Ein Bier würde mir jetzt gut tun, schoß es mir durch den Kopf. Doch ich verdrängte den Gedanken sofort wieder, denn schließlich hatte ich mir fest vorgenommen, obwohl ich ja jetzt genau wußte, daß ich nicht mit zu den Alkoholkranken zählte, nur noch am Wochenende ein paar Bierchen zu trinken.
Also quälte ich mich weiter.
Da ich in der Eile heute früh nichts zum Frühstück mitgenommen hatte, mußte ich wohl oder übel in der Pause zum Bäcker fahren. Ich holte mir dort zwei Stück Kuchen und schlug auf dem Rückweg an der Gabelung, wie automatisch, nicht den Weg zum Stall, sondern direkt zur Kaufhalle ein. Wie absolut selbstverständlich, kaufte ich mir da eine Flasche Bier und trank sie gleich vor dem Laden aus. Schließlich konnte ich sie ja nicht im Beisein von den anderen trinken.
Als ich zurück zu meinen Kollegen fuhr, hatte ich trotzdem kein schlechtes Gewissen. Das eine Bier machte ja nichts. Ich hatte das ja nur getrunken, weil sich bei mir die Aufregung, wegen des Verschlafens noch nicht gelegt hatte.
Dafür fühlte ich mich jetzt schon bedeutend besser, als ich bei Erhard eintraf. Der saß am Silorand und aß genüßlich seine mitgebrachten Schnitten. Dazu trank er wie immer seine Flasche Bier. Ich setzte mich neben ihn und aß meinen Kuchen.
„Haste nüscht zu trinken dazu?“ fragte er mich.
„Nöh“, sagte ich kauend.
Erhard kramte in seinem uralten graubraunen Stoffbeutel, den er immer mit hatte. Der Beutel schien älter zu sein, wie er selbst. Entweder hatte er ihn von seinem Großvater geerbt oder er sah nur so alt aus, weil er zwanzig Jahre an der Wäsche vorbeigelaufen war. Jedenfalls holte er daraus eine Thermosflasche hervor und goß daraus Kaffee in einen Becher. Den reichte er mir und meinte: „Hier, kannste trinken. Ich hab vorhin schon enn Becher getrunken.“
„Danke dir“, sagte ich.
„Baßt do gudd zum Kuchen.“ Er lachte mich an, so daß seine gelbbraunen Zähne zum Vorschein kamen.
Ich konnte „Vati“, so nannten wir alle Erhard, gut leiden. Er war so ein Typ, der zwar keine große Schulbildung hatte, von dem ich aber trotzdem eine Unmenge lernen konnte.
Vati wußte alles. Er kannte in der Natur jeden Halm, jeden Strauch

und jedes Kraut. Er wußte, wie das Wetter wird, wem jeder Zipfel Land früher gehört hatte, der jetzt von unserer LPG bewirtschaftet wurde und, und, und.
Schön fand ich an ihm auch, daß er schweigen konnte. Manchmal saßen wir in den Pausen gemeinsam am Elbufer im Gras und sprachen kein Wort. Wir saßen ganz einfach so nebeneinander da und ließen die Natur auf uns einwirken. Unterbrochen wurde das Schweigen nur, wenn einer von uns beiden ein Rebhuhn oder einen Hasen entdeckte, dann machten wir uns ganz leise gegenseitig darauf aufmerksam.

Bis zum Mittag hielt ich durch, obwohl mir der Gestank der zum Teil verfaulten Federn fast den Magen umgedreht hatte. Zum Glück war es nicht mehr so warm, denn sonst wäre der Geruch noch fürchterlicher gewesen.
Ich spürte schon, als ich zum Mittagessen in den Stützpunkt der Freilandgärtner fuhr, daß ich innerlich ausgebrannt und nervös war. Beim Essen wurde es noch schlimmer. Es gab Bohneneintopf und ich mußte mich zusammenreißen, damit mir der Löffel nicht zu sehr zitterte. Vor Aufregung völlig durchgeschwitzt, ließ ich die Hälfte stehen. Ich mußte mir schnellstens etwas einfallen lassen.
„Ich fahr mal schnell zur Gebäudewirtschaft (das war meine Hausverwaltung). Kann sein, daß es nachher ein paar Minuten später wird“, sagte ich zu den anderen am Tisch.
„Na, spielst'e keen Skat mit?“ fragte Werner enttäuscht.
Werner, Wolle, Fred und ich spielten jeden Mittag nach dem Essen ein paar Runden Skat.
„Kann doch heute mal Brettl mitspielen“, sagte ich. Brettl war der Kranfahrer von der Humuswirtschaft.
Ich machte, daß ich wegkam. Ich schwang mich aufs Rad und jagte zur Kaufhalle. Mit zwei Flaschen Bier setzte ich mich hinter das Gebäude. Man konnte hier zwar von den Anwohnern beobachtet werden, aber das war mir jetzt egal.
Die erste Flasche trank ich gleich in einem Zug aus. Für die zweite ließ ich mir Zeit und brannte mir dazu eine Karo an.
Langsam wurde ich ruhiger. Trotzdem begann ich zu grübeln.
Irgendwie kam mir das alles schon bekannt vor. Ich hatte mir doch eigentlich eindeutig bewiesen, daß ich nicht alkoholkrank war, oder?
Natürlich war das so. Ich war nur eben etwas schwach geworden,

weil es mir mal nicht so ganz gut ging. Das war eigentlich total blöd von mir, aber noch lange kein Grund zur Aufregung. Kein Problem, das bekomme ich schon noch in den Griff. Natürlich mußte ich mich heute nach der Arbeit unbedingt bei meiner Mutter sehen lassen. Sie machte sich sicherlich schon unheimlich Sorgen um mich, weil ich gestern nicht zum Essen erschienen war. Hauptsache, mir fiel dazu noch eine plausible Erklärung ein. Ansonsten war ja alles noch in Ordnung, kein Grund zur Panik.

Ich ließ mir die zweite Flasche schmecken.

Beim Aufsteigen aufs Fahrrad drehte es mir ein klein wenig im Kopf. Unwillkürlich mußte ich darüber lächeln. Wahrscheinlich kam das davon, daß ich die zwei Biere in relativ kurzer Zeit getrunken hatte. Außerdem war es sicher so, daß ich nicht mehr so viel vertrage wie früher, als ich noch „im Training" war.

Nach der Mittagspause ging es mir wieder etwas besser.

Ich war mit Egon und Erhard auf einem Feld Knüppel lesen. Die Abteilung Humuswirtschaft unserer LPG hatte hier Rindenabfälle gestreut, und wir warfen die großen Knüppel, die die Bodenbearbeitung stören würden, auf einen Anhänger, den Werner mit seinem alten „Russen" (eigentlich Bjelorus, sowjetischer Traktor) zog. Zum Feierabend war ich dann doch ganz schön k.o. Ich wollte nur noch nach Hause und eine Runde schlafen.

Nach dem Duschen und Umziehen verabschiedete ich mich von Fred, der noch seine Kaninchen füttern wollte, die am Ende unseres LPG-Stützpunktes in kleinen Ställen untergebracht waren.

„Mach's gut, Schlanker!" rief er mir nach.

Eigentlich wollte ich gleich nach Hause fahren, aber als ich in die Nähe der „Lößnitzperle" kam, war ich neugierig, ob Feier-James schon von der Arbeit zurück war. Kurz entschlossen hielt ich an, stellte mein Fahrrad an das alte Geländer und ging hinein.

Feier-James war nicht hier. Das Lokal war auch relativ leer.

Da konnten sie nur alle nebenan in der „Stehpiepe" sein. Ich ging hinüber. Ein Höllenlärm kam mir entgegen. Das Lokal war brechend voll. Ich konnte mich gerade so zwischen den stehenden Leuten hindurch schlängeln. Gleich am ersten Tisch hing Hundejuhle lallend an einem Tisch. Um sie herum hatten die anderen etwas Platz gelassen.

„Die hat gerade eingeseescht", raunte mir Kunstblume zu. Am dritten Tisch standen Fauli, Wolter-Wolle und Alex. Sie würfelten, und Alex rief mir zu: „Hallo Titius, ich grüße dich! Spielst du 'ne Runde mit?"
„Ja, ich hol mir nur 'ne Flasche Bier", rief ich zurück.
„Bring mir mal eine mit", sagte Alex.
„Mir auch, mir auch", sagten die anderen beiden.
Ich holte vier Flaschen Pilsner und zwängte mich zu den dreien hindurch. Als sie mir das Bier bezahlen wollten, sagte ich: „Nee, laßt mal, ich geb' einen aus."
„Hast du heute Geburtstag?" fragte Fauli erstaunt.
„Nö, aber mir ist eben heute so", antwortete ich.
„Feier-James hat erzählt, du würdest überhaupt nichts mehr trinken", meinte Wolle. Er hatte mich ganz entgeistert angesehen.
„Ach Quatsch, das hing mit den Tabletten zusammen, die ich nehmen mußte, Prost!"
Das Bier tat gut. Ich hatte einen unheimlichen Durst.
„Wir spielen um 'ne Mark", sagte Alex und begann zu würfeln. „Hoch geht rein!"
Nach einigen Runden kam Feier-James. Er spielte auch gleich mit. Ich hatte heute eine absolute Glückssträhne. Schon nach kurzer Zeit hatte ich 14 Mark gewonnen. Das Spiel machte Spaß. Dafür hatte Feier-James schon die dritte Runde verloren. Er hatte mir bereits gestern gesagt, daß er knapp bei Kasse war. Um ihn wieder aufzumuntern gab ich ihm Geld und sagte: „Hol mal zwei Bier und zwei Oberförster für uns."
Der Oberförster war ein leckeres Getränk, halb Pfefferminzlikör, halb Wodka. Ich war heute in Spendierlaune.
Um 18 Uhr, als die Kneipe geschlossen wurde, ging ich mit Feier-James hinüber in die Perle. Unterwegs fragte er mich: „Kannst'e mir mal 'n Pfund pumpen, ich bin total abgebrannt?"
Na klar konnte ich und gab ihm die 20 Mark. Das hatte zwischen uns schon immer problemlos geklappt. Mal borgte ich bei ihm, mal er bei mir, wer hatte, der gab, ganz einfach.
Ich hatte zwar bereits einen kleinen in der Krone, aber auf ein paar Bierchen mehr oder weniger kam es nicht mehr an. Das Vorhaben, heute meine Mutter aufzusuchen, konnte ich sowieso vergessen. Das mußte ich eben auf morgen verschieben, aber das lief ja nicht weg.

Trotzdem hielt ich nicht mehr lange durch. Gegen 21 Uhr mußte ich die Segel streichen. Ich war total betrunken.
Wie ich an diesem Abend nach Hause gekommen war, davon weiß ich nichts mehr. Ich hatte einen totalen Filmriß.
Als ich aufwachte, dämmerte es gerade, dachte ich jedenfalls.
Ich schaute zum Fenster und sah, daß es gar nicht so finster war, weil der Tag eben erst begann, sondern weil es in Strömen regnete.
Ich schaute auf meine Armbanduhr. Es war kurz vor 9 Uhr. Ich begriff überhaupt nichts und konnte auch noch keinen klaren Gedanken fassen. Was war denn heute für ein Tag? Wo war ich gestern gewesen? War ich immer noch betrunken oder was war mit mir los?
Ich brannte mir erst mal eine Karo an und setzte mich wieder aufs Bett. Komisch, ich konnte mich an überhaupt nichts erinnern.
Erst bei der zweiten Zigarette fielen mir einige Bruchstücke wieder ein, aber ob das gestern war? Ich konnte mich an die Stehpiepe erinnern und daß ich mit Fauli, Wolle, Alex und Feier-James gewürfelt hatte. Auch daß ich danach noch hinüber in die Perle bin, fiel mir verschwommen ein.
Jetzt kombinierte ich daraus, samstags hatte die Stehpiepe nur bis 13 Uhr auf, sonntags hatte sie geschlossen. Es war aber abends, als ich von dort hinüber in die Perle gegangen bin. Also war es wochentags.
Nun wurde ich doch langsam unruhig. Demnach war heute entweder Samstag oder ich hatte es verschlafen.
Die Unruhe ließ mein Gehirn etwas schneller arbeiten. Ich konnte mich jetzt an den gestrigen Arbeitstag entsinnen und auch daran, daß ich anschließend zu meiner Mutter wollte, weil ich vorgestern nicht zum Mittagessen bei ihr war. Also konnte heute nur Dienstag sein und ich hätte jetzt eigentlich schon 3 Stunden auf Arbeit sein müssen. Fürchterlich, ich hatte nicht nur verschlafen, ich hatte total verpennt!
Mit einem Mal überschlugen sich meine Gedanken: ‚... die Kollegen wieder enttäuscht ... meine Mutter ... heute war Gesprächsabend meiner Therapiegruppe ... welche Ausrede fiel mir dazu ein ... krankmelden ... Urlaub nehmen ...'

Ich fühlte mich beschissen. Ein fast schon vergessenes Gefühl überkam mich. Ich hatte es vor Aufregung erst nicht bemerkt. Ich zitterte am ganzen Körper. Meine Augen fingen an, mir die alten Streiche zu spielen. Als ich zum Wasserhahn gehen wollte, um etwas zu trinken, sah ich den Boden unter meinen Füßen in großer Entfernung, als wäre ich 10 Meter groß. Im nächsten Augenblick ganz nah und dann wieder weit weg, immer im Wechsel. Ich wollte mich an der Wand festhalten, aber die war vor meinem Blick plötzlich ebenfalls unendlich weit weg gewichen. Im selben Augenblick war sie aber wieder da, so nah, daß ich mir fast meine Hand verstaucht hätte, als ich mich an ihr abstützte.

Ich ließ mich schnell wieder auf mein Bett fallen. Um ein Haar hätte ich mich fast noch daneben gesetzt, denn es huschte vor meinen Augen auch vor und zurück. Mein Herzschlag hatte den Rhythmus einer Maschinenpistole.

Mit zittrigen Händen zündete ich mir erneut eine Zigarette an und versuchte mich zu beruhigen.

Langsam und allmählich gelang mir das auch ein ganz klein wenig. Mir wurde klar, daß ich unbedingt etwas zu Trinken brauchte, so wie es mir jetzt ging. Ich hatte gar keine Chance, wieder halbwegs normal zu werden, es würde nur noch viel schlimmer kommen.

Das war aber viel einfacher gedacht als getan. Das nächste HO-Geschäft war zwar höchstens 400 Meter entfernt, aber so wackelig, wie ich zur Zeit auf meinen Beinen stand, war das eine unendliche Weite.

Außerdem hatte ich eine unheimliche Angst auf der Treppe. So wie meine Augen gerade verrückt spielten, wäre es ein Wunder, wenn ich die Stufen treffen würde und nicht herunterfalle.

Ich wohnte im 2. Stock und solche Abstürze hatte ich früher aus dem gleichen Grund häufig erlebt. Kaum vorstellbar eigentlich, daß ich mir dabei nie das Genick gebrochen hatte.

Auf dem kurzen Stück zur HO konnte mir auch meine Mutter plötzlich über den Weg laufen. Gar nicht auszudenken, wenn sie mich so sah!

Trotzdem mußte ich es wenigstens versuchen. Ich griff nach meiner Geldbörse und bemerkte, daß eine Menge Geld fehlte.

Das konnte ich doch gestern nicht alles versoffen haben?

Mir fiel zwar ein, daß ich Feier-James etwas gegeben hatte, aber trotzdem war nicht mehr allzu viel drin. Ich nahm einen 10-Mark-Schein heraus und steckte ihn in meine Hosentasche. Passend hatte

ich das Geld leider nicht. Den Rest müßte ich der Verkäuferin als Trinkgeld dalassen, denn ich konnte heute beim besten Willen nicht meine Hand aufhalten, um mir das Restgeld hinein zählen zu lassen. Die würde mir so gewaltig zittern, daß alles herunterfällt.
Ich zog mir meine Sachen an, kämmte mir mit wackligen Händen die Haare und setzte mich erst einmal vorsorglich wieder aufs Bett. Ich mußte ein paar Minuten ausruhen. Das Schlimmste stand ja noch bevor.
Mit dem Gedanken daran, daß es mir ja dann gleich wieder besser ging, wenn ich die Flasche hatte, rappelte ich mich wieder hoch. Langsam, Schritt für Schritt ging ich bis zur Treppe. Im Moment blieben meine Augen ruhig. Nur mein Herz begann wieder zu klopfen. Mit beiden Händen klammerte ich mich am Geländer fest und nahm vorsichtig Stufe um Stufe. Meine Beine zitterten und ich spürte, wie mir der Schweiß von der Stirn tropfte. Nach fünf Stufen mußte ich mich setzten.
Meine Augen hatten wieder begonnen, dieses entsetzliche Spiel mit mir zu spielen. Aus Angst davor versagten mir meine Beine den Dienst. Durch das blitzartige Schwanken, mal war die nächste Stufe weit weg, mal ganz nah, konnte ich nicht mehr einschätzen, wohin ich treten sollte.
Ich brauchte eine Pause, um mich etwas zu beruhigen. Andernfalls hatte ich keine Chance, die Treppe heil herunter zu kommen. Meine Kleidung klebte vor Schweiß am ganzen Leib. Trotzdem war mir so kalt, daß meine Zähne klapperten.
Ich dachte an die rettende Flasche Schnaps. Ich sah sie schon in Gedanken im Regal des HO-Laden stehen, so nahe und doch so fern. Der Gedanke daran trieb mich vorwärts. Eine Stufe nach der anderen rutschte ich jetzt langsam, aber viel sicherer, auf dem Hosenboden hinab in den 1. Stock. Durch meinen Erfolg ermutigt, ruhte ich mich auf dem Absatz auch nur ein paar Sekunden lang aus.
Die nächsten Stufen waren auch bedeutend einfacher. Sie waren nicht so klein und auch nicht mehr so steil. Meine Augen hatten sich momentan wieder beruhigt, deshalb kam ich problemlos bis zur Haustür.
Das Wetter hatte etwas Unheimliches an sich. Es war nicht der gleichmäßige Regen, der mich störte, vielmehr waren es die unerwarteten Geräusche, die mit ihm zusammen hingen.

Ich hatte so schon Mühe, ein Bein vor das andere zu setzen, denn automatisch liefen sie nicht mehr. Ich mußte mich auf jeden Schritt konzentrieren, aber am laufenden Band klatschte das Wasser von einer Dachrinne oder einem Baum so ohrenbetäubend laut herunter, daß ich fast zu Tode erschrak. Mein ganzer Körper zitterte vor Angst und manchmal glaubte ich schon, mein Herzschlag setzte nicht wieder ein. Doch nach einiger Zeit spürte ich ihn wieder heftig hämmern und ich quälte mich weiter voran.
Schließlich hatte ich es doch irgendwie geschafft.
Ich betrat den Selbstbedienungsladen. Zum Glück war wenig Kundschaft da. Ich nahm mir am Eingang erst gar nicht einen Einkaufskorb, sondern steuerte gleich zielstrebig das Regal mit den Spirituosen an. Mit zittrigen Händen nahm ich mir eine große Flasche Wodka und ging damit zur Kasse. Dort zog ich den 10-Mark-Schein aus meiner Hosentasche, legte ihn der Kassiererin hin, sagte: „Stimmt so!" und ging weiter zur Ausgangstür. Ich konnte im Rükken spüren, daß mir alle nachschauten. Ich zitterte überall.
Als ich nach der Türklinke greifen wollte, wackelte mir mein Kopf so stark, daß ich beim ersten Mal daneben griff. Erst beim zweiten Mal gelang es mir, die Tür zu öffnen, um gleich danach über die Schwelle zu stolpern. Fast hätte es geklappt, und ich wäre mit der Flasche in der Hand hingeflogen. Glücklicherweise klammerte ich mich außen an dem kleinen Geländer fest, sonst hätte ich mir gleich die nächste Flasche holen müssen.
Eigentlich wollte ich bis nach Hause laufen, doch nach ein paar Metern um die Ecke hielt ich es nicht mehr aus. Knack, knack, knack, knack, war die Flasche auf und die ersten hastigen Schlucke strömten wohltuend in mich hinein.
Das hatte recht gut geklappt und dadurch ermutigt, schaffte ich den restlichen Weg nach Hause auch ohne größere Probleme.
Mit ruhigen Händen, denn die halbe Flasche war bereits leer, zündete ich mir eine Karo an. Ich setzte mich aufs Bett und überlegte fieberhaft. Jetzt noch auf Arbeit zu gehen und sagen, daß ich verschlafen habe, hätte gar keinen Sinn. Das würde mir ja kein Mensch glauben, denn inzwischen war es bereits nach 10 Uhr. Blieb nur noch krank melden.
Normalerweise hätte ich bei Siggi gleich früh anrufen müssen, bevor ich zum Arzt gegangen wäre. Wenn ich aber starken Durchfall

hätte und deshalb nicht eher aus dem Haus gehen konnte, wäre das doch eine wunderbare Erklärung, fand ich.
Ich machte mich auch sofort auf den Weg zur Telefonzelle. Vorher nahm ich noch einen kräftigen Zug aus der Flasche, um mir noch etwas Mut für das unangenehme Telefonat anzutrinken.
Im Stützpunkt unserer Feldbaubrigade nahm niemand den Hörer ab. Ich versuchte es im Stall.
„Mastanlage Naundorf, Micklich", erklang es am anderen Ende der Leitung.
„Ja, hallo Siggi, hier ist Stephan", sagte ich.
„Mensch Stephan, ich wollte gerade zu dir fahren. Was ist denn los, wir haben uns schon alle unheimliche Sorgen gemacht?"
„Ach, großer Mist, Siggi", antwortete ich. „Ich bin bis jetzt überhaupt nicht vom Klo herunter gekommen. Ging schon die halbe Nacht so. Ich kann jetzt nicht einmal zum Arzt gehen, denn wenn ich dort ne Weile warten muß, mach ich mir in die Hosen."
„Ach du Schreck, das ist ja ein Mist. Ich hab schon gehört, daß wieder die Darmgrippe herum geht", rief Siggi aufgeregt in den Hörer. „Mensch, ich hätte dich heute gut gebrauchen können, denn Egon und Wolle haben ein paar Tage Urlaub genommen. Naja, läßt sich ja nicht ändern."
„Schöner Mist", pflichtete ich ihm bei. „Vielleicht ist es morgen schon wieder besser."
„Hm, das wäre nicht schlecht", meinte er. „Ich trag dir für heute erst einmal entschuldigt ein und morgen mußt du dann eben zum Arzt gehen, wenn es nicht besser ist."
„Ich muß wieder aufs Klo, Siggi", sprach ich jetzt hastig. „Ich danke dir, mach's gut!"
„Ja, mach's gut und gute Besserung!"
Ich hängte erleichtert den Hörer ein. Da hatte ich ja noch mal Schwein gehabt!
Von hier bis zur Stehpiepe war es nicht weit. Ich entschloß mich, schnell mal dort vorbeizuschauen, um zu sehen, wer alles da war. Unterwegs paßte ich genau auf, daß mir meine Mutter oder jemand, der sie gut kannte, nicht über den Weg lief.
Die Kneipe hatte gerade erst eine halbe Stunde geöffnet. Trotzdem war es schon recht voll hier drin. Ich holte mir eine Flasche Pilsner und stellte mich zu Lumumba und Simsel an den Tisch. Simsel

war, wie ich erfuhr, krank geschrieben, weil er es mit dem Magen hatte. Darum trank er heute zum Bier auch Magenbitter. Lumumba ging sowieso nur hin und wieder arbeiten, meist bei Dombrowe in der Gärtnerei oder auf dem Friedhof. Kurz nach mir kam Fauli. Er war Einkaufen und hatte zweite Schicht.
Ich selber blieb aber nicht lange. Nach drei Flaschen Bier und einer Bockwurst ging ich wieder heim. Der Schnaps von heute morgen hatte mich müde gemacht.
Zu Hause fand ich im Briefkasten einen Zettel von meiner Mutter. Darauf stand:

Stephan,
habe heute Morgen bei Herrn Micklich auf Arbeit angerufen, weil Du bei mir nicht wieder vorbeigekommen bist. Er sagte mir, daß Du heute nicht arbeiten bist und Dich auch noch nicht bei ihm gemeldet hast. Was ist los? Muß ich mir wieder Sorgen machen?????
Melde Dich doch mal bei mir! Gruß! *Mutter*

„Blöder Mist", fluchte ich laut, da mußte ich mir auch noch etwas einfallen lassen.
Ich ging nach oben, legte mich ins Bett und schlief gleich ein.

16 Uhr war ich wieder munter. Zwar noch nicht richtig, aber das lag wohl an dem blöden Wetter draußen. Es regnete immer noch. Jedenfalls war ich zu unruhig geworden, um weiter schlafen zu können. Außerdem hatte ich Hunger.
Ich ging hinüber in meine kleine Küche und suchte in meinem Kühlschrank nach etwas Eßbarem. Ich entschied mich für eine Büchse Fisch und brühte mir dazu einen Kaffee auf. Das war aber bereits wieder eine zu anspruchsvolle Tätigkeit für meine Hände, denn sie zitterten dabei.
Halb so wild, dachte ich mir. Ich hatte ja noch etwas Wodka in der Flasche. Damit konnte ich sie ja schnell wieder zur Ruhe bringen, kein Problem.
Als ich die Flasche in die Hand nahm, mußte ich allerdings enttäuscht feststellen, daß sie höchstens noch zu einem Drittel voll war. Deshalb nahm ich nur zwei kleine Schluck und dann noch einen.

Nachdem sich die wohltuende Wärme vom Magen her ausgehend, im ganzen Körper ausgebreitet hatte, ging es mir wieder besser und ich ließ mir Fisch und Kaffee schmecken.
Anschließend trank ich noch einen Schluck Wodka, brannte mir eine Zigarette an und überlegte, wie es mit mir weiter gehen sollte. So, jedenfalls nicht, das stand fest. Der Tag heute war versaut, da konnte ich nicht mehr viel anstellen. Zu meiner Mutter konnte ich jetzt nicht gehen. Die würde ja gleich meine Fahne riechen. Jetzt schon wieder schlafen hatte auch keinen Sinn. Dazu war ich viel zu munter.
Ich sah auf die Uhr. Es war erst 16.30 Uhr. Feier-James würde sicher gleich von der Arbeit kommen. Wenn ich höchstens bis 20 Uhr in der „Lößnitzperle“ blieb, hatte ich anschließend noch eine Menge Zeit, um richtig ausschlafen zu können. Da würde ich morgen früh pünktlich auf Arbeit sein.
Ich stand auf und machte mich auf den Weg.

Zuerst schaute ich in die Stehpiepe hinein. Sie war voller Menschen, aber Feier-James konnte ich unter ihnen nicht entdecken. Deshalb ging ich hinüber in die Perle. Dort entdeckte ich ihn gleich in der zweiten Nische neben Elektro-James. Wir begrüßten uns und ich setzte mich zu ihnen.
„Das kannst'e ni machen nebenan“, sagte Feier-James. „Da bin ich gleich wieder rückwärts raus. Außerdem“, flüsterte er mir zu, „habe ich heute so einen Taddrich, daß ich sowieso keine Bierflasche halten kann, ha, ha, ha. Hier kann man sich wenigstens aufstützen. Das erste Glas hab' ich mit zwei Händen getrunken, hi, hi, hi.“
Ich sah auf seinem Zettel bereits vier Striche, obwohl er noch nicht lange hier sein konnte, aber ich erkannte, daß sie Lilo gemalt hatte. Diese kam auch gleich mit einem riesigen Tablett um die Ecke geschlürft. „Titius, hallo, gleich zwei?“ fragte sie mich.
„Hallo Lilo, ja stell hin, danke!“ sagte ich, nachdem sie mir bereits zwei Gläser hingestellt hatte.
„Wißt ihr das Neueste“, sagte Lilo und sprach dabei ganz leise, damit man sie nicht an den Nachbartischen hören konnte. „Der Herr Grabisch hat mir verboten, mit dem großen Tablett zu bedienen. Das gehöre sich nicht für eine Gaststätte der Preisstufe 3. Was sagt ihr denn dazu?“

„So ein Blödsinn“, meinte Elektro-James entrüstet, „da soll’n wir armen Gäste wohl verdursten?“
„Der hat doch sowieso ‘ne Macke, Lilo“, pflichtete Feier-James ihm bei.
„Wißt ihr, was ich jetzt mache?“ Sie grinste uns erwartungsvoll triumphierend an. „Wenn der Chef nicht da ist, nehme ich weiter das große Tablett, wie ihr seht und wenn er da ist, nehme ich eben zwei kleinere, in jede Hand eins.“ Sprach es und ging stolz weiter zum nächsten Tisch.
Lilo war schon eine Marke. Wir mochten sie alle, schon allein deshalb, weil man bei ihr auf keinen Fall verdursten brauchte. Sie war flink wie ein Wiesel. Allerdings mußte man auch manchmal bei ihr gehörig aufpassen. Denn wenn sie annahm, man war schon so weit angetrunken, daß man nicht mehr viel mitbekam, konnte es passieren, daß sie einem für ein Glas Bier gleich zwei oder drei Striche auf den Zettel schrieb. Bei mir hatte sie das aber nur einmal versucht.
Das Lokal füllte sich mehr und mehr. Selbst im hinteren Bereich war kaum noch ein Platz frei. Negro, Hydrant und Schuckasch kamen. Sie mußten sich im hinteren Raum Platz suchen. Hier vorn bei uns war alles voll. Eigentlich durften in unserer Nische nur 6 Personen sitzen, aber Lilo hatte wie immer ein Auge zugedrückt und deshalb saßen wir hier bereits schon zu acht.
Jedenfalls wurde es noch ganz gemütlich an diesem Abend. Trotzdem hielt ich mich daran, was ich mir vorgenommen hatte. Kurz nach 20 Uhr ging ich nach Hause.
Als ich meine Wohnung betrat, fiel mir wieder ein, daß ich ja eigentlich etwas zu essen kaufen wollte. Jetzt hatte ich zwar überhaupt keinen Hunger, aber für das Frühstück und um etwas auf Arbeit mitzunehmen, hatte ich nun nichts im Haus.
Die Lampe im Wohnzimmer schaltete ich lieber nicht ein, wegen meiner Mutter, aber das Licht, daß das Radio ausstrahlte, reichte mir aus, um die Wecker zu stellen. Wenn ich morgen wieder auf Arbeit erschien, wird alles wieder im Lot sein. Ich hatte alles im Griff. Mit diesen beruhigenden Gedanken schlief ich zufrieden ein.

Es war gerade erst 2.30 Uhr in der Nacht, als ich wieder aufwachte. Ich hatte nur noch blöden Mist geträumt und war wahrscheinlich dadurch munter geworden. Ich ging zur Toilette und setze mich

danach auf das Bett, um eine zu rauchen. Meine Wecker klingelten erst in drei Stunden. Ich konnte also noch reichlich schlafen. Daran war aber im Moment beim besten Willen nicht zu denken, denn ich war hellwach. Außerdem spürte ich, wie sich langsam aber sicher die bekannte Unruhe in mir breit machte.
Bereits bei der zweiten Zigarette zitterten mir die Hände. Das konnte von der Kälte sein, denn im Zimmer war es nicht gerade warm. Ich legte mich hin und deckte mich zu. Als ich zu Ende geraucht hatte, war mir zwar wärmer, aber die Unruhe war geblieben. Es hatte keinen Sinn. Wenn ich jetzt weiter schlafen wollte, brauchte ich etwas zur Beruhigung.
Neben meinem Bett stand noch die Wodkaflasche vom Tag. Es war zwar nicht mehr viel drin, aber zum Schlafen würde es schon reichen, dachte ich mir. Ich nahm zwei große Schluck und setzte sie wieder ab. Nun war höchstens nochmal so viel drin. Das wollte ich mir aber besser noch aufheben. Bis der Schnaps wirken würde, konnte ich in Ruhe noch eine Karo rauchen.
Dabei überlegte ich, daß es ja Blödsinn war, diesen winzigen Rest Wodka noch aufzuheben, völliger Unsinn. Ich griff mir die Flasche und trank sie aus. Es war mehr, als ich gedacht hatte. Es waren fast noch vier große Schlucke.
Bald darauf überkam mich eine angenehme Müdigkeit. Ich schaltete das Radio aus, drehte mich auf die Seite und schlief friedlich ein.

Es hatte geklingelt. Mit einem Schlag war ich hellwach und saß aufrecht im Bett und lauschte. Doch in Wirklichkeit war nichts zu hören. Ich hatte das nur geträumt. Das wurde mir erst recht klar, als ich voller Schrecken auf meine Wecker sah. Es war 8 Uhr.
Da klingelte es wieder, laut und lang anhaltend. Es war die Wohnungsklingel. Mein Herz begann vor Aufregung zu hüpfen. Wer konnte das sein? Um diese Zeit? Meine Mutter oder jemand von der LPG? Mit zitternden Knien schlich ich mich ans Fenster und spähte vorsichtig hinunter auf die Straße. Ich sah gerade noch, wie sich Siggi, mein Brigadier, auf sein Moped schwang und davonfuhr.
„Scheiße", fluchte ich und ließ mich kraftlos auf mein Bett fallen. Siegfried hatte sich sicherlich Sorgen gemacht und wollte mir einen Krankenbesuch abstatten. So ein elender Mist!
Diese dämlichen Wecker hatten es wieder nicht geschafft, mich zu

wecken. Wahrscheinlich konnte ich mir hundert Stück von diesen Mistdingern zulegen. Das würde auch nicht helfen, unnützes Zeug. Wahrscheinlich waren aber auch meine Ohren taub oder blöd oder total doofe Weckerignoranten, dämliche.
Ich hätte heulen können vor Wut, auf meine Ohren, auf die Wecker, auf mich selbst.
Vor Aufregung zitterte ich am ganzen Körper, war völlig kopflos. Was sollte ich denn jetzt machen? Gestern noch dachte ich, ich hätte alles im Griff und heute? Wahrscheinlich war ich gar nicht dazu fähig, alleine zu leben, wenn ich nicht einmal den Wecker hörte. Da war es im Knast besser, da wurde ich automatisch durch die anderen geweckt.
Ich grübelte hin und her und fand heraus, es gab nur noch eine Lösung. Ich mußte zum Arzt. Doch zu Dr. Weise brauchte ich nicht erst gar nicht gehen. Der schrieb mich sowieso nicht krank. Das hatte ich früher schon mehrmals versucht. Da er auch meine Eltern und jetzt noch meine Mutter behandelte, war er über mich bestens informiert.
Ich konnte es also höchstens bei Dr. Fritsche versuchen. Er machte immer die Vertretung, wenn die Praxis von Dr. Weise Urlaub hatte. Sonst kam man dort eigentlich nicht dran, weil jeder Patient bei seinem Hausarzt bleiben mußte.
Trotzdem entschloß ich mich, es bei ihm zu versuchen. Ich wusch mich, putzte mir die Zähne und machte mich auf den Weg.
In der Anmeldung sagte die Schwester, weil sie mich nicht in ihrer Kartei fand: „Sie gehören doch gar nicht zu uns. Zu welchem Arzt gehen sie denn sonst?"
„Zu Dr. Weise", antwortete ich.
„Da müssen sie dort hin gehen", sagte sie mit barschem Ton, „da ist jetzt auch Sprechstunde."
„Ich will dort eben nicht mehr hin und auch in Zukunft von Dr. Fritsche behandelt werden", machte ich den zaghaften Versuch, ihr zu widersprechen.
„Wenn sie bisher immer von Dr. Weise behandelt worden sind, dann müssen sie auch weiter dorthin gehen!" Sagte es und drehte mir den Rücken zu. Das hieß, für sie war das Gespräch beendet.
Blöde Kuh, dachte ich und machte kehrt.
Mir blieb nichts anderes übrig, als es doch bei Dr. Weise zu probieren.

Mir war hundeelend. Unterwegs, den Berg hinauf zu seiner Praxis, mußte ich mehrmals anhalten. Ich hatte keine Kraft mehr und am laufenden Band knickten mir die Beine ein. Das Zittern nahm immer mehr zu.
Schwester Gertraude in der Anmeldung versah mich mit einem prüfenden Blick. „Na, was fehlt uns denn?“ fragte sie mich.
„Ich hab totalen Durchfall und außerdem muß ich laufend brechen.“
„Fieber?“
„Kann sein, hab ich nicht gemessen.“
Sie gab mir ein Fieberthermometer und ich mußte mich in einen kleinen Raum setzen. Nach zehn Minuten erschien die Schwester wieder. Als ich ihr das Thermometer gab, zitterte meine Hand so stark, daß ich es beinahe hätte fallen lassen.
Wieder traf mich ihr prüfender Blick. „Achtunddreißig eins, sie können sich rüber ins Wartezimmer setzen.“
Dort war es voll und ich mußte über eine Stunde warten.
Als mein Name aufgerufen wurde, war ich so erschrocken, daß ich Mühe hatte, das Sprechzimmer zu erreichen.
„Guten Tag, nehmen Sie Platz“, empfing mich der Doktor.
„Na, Stephan, was fehlt Ihnen denn heute?“ fragte er mich.
„Ich hatte gestern so einen starken Durchfall, daß ich gar nicht aus der Wohnung gekommen bin. Außerdem muß ich laufend brechen. Heute ist es zwar ein wenig besser, aber ich kann mich kaum auf den Beinen halten vor Schwäche. Mein Bauch tut mir auch weh“, sagte ich.
„Hm“, machte der Doktor und stand auf. „Dann legen Sie sich mal dort auf die Liege und machen den Bauch frei.“
Er drückte mit beiden Händen auf mir herum und fragte an jeder Stelle: „Tut das weh?“
Dann beugte er sich stirnrunzelnd über mich und forderte: „Hauchen Sie mich mal an!“
„Alles klar, Stephan“, sagte Dr. Weise zufrieden und setzte sich wieder hinter seinen Schreibtisch.
„Sie können sich wieder anziehen.“
Als ich damit fertig war, forderte er mich auf: „Strecken Sie mal beide Arme aus und spreizen Sie dabei die Finger!“
Ich tat es. Mir zitterten dabei nicht nur die Finger, sondern ich schlotterte am ganzen Körper.

„Sie können sich wieder setzen.“ Er zeigte auf den Stuhl neben seinem Schreibtisch. „Tja, Stephan, das sieht ja wirklich nicht gut aus.“ Während er mit mir sprach, kritzelte er unentwegt auf einer Karteikarte herum. „Sie waren doch gerade erst in Arnsdorf zur Entziehungskur. Das hat ja nicht lange angehalten. Seit wann trinken Sie wieder?“ fragte er.
„Seit drei Tagen“, antwortete ich leise. Mir war es eigentlich schon vorher klar, daß er es sofort merken würde.
„Sie sind doch noch bei Dr. Rößger in Behandlung?“ fragte er weiter.
Ich nickte.
Dr. Weise schrieb etwas auf ein Blatt Papier und steckte dieses in einen Umschlag. Den klebte er zu und gab ihn mir.
„Tja, Stephan, Sie gehen gleich zu Dr. Rößger und geben ihm den Umschlag. Er muß dann weiter entscheiden, was mit Ihnen passiert.“
„Und was ist mit dem Krankenschein?“ fragte ich zaghaft.
„Den gibt Ihnen auch der Dr. Rößger, falls es nötig ist.“
Damit entließ er mich.
Mit dem Brief in der Hand ging ich hinaus. Langsam, mit unsicheren Schritten, tapste ich die Straße entlang in Richtung meiner Wohnung.
Seit meiner Entziehungskur betreute mich Dr. Rößger weiter ambulant. Außerdem leitete er die Selbsthilfegruppe, die sich jeden ersten Dienstag im Monat traf. Dort war ich gestern Abend aber nicht erschienen.
Was hätte ich dort auch gewollt? Daß ich getrunken hatte, wußte ich selbst, dazu brauchte ich keine Gruppe und um mir irgendwelche Vorwürfe anzuhören, hatte ich keine Lust.
Außerdem war es ja halb so schlimm. Ich konnte auch alleine wieder aufhören mit dem Trinken. Da sah ich überhaupt kein Problem.
Trotzdem hatte ich ein schlechtes Gewissen, wenn ich an die Therapiegruppe dachte. Karl-Heinz, Klaus und die anderen machten sich sicherlich auch Sorgen um mich.
Fast automatisch betrat ich den kleinen HO-Laden an der Ecke und holte mir eine neue Flasche Wodka und ein paar Flaschen Bier. Ich hatte immer einen kleinen Stoffbeutel in der Hosentasche für den Fall, daß ich unterwegs mal etwas einkaufen mußte.
Heute zitterte ich nicht so sehr wie gestern. Es ging gerade noch.

Da es bereits nach 11 Uhr war, hatte ich mich dazu entschlossen, erst morgen zu Dr. Rößger zu gehen. Es war also kein Problem, wenn ich heute noch etwas trank. Aufhören würde ich dann ab morgen. Heute wollte ich den Tag noch genießen.
In meinem Zimmer angekommen, fiel mir ein, daß ich wieder nichts zu essen mitgebracht hatte. Aber das war halb so schlimm. Ich trank zwei Flaschen Bier und ein paar Schluck Wodka. Dann machte ich erst einmal ein Mittagsschläfchen, denn ich war ganz schön geschafft.
Am Nachmittag ging ich in die „Perle". Ich blieb dort aber nur bis 21 Uhr. Schließlich wollte ich ja am nächsten Tag zum Doktor.
In der Nacht wachte ich wieder auf. Es war das selbe Spiel, wie in der Nacht zuvor. Nur, daß es etwas schlimmer war. Deshalb trank ich vorsichtshalber etwas mehr von dem Schnaps. Ich brauchte, wenn ich zum Arzt wollte, ja auch nicht so zeitig aufstehen. Außerdem war es ja schade um den Wodka, wenn ich ab morgen erst einmal ein paar Tage gar nichts trinken wollte.

Erst gegen 9 Uhr wachte ich auf. Es war aber noch nicht zu spät für meinen schweren Gang zum Arzt. Bei dem Gedanken daran, was mir jetzt bevorstand, hätte ich mich am liebsten irgendwo verkrochen.
Nach 9 Monaten Abstinenz mußte ich zu Dr. Rößger sagen: „Ich hab wieder getrunken." Das war mir unendlich peinlich. Ich griff mir die Flasche Wodka, um mich etwas zu beruhigen. Schließlich war es ja egal, ob ich eine Fahne hatte oder nicht, wenn ich sowieso zugab, daß ich wieder trinke.
Es hatte sicherlich auch keinen Sinn, mit dem Arzt darüber zu diskutieren, daß das bei mir auch nicht so schlimm war, denn ich hatte ja eindeutig beweisen können, daß ich nicht alkoholkrank war.
Trotzdem mußte ich ihm das irgendwie plausibel erklären. Ich konnte jederzeit wieder aufhören, wenn ich es wollte. Nach der Flasche Pico-Sekt neulich hätte ich überhaupt kein Problem damit gehabt, wenn ich darauf hin nichts mehr getrunken hätte.
Ganz nebenbei, als ich so darüber nachdachte, was ich dem Arzt erzählen würde, hatte ich die Flasche Wodka ganz ausgetrunken.
Das war ja auch besser so, dachte ich mir. Heute war Donnerstag und morgen würde ich keinen Tropfen Alkohol trinken, erst am

Sonnabend wieder, denn dann war Wochenende, aber auch nur Sonnabend und den Sonntag zum Ausnüchtern oder vielleicht nur Frühschoppen am Sonntag und dann nichts mehr, in der Woche gar nichts mehr oder höchstens abends eine Flasche Bier oder gar keine ...
Mir fiel es immer schwerer, meine Gedanken in der richtigen Bahn zu halten. Ich wurde müde und müder.
Letztendlich gab ich es auf, mein Gehirn weiter zu strapazieren. Zu Dr. Rößger konnte ich donnerstags auch nachmittags gehen oder morgen. Ich legte mich lieber wieder schlafen.

Als ich dann um 15 Uhr wieder aufwachte, brauchte ich lange Zeit, um mir darüber im klaren zu sein, was für ein Tag eigentlich war und was ich eigentlich vorhatte.
Den Dr. Rößger verschob ich auch sofort auf den nächsten Tag. Der rannte ja nicht weg.
Viel wichtiger war die unheilvolle Unruhe, die von meinem Körper wieder Besitz ergriffen hatte. Ich griff neben mein Bett nach der Flasche. Sie war leer. Ich beugte mich über die Bettkante. Da stand ja noch eine andere, aber enttäuscht mußte ich feststellen, daß die auch leer war. Ich hatte gedacht, daß eine davon wenigstens noch halbvoll war. Wann hatte ich die denn ausgetrunken?
Ich richtete mich auf und setzte mich auf den Bettrand.
Jetzt erst spürte ich, wie sehr ich am ganzen Leibe zitterte. Und nichts zu trinken da, das regte mich noch mehr auf. Ehe es noch schlimmer wurde, mußte ich mir etwas besorgen und das sofort. In einer Stunde konnte ich vielleicht vor lauter Zittern überhaupt nicht mehr laufen. Deshalb machte ich mich gleich auf den Weg zur Stehpiepe.
An diesem Abend blieb ich bis zum Ausschankschluß um 24 Uhr in der „Lößnitzperle“. Für zu Hause kaufte ich mir anschließend am Tresen noch zwei Flaschen „Rowebo“.

Auch am Freitag ging ich nicht zum Arzt. Am Samstag, so gegen 10 Uhr, wurde ich durch die Wohnungsklingel munter. Ich ging vorsichtig zum Fenster und sah meine Mutter unten auf dem Fußweg stehen. Gerade als ich sie erspäht hatte, schaute sie nach oben zu meinem Fenster.
Blitzschnell zog ich meinen Kopf weg. Mein Herz klopfte. Gleich

darauf klingelte es wieder. Ich stand da, wie erstarrt. Zumindest versuchte ich es, so weit es ging.
Ich hatte vom Vorabend noch mächtig einen in der Krone. Wann ich nach Hause gekommen war, wußte ich nicht.
Nach einer Weile schaute ich vorsichtig nach unten. Meine Mutter ging gerade durch das Gartentor auf die Haustür zu. Die war eigentlich immer verschlossen oder hatte ihr jemand aus dem Haus geöffnet? Vorhin schien es mir, als würde in einer anderen Wohnung die Klingel läuten.
Mit zwei Sätzen war ich an meiner Zimmertür, drehte den Schlüssel herum und zog ihn ab. Dann hörte ich auch schon die Stufen meiner Bodentreppe knarren. Es mußten zwei Personen sein. Sie sprachen miteinander. Unschwer konnte ich die Stimme von Frau Lenk aus dem Erdgeschoß erkennen.
Es klopfte.
„Stephan, bist du da?“ rief meine Mutter.
Ich sah, wie sich die Türklinke bewegte und hielt den Atem an.
„Ich weiß, daß du drin bist, mach auf! Ich muß mit dir reden, Herr Micklich war bei mir, weil du die ganze Woche nicht auf Arbeit warst“, rief meine Mutter wieder.
Ich stand in der Ecke hinter dem Ofen und rührte mich nicht.
Meinen Herzschlag konnte ich bis in die Schläfen hinauf spüren.
Nachdem sie noch ein paar mal geklopft und gerufen hatte, hörte ich, wie beide die knarrende Bodentreppe wieder abwärts gingen.
Erleichtert atmete ich auf und kam aus meiner Ofenecke hervor.
Schweißgebadet und vollkommen erschöpft setzte ich mich aufs Bett.
Ich tastete nach den Flaschen neben dem Bett. Zum Glück war eine noch halbvoll mit Wermutwein.
Ab sofort schloß ich vorsorglich immer mein Zimmer ab, wenn ich zu Hause war.

Am Montagmorgen war alles zu spät. Es war draußen schon hell geworden. Da waren sie wieder da.
Ich muß am Sonntagnachmittag so betrunken gewesen sein, daß ich abermals keine Ahnung hatte, wie ich heimgekommen war.
Ich hatte schon gedacht, es gäbe sie nicht mehr.
Völlig aus dem Nichts standen sie plötzlich vor mir und ich sah mit Entsetzen, wie sie mit zittrigen Händen ihre Pistolen auf mich rich-

teten. Mir sträubten sich die Haare. Angst ließ meinen Körper erbeben und es fröstelte mich so sehr, daß mir die Zähne klapperten.
„Laßt mich in Ruhe", flehte ich wimmernd. „Bitte, bitte, geht wieder weg!"
Doch die beiden Zitterer ließen sich nicht von mir beirren. Im Gegenteil, sie grinsten nur noch mehr und standen unbeeindruckt da, in ihren schwarzen Gehröcken und den schwarzen Melonenhüten auf den Köpfen. Ich wartete nur darauf, daß ihre zittrigen Colts damit begannen, auf mich abzufeuern.
Ich versuchte mich, unter der Bettdecke zu verstecken. Doch kaum hatte ich das getan, trafen mich die ersten glühenden Nadeln mit brennend qualvollem Schmerz. Meine Bettdecke begann zu brennen, und ich mußte sie von mir werfen, damit ich nicht im Qualm erstickte. Dadurch war ich den beiden noch mehr ausgeliefert. Meine Arme waren bereits vollkommen mit brennenden Blasen übersät. Drei, vier Nadeln mußten mich an der Stirn getroffen haben. Als ich nach der Wunde griff, hielt ich ein stinkendes Stück verbrannter Haut in der Hand.
In meiner Verzweiflung warf ich alles nach den beiden, was ich greifen konnte. Das Kopfkissen, den Aschenbecher, die leeren Flaschen, aber nichts konnte sie beeindrucken. Sie wichen geschickt von einer Ecke in die andere Ecke des Zimmers aus.
Doch, was war das?
„... müssen wir die Polizei holen und die Tür aufbrechen lassen ...", rief jemand. Ich wußte nicht woher das kam.
Ich hatte kaum noch eine heile Stelle am Körper und die Schmerzen der Brandwunden wurden unerträglich.
Immer wieder flehte ich die beiden Zitterer an, sie mögen doch endlich aufhören, aber es machte ihnen nur noch mehr Spaß, auf mich zu schießen. Ich mußte sie irgendwie überwältigen, sonst schossen sie mich tot.
Einen kurzen Moment versuchte ich mich zu konzentrieren. Dann schnappte ich mir blitzschnell einen Stuhl und schlug auf sie ein. Ich hörte es nur noch klirren, aber sie waren schneller und standen plötzlich dicht hinter mir.
Vor Schreck wich ich automatisch ein paar Schritte zurück. Die reichten mir aber, um rückwärts über einen Stuhl zu fallen. Mein Kopf knallte auf das Blech vor dem Kachelofen.

Kurze Zeit später kam ich wieder zu mir. Sicher durch die unheimlichen Schmerzen, die drohten, meinen Schädel zu sprengen.

Ich brauchte auch nicht lange nachzudenken, was passiert war.

Immer noch am Boden liegend frohlockte ich innerlich. Die beiden Zitterer waren verschwunden. Jedenfalls konnte ich sie nirgendwo entdecken.

Mühsam, den Kopf so wenig wie möglich bewegend, stand ich auf und schaute vorsichtig um den Ofen herum. Auch dort war niemand zu sehen. Ich schleppte mich zum Bett, setzte mich und zündete mir zitternd eine Zigarette an.

Meine Augen begannen wieder ihr blödes Nah-Fern-Spiel. Es war zum verrückt werden. Nicht einmal richtig rauchen konnte ich dadurch. Fast hätte ich mir den Mund verbrannt. Ich versuchte mich mit aller Kraft auf irgendeinen Punkt im Zimmer zu konzentrieren, aber es gelang mir nicht. Auch meine Gedanken bekam ich nicht in die richtige Reihe. Je mehr ich es versuchte, um so schlimmer wurde es. Ich spürte, wie mich das immer mehr aufregte und mein Herz wieder zu rasen anfing. Ich wollte mich hinlegen, aber meine Bettdecke war weg. Ich entdeckte sie neben dem Tisch auf dem Fußboden. Wie war sie nur dahin gekommen?

Gerade als ich mich erheben wollte, um sie zu holen, standen sie wieder da, neben der Bettdecke und grinsten mich schadenfroh an.

Vor Schreck schrie ich laut auf. Ich hatte mir nur eingebildet, die beiden Zitterer seien weg, aber sie hatten sich nur vor mir versteckt. Gleich würden sie wieder auf mich schießen. Schnell kroch ich unter den Tisch, um ein wenig Schutz zu suchen. Dabei schlug ich mit der Stirn gegen die Tischkante. Vor Schmerzen laut wimmernd kauerte ich mich hin.

Dann schrak ich entsetzt zusammen. Ich hielt den Atem an. Hatte es nicht eben an die Tür geklopft?

Ich lauschte. Da hämmerte es wieder gegen die Tür und eine Stimme rief laut: „Machen Sie auf, Herr Hoffmann, Deutsche Volkspolizei!"

Volkspolizei? Völlig entgeistert setzte ich mich auf meinen Hosenboden. Was wollten die denn von mir? Das hatte ich mir doch jetzt sicher nur eingebildet. Ich verhielt mich ganz ruhig.

Jetzt konnte ich draußen Stimmengewirr hören. Dann klopfte es wieder und noch lauter.

„Herr Hoffmann, machen Sie auf, Deutsche Volkspolizei, sonst müssen wir die Tür aufbrechen!“
Ich hatte nicht geträumt. Da draußen waren wirklich welche und ich hatte keine Wahl, ich konnte nicht mehr groß überlegen, sie meinten es ernst. Was sollte ich denn aber verbrochen haben?
„Ja, ich komme!“ rief ich und kroch langsam unter dem Tisch hervor. Nur mit Mühe konnte ich mich auf meinen zittrigen Beinen halten und wankte zur Tür.
Ich brauchte nur den Schlüssel herumdrehen, schon wurde die Tür geöffnet und zwei Volkspolizisten standen vor mir.
„Sind sie der Bürger Stephan Hoffmann?“
Ich nickte.
„Ihr Arzt und ihre Mutter haben veranlaßt, daß wir sie begleiten“, sagte der eine der Polizisten.
Sie traten jeder ein Stück zur Seite und Dr. Rößger betrat das Zimmer, gefolgt von meiner Mutter. Mit einem Schlag wurde mir schlecht. Meine Beine wollten mich nicht mehr tragen, dann wurde es finster.
Als ich wieder zu mir kam, sah ich mit verschwommenen Augen, wie sich der Arzt mit den beiden Polizisten unterhielt. Meine Mutter stand weinend daneben.
„... sofort ins Krankenhaus ...“, verstand ich nur. Die Polizisten nickten.
Was war denn nur passiert, versuchte ich zu überlegen. War ich verunglückt?
„Herr Hoffmann, können Sie mich verstehen?“
Ich sah das Gesicht Dr. Rößgers dicht vor mir, aber es verschwamm immer wieder. Ich versuchte zu nicken, doch ich weiß nicht, ob mir das wirklich gelang. Mir war es so, als sei ich absolut betrunken, und ich wollte jetzt eigentlich lieber schlafen. Nur mit Mühe konnte ich noch die Augen offen halten.
„Wir bringen Sie jetzt ins Krankenhaus“, hörte ich den Arzt reden, wie aus weiter Ferne. „Dort können Sie dann schlafen. Versuchen Sie mal bis zum Auto mitzulaufen. Wir halten Sie dabei.“
Ich spürte, wie man mich auf beiden Seiten an Armen und Schultern hochhob, aber viel bekam ich nicht mehr mit, denn so sehr ich mich auch bemühte, ich konnte meine Augen nicht mehr offen halten.

Lange Zeit brauchte ich, um zu begreifen, was passiert war. Stück für Stück kam ein Teil der Erinnerungen wieder, die beiden Zitterer, die Volkspolizei, Dr. Rößger und auch das weinende Gesicht meiner Mutter.
Nun lag ich hier in einem Bett des Radebeuler Krankenhauses. Das konnte ich ohne Zweifel erkennen, als ich aus dem Fenster sah.
Die beiden anderen Betten in meinem Zimmer waren nicht belegt. Ich war allein, und das war gut so. Ich wollte niemanden sehen.
Mir war bewußt, ich hatte Mist gebaut. Ich hatte getrunken und alle um mich herum bitter enttäuscht. Mein Herz krampfte sich zusammen, wenn ich an meine Mutter dachte, die sich nach der Entziehungskur so sehr um mich bemüht hatte oder an Siegfried und die ganze Brigade. Alle hatte ich enttäuscht. Ich war es nicht wert, daß man sich um mich kümmerte.
Was war ich nur für ein Mensch?
Das Beste wäre, mich gebe es gar nicht mehr. Dann brauchte sich niemand mehr um mich Sorgen zu machen, dann würde ich niemanden mehr enttäuschen. Ich unterdrückte meine Tränen nicht. Es konnte mich ja hier keiner sehen.
Ich hatte gar nicht bemerkt, daß jemand an mein Bett getreten war.
„Ich bin Dr. Krüger“, sagte er. „Wie geht es Ihnen?“
Er faßte nach meinem Handgelenk, um den Puls zu fühlen.
„Ich fühl mich beschissen“, antwortete ich ehrlich, was meine Tränenströme nur noch mehr entfachte. Verschämt wischte ich mir mit der anderen Hand übers Gesicht. Dann blickte ich auf und erschrak.
Der Arzt war Rolli, Rolf-Achim Krüger, der auf der Penne in die Parallelklasse von meiner Schwester gegangen war.
„Das wird schon alles wieder“, meinte Dr. Krüger aufmunternd und ließ mein Handgelenk los. „Sie haben doch viele Monate gezeigt, daß es geht. Ich sage der Schwester Bescheid, daß sie Ihnen etwas zur Beruhigung bringt. Dr. Rößger will später auch noch nach Ihnen sehen. Versuchen Sie ruhig noch ein wenig zu schlafen.“
Dann stand er auf und verließ das Zimmer. Er hatte mich zum Glück nicht erkannt.

„Na, Sie machen ja Sachen, Herr Hoffmann, guten Tag!“ sagte Dr. Rößger lächelnd, als er ein paar Stunden später an mein Bett trat und gab mir die Hand.

Ich hätte mich am liebsten unter der Bettdecke versteckt. So peinlich war mir diese Begegnung. Schließlich hatte er mich die ganze Zeit, seit meiner Entziehungskur psychologisch betreut und nun diese Blamage.
„Sie haben Glück gehabt, daß Ihre Mutter uns verständigt hatte. Sonst wäre bestimmt Schlimmeres passiert. Ich habe Ihnen für die nächsten Tage ein paar Medikamente verordnet, damit Sie zur Ruhe kommen und keine Entzugserscheinungen auftreten. Wie fühlen Sie sich?“ fragte er.
Ich wollte ihm nicht genauso antworten, wie Dr. Krüger, deshalb sagte ich: „Es geht so halbwegs.“
„Naja, das wird schon wieder.“
Dr. Rößger nickte mir aufmunternd zu. „Jetzt bleiben Sie erst einmal ein paar Tage hier auf der Inneren, bis Ihr Körper entgiftet ist, und dann sehen wir weiter. Mit Ihrem Brigadeleiter habe ich auch schon sprechen können. Er kommt Sie bald besuchen. Micklich heißt er, glaube ich.“
Ich nickte.
„Übrigens, ein sehr sympathischer Kollege von Ihnen. Er hält große Stücke auf Sie und wie er mir versicherte, die anderen aus Ihrer Brigade auch.“
„Trotzdem habe ich alle enttäuscht“, murmelte ich.
„Wie gesagt, das wird schon wieder, Herr Hoffmann.“
Er stand auf und verabschiedete sich von mir, weil die Patienten in seiner Praxis warteten.

Er hatte gar nicht danach gefragt, warum ich wieder getrunken hatte. Das war eigentlich die erste Frage, die ich von ihm erwartet hatte.
In den nächsten Tagen sah Dr. Rößger regelmäßig nach mir, wenn es seine Zeit erlaubte.
Auch Siggi und meine Mutter besuchten mich. So richtig konnte ich keinem von ihnen dabei in die Augen sehen. Es war mir unsagbar peinlich, welchen Ärger, welche Sorgen ich allen bereitet hatte. Da lag ich nun hier, ein jammerndes Häufchen Elend! Nicht einmal meinen Anblick im Spiegel über dem Waschbecken konnte ich noch ertragen. Am liebsten hätte ich ihn beim Zähneputzen mit einem Handtuch zugedeckt.

Warum war es mit mir wieder so weit gekommen? Diese Frage stellte ich mir am laufenden Band, denn letztendlich mußte ich mir eingestehen, daß ich den Alkohol doch nicht mehr im Griff hatte. Genau das war mir aber absolut unverständlich.
Hatte ich mir denn nicht selbst bewiesen, daß es ging?
Nach der kleinen Flasche Pico-Sekt ging es mir doch so gut, daß ich auch ohne weiteres an dem Abend hätte zu Hause bleiben können. Ich hatte mich doch nur dazu entschlossen, noch in die Perle zu gehen, weil ich eben keinerlei Anzeichen einer nahenden Sucht verspürte. Es konnte deshalb ja eigentlich nur daran liegen, daß ich es die nächsten Tage wieder mit dem Alkohol übertrieben hatte. Nur so konnte es sein, anders nicht!

Es gab aber noch einen weiteren Punkt, der mich trübsinnig werden ließ, wenn ich nur daran dachte.
Ich fühlte mich einsam.
Ich hatte zwar meine Mutter, zu der ich immer gehen konnte. Ich hatte prima Arbeitskollegen, eine richtige gute Truppe und ich hatte meine Selbsthilfegruppe, mit der ich mich jeden zweiten Dienstag im Monat traf. Trotzdem war ich allein, wenn ich meine Kumpels aus der Kneipe nicht mitzählte. Andere Freunde hatte ich nicht, und ich hatte auch keine Freundin.
Das schien mir das Wichtigste zu sein. Denn hätte ich eine, dann wäre ich nicht Abend für Abend, Nacht für Nacht allein.
Ich mußte mir unbedingt eine besorgen, aber wie?
Ich hatte es schon einmal damit versucht, eine Annonce in der Zeitung aufzugeben. Das war jetzt vielleicht 3 Monate her.
Ich bekam auch eine Menge Zuschriften, die ich anfangs nach zwei Gesichtspunkten sortierte, nach „total sinnlos“ und „könnte man mal probieren“. Dabei überwog der Anteil an „könnte man mal probieren“ ganz deutlich. Unter „total sinnlos“ befanden sich auch Damen, deren Briefe mich zwar ansprachen, die aber letztendlich zu weit weg wohnten.
„Könnte man mal probieren“ sortierte ich dann nochmals und legte dabei die Reihenfolge fest, nach der ich mich mit den einzelnen partnersuchenden Frauen treffen wollte. Die erste schrieb ich auch sofort an und stellte mich im Brief ein wenig ausführlicher vor. Ich bat sie auch darum, falls sie nach dem Lesen meines Schreibens

immer noch Interesse hat, mir Zeitpunkt und Ort eines gemeinsamen Treffens zu nennen.
Die Antwort darauf bekam ich gleich ein paar Tage später und ihre Zeilen weckten berechtigte Hoffnungen in mir.
Allerdings konnte unser Treff erst 10 Tage später stattfinden, da sie erst ein paar Tage verreisen würde. Als Ort hatte sie mir den Briefkasten am Postamt in Radebeul-Ost vorgeschlagen. Sie beschrieb mir auch, was sie an Kleidung tragen würde, damit ich sie erkannte.
Die Tage bis dahin war ich in aufregender Erwartung. Endlich war es dann so weit und ich machte mich auf den Weg.
Schon als ich um die Ecke der Ernst-Thälmann-Straße bog, sah ich sie stehen. Von weitem sah sie nicht schlecht aus, lange schwarze Haare, allerdings fast zu schlank für meine Begriffe.
Je näher ich aber kam, um so mehr schliefen mir meine Gesichtszüge ein.
Die war ja im Gesicht nicht nur geschminkt, sondern die hatte sich total angescheuselt. Fette knallrote Lippen, dunkelbraunes Make up, rote Wangen und dicke schwarze Augenbrauen, sie sah einfach schauderhaft aus.
Geistesgegenwärtig ging ich schnellen Schrittes an ihr vorbei und tat dabei so, als würde ich sie gar nicht beachten. Nachdem ich endlich die Schildenstraße erreicht hatte und um die Ecke gebogen war, blieb ich stehen und atmete erst einmal tief durch.
Das war ja noch mal gut gegangen, sagte ich mir.
Es war ja auch kein Beinbruch, versuchte ich mich zu trösten, schließlich hatte ich ja noch genügend Zuschriften.
Doch je länger ich darüber nachdachte, um so blöder fand ich es, jetzt noch eine zweite Dame anzuschreiben. Vom Erscheinen meiner Annonce, über das Zusenden der Zuschriften von der Zeitung, bis zu meinem ersten Treff waren schon fast vier Wochen vergangen.
Wenn ich jetzt erst der zweiten Favoritin schrieb, mußte die ja glauben, daß ich mich inzwischen bereits mit vielen anderen getroffen hatte und sie jetzt nur der Notnagel war.
Das fand ich doof. Ich hätte gleich mehrere Mädels anschreiben sollen, doch dazu war es eben jetzt zu spät.
Ja, so war das damals.
Beim nächsten Inserat würde ich alles besser machen.
Außerdem müßte ich mir ein Motorrad zulegen. Dann könnte ich

die, die etwas außerhalb wohnten auch erreichen. Für irgendeine gebrauchte Karre würde mein Geld schon reichen. Es wäre ja dann auch einfacher zu erklären, warum ich keinen Alkohol trinke, denn wenn ich noch mit dem Motorrad fahren mußte, war das die beste Begründung dafür.

Nach 14 Tagen wurde ich aus dem Krankenhaus entlassen. Ich fühlte mich körperlich wieder recht gut.
Mit meiner Mutter, die mich mehrmals besuchte, hatte ich mich wieder ausgesöhnt und auch Siggi hatte mir zugesichert, daß sich alle darauf freuten, daß ich bald wieder arbeiten komme.
Für den nächsten Tag hatte ich einen Termin bei Dr. Rößger.
Bisher hatte er mich nicht gefragt, warum ich wieder getrunken hatte, obwohl er oft bei mir im Krankenzimmer vorbeigeschaut hatte. Genau das aber wollte er nun von mir wissen.
Ich war aber darauf vorbereitet, ihm eine Antwort zu geben. Schließlich hatte er mir genügend Zeit gelassen, eine zu finden.
„Ich wollte mir selbst beweisen, daß ich nicht alkoholkrank bin", begann ich meine Erklärung.
Natürlich schilderte ich ihm ausführlich, daß ich nach der Flasche Pico-Sekt auch hätte problemlos aufhören können. Es hatte sich in mir keinerlei Suchtgefühl geregt. Die logische Schlußfolgerung war für mich deshalb, daß ich wirklich nicht alkoholkrank war. Leider hatte ich dann meine neue Erkenntnis zu sehr ausgenutzt und die nächsten Tage zu viel getrunken.
„Und da hatten sie nicht das Gefühl, daß ihnen die Dinge aus der Hand gleiten?" fragte Dr. Rößger skeptisch.
„Naja, die letzten Tage schon", gab ich zu.
„Und dann wollen sie immer noch behaupten, daß sie mit Alkohol ganz normal umgehen können, Herr Hoffmann?" bohrte er weiter.
Ich zuckte mit den Schultern und antwortete: „Die ersten Tage war ich mir da eigentlich ziemlich sicher. Ich hätte dann eben aufhören und ein paar Tage nichts trinken müssen."
„Und warum haben sie das dann nicht getan?"
„Ach, eigentlich war ich bloß neugierig, was meine Kumpels so machen. Deshalb bin ich wieder in die Perle gegangen."
„Und sie hatten auch keinerlei Entzugserscheinungen, z.B. Händezittern oder Schweißausbrüche, die sie dazu animierten, etwas zu

trinken, damit sie wieder zur Ruhe kamen?“ fragte er zweifelnd.
„Naja, die nächsten Tage dann schon, aber hätte ich mal einen Tag mit Trinken unterbrochen, wäre das nicht weiter schlimm geworden“, sagte ich überzeugt.
Es war mir völlig klar, daß der Arzt bezweifelte, daß ich nicht alkoholkrank war. Das nahm ich ihm auch gar nicht übel.
„Wissen sie, Herr Hoffmann, als wir sie aus ihrer Wohnung herausgeholt hatten und ich ihnen sehr starke Medikamente geben mußte, damit sie wieder zur Ruhe kamen, sah es wirklich schlimm aus um sie. Und da sind sie trotzdem der Ansicht, daß sie gar nicht alkoholkrank sind?“
Ich zuckte nur mit den Schultern. Irgendwie, so hatte ich den Eindruck, hatte er ja recht.
Dr. Rößger sprach weiter: „Als sie den ersten Sekt getrunken hatten und sie sich einredeten, das macht ihnen gar nichts aus und sie sich daraufhin entschlossen, noch in die Gaststätte zu gehen, genau in dem Moment hatte sich ihre Sucht zurückgemeldet, ganz eindeutig.“
„Ja, aber an eben dieser Stelle hätte ich wirklich nicht weiter trinken müssen“, entgegnete ich ihm.
„Das ist auch ganz und gar typisch für einen Alkoholkranken. Sie redeten sich ein, sie müßten ja nicht unbedingt weiter trinken, taten es aber trotzdem.“
Ich merkte, daß er langsam sauer wurde, weil er für meine Argumente kein Verständnis hatte. Deshalb sagte ich, um die Situation zu entschärfen: „Naja, das kann schon sein, wenn sie das so sagen.“
„Ich hoffe nur, Herr Hoffmann, daß sie das auch wirklich selbst so sehen.“ Wahrscheinlich hatte er bemerkt, daß ich nur um des lieben Frieden willens klein beigegeben hatte. „Sie müssen sich auf jeden Fall darüber im klaren sein“, fuhr Dr. Rößger fort, „daß sie jeder Tropfen Alkohol, den sie zu sich nehmen, wieder vollkommen aus der Bahn werfen wird. Wir werden darüber ausgiebig zu unserem nächsten Gruppenabend diskutieren. Die anderen aus der Gruppe werden ihnen sicher hilfreich zur Seite stehen.“
Er verschrieb mir noch ein Medikament und sagte, daß ich in 14 Tagen wiederkommen sollte. Dann konnte ich gehen.
Draußen atmete ich tief durch, aber ich regte mich nicht weiter auf,

denn schließlich hatte ich ja von vornherein damit gerechnet, daß der Doktor eine andere Meinung hatte wie ich. Mulmig wurde es mir da hingegen, wenn ich an unseren Gruppenabend nächsten Dienstag dachte. Die anderen aus meiner Selbsthilfegruppe waren sicherlich der gleichen Meinung wie Dr. Rößger, aber da mußte ich eben durch.

Es kam dann an diesem Dienstagabend auch so, wie ich es erwartet hatte. Vor Beginn begrüßten mich alle freundlich, und ich sah ihnen an, daß sie sich ehrlich darüber freuten, daß ich wieder da war. Nach der offiziellen Begrüßung durch unseren Gruppensprecher Karl-Heinz Göpfert, kam auch gleich die Sprache auf mich und meinen Rückfall. Dr. Rößger schilderte den anderen kurz, was sich ereignet hatte.
Dann war ich auch gleich an der Reihe.
Ich sollte den anderen berichten, wie es dazu gekommen war, daß ich wieder angefangen hatte zu trinken. Ich erzählte alles so, wie es sich wirklich zugetragen hatte. Als ich damit fertig war, herrschte erst einmal eine Weile betroffenes Schweigen.
Jürgen konnte als erster dazu etwas sagen. Er räusperte sich und meinte: „Na eigentlich, so wie du das hier geschildert hast, hat bestimmt jeder von uns mal gedacht. Wir haben uns sicherlich auch alle gefragt, wieso soll ausgerechnet ich gerade alkoholkrank sein und der andere, mit dem ich früher immer zusammen getrunken hatte, ist es nicht. Um das zu verstehen, hat mir eigentlich die Entziehungskur in Arnsdorf geholfen und euch?“ fragte er in die Runde.
„Ja, da hat Dr. Roth auch nicht locker gelassen“, pflichtete Karl-Heinz ihm bei. „Das müßtest du doch auch verstanden haben, Stephan. Du warst doch fast zur gleichen Zeit in Arnsdorf wie ich?“
„Ja, ja, das stimmt schon“, gab ich zu. „Die einen können täglich saufen bis zum Umfallen und werden nicht alkoholsüchtig und die anderen brauchen diese Mengen gar nicht und werden trotzdem abhängig. Das hat mir Herr Roth schon beigebracht.“
„Nur, du kannst dich eben nicht damit abfinden, daß du nicht zu denen gehörst, die sich täglich besaufen können, ohne daß sie abhängig werden?“ fragte Klaus.
Ich dachte eine Weile lang nach, ehe ich ihm antwortete. „Das ist es eigentlich nicht. Ich hab nur das Gefühl, daß ich gar nicht alkoholkrank bin“, sagte ich.

„Dann bleibt dir eigentlich nichts anderes übrig, als weiter zu saufen!“ rief Werner aufgebracht und als ich ihn zweifelnd ansah, fügte er verärgert hinzu: „Mensch, das hast du doch eben erst bewiesen, daß der Suff wieder die Macht über dich ergriffen hatte, oder hab ich mich verhört? Meines Erachtens nach hatte der Doktor uns vorhin geschildert, daß er dich mit einem starken Delirium ins Krankenhaus einweisen mußte. Was willst du denn noch, frag ich mich? Reicht dir das denn nicht aus, daß du dir selber eingestehen kannst, ich kann mit Alkohol nicht umgehen?“

So kannte ich Werner noch gar nicht. Seine scharfen Worte hatten mich getroffen. Ich fühlte mich unwohl in meiner Haut. Es herrschte eine eisige Stille und ich spürte, wie alle Blicke auf mich gerichtet waren, deshalb sah ich betreten zu Boden.

Was sollte ich denn dazu auch sagen? Irgendwie hatte er ja auch recht. Ich hatte mir zwar immer wieder vorgenommen, am nächsten Tag nichts mehr zu trinken, gemacht hatte ich aber genau das Gegenteil davon, leider. Deshalb fand ich meine eigenen Argumente jetzt doch etwas blöd.

Dr. Rößger unterbrach die unangenehme Situation und sagte: „Herr Hoffmann, Sie sind nicht der einzige hier in der Runde, der einen Rückfall gehabt hat. Das Entscheidende ist doch eigentlich nur, daß man aus seinen Fehlern lernt und daß man nicht immer nur nach Entschuldigungen sucht, sondern viel eher den Mut hat zu sagen, ja ich habe einen Fehler gemacht!“

Er nickte mir aufmunternd zu und sprach weiter: „Und die Hauptsache ist dabei, daß Sie sich das selbst eingestehen. Wir können Ihnen noch tausend Ratschläge geben, die alle nichts nützen werden, solange Sie nicht ehrlich zu sich selbst sind. Hilfe können Sie von vielen hier bekommen, auch von Ihrer Mutter oder Ihren Arbeitskollegen, aber in erster Linie müssen Sie sich selbst helfen.“

Er wandte sich jetzt an alle und fügte hinzu: „Damit denke ich, ist es mit diesem Thema für heute Abend genug. Auf jeden Fall freuen wir uns, daß Herr Hoffmann wieder zur Gruppe gekommen ist und beim nächsten Mal wird er uns sicher berichten können, daß er den letzten Monat über keinen Alkohol getrunken hat.“

Als nächster sprach Klaus ein Problem an. Er hatte auf Arbeit Ärger mit den Kollegen gehabt, was allerdings nicht mit dem Alkohol zu tun hatte.

Danach unterhielten wir uns noch über dies und das und jenes, wie es immer zum Schluß der Fall war.
Draußen vor der Tür, als wir uns voneinander verabschiedeten, nahm mich Werner beiseite und sagte: „Das war vorhin nicht so gemeint. Nimm's mir nicht übel, aber mir war einfach der Kragen geplatzt. Mensch Stephan, du bist doch kein Dummer, für dich kann es doch wirklich nur heißen: keinen Tropfen Alkohol, wenn du ehrlich bist. Naja, das schaffst du schon!"
Er klopfte mir aufmunternd auf die Schulter und verabschiedete sich von mir.
„Du kannst mich auch jederzeit anrufen!" sagte er noch zum Schluß.
Auf dem Heimweg ging mir noch vieles durch den Kopf. Die anderen hatten ja alle recht. Ich konnte wirklich nicht mit Alkohol umgehen. Ob ich nun alkoholkrank war oder nicht, spielte eigentlich keine Rolle. Auf jeden Fall sollte ich besser ohne Alkohol klar kommen, schon wegen der anderen um mich herum, die es gut mit mir meinten.

Ende Februar 1983 kaufte ich mir ein Motorrad.
Ich hatte das Inserat in der Sächsischen Zeitung gelesen:

MZ ES 175, Bj. 1968, guter Zustand, für 500,- Mark, nachmittags bei ...

Das war ein guter Preis und die angegebene Adresse war nur drei Straßenbahnhaltestellen entfernt. Ich machte mich sofort auf den Weg und hatte Glück. Die Maschine war noch da. Der Besitzer verkaufte sie aus Altersgründen und hatte sie wirklich gepflegt. Das konnte ich unschwer erkennen, als ich sie in Augenschein nahm. 18.565 km stand auf dem Tacho, also in 15 Jahren kaum gefahren. Ich war begeistert.
Ich versprach, am nächsten Tag das Geld zu bringen und der Verkäufer versprach mir wiederum, das Motorrad für mich bis dahin auf jeden Fall zu reservieren.
Vor Freude war ich völlig aufgeregt. Deshalb ging ich gleich bei meiner Mutter vorbei und erzählte ihr die Neuigkeit. Sie war bedeutend weniger begeistert wie ich. „Na hoffentlich rast du dann nicht auch so wie die Verrückten mit ihren Mopeds auf der

Moritzburger Straße. Da kann man nur noch zur Seite springen, wenn die angeknattert kommen", meinte sie skeptisch.
„Ganz bestimmt nicht", versicherte ich ihr.
„Hast du denn überhaupt so viel Geld?" fragte sie mich zweifelnd.
„Ja, hab ich, muß ich nur morgen nach der Arbeit schnell vom Konto abheben", antwortete ich.
Sie überlegte einen Moment und bot mir dann an: „Ich kann das Geld ja morgen früh von meinem Konto holen, dann brauchst du nach der Arbeit nicht so zu hetzen. Vielleicht müßt ihr auch wieder länger arbeiten? Du kannst es mir ja dann ein paar Tage später wiedergeben."
So machten wir es letztendlich auch. Von da an fuhr ich jeden Weg nur noch mit dem Motorrad, egal wie das Wetter war.

Einige Wochen später, im März 1983 konnte ich endlich die LKW-Fahrschule, zu der mich Siggi schon lange angemeldet hatte, beginnen. Es ging darum, daß ich nicht mehr nur zum Fußvolk in der LPG zählen sollte, sondern wenn Not am Mann war, auch einen Traktor fahren konnte. Genauso, wie ich immer im Bullenstall aushalf, wenn dort einer der Stammkollegen krank war oder einfach nur mal frei haben wollte.
Bezahlen brauchte ich die Fahrschule nicht, denn ich war von der LPG delegiert und bekam für die Tage, an denen ich Unterricht hatte, ganz normal meinen Lohn weiter gezahlt. Das war genial. Andere hatten ihre LKW-Fahrerlaubnis kostenlos bei der Armee gemacht, ich machte meine jetzt in der LPG.
Allerdings lag der Ort, in welchem die Ausbildung durchgeführt wurde, ziemlich weit weg. Das kleine Nest nannte sich Folbern und war ein Nachbarort von Großenhain. Wenn man dort hin wollte, mußte man erst von Radebeul aus bis zum Hauptbahnhof in Dresden und von dort aus mit dem Überlandbus in Richtung Großenhain fahren. Das war sehr umständlich und dauerte viel zu lange.
Ich hatte erfahren, daß „Wassermann" von den Freilandgärtnern in Naundorf, im gleichen Fahrschulkurs war wie ich. „Wassermann" hieß eigentlich Christian und hatte deshalb diesen Spitznamen, weil er für die Beregnung der Gemüsefelder in dem Bereich zuständig war. Er war ein prima Kerl und wir verabredeten uns, gemeinsam mit unseren Motorrädern nach Folbern zu fahren.

Bei der Theorie hatten wir beide auch keine größeren Probleme. Schließlich war die Straßenverkehrsordnung nichts neues für uns. Nach dem wir die theoretische Prüfung bestanden hatten, vereinbarte unser Fahrschullehrer mit uns gleich einen Termin in den nächsten Tagen, an dem wir auf den Fahrtrainer sollten. Das war ein Gerät, an dem man mittels eines Films, das Fahren trainieren konnte.

Als wir aber an dem vereinbarten Tag erschienen, war der Fahrtrainer kaputt. Damit wir aber nicht um sonst gekommen waren, versuchte unser Fahrlehrer, Herr Krug, daß wir wenigstens ein paar Runden im Fahrgarten fahren konnten.

Der Fahrgarten war ein großer Platz mit aufgemalten Straßen, auf dem mehrere Fahrschüler gleichzeitig mit Traktoren üben konnten. Nach längerer Diskussion mit seinen Kollegen durften wir endlich mitfahren. Allerdings nicht lange, denn die Zeit reichte gerade mal dazu, daß ich mit meinem ZT300 dreimal Anfahren und Anhalten üben konnte. Dann sollte schon wieder der nächste Schüler auf meinen Traktor.

Da Herr Krug nun auch ungewollte Freizeit hatte, entschloß er sich, uns gleich ins Wasser zu werfen.

Auf der Straße stand sein Fahrschul-LKW vom Typ W50 mit Anhänger. Wir konnten selbst entscheiden, wer als erster fahren sollte. Wassermann gab mir den Vortritt. Ich war zwar schon hin und wieder mal mit einem Traktor gefahren. Das war aber höchst selten gewesen und dann auch nur auf dem Feld. Jetzt sollte ich so einen großen LKW gleich auf der Straße lenken und noch dazu mit Anhänger. Das war vielleicht aufregend. Trotzdem klappte es den Umständen entsprechend ziemlich gut. Auch Christian, der Wassermann, machte seine Sache gut.

Wir brauchten deshalb nur wenige Fahrstunden, um zur Prüfung zugelassen zu werden.

Bei der ersten praktischen Prüfung fiel ich allerdings durch. Der Prüfer dirigierte mich durch die engen Straßen der inneren Neustadt in Dresden.

An einer Einmündung in eine gleichrangige Straße sollte ich rechts abbiegen. Ich konnte nach rechts gut einsehen, sah auch, daß von da ein Trabant angefahren kam, aber die Straße war breit genug dafür, daß auch noch mein W50 Platz hatte, dachte ich.

Als ich gerade meinen LKW in die Straße einlenken wollte, machte mein Fahrschullehrer eine Vollbremsung. Ich war reichlich erschrocken und aus war der Traum. Ich war durchgefallen.
Die Begründung lautete, da ich mit meinem Hänger hinten dran weit ausholen mußte, damit ich um die Kurve kam, hätte ich das entgegenkommende Fahrzeug stark behindert. Nachdem meine erste Wut verflogen war, sah ich dieses Argument auch ein.
Den nächsten Anlauf, das heißt die Wiederholungsprüfung, schaffte ich dann ohne Probleme. Damit hatte ich meine Fahrerlaubnis in der Tasche. Jetzt durfte ich im Straßenverkehr alles fahren, außer Bus. Dazu hätte ich extra noch einen Personenbeförderungsschein machen müssen, aber das brauchte ich ja nicht.

Trotz meines neuen Führerscheins kam ich auf Arbeit kaum zum Fahren. Fred hatte jetzt einen neuen ZT 303, Wolle fuhr den ZT 300, den Fred davor hatte und Werner fuhr seinen alten „Russen“. Mehr Traktoren hatten wir nicht in der Brigade. Höchstens noch den alten RS 09. Den fuhr aber meistens Horst.
Mit der Zeit hatte es sich auch ergeben, daß ich immer mehr im Stall aushalf, um schließlich Stammaushilfe zu werden. Bisher hatte das immer mal ein anderer aus unserer Brigade gemacht.
Das Problem war ja, daß die Arbeiten im Stall jeden Tag erledigt werden mußten, eben auch an Sonn- und Feiertagen. Es war schon viel, wenn einer der Stammkräfte auf vier freie Tage im Monat kam. Noch problematischer war es dann, wenn jemand mal Urlaub machen wollte oder krank war.
Mir machte die Arbeit, so anstrengend sie auch war, viel Freude. In der Bullenmastanlage Naundorf, so nannte sich der Stall, wurden ständig 550 Tiere versorgt. Sie kamen zu uns als kleine niedliche Vormastkälber mit 70 kg Gewicht und verließen uns als riesige Mastbullen mit 8 bis 10 Zentner Lebendgewicht in Richtung Schlachthof.
Mit den Kollegen hier im Stall kam ich auch wunderbar klar. Ob es Werner Schuster, der Brigadeleiter, ob es Klaus Berthold, Willi Elsner oder Walter Thienel war, bei allen hatte ich das Gefühl, daß sie sich freuten, wenn ich ihnen half. Es war hier ganz besonders wichtig, daß sich jeder auf den anderen verlassen konnte, denn die Bullen waren nicht ganz ungefährlich und oftmals unberechenbar.

Hin und wieder riß sich über Nacht eines der großen Tiere von den Ketten los und mußte am Morgen wieder eingefangen werden. Dabei gingen sie in natürlicher Selbstverteidigung mit den Hörnern auf uns los. Deshalb war es wichtig, daß man darauf achtete, daß man genügend Platz hatte, um zur Seite springen zu können. Hatte man den Platz nicht mehr, mußte ein Kollege mit dem Knüppel dazwischen gehen und damit den Bullen ablenken, bis der andere Kollege in Sicherheit war.
Vom Stammpersonal hatten aber alle mindestens schon einmal die schmerzhafte Erfahrung machen müssen, wie es ist, wenn der Bulle einen doch erwischte.
Ganz besonders gefährlich war es, wenn sich über Nacht gleich mehrere Tiere losgerissen hatten oder wenn der Abtransport zum Schlachthof erfolgte. Da mußten die größten und schwersten Bullen losgebunden werden und auf das Fahrzeug getrieben werden. Die Tiere spürten ihr drohendes Unheil bereits vorher.
Der große Viehtransporter war gerade erst in die Niederwarthaer Straße eingebogen, also noch einige 100 Meter entfernt vom Stall, da herrschte unter den Bullen bereits allergrößte Aufregung.
Ich selber hatte mir bei jeder neuen Lieferung ein Lieblingskalb ausgesucht. Das besuchte ich, so oft ich konnte und gab ihm ein paar Leckerbissen. Am liebsten fraßen es Würfelzucker, aber auch mit einer Hand voll Schrot konnte ich es glücklich machen. Aus Dank dafür leckte es mir meine Hand sauber. Auch seinen Ruf konnte ich immer aus allen anderen Tieren heraus hören.
Diese Bindung brach ich aber ab, sobald die Tiere aus dem kleinen Stall in den großen umgestallt wurden. Sonst hätte ich sie später auf keinen Fall auf den Viehtransporter treiben können. Das hätte ich nicht übers Herz gebracht.
Selbstverständlich gab es im Stall auch Erschwerniszuschläge, denn die Arbeit war nicht nur gefährlich, sondern ging auch ganz schön über die Knochen.
Hinzu kam noch die geteilte Arbeitszeit. Früh arbeiteten wir von 5 Uhr bis 9.30 Uhr und am Nachmittag noch einmal von 14.30 Uhr bis 18 Uhr.
Alles war überwiegend Handarbeit. Als erstes bekamen die Tiere Schrot, den wir aus Säcken, die wir auf der Schulter trugen, in die Futterrinne streuten. Danach gab es Mais- oder Futterkornsilage und

Heu. Das verteilten wir alles von Anhängern, die von einem Traktor langsam durch den Futtergang gezogen wurden. Jedoch war der Stall so niedrig, daß wir das nur in gebückter Haltung tun konnten.
Nach dem Füttern wurde ausgemistet. Mit dem Mistschieber schoben wir den Mist, der zwischen den Tieren lag, auf den Gang, wo er mit einem RS 09 zur Mistplatte geschoben wurde.
Zum Schluß streuten wir noch frisches Stroh zwischen die Bullen.
Da zu jeder Schicht nur drei Handarbeiter und ein Traktorist gehörten, hatten wir bei 550 Tieren hintereinander zu tun. Da gab es kaum ein Verschnaufen.
Ich hatte mir als Kind, wie sich erst viele Jahre später herausstellte, durch Haltungsfehler eine Wirbelsäulenverkrümmung zugezogen.
Die ersten Rückenschmerzen stellten sich ein, als ich im Strafvollzug beim Gleisbau die schweren Schienenschwellen schleppen mußte, wenn der Kran kaputt war. Und das war öfters der Fall.
Die Schwellen bestanden auch nicht aus einfachem Holz, sondern waren mit Holzschutzmitteln so voll getränkt, daß sie bestimmt doppelt so schwer waren, wie normales Holz.
Hier im Stall hatte ich jetzt auch wieder diese Schmerzen bekommen, die in Zukunft auch nicht mehr weggehen sollten. Ich biß aber die Zähne zusammen, denn ich wollte die anderen Kollegen nicht im Stich lassen und schließlich hatte hier ja jeder so seine Wehwehchen.
Das für mich Unangenehmste an der Stallarbeit war allerdings die morgendliche Arbeitszeit. Wenn ich jeden Morgen um 5 Uhr anfing, bedeutete das für mich, daß ich 4.15 Uhr aufstehen mußte.
Das war fürchterlich oder treffender ausgedrückt, es war grausam.
Manchmal hatte ich nachts, aus Angst es zu verschlafen Alpträume. Natürlich träumte ich immer dasselbe. Ich hatte es verschlafen und meine Kollegen im Stall mußten die viele Arbeit alleine machen.
Wenn ich von diesen Träumen aufwachte, versuchte ich, lieber gleich munter zu bleiben, denn ich hatte Angst, daß ich vielleicht meine 5 Wecker nicht hören würde.
Ich kann mich erinnern, daß ich sogar einmal um 2 Uhr in der Nacht in den Stall fuhr. Ich war wieder, von Alpträumen geplagt, aufgewacht und merkte aber, daß ich noch zu müde war, um mich bis 4.15 Uhr munter zu halten. Wenn ich wieder einschlief, da war ich

mir sicher, würde ich garantiert keinen Wecker hören. So entschloß ich mich, lieber gleich auf Arbeit zu fahren und dort im Aufenthaltsraum in einem der alten Sessel weiter zu schlafen. Als die anderen Kollegen um 5 Uhr eintrafen, staunten sie nicht schlecht, daß ich bereits da war, weil das Tor noch abgeschlossen war und kein Licht brannte, denn ich war im Finstern gleich über den Zaun geklettert.
Ich erzählte ihnen, warum ich hier geschlafen hatte.
„Da ist es vielleicht besser, wenn du gleich dein Bett hierher bringst“, riet mir Willi. „Da kannst du wenigstens in Ruhe schlafen, bis wir dich wecken.“
„Ach, daran gewöhnst du dich noch“, winkte Werner ab. „Warte mal ab, in ein paar Wochen wachst du von allein auf. Da brauchst du gar keinen Wecker mehr.“
Er behielt auch recht. Ich hatte nach einiger Zeit überhaupt keine Probleme mehr, um 4.15 Uhr meine Wecker zu hören.
Ganz ohne sie ging es aber doch nicht, denn schließlich war ich nicht ständig im Stall, sondern nur tageweise. Sonst war ich nach wie vor noch bei Siggi in der Brigade und da brauchte ich erst 5.30 Uhr aufzustehen.

Es war noch das Frühjahr 1983, die Jahreszeit der besonderen Gefühle. Ich gab wieder eine Annonce nach der anderen auf.
Nach wie vor machte ich dabei den gleichen Fehler und traf mich lediglich mit einer der Interessentinnen unter den vielen Zuschriften. Ich bekam es einfach nicht fertig, mich an dem einen Tag mit der einen, am nächsten Tag mit der anderen usw. zu treffen.
So blieb es immer nur bei der Ersten und es wurde immer zu spät, danach noch einer zweiten Zuschrift zu antworten.
Oft traf ich mich nämlich mit meiner Favoritin nicht nur einmal sondern mehrmals, weil ich mir sagte, der erste Eindruck muß ja nicht immer der beste sein.
Meistens war es ja auch die Partnerin, die mich unbedingt wieder sehen wollte, und ich konnte so schlecht nein sagen, auch wenn ich manchmal gleich wußte, daß das sowieso nichts wird.
Mit der Zeit war meine Freizeit recht ausgefüllt. Ich mußte Inserate schreiben und aufgeben, dann die Zuschriften abholen, um sie schließlich, und das war das Schwierigste, zu sortieren.

Aus Erfahrung klug geworden, wählte ich nur noch die drei besten aus, bis ich mich endlich für die allerbeste entschieden hatte und ihrem Brief antwortete, in dem ich mich etwas näher vorstellte. Sie sollte dann ein Treffen vorschlagen.
Langsam artete das Ganze zu einem Hobby aus. Ich war ständig beschäftigt und das nicht mit den schlechtesten Dingen dieser Welt, aber es hatte auch manchmal einen großen Nachteil.
Nicht immer hatten diejenigen Damen, mit denen ich mich getroffen hatte, das Einsehen, wenn ich ihnen sagte, daß ich mich nicht mehr mit ihnen treffen wollte.
Durch das Motorrad konnte ich mich jetzt auch mit Mädels treffen, die etwas weiter weg wohnten. Das war wirklich vorteilhaft, denn oft kamen von dort die ansprechendsten Briefe, zum Beispiel der von Sonja aus einem kleinen Dorf bei Radeburg. Sie hatte mir folgendes geschrieben:

Hallo lieber Unbekannter !
Ich bin die Sonja. Ich möchte mich gern mit dir treffen, weil mir dein Inßerrat gefallen hat. Ich bin 24 Jahre und etwas kreftig. Mein Sohn heist Thilo und is 1 Jahr und 5 Monate. Ich wohne im Haus von meinen Eltern. Sie haben hir eine Bäckerei und ein par Schweine.
Ich habe schon auf viele Inßerrate geschrieben aber keine Antwort gekriegt.
Ich freue mich rießig, wenn du mir schreibst.

Sonja

Die Fehler in dem Brief machten mir nichts aus, auch nicht daß sie kräftig war. Dünne Bohnenstangen waren sowieso nicht mein Fall. Vielmehr fand ich andere Dinge interessant, die sie schrieb. Da ich gerne in der Landwirtschaft arbeitete, konnte ich mir gut vorstellen, auf einem Dorf zu leben. Viele meiner Kollegen betrieben nebenbei noch I-Wirtschaft. Das bedeutete, sie bauten noch individuell und privat Gemüse an oder mästeten Schweine und Kaninchen. Das verkauften sie dann, und sie hatten dadurch ein schönes Nebeneinkommen.
Das wollte ich auch gern machen, nur hatte ich weder ein Stück Land noch einen Stall. Bei Sonja könnte so etwas möglich werden.

Wenn die Eltern eine Bäckerei hatten, waren sie sicher auch keine armen Leute. Das war auch nicht schlecht. Außerdem berührte mich der kleine Sohn, der da noch mit da war. Ich war inzwischen in dem Alter, wo ich mir gut vorstellen konnte, eine richtige Familie zu haben, richtig mit Kindern und so. Ich würde bestimmt einen guten Vater abgeben, das traute ich mir zu.
Kurz gesagt, es paßte alles in meine Vorstellungen, und ich malte mir meine Zukunft schon in den schönsten Farben aus. Das mußte ich unbedingt probieren.
Ich schrieb ihr, daß ich mich über ihre Zuschrift am meisten gefreut hatte und daß ich sie gern besuchen kommen würde, wenn sie nichts dagegen hätte. Denn schließlich wäre es ja für sie sicherlich umständlich mit dem Kind, wenn wir uns erst irgendwo anders treffen würden.
Es dauerte auch nicht lange, bis die Antwort kam:

Mein lieber Stephan !
Ich habe mich rießig gefreud, daß du mir geschrieben hast. Ich habe schon so offt auf Inßerrate geschrieben aber bisher habe ich noch keine Antwort bekommen. Deshalb freue ich mich rießig, daß du mich treffen willst. Das du gleich zu mir kommen willst finde ich gut. Deshalb late ich dich für Sonnabend 16 Uhr zum Kaffeetrinken ein.
Ich freue mich rießig !
Viele liebe Grüße !

deine Sonja

Oje, dachte ich, das kann ja heiter werden. *Mein lieber...* und ... *deine Sonja*, das klang so, als wenn sie bereits über beide Ohren in mich verliebt wäre. Dabei hatte sie mich ja noch gar nicht zu Gesicht bekommen. Vielleicht fiel sie gleich in Ohnmacht, wenn sie sah, wie dünn ich war, oder sie war von meiner langen Nase geschockt?
Bis zum Samstag waren es noch zwei Tage, und ich mußte zugeben, daß ich in dieser Zeit ziemlich aufgeregt war. *Mein lieber ...* und ... *deine Sonja*, das hatte bis jetzt noch keine in einem ihrer ersten Briefe geschrieben. Das war etwas ganz Besonderes. Um so mehr war ich auf dieses Mädel gespannt.

Ich hatte das Wochenende frei genommen. Das war zwar nicht so einfach, weil ausgerechnet jetzt einer der Kollegen im Stall Urlaub machte, aber die anderen hatten Verständnis dafür, daß mir der Treff äußerst wichtig war.
Am Samstag dann endlich schwang ich mich auf mein Motorrad und fuhr hin, nicht so schnell, sondern ganz vorsichtig, damit mir der Fahrtwind die Blumen unter meiner Jacke nicht zerdrückte. Ich hatte in der LPG-eigenen Gärtnerei 5 Gerberas besorgen können.
„Bäckerei Weigel" stand auf dem Schild, welches über dem Laden hing. Er befand sich im Erdgeschoß eines kleinen Einfamilienhauses. Es war zwar nicht im allerbesten Zustand, aber auch nicht heruntergewirtschaftet. Hinter dem Haus mußte die Backstube liegen, denn ein etwas größerer Schornstein ragte dahinter hervor.
Ansonsten schien das Grundstück riesengroß zu sein, denn nach hinten zu konnte ich, außer der Wiese und den Bäume keine Begrenzung erkennen.
Ich stellte meine ES neben die Gartentür. Dann nahm ich den Helm ab und fuhr mir gewissenhaft mit den Fingern durch die Haare. Mit klopfendem Herzen drückte ich auf den Klingelknopf.
Ich hatte ihn noch gar nicht richtig losgelassen, als sich bereits die Haustür öffnete. Ein Mann um die 50 kam lächeln auf mich zu und machte mir das Tor auf.
„Wir haben Sie bereits erwartet", sagte er und reichte mir die Hand.
„Weigel", „Hoffmann", stellten wir uns gegenseitig vor.
„Kommen Sie herein, der Kaffee ist schon fertig", forderte er mich freundlich auf.
Ich hatte eigentlich erwartet, daß ich mich mit Sonja alleine treffen würde und nun hatte alles den Anschein, als sollte das gleich ein großes Familientreffen werden. Ich fand das überhaupt nicht angenehm, und mein Herz rutschte mir in die Hosentasche.
Nachdem ich im Flur meine Jacke ausgezogen und den Motorradhelm an einen Haken gehangen hatte, wurde ich von Herrn Weigel weiter ins Wohnzimmer gebeten. Mit meinen Blumen in der Hand trat ich ein und mein erster Blick fiel auf sie.
Der Eindruck, den sie auf mich machte, war unbeschreiblich.
Mir wurden die Knie weich. Ich war wie gelähmt und fast wären mir die Blumen aus der Hand gefallen.
Sonja saß auf der gegenüberliegenden Seite des Tisches und schau-

te mir erwartungsvoll entgegen. Jedenfalls nahm ich das an, denn sie schielte so sehr, daß es eher so aussah, als ob sie sich mit beiden Augen ihre Nase betrachtete.
Sie hatte lange schwarze Haare und ihre eigene Beschreibung als *„etwas kreftig"* war äußerst verharmlosend gewesen. Sie war nämlich nicht nur dick, sondern ganz gewaltig dick.
„Guten Tag!" sagte jemand an meiner Seite und riß mich damit aus meinem schockähnlichen Zustand. Es war die Mutter mit der Kaffeekanne in der Hand, die mich begrüßte.
Geistesgegenwärtig überreichte ich Sonja die Blumen und gab ihr die Hand. Rechts neben ihr saß ihr kleiner Sohn. Er wurde mir als Mischi vorgestellt. Allerdings wollte er von mir nichts wissen. Als ich nämlich versuchte, seine kleine Hand zu schütteln, versteckte er sein Gesicht lieber in dem riesigen Busen seiner Mama.
Den Platz an ihrer linken Seite hatte Sonja für mich reserviert und sie bat mich auch gleich, diesen einzunehmen, was ich auch tat. Doch nun saß ich förmlich in der Klemme. Mein Stuhl stand so dicht an Sonjas Seite, daß ich halb auf ihr lümmelte. Nach links konnte ich aber nicht weiter ausweichen, denn dann hätte ich die Stehlampe umgeworfen, die ausgerechnet dort stehen mußte. Ihr schien das aber zu gefallen, denn sie meinte kichernd: „Wir beide werden schon Platz haben."
Aus der Küche kamen noch die beiden Brüder Sonjas, Ralf und Volker, die im Nachbardorf wohnten. Ein Glück, daß nicht auch noch die Onkels und Tanten eingeladen waren.
Sonjas Mutter mußte wohl meine Gedanken erraten haben, denn sie erklärte mir: „Volker und Ralf kommen immer am Wochenende zu uns zum Mittagessen und Kaffeetrinken."
Ich nickte verständnisvoll und wurde nun aufgefordert, tüchtig zuzulangen.
Auf dem großen Tisch türmten sich Berge von Apfelkuchen, Streuselkuchen, Bienenstich, Sahnerollen, Kirschtaschen, Prasselkuchen, Quarktorte, Schokosahnetorte, Pfirsischtorte ...
„Hat alles mein Vater gebacken", sagte Sonja kauend. Sie hatte sich gleich ein Stück Schokosahnetorte und eine Sahnerolle geangelt. Ihre Mutter bemerkte, daß ich ja noch gar nichts auf meinem Teller hatte.
„Oh, Sie essen wohl keinen Kuchen?" fragte sie.

„Doch, doch, ich kann mich nur nicht so schnell entscheiden“, antwortete ich ihr und entschied mich schließlich für die Schokosahnetorte.
„Sie können ruhig alles mal probieren. Es ist genug da.“
Ich nickte.
„Hm, Sie sind doch aus Radebeul, Stephan. Ich darf Sie doch Stephan nennen?“ fragte mich der Vater.
Wieder nickte ich.
„Wie kommt es denn, daß sich einer aus der Stadt ein Mädchen vom Dorf sucht?“
Aha, daher weht der Wind, dachte ich mir. Ein typischer Dorfbewohner also, der dem Städter erst einmal mit Mißtrauen entgegen kommen muß.
„Na ich wohne zwar in der Stadt, arbeite aber in einer LPG. Außerdem würde ich lieber auf einem Dorf, als in der Stadt wohnen“, sagte ich.
„In Radebeul eine LPG, wie soll die denn heißen?“ fragte er skeptisch die Stirn runzelnd
„LPG Frühgemüsezentrum ‚Wilhelm Wolff‘.“
„Ach so, die große Gärtnerei meinen Sie.“
„Ja, aber innerhalb des Frühgemüsezentrums gibt es einen Bereich Landwirtschaft mit Pflanzen- und Tierproduktion“, erklärte ich ihm.
Ich erzählte ausführlich, welche Arbeiten ich in der LPG verrichtete, und ich merkte, daß ich langsam die Anerkennung der Familie gewann.
Sonja hatte unterdessen mindestens sechs Stück Kuchen oder Torte in sich hineingestopft, ich zwei. Der kleine Mischi wollte bei seinem 3. Stück nicht mehr und schob seinen Teller weg. Seine Mama erbarmte sich und aß den angebissenen Streuselkuchen auf.
Nachdem ich mindestens dreimal gefragt wurde, ob ich denn wirklich nichts mehr essen wollte, fing die Mutter an, den Tisch abzuräumen. Das war sicherlich der Zeitpunkt, an dem sich Sonja mit mir in ihr Zimmer zurückziehen wollte.
Doch wie aufs Stichwort stand der Vater auf und ging in einen Nebenraum. Ich hörte ihn klappern und kurz darauf kam er mit ein paar Flaschen Bier und einer Flasche Wodka zurück. Eine der Flaschen Bier stellte er vor mich auf den Tisch und fragte: „Brauchen Sie ein Glas? Wir sind nämlich alle Flaschenkinder“, erklärte er lachend.

Ich hatte einen unsagbaren Appetit auf das Bier. Am liebsten hätte ich mich in der Situation, in der ich mich hier befand, total besoffen.
Aber ich dachte an meine Kollegen, an meine Mutter und vor allem an mein Motorrad, das draußen auf mich wartete.
„Nee danke“, antwortete ich abwehrend. „Ich trinke überhaupt nichts, wenn ich mit dem Motorrad unterwegs bin.“
„Na, wenigstens ein Bier, das kann doch nicht schaden. Bis du wieder fährst, ist das doch weg!“ drängelte Volker.
Blöder Mist, dachte ich, was sage ich denn jetzt?
Schließlich fiel mir nichts besseres ein und ich sagte bestimmt: „Trotzdem, ich hab da meine Prinzipien. Wenn ich mit dem Motorrad unterwegs bin, trinke ich keinen Schluck.“
„Ach Quatsch, sei doch kein Spielverderber!“ schaltete sich Sonja mit in das Gespräch ein und schubste mich mit ihrem dicken Hintern.
Ich mußte mich am Tisch festhalten, um nicht vom Stuhl zu fallen, denn dabei hätte ich die Stehlampe mit umgerissen.
„Du kannst ruhig etwas trinken und du kannst auch so lange bleiben, bis deine Fahne wieder weg ist. Morgen kannst du ja ausschlafen“, drängelte sie weiter.
Ich schüttelte mit dem Kopf. Zum Glück kam mir ihre Mutter zu Hilfe. „Na, nun laßt ihn doch, wenn er nichts trinken will! Wollen Sie lieber einen Kirschsaft trinken?“ fragte sie mich.
„Das wäre mir, ehrlich gesagt lieber“, sagte ich erleichtert.
Frau Weigel nickte ihrem Mann zu. Der verstand und erhob sich, um erneut in den Nebenraum zu gehen. Wahrscheinlich war er hier für die Getränke zuständig.
„Da kannst du mir gleich den Kirschlikör mitbringen“, rief ihm Sonja hinterher und an mich gewandt sagte sie: „Du hast doch hoffentlich nichts dagegen, wenn ich etwas trinke?“
„Nee, ganz bestimmt nicht“, versicherte ich ihr.
„Die Weiber mögen den Wodka nicht, die trinken lieber diese süßen Schlüpferstürmer“, raunte mir der Vater zu, als er die Flaschen auf den Tisch stellte. Ich bekam einen roten Kopf, worüber sich Sonja köstlich amüsierte. Sie ergriff jetzt die Initiative, holte die Schnapsgläser und je ein Limonadenglas für mich und Mischi. Dann schenkte sie jedem ein, erhob ihr Glas und sagte: „Na, dann Prost auf unseren Stephan!“

Ich kam mir ziemlich blöd vor, als ich den anderen mit meinem Kirschsaft zuprosten mußte. Volker und Ralf schielten dabei auch etwas verächtlich nach meinem Glas. Trotzdem war ich froh, daß ich mich nicht hatte überreden lassen.
„Oh, das klebt das Zeug“, sagte Sonja kichernd und schnappte sich eine der Bierflaschen. „Da muß man gleich was nachspülen.“
Sie trank auch gleich aus der Flasche und ich mußte feststellen, daß sie gar keinen schlechten Zug drauf hatte.
Nach zwei weiteren Kirsch schaffte Sonjas Mutter den Kleinen endlich hinaus. Ihm schien es in unserer Runde nicht sonderlich zu gefallen, denn er knatschte nur noch herum. Jetzt durfte er endlich draußen im Sandkasten spielen.
Die Stimmung wurde immer gelöster. Sonja hatte bereits einen Schwips und bettelte mich immer fort: „Stephan, einen Kleinen darf ich doch noch trinken oder?“
Schließlich ging sie mir damit so auf die Nerven, daß ich antwortete: „Du brauchst mich doch nicht um Erlaubnis zu bitten. Schließlich bist du erwachsen genug, oder?“
„Und wie erwachsen ich bin“, entgegnete sie entschieden und goß sich das nächste Glas demonstrativ voll bis zum Rand. Dann kippte sie es in einem Zug hinter, küßte mich auf die Wange, kicherte und sagte, als wollte sie es mir damit beweisen: „Siehst du!“
Dabei ergriff sie meine Hand und legte sie auf ihren linken Oberschenkel. Zum Glück war ihr Kleid nicht so kurz. Mit einiger Anstrengung zog ich sie von da wieder weg. Schon alleine deshalb, weil ihr Vater das beobachtet hatte.
Mit prüfendem Blick sah er seine Tochter an und sagte dann schließlich: „Na, ich glaube es wird Zeit, daß ihr euch in deine Wohnung verzieht, Sonja. Ihr habt euch sicherlich noch viel zu erzählen.“
„Da muß ich mir aber noch etwas Mut antrinken“, entgegnete sie, und zu mir gewandt fuhr sie fort: „Du hast doch nichts dagegen, mein Schatz oder trinkst du einen mit?“
Ohne meine Antwort abzuwarten, goß sie sich das Schnapsglas erneut voll und kippte es hinter. Natürlich vergaß sie auch diesmal nicht, ordentlich mit Bier nachzuspülen, den das „Zeug“ klebte schließlich immer noch so fürchterlich.
Dann stand sie auf, ergriff meine Hand und zog mich mit hoch.
„Du brauchst dich von meinen Eltern noch nicht verabschieden,

die siehst du ja noch, höchstens von Ralf und Volker. Die gehen dann wieder heim."
Ich gab den Brüdern die Hand.
„Bis zum nächsten Mal", sagte Volker. „Ja, bis bald", schloß sich Ralf an.
„Naja, tschüß erst mal", nickte ich flüchtig den Eltern zu, denn Sonja hatte bereits wieder meine Hand ergriffen und zog mich im Schlepp aus dem Haus.
„Wenn der Kleine bei uns schlafen soll, dann brauchst du ihn mir nur zu bringen", rief uns ihre Mutter hinterher.
„Ach was, den stecke ich dann gleich ins Bett", rief Sonja zurück.
Und dann verabschiede ich mich gleich, dachte ich so bei mir.
Ich hatte den Wunsch, mich wieder aus dem Staub zu machen, schon die ganze Zeit gehabt, denn eigentlich war ich nur aus Anstand vor den Eltern noch geblieben. Die schienen mir ja noch ganz sympathisch zu sein.
Als wir um das Haus herum kamen, war Mischi so vertieft in seine Sandbäckerei, daß er uns erst bemerkte, als wir unmittelbar neben dem Sandkasten standen.
Er muß sich von irgendwo her Wasser besorgt haben, denn er war vom Scheitel bis zur Sohle mit Pampe beschmiert.
„Mischi, wie siehst du denn wieder aus", rief Sonja. „Komm mit, da kannst du gleich baden."
Aber Mischi wollte nicht. Er wollte lieber noch ein paar Kuchen backen. Seine Mutter versuchte ihn am Arm zu ziehen, aber das mißglückte ihr gewaltig. Sie hatte nicht mehr die notwendige Standfestigkeit für solche Aktionen. Ich konnte sie gerade noch festhalten, sonst wäre sie auf den Kleinen im Sandkasten gefallen.
Der fing natürlich gleich an zu weinen. Wir benötigten eine Ewigkeit, um ihn wieder zu beruhigen und um ihn zu überzeugen, daß es in der Badewanne auch Spaß machte. Endlich kam er mit.
Sonjas Wohnung befand sich im Seitengebäude neben der Backstube im Erdgeschoß. Sie bestand darauf, daß ich mir zuerst alle Räume ansah und entschuldigte sich dafür, daß nicht sonderlich aufgeräumt war. Die Zimmer waren alle recht klein. Im Schlafzimmer, welches sie mir als erstes zeigte, hatte gerade mal ein großes Doppelbett, ein riesiger Kleiderschrank und Mischis Kinderbett Platz. Auch das Wohnzimmer war nicht viel größer. Wenn man hineinkam, stand

rechts eine moderne Schrankwand. Links, gleich neben dem Kachelofen, stand das Ställchen mit einer Menge Spielsachen. Mischi hatte kaum Platz darin. Daran anschließend stand eine ausgeklappte Doppelbettcouch. In der Mitte des Wohnzimmers standen noch zwei alte Sessel und ein Tisch. Der Raum wirkte sehr finster, denn das kleine gegenüber der Tür liegende Fenster spendete nur wenig Licht. Die Küche war etwas geräumiger. Auch hier stand ein Ställchen für Mischi.

Das Bad war voll gefliest, auch der Fußboden. Man konnte unschwer erkennen, daß ein Bäckermeister eben Beziehungen hatte, denn an solche schönen Fliesen heranzukommen, war sicherlich nicht einfach.

„Oben sind auch noch zwei Zimmer, aber die stehen noch leer. Mir hat das hier unten bis jetzt gereicht", sagte Sonja, als wir die Besichtigung beendet hatten. „Du kannst ja inzwischen ins Wohnzimmer gehen und dir den Fernseher anmachen, wenn du willst. Ich mach derweil den Kleinen fertig."

Sie hatte schon angefangen, Wasser in die Badewanne zu lassen und der Kleine zappelte ungeduldig, in der einen Hand eine Ente und in der anderen einen Fisch aus Plaste.

Ich ging ins Wohnzimmer hinüber und ließ mich in den Sessel fallen, der direkt unter dem Fenster stand. Ich hatte beschlossen noch abzuwarten, bis der Kleine im Bett war. Dann wollte ich es ihr sagen, daß es wirklich keinen Sinn mit uns hatte.

Mir fiel ein, daß ich ja noch drüben bei den Eltern meine Jacke und den Sturzhelm hatte. Das war blöd, denn da mußte ich dann noch bei ihnen klingeln, wenn ich ging.

Ich schaltete den Fernseher ein. Es war ein Raduga, ein Farbfernseher aus der Sowjetunion. Meine Mutter hatte zwar auch einen Color 20, aber trotzdem waren Farbfernseher zu dieser Zeit eher die Ausnahme. Bäcker waren eben keine armen Leute. Es lief gerade die Berichterstattung der Fußballoberliga. Das Spiel von Dynamo Dresden hatte ich aber verpaßt. Ich bekam nur noch mit, daß die Mannschaft in Zwickau gewonnen hatte.

Nach einigen Minuten kam Sonja ins Zimmer gestürmt.

„Mensch ist mir warm", rief sie und lief mit schnellen Schritten zur Schrankwand und holte einen weißen Dederon-Kittel heraus. Mit schnellen Bewegungen zog sie sich ihr Kleid über den Kopf und

streifte den BH ab. Die Schlüpfer behielt sie zum Glück an. So unerwartet, wie sie das tat, war es mir etwas peinlich und ich versuchte so zu tun, als ob ich nicht bemerkt hatte, was sie da trieb.
Den Kittel bekam sie über ihrem riesigen Busen kaum zu. Er war so gespannt, daß ich befürchtete, die Knöpfe würden gleich davon fliegen. Das wäre aber auch völlig egal gewesen, denn er war sowieso halb durchsichtig.
Sie schnappte sich Kleid und BH und eilte wieder aus dem Zimmer. Über die Schulter rief sie mir noch zu:
„Ich bin gleich wieder da, Schatz!"
Nun muß ich sagen, daß mir durch die vielen Jahre die ich FKK-Baden war, der Anblick nackter Frauen ganz gewiß nicht unbekannt war. Daß sich aber eine, die ich gerade mal drei Stunden kannte, ohne zu zögern gleich neben mir auszog, hatte ich noch nie erlebt. Sicher lag das an dem Alkohol, daß sie so ungehemmt war, dachte ich mir und merkte dabei gar nicht, daß ich versuchte, ihr Tun damit zu entschuldigen.
Langsam bekam ich aber eine Ahnung, daß es mir nicht leicht fallen würde, mich nachher, wenn der Kleine im Bett war, wieder zu verabschieden. Ich war mir fast sicher, daß sie mich nicht so schnell entkommen lassen wollte.
„So, da sind wir wieder", sagte Sonja, als sie mit dem Kleinen auf dem Arm wieder herein kam.
„Sag dem Onkel Gute Nacht!"
Mischi beugte sich brav herunter und gab dem Onkel einen Kuß auf die Wange.
„Gibt es denn kein Abendbrot?" fragte ich erstaunt.
„Nö, Mischi ißt abends kaum etwas. Da hat er meistens vom Kaffeetrinken noch genug. Opas Kuchen schmeckt eben so gut", erklärte Sonja. „Ich mach uns gleich etwas."
Mischi machte an der Tür noch schön Winkewinke. Dann verschwanden die beiden.
Das hatte ich mir schon gedacht, daß sie jetzt für uns Abendbrot machen wollte. Doch ich wollte mich lieber vorher aus dem Staub machen. Deshalb stand ich schon mal vorsorglich auf, als Sonja wieder ins Zimmer kam.
In den Händen hielt sie eine Bierflasche und eine Flasche Margonwasser. Ihre Kittelschürze war vorn beim Plantschen mit dem Klei-

nen völlig naß geworden. Jetzt war sie gänzlich durchsichtig. Sie bemerkte meinen Blick und kam auf mich zu. „Du hast recht, ich kann sie eigentlich auch ganz ausziehen. Zu Hause laufe ich sowieso lieber nackt herum."

Sie stellte die Flaschen auf den Tisch und begann die Knöpfe zu öffnen.

„Nee, nee, laß sie nur an", wehrte ich schnell ab. „Ich wollte mich sowieso gerade von dir verabschieden."

„Ach Blödsinn", sagte sie entschieden und griff nach meinen Händen. „Ich laß dich doch nicht ohne Abendbrot fort und außerdem kannst du ruhig hier schlafen. Ich hab das schon so eingeplant, daß es gleich mit uns funkt."

Ich wollte etwas entgegnen, aber sie zog mich an sich und sagte leise: „Ist dir eigentlich aufgefallen, daß wir uns noch gar nicht geküßt haben?"

Auch das noch!

Sie kam meinem Gesicht sehr nahe und schaute mir tief in die Augen. Das verwirrte mich, denn ich rätselte, welches ihrer Augen mich ansah. Sie nutzte diese Verwirrung auch prompt aus und küßte mich lang und ausgiebig. Meine Hände drückte sie dabei an ihre Brust und hielt sie fest.

Als sie endlich aufhörte mich zu küssen, war mir im Kopf, als wäre ich besoffen. Ich brachte keinen Ton heraus.

„Siehst du, Stephan, ich hab doch schon gemerkt, daß ich dir gefalle", hauchte sie mir ins Ohr.

Mir war schwindlig, und ich ließ mich in den Sessel fallen.

Sie ergriff meinen Kopf, drückte ihn an ihren riesigen Busen und streichelte mir übers Haar.

„Ich mach uns jetzt etwas zu essen und hinterher machen wir es uns richtig gemütlich", sagte sie dann.

Ich wollte etwas sagen, so in der Art, daß ich doch jetzt lieber gehen wollte und daß es mit uns nichts wird, aber sie hielt mir ihren erhobenen Zeigefinger direkt vor den Mund und sagte: „Keine Widerrede!"

Danach wandte sie sich zur Schrankwand und holte zwei Gläser heraus, ein Limonadenglas für mich und ein Weinglas.

„Ich hab mir überlegt, ich trinke doch lieber ein Glas Wein. Trinkst du eins mit?" fragte sie mich.

„Nee, ich trinke überhaupt keinen Alkohol“, sagte ich.
„Wie, keinen Alkohol?“
„Na eben überhaupt keinen.“
„Wieso, das versteh ich nicht, bist du krank?“ fragte sie entgeistert.
„Ja, daß könnte man so sagen“, gab ich ihr zur Antwort.
„Versteh ich nicht, aber ein kleines Gläschen kannst du doch wenigstens mit trinken. Das kann doch nicht schaden. Was hast du denn für eine schlimme Krankheit?“ bohrte sie weiter.
„Ich bin alkoholkrank oder wie man es auch nennen kann, alkoholsüchtig.“
„Ach so, ich dachte schon du hast sonstwas, und was bedeutet das, alkoholkrank?“
„Das bedeutet, daß ich früher mal viel zu viel Alkohol getrunken habe und davon süchtig geworden bin. Dann war ich zur Entziehungskur und bin jetzt trocken, wie man so sagt. Das heißt, ich trinke gar keinen Alkohol mehr, nicht einen Tropfen“, erklärte ich ihr.
Sie lümmelte auf der Lehne des anderen Sessels und hatte mir aufmerksam gelauscht. „Da warst du wohl auch in Arnsdorf? Von uns hier aus dem Dorf war nämlich auch einer dort, schon zweimal, aber der ist trotzdem jeden Tag besoffen.“
„Das ist bei mir anders. Ich trinke nichts mehr“, sagte ich entschieden.
„Na, aber ein kleines Gläschen schadet doch niemandem“, meinte sie verständnislos.
„Ja, eigentlich niemandem, außer einem Alkoholkranken. Ich könnte mich danach dann nicht mehr beherrschen und würde immer weiter saufen“, versuchte ich ihr zu erklären.
Sie schien das langsam auch zu begreifen und meinte: „Das man dann gar nichts mehr trinken kann ist ja vielleicht doof, aber daß du das so durchhälst finde ich gut. Stört dich das dann, wenn ich etwas trinke?“ fragte sie zaghaft.
„Nein, bei anderen stört mich das nicht. Hauptsache ich werde nicht laufend aufgefordert mitzutrinken. Das geht mir dann auf den Docht.“
„Fein, dann hole ich jetzt die Flasche aus dem Kühlschrank.“
Sie war aufgesprungen und eilte hinaus. Als sie zurück kam, schwenkte sie eine Flasche Rowebo in der Hand.

Ausgerechnet Rowebo, dachte ich, denn den hatte ich früher gern zusammen mit Carmen bei ihr im „Mokka-Eck“ auf der Kopernikusstraße getrunken, schön mit Eis und Zitrone.
„Ich trinke auch nur schnell ein Glas, dann mach ich uns was zu essen“, sagte sie und schenkte sich ein. Mit dem Glas in der Hand kam sie auf mich zu.
„Wir haben noch gar nicht Brüderschaft getrunken. Das müssen wir aber schnell nachholen“, rief sie fröhlich und reichte mir mein Limonadenglas vom Tisch.
Nicht schon wieder, dachte ich.
Dann wand sie ihren Arm um den meinen und sagte: „Prost!“
In einem Zug trank sie das Glas leer. Ich nahm anstandshalber auch einen kleinen Schluck von meinem Margonwasser. Anschließend stellte sie beide Gläser wieder auf den Tisch, langte mit beiden Händen nach meinem Kopf und zog ihn zu sich heran. Sie küßte mich mindestens eine Viertelstunde lang, so kam es mir jedenfalls vor, ehe sie mich wieder losließ. Ich schnappte nach Luft.
Sie kicherte und sagte: „Du kannst jetzt du zu mir sagen. Ich heiße Sonja.“
„Hm, ich ... Stephan“, brummte ich.
„Du bist richtig süß, Stephan. Am liebsten tät ich dich umarmen und nie wieder loslassen.“
Das glaubte ich ihr aufs Wort.
Bevor sie in der Küche verschwand, um das Abendbrot zu machen, mußte sie schnell noch ein Glas Rowebo trinken.
„Wenn du dich auf die Couch setzt, kannst du besser fernsehen“, sagte sie, bevor sie endlich aus dem Wohnzimmer verschwand.
Sie hatte recht, und ich setzte mich dorthin. Die Fußballberichte waren aber leider schon zu Ende und die allgemeinen Sportnachrichten, die jetzt folgten, interessierten mich nicht mehr so sehr. Deshalb machte ich mir Gedanken darüber, wie ich es am besten anstellte, nach dem Essen die Kurve zu kratzen.
Ich brauchte ja dann eigentlich nur schnell aufstehen, „Tschüß“ sagen und vielleicht noch so etwas, wie „ich melde mich wieder“, aber da waren ja noch meine Sachen bei ihren Eltern im Vorderhaus. Wenn ich die holte, würde sie mir garantiert hinterherkommen und ich würde nicht so schnell verschwinden können. Es war alles nicht so einfach.

Viel Zeit zum Überlegen blieb mir auch nicht, denn Sonja kam bereits wieder zurück. Sie brachte ein Tablett und deckte mit erwartungsvoller Miene den Tisch.
Als sie damit fertig war, stand vor mir ein Teller mit Tatar und Ei, daneben ein Schälchen mit Selleriesalat. Ich staunte nicht schlecht, weil ich beides sehr gerne aß. In der Mitte hatte sie Brot und Butter hingestellt. Sie setzte sich dicht neben mich auf das Sofa und mußte bereits lachen, bevor sie den Satz aussprach: „Sellerie ist für Mama gut, wenn ihn Papa essen tut."
Ich fand das weniger komisch, denn es war für mich eine Anspielung auf das, was sie noch weiter mit mir vorhatte.
„Nun iß schön mein Lieber, laß es dir schmecken", forderte sie mich auf.
Sie hatte sich das Gleiche kredenzt und wir begannen zu essen.
Nach einer Weile hielt sie inne und meinte: „Ich hab' ja ganz vergessen, mir was zu trinken einzugießen." Nachdem sie ein paar Schlucke von dem Wermutwein getrunken hatte, kicherte sie wieder und sagte: „Der hat es ganz schön in sich. Ich glaub', ich hab' schon einen Schwips, Schatz."
Sie küßte mich flüchtig auf die Wange und meinte: „Wenn ich sitze, ist dieser blöde Kittel wirklich zu eng. Der ist sowieso naß."
Sie öffnete schnell die obersten drei Knöpfe, so daß sich ihr riesiger Busen aus dem Stoff heraus freie Bahn brechen konnte und erst auf ihrem dicken Bauch zur Ruhe kam.
„Das stört dich doch nicht oder?"
Sie sah mich triumphierend von der Seite an.
Ich schüttelte mit dem Kopf und beschäftigte mich mit meinem Tatar.
Ich muß ja ganz ehrlich zugeben, wenn man so etwas noch nicht aus der nächsten Nähe gesehen hat, ist man als Mann doch schon irgendwie beeindruckt von solch einem großen Busen, noch dazu, wenn man schon lange keine intime Beziehung mehr zu einer Frau gehabt hatte, denn langsam wurde ich wankelmütig. Ich überlegte, ob es vielleicht doch nicht die beste Idee war, nach dem Essen zu verschwinden.
Als ob sie meine Gedanken erraten hatte, sagte Sonja scheinheilig: „Die sind natürlich nicht nur zum Angucken, aber das gibt es erst als Nachtisch." Ich gab ihr keine Antwort.
Ich hatte kaum den letzten Bissen gegessen, da sprang sie auch

schon hoch und hätte dabei fast den Tisch mit umgerissen. Geschwind räumte sie das Geschirr auf das Tablett und sagte: „Ich bring das nur schnell raus und schau mal nach dem Kleinen, dann machen wir es uns gemütlich."
Sie verschwand aus dem Wohnzimmer.
Das wäre nun eigentlich die Gelegenheit gewesen, ganz schnell zu verschwinden, aber ich bekam mit einem Mal Gewissensbisse. Sonja hatte sich doch wirklich Mühe gegeben mit ihrer Gastfreundschaft. Da wäre es mehr als unhöflich gewesen, wenn ich jetzt gleich wieder ging und sie am Samstagabend alleine ließe, wo sie sich doch so auf mich gefreut hatte, richtig gemein wäre das. Mein gutes Herz bekam die Oberhand und ich entschied mich zu bleiben.
Das arme Mädel konnte ja wirklich nichts dafür, daß sie so schielte und dadurch, daß sie so dick war, hatte sie es bestimmt nicht einfach, einen Mann zu finden, der obendrein noch das Kind akzeptierte.
Sonja kam zurück ins Zimmer. Sie hatte ihren Kittel nun vollständig ausgezogen. Ob sie Schlüpfer trug konnte ich nicht genau erkennen, denn sie hatte einen ganz schönen Hängebauch.
Ich mußte erst einmal auf die Toilette.
Draußen kam mir auch gleich wieder in den Sinn, daß das ja nun auch die beste Gelegenheit wäre, aber schließlich siegte erneut mein gutes Herz. Ich verwarf den Gedanken schnell wieder und ging brav zurück ins Wohnzimmer.
Sonja hatte sich inzwischen auf der Couch ausgestreckt. Sie hatte die Deckenlampe gelöscht und dafür eine kleine Wandlampe eingeschaltet. Mit der Hand klopfte sie auf den schmalen Streifen des Sofas, der neben ihr noch für mich übrig geblieben war.
„Komm her, Stephan!"

Ich hatte ihr gesagt, daß ich nach dem Frühstück fahren müßte, weil ich mich mit meiner Mutter zum Mittagessen verabredet hätte.
Wir hatten beim Essen, kaum ein Wort gesprochen. Den Kleinen hatte sie zu Oma und Opa gebracht. Sie saß gänzlich nackt am Tisch und ich hatte mich bereits komplett angezogen.
Ich fühlte, daß sie traurig war, weil ich sie jetzt verließ. Ich hatte es noch immer nicht fertig gebracht, ihr zu sagen, daß ich sie nicht wiedersehen wollte. Die ganze Nacht über hatten wir kaum ein Auge zugemacht. Sie schien in ihrem Verlangen unersättlich zu sein und

kannte auch keine Grenzen. Sie tat mir leid, denn eigentlich war sie ein ganz lieber Kerl, nur eben nicht mein Fall. In der Nacht, im Finsteren empfand ich es nicht unangenehm an ihrer Seite, aber wenn ich sie jetzt so bei Tageslicht betrachtete, verging es mir wieder.
Ich gab mir einen Ruck und stand endlich auf.
„So, nun muß ich endlich los", sagte ich. Sonja war ebenfalls aufgestanden. Sie legte schnell ihre Arme um mich und drückte mich fest an sich.
„Versprich mir, daß du wiederkommst, Stephan", flüsterte sie. „Diese Nacht war wunderschön mit dir, findest du nicht auch?"
„Ja, es war schön mit dir", antwortete ich.
„Ich habe nur Angst, daß du nicht wiederkommst. Bitte sag, daß du wiederkommst", bat sie erneut.
„Ich komme wieder. Ich weiß nur noch nicht wann. Ich kenn den neuen Schichtplan noch nicht", log ich.
Ich war ein gemeiner Hund, aber ich brachte es in dieser Situation einfach nicht übers Herz, ihr das Gegenteil zu sagen.
„Ach, bleib doch noch ein bißchen", bettelte sie und versuchte den Gürtel an meiner Hose zu öffnen.
Ich wehrte ab und sagte: „Nee, ich fahr' jetzt wirklich."
„Schade, aber ich bring dich noch bis zum Tor", sagte Sonja und eilte hinaus, um sich schnell eine Kittelschürze überzuziehen. Meine Jacke und den Helm hatte sie vorhin schon von ihren Eltern mitgebracht.
Am Tor umarmte sie mich noch einmal und küßte mich. Nach dieser Nacht war ich noch etwas wackelig auf den Beinen und hatte deshalb Mühe, mich endlich von ihr loszureißen.
Endlich konnte ich meine Maschine starten und losfahren, aber nicht ohne ihr nochmals versprochen zu haben, sie bald wieder zu besuchen.
Auf der Fahrt nach Hause überlegte ich mir, daß es wohl das Beste wäre, wenn ich ihr gleich einen Brief schrieb.

Ich verschob den Brief aber von einem Tag auf den anderen. Inzwischen hatte ich längst ein neues Inserat aufgegeben und fieberte schon den zahlreichen Zuschriften entgegen.
Es kamen aber nur 12, eine magere Ausbeute.
Trotzdem sprach mich ein Brief besonders an. Er kam von Eva. Sie

war 22 Jahre alt und wohnte auch in Radebeul. Sie schrieb, daß sie schwer zuckerkrank war, mit dieser Krankheit aber ganz gut klar kam. Von Beruf war sie Technische Zeichnerin und in ihrer Freizeit ginge sie gerne in Museen, was ihr aber zu zweit mehr Spaß machen würde. Sie suchte einfach nur einen lieben Menschen.
Damit fühlte ich mich angesprochen, denn lieb war ich ja nun wirklich. Das mit den Museen würde ich sicherlich auch in die Reihe bekommen. Bisher war ich dort nur gewesen, wenn ich von der Schule aus mußte, aber das konnte sich ja ändern. Also schrieb ich ihr gleich, daß ich mich sehr gerne mit ihr treffen würde.

Ich hatte sie schon fast vergessen.
Da klingelte es an einem Samstag nachmittags in der Wohnung meiner Mutter. Diese war aber nicht zu Hause, also ging ich an ihr Schlafzimmerfenster und schaute nach, wer es war.
„Ach du Scheiße“, fluchte ich und trat vor Schreck einen Schritt vom Fenster weg. Unten stand Sonja mit ihrem Vater. Sie hatten beide zum Glück nicht in die Richtung von meinem Fenster gesehen. Deshalb konnten sie mich auch nicht entdeckt haben.
Jetzt klingelte es noch einmal Sturm. Ich rührte mich nicht und hielt sogar die Luft an.
Mir war nur rätselhaft woher sie die Adresse meiner Mutter wußten. Ich konnte es mir schließlich nur so zusammenreimen, daß sie drüben in der Ludwig-Richter-Allee wo ich wohnte, einfach im Haus bei Frau Lenk geklingelt hatten, nachdem ich nicht geöffnet hatte. Diese hatte ihnen sicher erzählt, daß meine Mutter gleich um die Ecke auf der Lindenaustraße wohnte und ich vielleicht dort zu finden wäre.
Inzwischen schienen sie das Läuten aufgegeben zu haben und ich atmete erleichtert durch, als ich sie beim vorsichtigen Spähen aus dem Fenster nicht mehr entdecken konnte.
Ich hatte mich aber zu früh gefreut, denn jetzt hörte ich im Treppenhaus das Knarren der alten Holzstufen. Blitzschnell jagte ich zur Wohnungstür, drehte lautlos den Schlüssel herum und zog ihn ab. Hier oben hatte meine Mutter keine Klingel. Es dauerte auch nicht lange, dann klopfte jemand an die Tür. Mir fiel ein, daß sie unten ja bestimmt mein Motorrad hatten stehen sehen. Ich stellte es seit einiger Zeit hier neben der Treppe ab, die zum Keller führte. Das war einfacher für mich, denn so brauchte ich die Plane, mit der

ich es abdeckte, einfach nur in den Kellergang legen, wenn ich fortfuhr. Bei mir drüben ging das nicht.
Es klopfte abermals, noch lauter und jemand drückte die Klinke herunter. Ich konnte unschwer Sonjas Stimme erkennen. Was sie sprach, verstand ich aber nicht.
Eine Ewigkeit tat sich danach gar nichts mehr. Was machten die da draußen nur? Etwas raschelte an der Tür und ich hörte endlich Schritte, die sich wieder entfernten.
In Windeseile jagte ich zum Schlafzimmerfenster. Hinter der Gardine versteckt, konnte ich beobachten, wie Sonja mit ihrem Vater aus dem Haus kam.
Sie blieben noch einmal ratlos stehen und sahen nach den Fenstern im 1. Stock. Dann stiegen sie in den Wartburg Tourist des Bäckermeisters ein und fuhren los.
Das hätte auch schief gehen können. Ich atmete tief durch.
Langsam, ganz allmählich nur, wich die Anspannung in mir.
Nun war ich aber neugierig, was da so an der Tür geraschelt hatte.
Ich schloß die Wohnungstür auf und sah, daß ein gefaltetes Blatt Papier zu Boden gefallen war. Ich hob es auf, ging zurück ins Wohnzimmer, faltete es auseinander und las:

Mein lieber Stephan !
Ich war schon dreimal da, und hab dich nich angetroffn.
Schade du wolltest doch bald wiederkommen? Warum kommst du nicht? Must du so viel arbeiten?
Ich liebe dich und warte immer auf dich. *Deine Sonja*

Sie war schon dreimal ..., ging es mir durch den Kopf.
Da hatte ich ja bisher riesiges Glück gehabt, daß ich ihr nicht begegnet bin. Trotzdem schwor ich mir jetzt, Soja in den nächsten Tagen unbedingt zu schreiben.

Ich bekam Post von Eva.
Sie freue sich sehr, daß ich ihr geantwortet hatte und schlug auch gleich einen Treff vor. Ich sollte am Samstag mit der Straßenbahn um 15.05 Uhr von mir aus in Richtung Dresden fahren. Sie wollte an der Ernst-Thälmann-Straße zusteigen. Ich würde sie sicher gleich erkennen, denn sie hätte einen beigen Mantel an und hätte ihre Haare

hinten mit einer schwarzen Schleife zusammengebunden. Wir könnten uns dann gemeinsam das Museum für Stadtgeschichte in Dresden ansehen. Da wäre sie lange nicht mehr gewesen.
Ich war noch nie dort, wozu auch? Das war sicher nur eine Frage der Einstellung und die mußte ich eben ändern.
Ich war zwar zur Schicht im Stall eingeteilt, aber die konnte ich mit einem meiner Kollegen tauschen. Dafür ging ich dann am Sonntag für ihn arbeiten.
Am Samstag war ich viel zu früh an der Haltestelle. Deshalb fuhr ich auch eine Bahn eher und stieg an der Ernst-Thälmann-Straße wieder aus.
Gerade wollte ich mich umsehen, da hatte ich sie schon entdeckt. Sie kam mit schnellen Schritten die Wilhelm-Pieck-Straße entlang in Richtung Straßenbahnhaltestelle.
Sie war sehr schlank und hatte lange blond gekräuselte Haare, die sie hinten mit der verabredeten Schleife zusammengebunden hatte. Der beige Mantel ging ihr bis zu den Knien und darunter trug sie schwarze Hosen. Sie konnte ja nicht ahnen, daß ich schon eine Bahn eher gefahren war, deswegen konnte ich sie ungestört mustern.
Ich fand, daß sie ganz annehmbar aussah, nur müßte sie ein bißchen mehr auf die Rippen bekommen.
Nur drei Schritte neben mir blieb sie stehen und schaute auf die Uhr. Ich ließ sie nicht lange zappeln und gab mich zu erkennen. Ich ging auf sie zu und sagte: „Hallo Eva, ich bin deine Annonce. Ich war nur eine Bahn zu früh."
Sie schien gar nicht überrascht zu sein. Sie sagte ebenfalls: „Hallo" und reichte mir die Hand. Dann lachte sie und fügte hinzu: „Ich hab mir das schon gedacht. Ich hab nämlich von Weiten gesehen, daß da einer aus der Straßenbahn ausgestiegen und dann hier stehen geblieben bist."
„Da bin ich wohl gleich das erste Mal durchgefallen?" fragte ich scherzhaft.
„Nö, überhaupt nicht, im Gegenteil, denn ich bin auch immer lieber etwas früher da zu einem Termin, als zu spät", sagte sie. „Da hast du eher den ersten Pluspunkt."
Das fand ich nicht schlecht, und sie wurde mir gleich etwas sympathischer.
In der Straßenbahn fragte sie mich dann ziemlich ungehemmt aus.

Was ich arbeite, welche Schulbildung ich hatte, was meine Eltern und Geschwister machten usw.
Von ihr erfuhr ich, daß ihr Vater Dozent an der Verkehrshochschule ist und auch sehr viel zu Hause arbeitete. Deshalb konnte ihre Mutter auch nicht arbeiten gehen, denn sie mußte sich um Haus und Haushalt kümmern. In der großen Villa wohnte Eva allein mit ihren Eltern. Sie selber arbeitete im VEB Druckmaschinenwerk Planeta.
Naja, eine noble Familie, dachte ich mir. Ob ich da wohl als ehemaliger Säufer und Knastologe hineinpassen würde?
Im Museum für Stadtgeschichte war nicht viel los. Nur vereinzelt bummelten ein paar Besucher gelangweilt durch die Ausstellungsräume.
Ihnen ging es genauso wie mir. Ich hätte bei dem schönen Wetter lieber etwas anderes angestellt, aber Eva war begeistert.
Zum Beispiel versuchte sie Ewigkeiten lang eine uralte Originalschrift zu entziffern, deren Übersetzung ins Hochdeutsche ja eigentlich in der Vitrine unmittelbar daneben lag.
Nach zwei Stunden hatte sie endlich genug gesehen. Beim Hinausgehen sagte sie beeindruckt: „Hier war ich bestimmt nicht das letzte Mal. Man kann das ja alles gar nicht auf einem Mal verarbeiten."
„Hm, stimmt", pflichtete ich ihr bei. „Für mich war's wirklich schon zu viel."
Eva sah mich prüfend an und fragte schließlich: „Aber du hast dich hoffentlich nicht gelangweilt?"
„Nee, gelangweilt nicht", log ich, „aber für's erste Mal in einem Museum war es schon ganz schön beeindruckend."
„Wie, das erste Mal?" Sie hatte die Stirn gerunzelt und blieb stehen. Ich merkte, daß ich mich verquatscht hatte. Das hätte ich nicht sagen sollen, jedenfalls nicht zu Eva. Das konnte ich wirklich nicht so stehen lassen. „Naja, in der Schulzeit war ich schon öfters, Hygienemuseum, Verkehrsmuseum, Armeemuseum usw., aber seit dem war ich nicht mehr. Alleine hatte ich einfach keine Lust dazu. Vielleicht wird das ja jetzt anders?"
Ich hatte sie dabei lächelnd angesehen. Sie lächelte zurück und sagte: „Ja, vielleicht! Wollen wir hier noch etwas trinken gehen?"
Wir waren inzwischen vor dem „Szeged" angelangt, einem ungarischen Spezialitätenrestaurant, von dem ich wußte, daß da samstags immer Tanzveranstaltungen waren. Hier würde ich nur mit Kra-

watte durch den Einlaß kommen. Ich sagte ihr das und wir entschieden uns die Ernst-Thälmann-Straße hinunter bis zum Postplatz zu laufen. Wir könnten es ja da mal im „Radeberger Keller" probieren.

Langsam schlenderten wir los. Vor dem Kulturpalast versammelten sich in festlicher Garderobe die ersten Besucher einer Veranstaltung. Als wir näher kamen konnten wir auch das Plakat lesen. Die Dresdner Philharmonie gab ein Konzert mit Werken von Schostakowitsch und Rachmaninow.

„Da würde ich jetzt auch gern mit hineingehen", sagte Eva.

„Ja, da bräuchte man nur eine Karte", antwortete ich ihr, denn Karten für eine Veranstaltung im Kulturpalast konnte man nur Monate vorher bestellen. Ansonsten war immer ausverkauft.

„Ich würde mir auch viel lieber Musik von Vivaldi oder Smetana anhören", winkte ich ab.

„Ja, gefällt mir auch, zum Beispiel die Jahreszeiten von Vivaldi", stimmte sie mir zu.

Wir erreichten den Radeberger Keller.

Er war zwar brechend voll, aber in der Ecke waren noch zwei Plätze an einem der Tische frei. Als die Kellnerin kam, wollte sich Eva ein Glas Müller-Thurgau bestellen. Doch das gab es nicht, nur Rießling trocken und da auch kein Glas, sondern eine Flasche oder einen Schoppen.

„Wollen wir zusammen eine Flasche nehmen?" fragte sie mich.

„Nee, ich nehm was Alkoholfreies", sagte ich.

Sie entschied sich schließlich für einen Schoppen Rießling. Ich wollte mir eine Tasse Kaffee bestellen, doch die Kellnerin sagte mir mißmutig, daß das sehr lange dauern könnte. Also nahm ich lieber ein Glas Apfelsaft. Das ging schneller.

Als die „nette" Kellnerin wieder weg war, fragte Eva neugierig: „Du machst dir wohl nichts aus Wein?"

„Nee, das nun wirklich nicht", antwortete ich.

„Dann hättest du doch ruhig ein Bier trinken können. Das macht mir nichts aus."

„Ich trinke überhaupt keinen Alkohol."

Sie sah mich an und ich merkte, daß sie nicht so recht wußte, was sie von meiner Antwort halten sollte. Deshalb fragte sie auch gleich: „Wie, du trinkst gar keinen Alkohol? Versteh mich mal nicht falsch,

ich finde das gut, wenn jemand solche Prinzipien hat. Trotzdem ist das ungewöhnlich. Hattest du mal ein schlechtes Erlebnis?"
„Das kann man so sagen", begann ich meine Beichte. „Ich hatte früher viel zu viel von dem Zeug getrunken. Deshalb habe ich mein Quantum in diesem Leben schon weg."
„Und da hast du dir von heute auf morgen gesagt, ab sofort trinke ich nichts mehr oder wie bist du darauf gekommen?"
Sie ließ nicht locker. Das Thema interessierte sie. Es blieb mir also nichts anderes übrig, als alles zu erzählen.
„Ich war zur Entziehungskur", begann ich. Ich bemerkte, wie sie kurz die Stirn runzelte, sich kurz darauf aber wieder in der Gewalt hatte und mich mit gespannter Mine ansah.
„Ja", fuhr ich fort, „ich war drei Monate dort, bis Anfang voriges Jahr und seitdem trinke ich nichts mehr."
Das war zwar gelogen, denn schließlich hatte ich ja einen Rückfall gehabt, aber im Prinzip stimmte es schon. Alles brauchte sie ja auch nicht gleich zu wissen.
„Ich hatte früher so viel getrunken, daß ich davon abhängig oder besser gesagt, süchtig geworden bin", erklärte ich ihr weiter. „Da half dann nur noch die Entziehungskur."
„Kann ich mir nicht vorstellen", sagte Eva wie geistesabwesend. „Du siehst doch gar nicht aus wie ein Säufer?"
„Na, jetzt nicht mehr, aber damals hat man mir das schon angesehen."
„Und jetzt kannst du nichts mehr trinken oder willst du von dir aus nicht mehr", fragte sie interessiert.
„Erstens will ich nicht mehr und zweitens kann ich nichts mehr trinken, denn schon nach wenigen Tropfen Alkohol würde sich der Suchtmechanismus in meinem Körper sofort wieder in Gang setzten. Dann würde ich nach wenigen Tagen wieder so viel trinken, wie vor der Entziehungskur."
„Keinen Tropfen und das hältst du durch?" fragte sie skeptisch.
„Naja, die erste Zeit ist es schwierig", gab ich zu, „aber mit der Zeit gewöhnt man sich daran."
„Das ist stark. Also das find ich wirklich stark, daß du das so durchgehalten hast", sagte sie anerkennend. Dann lächelte sie und meinte: „Da haben wir eben jeder ein Leiden, ich mit meiner Diabetes und du mit deiner Alkoholsucht."
Die Kellnerin brachte den Wein und den Apfelsaft.

Evas Blick fiel auf mein Glas. „Stört es dich da nicht, wenn ich Wein trinke?“ fragte sie etwas verschüchtert.
„Nein, im Gegenteil, mich würde es mehr stören, wenn du extra wegen mir keinen Alkohol trinken würdest. Das wäre mir dann eher unangenehm“, sagte ich.

Lange hielten wir uns nicht in dem stickigen Lokal auf. Wir tranken nur unsere Gläser aus und bezahlten. Ich brachte Eva noch bis nach Hause und bevor wir uns verabschiedeten, verabredeten wir uns gleich wieder für den kommenden Sonntag, denn da hatte ich laut Schichtplan frei. In welches Museum wir dann gingen, wollten wir uns noch jeder überlegen.
Ein ganz passables Mädel, dachte ich mir, als ich wieder in der Straßenbahn saß und heim fuhr. Sie hatte mir erzählt, daß sie sich schon als Kind dreimal am Tag spritzen mußte.
Sie gab auch selber zu, daß sie Probleme mit dem Gewicht hatte. Für sie war es schwierig, ein paar Gramm zuzunehmen, denn sie konnte ja auf Grund der Zuckerkrankheit nicht alles essen. Nun gab es zwar ein paar spezielle Sachen zu kaufen, wie zum Beispiel Diabetiker-Marmelade, Süßstoff oder Kuchen, aber die schmeckten ihr nicht. Ich selber hatte auch schon mal Diabetiker-Schokolade probiert und fand diese auch fürchterlich.
Daß sie meine Alkoholkrankheit nicht störte, fand ich gut, denn das war ja für mich eigentlich mit das Wichtigste. Froher Dinge freute mich also schon auf unser nächstes Treffen.

Horst, mein stellvertretender Brigadeleiter war krank geworden. Er fuhr immer den uralten Geräteträger RS 09. Den durfte ich jetzt fahren. Im Stall brauchten sie mich zur Zeit nicht, erst am Samstag wieder.
Ich kam mit der alten Kiste ganz gut klar, und es machte mir Spaß, mal wieder mit etwas Technik arbeiten zu können.
Sonst kam ich ja kaum dazu, da die Stammfahrer für die Traktoren immer da waren. Im nächsten Jahr wollte ich deshalb auch noch eine Facharbeiterausbildung zum Agrotechniker auf der Abendschule beginnen. Dann konnte ich solche Arbeiten wie Pflügen, Schwadmähen usw. lernen. Da ich das bis jetzt noch nicht konnte, war mein Arbeitsfeld ziemlich beschränkt.

Am Samstag hatte ich nach dem Füttern am Vormittag noch einen kleinen Blumenstrauß für Eva erwischt. Zu Hause ruhte ich mich dann aus, um mich kurz nach 14 Uhr wieder auf den Weg in den Stall zu machen. Den Sturzhelm hatte ich schon aufgesetzt und wollte gerade mein Motorrad auf die Straße schieben, um es zu starten, als mich plötzlich jemand beim Namen rief.
Vor Schreck wäre mir fast die Maschine aus der Hand gefallen, denn diese Stimme kannte ich nur zu gut.
Es war Sonja.
Weiß der Teufel, woher sie plötzlich kam. Jedenfalls stand sie jetzt vor mir und sagte, noch ganz außer Atem: „Na endlich Stephan, endlich treff ich dich mal. Warum hast du dich denn nicht gemeldet?"
Über ihre Schultern hinweg konnte ich den Wartburg-Tourist ihres Vaters sehen. Er hatte das Auto zwei Häuser weiter, auf der anderen Straßenseite geparkt, stieg jetzt ebenfalls aus und kam auf uns zu. Es hatte den Anschein, als hätten die beiden dort auf der Lauer gelegen. Vom Fenster aus hätte ich sie nicht sehen können. Das war auch sicher ihre Absicht gewesen.
„Ich mußte doch egal arbeiten. Ich hab noch nicht einen freien Tag gehabt und jetzt habe ich auch keine Zeit, weil ich in den Stall muß", stammelte ich.
„Aber dann hättest du mir wenigstens auf meinen Brief antworten können, den ich dir an die Tür gemacht habe", sagte sie mit vorwurfsvoller Miene. „Wenn ich es nicht besser wüßte, nach der Nacht in der wir zusammen waren, könnte man denken, du willst gar nichts mehr von mir wissen."
„Doch", sagte ich schnell, denn ihr Vater hatte uns gerade erreicht und konnte die letzten Worte mit hören. Wir begrüßten uns und er sagte mit ernster Mine: „Na, das hat wohl keinen Sinn mehr mit euch beiden, oder?"
Eigentlich hätte es ja Sonja schon lange klar sein können, daß ich nichts mehr von ihr wollte. Hätte ich mich denn sonst so lange nicht gemeldet?
Sonja drehte sich zu ihrem Vater um und antwortete entrüstet: „Wie kommst du denn darauf. Stephan mußte die ganze Zeit arbeiten. Er hat seitdem er bei uns war noch nicht einen freien Tag gehabt. Kannst du dir das vorstellen?"

Daß sie mich in Schutz nahm, machte die Situation für mich um so peinlicher.
„Da hätte er doch bestimmt nach Feierabend mal kurz bei dir vorbeischauen können“, sagte Herr Weigel und sah mich fragend an.
Ich mußte endlich Farbe bekennen. Sonst kam ich aus dieser Situation überhaupt nicht mehr heraus. Das war mir klar. Trotzdem kamen mir die folgenden Worte, die ich jetzt an sie richtete, unheimlich schwer über die Lippen. „Dein Vater hat recht, Sonja. Ich hätte mich schon lange melden können. Ich war nur zu feige dazu. Denn in Wirklichkeit habe ich mich schon längst für eine andere entschieden. Ich war mir nur eine ganze Zeit lang nicht sicher. Tut mir wirklich leid für dich.“
„So, es tut dir also leid“, flüsterte sie mit tonloser Stimme. Ihr Gesicht war wie versteinert.
Ich hatte eigentlich erwartet, daß sie schreien würde oder wenigstens weinen und mir Vorwürfe machte, aber sie schien äußerlich sehr gefaßt zu sein. Sie sagte noch: „Mach’s gut“, drehte sich um und ging zum Auto zurück.
„Na, wenigstens ist dieses Theater nun geklärt“, sagte der Vater und folgte ihr.
Wie ich sie so ins Auto einsteigen und davonfahren sah, tat sie mir wirklich leid. Sie hatte sich solche großen Illusionen gemacht und ich hatte ihr alles in einem Augenblick zerstört. Ich wünschte ihr, daß sie bald einen anderen fand.

Eva hatte sich für mich schön gemacht. Ihre langen gekräuselten Haare trug sie heute kunstvoll, mit tausend Nadeln im Nacken zusammengesteckt. Statt der schwarzen Hosen wie das letzte Mal trug sie unter ihrem Mantel einen dunkelgrünen Rock und dazu eine weiße Bluse. Sie sah wirklich nicht unattraktiv aus, wenn nicht da die dünnen Beinchen gewesen wären, die unterhalb des Rockes zum Vorschein kamen.
Sie war etwas rot geworden, als ich ihr, ebenfalls verlegen, den Blumenstrauß überreicht hatte.
„Warte mal bitte kurz“, sagte sie. „Ich stell die Blumen nur schnell ins Wasser.“
Damit ließ sie mich alleine vor der Haustür stehen, aber nicht lange, denn kurz darauf erschien sie wieder.

„Wollen wir gleich mit dem Motorrad nach Dresden?“ fragte ich unschlüssig.
„Ach, da müßte ich mich erst noch mal umziehen“, sagte sie. „Du kannst es doch hier stehen lassen und deinen Helm legen wir derweil hier in den Flur.“
Dann machten wir uns auf den Weg zur Straßenbahn.
„Und, hast du dir überlegt wo wir heute hingehen?“ fragte ich Eva.
Ich war gespannt wohin sie mich heute hinschleppen wollte.
„Na, zum Beispiel könnten wir ins Grüne Gewölbe gehen, aber da kann es sein, daß dort noch zu ist, denn als ich das letzte Mal dort war, hieß es, daß sie irgendwie schließen wollten, weil sie an der Ausstellung etwas verändern wollen. Wenn das dort nicht klappt, können wir ja in die Porzellanausstellung gehen“, schlug sie vor.
Ich nickte zustimmend.
„Das Grüne Gewölbe wollte ich dir auch vorschlagen“, log ich.
In Wirklichkeit hatte ich eher an das Verkehrsmuseum gedacht, aber das war vielleicht doch für Jungs interessanter.
In der Straßenbahn erzählte sie mir, wie oft sie schon in welchem Museum war und wie sie trotzdem immer wieder neue Sachen entdeckte, die sie vorher noch gar nicht beachtet hatte. Sie sprach mit voller Begeisterung und schlug mir vor: „Wir könnten uns doch gleich eine Jahreskarte für die Dresdner Museen holen.“
‚Ach du Schreck, gleich eine Jahreskarte’, schoß es mir durch den Kopf. „Hm“, machte ich erst einmal, um Zeit für eine passende Antwort zu finden. So verrückt nach Museen war ich nun wirklich nicht, daß ich mir gleich eine Jahreskarte holen würde.
„Das ist bei mir ein bißchen kompliziert“, fiel mir ein. „Durch die Schichten im Stall muß ich oft am Wochenende arbeiten. Das weißt du ja. Da kann ich gar nicht so oft ins Museum.“
Ich war schon ein patenter Kerl, fand ich, denn das war wirklich eine ausgezeichnete Ausrede. Da mußte ich mich selber loben, alle Achtung!
„Naja, da hast du natürlich recht“, pflichtete mir Eva etwas traurig bei. „Daran hatte ich im Augenblick gar nicht gedacht.“
Das Grüne Gewölbe hatte wirklich geschlossen, auch die Porzellanausstellung. Also mußten wir in die Gemäldegalerie gehen.
Eva fand es schade, ich fand es gut, denn mit Bildern konnte ich schon eher etwas anfangen, dachte ich. Aber ich hatte mich bei Eva

total verschätzt. Sie hatte es drauf, eine Viertelstunde vor einem einzigen Gemälde stehen zu bleiben, um es wortlos anzustarren. Dabei wollte sie nicht, daß ich sie in dieser Zeit ansprach. Erst wenn sie sich satt gesehen hatte und im Begriff war, sich dem nächsten zuzuwenden, sagte sie leise ein paar Worte wie: „Beeindruckend" oder „Ich hätte nicht gedacht, daß ich dieses Bild immer wieder so lange betrachten kann."

Das hätte ich auch nicht gedacht.

Damit ich vor dem Leser nicht ganz als Kunstbanause dastehe, sei zu meiner Entschuldigung erwähnt, daß mir in den Stunden, in denen ich gemeinsam mit Eva in der Gemäldegalerie war, tausend Dinge durch den Kopf gingen. Zum Beispiel ging mir die ganze Zeit über ihre Idee mit der Jahreskarte durch den Kopf. Ich hatte so den Anschein, daß Eva am liebsten ihre ganze Freizeit in Museen verbrachte. Ich fand so einen Museumsbesuch zur Abwechslung ja auch mal nicht schlecht, aber eben nur zur Abwechslung.

Für mich gab es auch noch andere Dinge, wie Disko, Kino oder eine Ausfahrt mit dem Motorrad.

Vielleicht sah ich das aber auch nur verkehrt, weil sie das alles noch nicht so richtig kannte und bisher nur Freunde hatte, die ebenfalls am liebsten ins Museum latschten, vielleicht?

Nach fast drei Stunden hatten wir es endlich geschafft. Nicht, weil wir uns alle Bilder angesehen hatten, sondern weil die Gemäldegalerie schloß. Wir hatten uns nicht einmal ein Drittel angeschaut.

„Schade", sagte Eva enttäuscht. „Ich habe gar nicht gemerkt, daß es schon so spät ist."

„Naja, da kann man nichts machen", sagte ich und machte ein trauriges Gesicht.

„Da müssen wir das nächste Mal an der Stelle weitermachen, wo wir heute aufhören mußten", sagte sie bestimmend.

„Klar und was machen wir jetzt? Wir könnten doch zu uns in die Völkerfreundschaft fahren. Da spielt, glaube ich, ‚Wolle's Dynamikdisko' oder ‚Uwe und Peter', hab ich gelesen", schlug ich vor.

„Jetzt noch?" Eva sah mich zweifelnd an.

„Was heißt, jetzt noch? Es ist doch gerade erst mal um sechs, also früher Nachmittag", versuchte ich zu scherzen.

„Früher Nachmittag, du spinnst!" Sie fand das überhaupt nicht lustig. „Außerdem, ehe wir dort sind."

„Na wieso?“ sagte ich etwas verstimmt. „Bis wir dort sind, ist es gerade mal 19 Uhr. Da fängt die Disko gerade erst an.“
„Trotzdem, dort wird doch überall so viel getrunken. Ich glaube nicht, daß das gut ist für dich“, wehrte sie ab.
Na so ein Blödsinn, dachte ich mir. Als ob ich dadurch gleich mitsaufen würde, wenn ich das sehe.
„Das ist doch Quatsch. Ich kann doch nicht überall die Flucht ergreifen, wo Alkohol getrunken wird. Nächstens kommt jemand auf die Idee, daß ich ja in keinen Selbstbedienungsladen mehr gehen kann, weil dort Schnaps im Regal steht.“ Ich war nun doch ein wenig aufgebracht.
„Trotzdem“, sagte sie beleidigt. „Ich bin müde und will jetzt nach Hause.“
„Naja, wenn du müde bist, ist das ja auch was anderes“, versuchte ich einzulenken. „Wir könnten doch aber vielleicht noch bei dir an der Ecke im Carolaschlößchen etwas essen gehen?“ schlug ich vor.
„Ich hatte doch gesagt, daß ich müde bin und nach Hause will“, sagte sie darauf hin fast zornig.
„Gut, dann bringe ich dich jetzt nach Hause.“
In der Straßenbahn sprachen wir kein Wort miteinander, auch auf dem Weg von der Haltestelle bis zu ihrem Haus nicht.
Erst als wir am Gartentor anlangten, brach sie unser eisiges Schweigen und sagte: „Ich hole nur schnell deinen Helm“ und war mit flinken Schritten im Haus verschwunden.
Als sie zurückkam und mir den Helm in die Hand drückte, sagte sie mit wieder etwas versöhnlicherer Stimme: „Sei mir bitte nicht böse Stephan. Ich muß heute erst einmal die ganzen Eindrücke aus der Gemäldegalerie verarbeiten. Deswegen ist mir heute Abend überhaupt nicht nach Disko. Da bin ich lieber alleine.“
„Naja, ist schon gut“, sagte ich ebenfalls versöhnlich. „Ich melde mich sobald ich weiß, wann ich wieder frei habe.“
„Ja, das ist gut!“ In ihrem Gesicht erschien wieder ein leichtes Lächeln. Sie reichte mir die Hand und sagte: „Das war ein schöner Nachmittag mit dir, mach's gut!“
„Ja, mach du's auch gut Eva! Bis bald!“ verabschiedete ich mich.
Sie winkte mir noch hinterher, als ich mit meinem Motorrad losfuhr.
Seitdem hatte ich von Eva nie wieder etwas gehört.

Ein wenig machte ich mir inzwischen Gedanken darüber, daß ich meine Fahrerlaubnis ja eigentlich nicht umsonst gemacht hatte. In der LPG kam ich nur selten zum Fahren. Das war mir allerdings schon vorher klar gewesen.
Aber warum sollte ich denn nicht privat fahren. Mit dem Motorrad machte es sowieso nur den Sommer über Spaß. Wenn dann aber der Herbst mit seinem naßkalten Wetter begann, war der Spaß vorbei. Mein Traum war eigentlich mal ein 311er Wartburg-Camping. Das war ein geräumiger Combi in den man eine Menge Gepäck laden konnte. Allerdings wurden diese Autos noch ziemlich teuer gehandelt.
Jedenfalls studierte ich fortan überall die Anzeigen und wurde auch eines Tages in der Sächsischen Zeitung fündig, denn da stand:

Verkaufe Skoda Oktavia Combi, Bj. 1962, 68 Tkm, sehr gut erhalten, umständehalber für 3.000,- Mark.

Das war ein Schnäppchen.
Das Auto war zwar schon 21 Jahre alt, aber von diesem Typ waren noch eine Menge auf den Straßen zu sehen. Das bedeutete, daß sie zuverlässig waren. Außerdem war es ein 4-Takter und dazu noch ein Combi, was wollte ich mehr. Sicher gab es dafür kaum Ersatzteile, aber das war ja bei jedem Auto so. Darin sah ich überhaupt kein Problem, denn es gab zuverlässige Tips, wo man sich besorgen konnte, was man brauchte. Das war der Autofriedhof bei Auto-Philipp in Heidenau oder der in Frankenberg in Richtung Karl-Marx-Stadt. Leider hatte ich aber keine 3.000,- Mark. Bisher hatte ich nur 2.300,- Mark gespart, aber vielleicht ließ der Verkäufer ja mit sich reden. Zwei Tage später fuhr ich hin.
Es war ein älteres Ehepaar, die den Wagen verkaufen wollten. Es hätten sich schon viele andere gemeldet, erzählten sie mir, als sie die Garage aufschlossen, um mir das Auto zu zeigen. Einen Kaufvertrag hatten sie aber noch nicht abgeschlossen, auch noch keinem eine direkte Zusage gemacht.
Der Oktavia war wirklich ein Traum. Bei seinem Anblick blieb ich wie angewurzelt an der Garagentür stehen. Der dunkelrote Lack sah aus wie neu, obwohl es die Originalfarbe war. Ich trat näher heran und verschaffte mir einen Überblick vom Innenraum. Auch die Sitze

sahen aus, als wenn sie gerade aus dem Herstellerwerk kamen. Auf den ersten Blick hin war das Auto mehr als in Ordnung.
Ich bat darum, daß ich mal den Motor hören konnte. Bereitwillig ließ der Besitzer den Motor an und öffnete anschließend die Motorhaube. Der 4-Takter lief ruhig und gleichmäßig und auch der Motorraum war sauber und gepflegt.
Für mich stand fest, dieses Auto mußte ich haben. Am liebsten hätte ich es gleich mitgenommen. Das sagte ich den beiden alten Leutchen auch. Mit dem Preis wollten sie nicht handeln. Das hatte ich schon angenommen, denn wenn es mehrere Interessenten gab, warum sollten sie dann auch das Auto billiger verkaufen?
Ich versprach, den Skoda in zwei Tagen abzuholen und verabschiedete mich.
Bis dahin würde mir schon etwas einfallen, hoffte ich.
Ich überlegte, wenn meine Mutter nicht so viel Geld hatte, könnte ich ja vielleicht jemanden aus meiner Brigade nach den 700,- Mark fragen, die mir noch fehlten. Außerdem war ja bald Geldtag, da konnte ich schon einen Teil wieder zurückgeben.
Als ich mit meiner Mutter über das Auto sprach, brauchte ich sie nicht lange betteln, sie gab mir das Geld.
Zwei Tage später war ich stolzer Besitzer eines Skoda Oktavia Combi.

Anfang September 1983, es war ein wunderschöner Spätsommertag, ging ich am Nachmittag nach der Arbeit noch schnell etwas einkaufen.
Ich hatte Hunger, deshalb ging ich kurzer Hand in die Stehpiepe, um eine Bockwurst zu essen. Ich ließ mir von Jürgen dazu noch einen Kaffee spendieren und stellte mich mit zu Alex an den Tisch.
„Mensch Titius“, grölte dieser angetrunken, „dich schickt mir der Himmel!“
„Oder die Hölle“, sagte ich schlagfertig.
„Egal“, rief Alex, „du bist meine Rettung.“
„Wo brennt's denn, Alex?“ fragte ich.
„Wir müssen unbedingt mal in den ‚Heiderand‘ zum ‚Witwenball‘ fahren, Titius. Du hast doch jetzt ein Auto, da können wir doch mal eine Partie dorthin machen, oder?“
Das war eigentlich keine schlechte Idee.

Mit „Heiderand“ meinte Alex das „Café Heiderand“ in Dresden-Bühlau und mit „Witwenball“ den „Tanz für Alleinstehende“, der jeden Sonntag und manchmal auch samstags dort stattfand.
Mit meinen Annoncen hatte ich ja bisher kein Glück gehabt. Obwohl ich mir für dort keine Hoffnungen machte, eine neue Partnerin kennenzulernen, konnte man ja trotzdem vorbeischauen. Früher war ich öfters mit Alex und ein paar anderen dort zum „Witwenball“ gewesen. Das war aber eher für uns als Belustigung gedacht, als für eine ernsthafte Partnersuche.
Außerdem sah man dort Woche für Woche immer die gleichen Gesichter. Bei vielen der Gäste hatte es schon den Anschein, als wenn sie zum lebenden Inventar gehörten. Inzwischen war ich aber lange nicht mehr im „Heiderand“ gewesen, und vielleicht sah ich doch das eine oder andere neue Gesicht.
„Das könnten wir wirklich mal machen“, sagte ich nach einigem Überlegen.
„Da komm ich auch mit“, sagte Horst, der mit am Tisch stand.
„Titius, das ist ein Wort. Darauf trinken wir einen Wodka, ich geb' einen aus.“
Er knallte einen 10-Mark-Schein auf den Tisch und sagte zu mir: „Hol' mal drei Doppelte für uns!“
„Nee, höchstens zwei, für mich eine Cola“, wehrte ich ab und nahm das Geld.
„Uääh, Titius, du wirst doch nicht etwa solches Zeug saufen. Da wird man doch impotent davon, buaah, fürchterlich.“ Alex schüttelte sich vor Ekel.
Naja, ein bißchen recht hatte er ja. Wenn ich wählen könnte, würde ich jetzt auch lieber einen Wodka trinken. Aber das nützte ja alles nichts.
Ich ging vor zu Jürgen an den Tresen und holte zwei doppelte Wodka und eine Flasche Cola.
Ich schaffte erst die beiden Wodka zu Alex und Horst, dann holte ich noch meine Cola und gab Alex das Restgeld zurück.
„Der macht das doch wirklich!“ sagte Alex laut zu Horst und zeigte mit dem Finger auf mich. Ich zuckte nur mit den Schultern und sagte: „Prost!“
„Prost!“ sagten auch die anderen und schütteten sich den Schnaps hinunter. Ich konnte förmlich die Wärme spüren, die sich bei den

beiden jetzt wohlig vom Magen her im ganzen Körper ausbreitete und nahm einen Schluck von der kalten Cola.
Alex schüttelte sich. „Titius, dir ist ja nicht mehr zu helfen, schade, schade um dich.“
Er schien es ehrlich zu bedauern, daß ich nicht mehr mit ihm trinken konnte.
„Tschja, das ist dann eben so, wenn man Kraftfahrer ist“, sagte ich achselzuckend.
Es hatte in seinem Zustand auch keinen Sinn, ihm zu erklären, daß ich auch sonst keinen Alkohol mehr trank. Außerdem kannte Alex ja auch so viele, die nach der Entziehungskur weiter tranken. Das hätte er dann auch von mir erwartet.
Die beiden begannen jetzt eine Diskussion über den letzten Spieltag der Fußball-Bundesliga. Da hatte ich gar keine Ahnung davon. Ich nutzte vielmehr die Gelegenheit, um meine Cola schnell auszutrinken und mich von den anderen zu verabschieden.
„Bleibt es nun bei Sonnabend, Titius?“ fragte mich Alex.
Da hatte ich Schicht im Stall, deshalb sagte ich: „Das geht Sonnabend nicht bei mir.“
„Und Sonntag?“
„Sonntag geht es, da hab ich frei.“
Wir verabredeten, daß ich Alex um 15 Uhr zu Hause abholen würde. Horst wollte mit bei ihm auf mich warten.

Am Sonntag hatte meine Mutter einen erstklassigen Sauerbraten für uns gekocht. Der war lecker, und ich schaffte vier Klöße.
Nach dem Essen war ich müde, legte mich aber im Gegensatz zu meiner Gewohnheit nicht hin, um eine Mittagsschläfchen zu halten, sondern wusch mich und zog mich um. Meiner erstaunten Mutter erklärte ich, daß ich zum Tanzen in den „Heiderand“ nach Bühlau fahren würde.
„Fährst du da alleine hin?“ fragte sie.
„Nö, da fahren noch zwei Kumpels von mir mit“, erklärte ich ihr.
„Na hoffentlich sind das keine Saufkumpels von dir von früher?“ meinte sie besorgt.
„Ach, naja, das sind eher Bekannte. Die kenne ich, weil sie in der Nähe vom LPG-Stützpunkt wohnen“, log ich.
Ich wollte nicht, daß sich meine Mutter unnötig Sorgen machte.

„Komm nicht so spät nach Hause. Du weißt, daß du morgen früh wieder zeitig aufstehen mußt!“ rief sie mir noch hinterher, als ich mich von ihr verabschiedet hatte.

Im „Café Heiderand“ war ganz schön was los, als wir ankamen. Wir konnten froh sein, daß Alex telefonisch einen Tisch für uns reserviert hatte, sonst hätten wir uns höchstens noch einzeln setzen können.
Es dauerte auch fast eine Ewigkeit, ehe die Kellnerin zu uns an den Tisch kam. Deshalb hatten wir uns schon vorher ausgemacht, daß wir uns gleich bei der ersten Bestellung ordentlich bevorraten würden, damit wir nicht verdursteten.
Alex bestellte sich eine Flasche Weißwein und ein Glas dazu. Horst bestellte sich ein „Herrengedeck“. Das war eine Flasche Pico-Sekt und eine Flasche Radeberger Pilsner. Das Radeberger wurde allein nicht angeboten, nur in Zusammenhang mit der Flasche Pico-Sekt.
Ich wollte mir eigentlich ein Kännchen Kaffee bestellen, entschied mich aber urplötzlich anders und bestellte das gleiche wie Horst.
Hinterher war ich selber erschrocken über mich. Wie kam ich nur darauf, plötzlich Alkohol zu bestellen?
„Ich denke, du trinkst keinen Alkohol mehr? Das hat mir doch neulich erst Feier-James erzählt“, sagte Horst überrascht.
Vor Schreck fiel mir gleich gar keine passende Antwort ein und ich sagte: „Wie du siehst, erzählt James eben auch manchmal Mist.“
„Naja, um so besser, Titius. Da können wir heute einen ordentlichen drauf machen“, meinte er und schlug mir freudig mit seiner Hand auf den Rücken, daß es klatschte.
„Also, ich halte mich heute zurück“, sagte Alex. „Ich muß heute unbedingt eine abschleppen.“
Ich hatte mich wieder ein wenig gefangen und sagte zu den anderen: „Ich trinke auch nur das eine Herrengedeck und dann ist Schluß. Schließlich will ich ja heute Abend noch mit dem Auto nach Hause fahren.“
„Ach, das ist doch scheiß egal.“ Horst winkte ab.
„Mir haben die doch auch schon die Fahrerlaubnis weggenommen, na und? Fahr' ich eben Straßenbahn.“
„Na, das muß mir ja nicht gleich genauso gehen. Die brauch' ich schließlich auch auf Arbeit“, sagte ich.
Nach dem Herrengedeck würde ich dann nur noch alkoholfrei trin-

ken. Das stand für mich fest. Sollten die anderen doch saufen, mir war meine Fahrerlaubnis wichtiger.
Inzwischen hatte die Kellnerin auch die Getränke gebracht.
Wir tranken und beobachteten dabei gemeinsam die Tanzenden und besonders die einzelnen Tische. Alex hatte als erster eine entdeckt und machte sich auch sofort auf die Socken, um sie zum Tanzen aufzuforden.
Ich wurde an einem Tisch fündig, der gegenüber der Tanzfläche lag. An ihm saßen zwei Frauen, die offensichtlich genauso die Leute beobachteten wie wir. Ich schätzte, sie waren ebenso Mitte zwanzig wie ich oder etwas jünger.
Nach und nach hatte ich mein Bier und den Sekt ausgetrunken und es kam immer wieder zum Blickkontakt mit den beiden gegenüber. Dabei konnte ich auch beobachten, daß sie schon einigen Männern Körbe gegeben hatten, die sie zum Tanzen auffordern wollten. Anfangs dachte ich mir deshalb auch, da brauchst du gar nicht erst hingehen, aber der Alkohol machte mir langsam Mut. Ich sagte mir schließlich, mehr als einen Korb kannst du ja nicht kriegen. Stand auf und ging geradewegs auf den Tisch zu. Ich entschied mich für die dunkelhaarigere von beiden. Die hatte auch ein hübscheres Gesicht und sagte: „Ich hab' zwar schon beobachtet, daß bei euch alle einen Korb bekommen, aber ich hab' mir gedacht, probieren kann man es ja trotzdem mal. Darf ich bitten?" und machte höflich einen Diener.
„Na klar darfst du", sagte sie und sprang hoch. „Ich dachte schon, du kommst überhaupt nicht mehr. Aber ich hätte dich schon noch geholt."
Ich war baff.
Auf der Tanzfläche legte sie gleich ihre Arme um meinen Hals und drückte ihren Körper dicht an den meinen. Als ich immer noch sprachlos war, sagte sie: „Hast du mal beobachtet, was das für uralte Heinis waren, die mit uns tanzen wollten? Ich heiße übrigens Karin. Meine Freundin heißt Manu."
Sie nickte in Richtung ihres Tisches. Manu winkte uns fröhlich zu. Ich befreite mich von Karins Umklammerung, machte einen Diener und sagte: „Angenehm, Stephan."
Sie mußte lachen und hängte sich sofort wieder an meinen Hals.
„Wir sind beide extra aus Freiberg hierher gekommen, damit wir

mal ein paar neue Leute kennenlernen", rief sie mir ins Ohr, denn die Musik spielte jetzt ziemlich laut.
„Aus Freiberg?" sagte ich erstaunt. „Gibt's denn bei euch nicht auch so was wie hier?"
„Ja, aber da sieht man immer nur die gleichen Gesichter. Außerdem hatte ich hier mal vor ein paar Jahren einen kennengelernt, mit dem ich dann eine ganze Zeit lang zusammen war. Vielleicht klappt das ja heute wieder?"
Dabei sah sie mich mit verführerischer Miene an.
„Kommst du mit an die Bar?" fragte sie mich dann, als der Tanz vorbei war.
„Na klar", sagte ich, „aber ich lade dich ein, nicht umgedreht."
„Wie du willst!"
Wir setzten uns neben einander auf die Barhocker und ich bestellte ein Glas Apfelsaft und ein Glas Sekt. Karin hatte sich das gewünscht.
„Du willst doch nicht im Ernst mit Apfelsaft anstoßen?" sagte sie empört.
„Na, ich bin mit dem Auto hier", entgegnete ich.
„Das kommt gar nicht in die Tüte. Bis du nach Hause fährst, ist das lange wieder raus." Sie drehte sich zur Bardame um und sagte bestimmt: „Der Herr nimmt auch ein Glas Sekt!"
Naja, eigentlich hatte sie ja recht. Bis ich nach Hause fahren würde, vergingen schon noch ein paar Stunden und das eine Glas war ja kaum der Rede wert.
Der Sekt wurde eingeschenkt und ich bezahlte gleich. Das war hier so üblich.
„Na, dann Prost auf unsere Bekanntschaft!" sagte Karin und erhob das Glas.
„Ja, Prost auf eine nette Freibergerin!" erwiderte ich.
Als wir den ersten Schluck getrunken hatte, meinte sie: „So und jetzt darfst du mich küssen."
Sie reckte mir ihren Kopf entgegen und schloß lächelnd die Augen.
Ich küßte flüchtig ihre Lippen. Dabei merkte ich, daß ich einen roten Kopf bekam.
„Na, das müssen wir aber noch ganz schön üben", sagte Karin.
Wir erzählten uns gegenseitig, was wir beruflich machten.
Als wir die Gläser geleert hatten, sagte sie: „Jetzt bin ich dran!" und bestellte die nächste Runde.

„Das war eigentlich nicht so gedacht“, versuchte ich zu widersprechen.
„Was hast du denn gedacht? Ich bin nicht der Typ, der sich von den Kerlen nur aushalten läßt.“
Nachdem wir auch diese Gläser ausgetrunken hatten, bat mich Karin, mit an ihrem Tisch Platz zu nehmen, damit sie mir Manu vorstellen konnte.
Manu war in ihrer Art genauso unkompliziert und fröhlich, wie Karin. Deshalb blieb ich gleich mit bei ihnen am Tisch sitzen.
Die beiden Freibergerinnen bestellten eine Flasche Rießling und noch ein Glas für mich.
Nun wehrte ich aber doch entschieden ab: „Nee, das ist doch Mist. Ich will doch meine Fahrerlaubnis noch eine Weile behalten.“
„Ach Quatsch, du kannst doch das Auto hier lassen und es morgen holen“, sagte Karin.
„Na, das ist doch eine himmliche Idee, oder?“ pflichtete ihr Manu bei.
Ich konnte ihnen jetzt unmöglich erklären, daß ich eigentlich überhaupt keinen Alkohol trank. Das hätten sie mir nun nicht mehr geglaubt.
Ich gab schließlich nach. Das Auto konnte ich ja wirklich morgen holen und heute mit der Straßenbahn nach Hause fahren.
Da ich ja nun schon einmal mit dem Trinken angefangen hatte und das Auto kein Problem mehr darstellte, trank ich den ganzen Abend lang abwechselnd, mal mit Karin, mal mit Manu an der Bar Wodka. So wie es sich zwischen den einzelnen Tänzen eben gerade ergab.
Der Abend war bereits weit fortgeschritten.
Bei der 4. Flasche Wein sagten die Mädels, daß sie sich langsam auf die Beine machen müßten, sonst würden sie den Zug nach Freiberg nicht mehr erwischen. Zuvor müßten sie ja erst noch mit der Straßenbahn bis zum Dresdner Hauptbahnhof fahren und das konnte dauern.
„Dann laßt uns doch noch wenigstens die Flasche Wein austrinken. Ich kann euch ja dann bis zum Bahnhof ein Taxi bestellen. Da fahr ich gleich mit“, schlug ich vor.
„Na, wenn du das machst, dann haben wir ja noch eine Menge Zeit“, freute sich Karin.
Ich hatte schon einen Mächtigen in der Krone, aber ich schleppte die beiden trotzdem erst einmal an die Bar.

„Titius, weißt du, wie das draußen regnet?“ hörte ich plötzlich die Stimme von Alex.
„Nee, ich war ja noch nicht draußen“, sagte ich und drehte mich um.
Karin und Manu amüsierten sich köstlich über den Namen Titius.
„Wie bist du denn zu dem Namen gekommen?“ fragte Karin.
„Du bist doch nicht etwa ein alter Grieche?“ kicherte Manu.
„Alter Römer“, sagte ich.
„Ja, ja, Titus Tatus war ein alter römischer Feldherr“, erklärte Alex.
„Titius Tatius, den Namen hat ihm einer verpaßt, der keine Ahnung davon hat.“
Ich erzählte den Mädels kurz, wie mir Elektro-James den Namen gegeben hatte.
„Wie kommen wir denn dann heute heim?“ fragte Alex besorgt.
Er hatte mitbekommen, daß ich ziemlich angetrunken war.
„Also wir“, ich zeigte auf die beiden Freibergerinnen und mich, „wir fahren mit der Taxe.“
„Und wie komm’ ich dann nach Hause?“ fragte er entrüstet.
Eigentlich wollte Alex an diesem Abend ja unbedingt eine abschleppen. Das war anscheinend schief gegangen.
Ich grinste deshalb und sagte: „Na, wenn du dich anständig verhältst und noch einen ausgibst, dann rücken wir noch ein Stück zusammen und nehmen dich mit, oder?“
Ich sah fragend zu Karin und Manu. Die nickten eifrig und sagten Alex, was sie trinken wollten.
„Ich nehm‘ ehn doppelten Wodka“, sagte ich.
Alex ließ sich nicht lange lumpen und spendierte eine Runde.
Und danach gleich noch eine, weil man ja auf einem Bein nicht stehen kann.
Ich ging anschließend wieder mit Karin auf die Tanzfläche zurück.
Allerdings klappte das nicht mehr so gut mit uns. Ich konnte überhaupt keinen Takt mehr halten und irrte mit wackligen Beinen auf dem Parkett herum. Karin meinte schließlich: „Komm, wir setzen uns lieber an unseren Tisch und trinken den Wein noch aus!“

Manu schaute auf die Uhr und fragte besorgt: „Müssen wir nicht langsam das Taxi rufen?“
„Wann fährt denn der Zug genau?“ fragte ich.

„23.07 Uhr, da haben wir gerade noch 40 Minuten Zeit."
Ich stand auf und erkundigte mich an der Bar nach einem Telefon und der Rufnummer für das Taxi.
Die Bardame reichte mir einen Apparat und sagte: „Das macht 20 Pfennig. Die Rufnummer steht drauf."
Ich gab ihr das Geld und wählte die Nummer.
„Taxigenossenschaft", meldete sich endlich nach langem Läuten eine barsche Frauenstimme.
„Ich hätte gern ein Taxi zum Cafe Heiderand bestellt", sagte ich.
„Für wann?"
„Für sofort, wir müssen in 40 Minuten am Hauptbahnhof sein."
„Ausgeschlossen."
„Wie bitte?"
„Ausgeschlossen."
„Was heißt denn hier ausgeschlossen", rief ich empört in den Hörer.
„Ausgeschlossen, die Fahrzeuge sind alle unterwegs."
„Kann man denn da keinen über Funk erreichen?" rief ich aufgeregt. Doch die Frauenstimme antwortete nicht mehr, sie hatte aufgelegt. Ich war sprachlos und schlenderte langsam zurück an unseren Tisch.
„Und?" fragte Karin.
„Es sind alle Taxis unterwegs."
„Was heißt das, sie sind alle unterwegs? Heißt das, wir müssen mit der Straßenbahn fahren? Das schaffen wir doch nie!"
Die beiden waren entsetzt aufgesprungen und hasteten zur Garderobe. Mit einem Schlag war ich nüchtern. Ich wollte hinterher, doch mir fiel noch rechtzeitig ein, daß ja noch niemand die vier Flaschen Wein bezahlt hatte. Ich rief nach der Kellnerin. Zum Glück kam sie auch gleich an meinen Tisch, und ich konnte bezahlen.
Dann hastete ich den beiden hinterher. Ich schaute auf meine Armbanduhr. Es war bereits 22.35 Uhr.
Draußen goß es in Strömen. Ich entdeckte Karin und Manu und lief zu ihnen. Sie studierten angestrengt den Fahrplan.
„So ein Mist, das können wir vergessen", fluchte Manu laut.
„Das ist so ein Scheiß", stimmte Karin mit ein. „Die nächste Bahn fährt erst 5 vor 11. Was machen wir denn jetzt? So ein Mist!"
„Das darf doch nicht wahr sein", rief ich und begann zu überlegen.

Schließlich schlug ich ihnen vor: „Und wenn ihr diese Nacht mit bei mir schlaft? Platz genug hab ich für euch."
„Du bist vielleicht bekloppt!" Karin tippte sich mit dem Zeigefinger an die Stirn. „Und wie sollen wir morgen früh auf Arbeit kommen?"
„Mensch hätten wir doch bloß nicht auf dich gehört. Von wegen und uns ein Taxi bestellen", fauchte Manu böse.
Obendrein fing der Regen langsam an, uns durchzuweichen.
Ich überlegte weiter.
Eigentlich war ich ja wieder ziemlich nüchtern. Das machte sicherlich die frische Luft hier draußen. Autofahren konnte ich mit Sicherheit problemlos und jetzt, mitten in der Nacht, würde mich die Polizei schon nicht erwischen. Außerdem war es sowieso besser, wenn ich mit dem Auto heim fuhr. Meine Mutter würde es sicher merken, wenn ich ohne dem Oktavia kam. Was sollte ich ihr denn dann erzählen?
Schließlich entschloß ich mich und rief den beiden zu: „Los kommt schnell. Ich fahr euch."
Ich rannte zu meinem Auto, die beiden Mädchen hinterher.
„Ich denke, du fährst nicht, wenn du was getrunken hast", sagte Karin beim Einsteigen.
„Das ist doch auch ein Notfall", antwortete ich, ließ den Motor an, schaltete die Scheinwerfer ein und fuhr los.
Schon nach den ersten Metern merkte ich, daß es so stark regnete, daß die Scheibenwischer es kaum schafften.
Durch Bühlau hindurch ging es aber noch halbwegs. Denn durch die helle Straßenbeleuchtung konnte man sich ganz gut orientieren. Schlimmer wurde es dann den steilen Berg hinunter in Richtung Mordgrundbrücke.
Durch die Windschutzscheibe hindurch konnte ich nur noch verschwommen die Straße erkennen oder besser erahnen.
Karin, die als Beifahrer fuhr, mußte mir immer wieder sagen, wie weit ich von der Bordsteinkante entfernt war, denn durch die Seitenfenster konnte man mehr erkennen. Ich versuchte mich verzweifelt nach den Straßenbahnschienen zu richten. Um die S-Kurve fuhr ich dann nur noch Schrittempo. Ich wußte nicht, ob ich noch vom Regen naß war oder ob ich vor Angst durchgeschwitzt war.
Krampfhaft hielt ich das Lenkrad umklammert. Das Stück hinunter

bis zum Komplex der Stasi fuhr ich mit höchstens 10 Stundenkilometern.
„Bei dem Tempo schaffen wir das nie“, jammerte Karin neben mir.
„Ich kann jetzt wieder schneller fahren, jetzt seh’ ich mehr“, sagte ich entschlossen und gab Gas. Die Scheibenwischer wischten und wischten, aber viel konnte ich nicht erkennen, obwohl die Straßenbeleuchtung hier wieder besser war.
„Paß auf!“ schrie Karin.
Ich trat auf die Bremse. Fast hätte ich einen Fußgänger überfahren. Ich hatte ihn viel zu spät erkannt. Mit seinem Regenschirm in der Hand, konnte er sich zum Glück noch schnell auf den Fußweg retten, sonst hätte ich ihn erwischt.
„Blöder Heini!“ fluchte ich und gab wieder Gas.
„Das nächste Mal kannst du ruhig etwas früher schreien“, sagte ich zu Karin.
„Den hab’ ich ja auch nicht gesehen“, versuchte sie sich zu verteidigen.
„Kann jemand erkennen, wie spät es ist?“ fragte ich in die Runde.
„Wir haben noch genau 11 Minuten“, sagte Manu.
„Das schaffen wir“, sagte ich, denn wir waren am Platz der Einheit angelangt.
Zu meinem Entsetzen mußte ich aber feststellen, daß die Ampelanlage ausgeschaltet war. Durch den starken Regen konnte ich aber den Platz überhaupt nicht überblicken.
Ich kurbelte bei mir das Fenster hinunter und sagte zu Karin:
„Du mußt mir sagen, ob etwas von rechts kommt!“
„Kommt nichts!“ kam auch prompt die Antwort.
Ich fuhr los und steuerte nach links, denn dort ging es in Richtung Hauptbahnhof. Wieder orientierte ich mich an den Schienen für die Straßenbahn.
Das war schließlich mein entscheidender Fehler. Ich hatte so ein ungutes Gefühl dabei, eine Ahnung, daß irgend etwas nicht stimmte. Ich brauchte aber nicht lange herumrätseln, was es war.
„Scheiße! Auch das noch!“ fluchte Karin.
Sie hatte das Polizeiauto eher bemerkt als ich. Es fuhr direkt neben uns. Aus dem Seitenfenster fuchtelte einer wie wild mit einer roten Kelle herum.
Vor Schreck machte ich eine Vollbremsung.

„Scheiße!“ fluchte auch ich.
„Idiot“, schrie Manu. Sie war mit dem Kopf gegen den Vordersitz geprallt.
Der Beifahrer des Streifenwagens war ausgestiegen und kam auf mich zu. Geistesabwesend kurbelte ich das Seitenfenster herunter.
„Guten Abend, Obermeister Lange, fahren Sie bitte da vorn rechts von den Straßenbahnschienen herunter und halten Sie dort“, sagte er und zeigte in die Richtung, wo ich mich mit dem Auto hinstellen sollte. Es war direkt neben der Haltestelle.
Als ich den Motor abstellte, kam mir mit einem Mal die Erleuchtung.
„Ich Idiot“, fluchte ich. Ich war vollkommen verkehrt gefahren. Beim Linksabbiegen hätte ich einen Bogen fahren müssen, denn die Straße verlief in Wirklichkeit, unabhängig von den Straßenbahnschienen die gerade waren, wie ein Stück Kreisverkehr in einer weit ausholenden Kurve. Da ich hier bei Tag schon öfters lang gefahren war, hätte ich das wissen müssen. So was Blödes aber auch. Ich konnte nur noch mit dem Kopf schütteln.
„Also, ich haue ab“, sagte Karin entschlossen. „Vielleicht nimmt uns jemand per Anhalter mit.“
Sie stieg aus und Manu folgte ihr. Grußlos verschwanden die beiden. Ich mußte ebenfalls aussteigen. Es regnete immer noch, aber das war mir jetzt egal.
„Ihre Zulassung und die Fahrerlaubnis“, forderte der Genosse von mir.
Ich zückte mein Portemonaie und gab ihm die Papiere.
„Sie wissen, was sie falsch gemacht haben?“ fragte mich Obermeister Lange.
„Jetzt ja“, sagte ich.
„Oooh“, machte er und wedelte mit der Hand vor seinem Gesicht herum.
„Getrunken haben wir also auch noch und das nicht zu knapp“, stellte er fest.
Ich nickte.
„Müssen wir erst ins Röhrchen pusten oder können wir uns das sparen?“ fragte er mich höflich.
„Das können wir uns sparen“, sagte ich leise.
„So, wieviel haben wir denn da getrunken?“

Ich zuckte mit den Schultern: „Ich weiß nicht genau. Ein Bier, ein paar Schnäpse und ein bißchen Wein."
„So, so, ein bißchen Wein also", sagte der Genosse Obermeister belustigt.
„Dann schließen sie mal ihr Auto ab und steigen bei uns ein. Wir fahren dann gemeinsam zur Blutuntersuchung."
Während der Fahrt in der „Grünen Minna" stürzte eine Welt für mich ein.
Ich saß da, wie ein Häufchen Elend und fühlte mich auch so. Am liebsten hätte ich laut losgeheult. Fassungslos purzelten meine Gedanken durcheinander.
Ich hatte wieder einmal alles verloren. Einfach alles, was mir so wertvoll erschien, das Vertrauen meiner Mutter und meiner Kollegen, die Fahrerlaubnis und selbst den schönen Oktavia, der mir ohne die Fahrerlaubnis nichts nützte.
Die Fahrt dauerte nicht lange, denn die ärztliche Bereitschaft war auf der Großenhainer Straße. Ich kam auch sofort an die Reihe, nachdem der Genosse Volkspolizist mit einem Arzt gesprochen hatte. Eine Schwester nahm mir das Blut ab.
Anschließend führte mich Obermeister Lange ins Sprechzimmer. Hier mußte ich ein paar, wie ich in diesem Moment fand, alberne Übungen machen, z.B. mit den Zeigefingern bei geschlossenen Augen die Nasenspitze treffen oder auf einem Strich balancieren. Natürlich klappte das alles nicht so richtig, aber das war mir auch völlig egal.
Danach ging der Polizist mit mir in einen Nebenraum, um ein Protokoll aufzunehmen, wie er sagte.
Ich erzählte alles so, wie es gewesen ist. Wozu sollte ich auch etwas verheimlichen? Die Promillezahl würde in wenigen Minuten feststehen. Da spielte es keine Rolle mehr, daß ich ja eigentlich nicht fahren wollte.
„Da haben Ihnen die Mädels ja ganz schön was eingebrockt", sagte Obermeister Lange und schüttelte mit dem Kopf. „Deshalb waren die wohl vorhin so schnell verschwunden? Aber trotzdem, Schuld sind Sie selber, denn gefahren sind ja letztendlich Sie."
Ich nickte, denn das war mir schon klar, nur nützte es mir nichts mehr.
Kurze Zeit später kam die Schwester und brachte das Ergebnis der Untersuchung.

Der Obermeister las das Schreiben in Ruhe durch. Dann schüttelte er wieder mit dem Kopf und meinte: „2,8 Promille, guck an, das hat man Ihnen gar nicht angesehen."
Mit so viel Promille hatte ich nicht gerechnet. Ich saß da, wie versteinert.
„Da werden Sie eine ganze Weile ohne Ihre Fahrerlaubnis auskommen müssen", hörte ich ihn wie aus weiter Ferne reden.
„... können Sie jetzt gehen ... bekommen Bescheid ... hier nicht wiedersehen ..."

Ich stand draußen vor dem Eingang. Es hatte endlich aufgehört mit regnen und die kühle Luft tat mir gut. Ich atmete tief durch.
Endlich konnte ich wieder normal denken. Wie sollte ich von hier aus nach Hause kommen?
Mitten in der Nacht war das ziemlich umständlich mit der Straßenbahn. Wer weiß, ob um diese Zeit überhaupt noch eine fuhr?
Ich dachte an meinen Skoda, der jetzt mutterseelenallein mitten auf dem Platz der Einheit stand und mir war mit einem Mal klar, daß ich ihn jetzt nicht dort stehen lassen konnte.
Wenn ich ihn erst am Morgen mit einem Kollegen holen würde, könnte es sein, daß schon die Hälfte der Teile geklaut war.
Was abzuschrauben ginge, wäre abgeschraubt. Ersatzteile von einem Skoda Oktavia Combi Baujahr 1962 sind Mangelware und wenn sie einem so gut präsentiert werden wie hier, brauchte man doch nur noch zugreifen.
Das konnte ich nun wirklich nicht zulassen. Mein Oktavia als Ersatzteilspender, das fehlte mir gerade noch.
Schnellen Schrittes machte ich mich auf den Weg, entschlossen, das Schlimmste zu verhüten.
Als ich das Auto erreichte, war es bereits 1.30 Uhr und weit und breit kein Mensch zu sehen. Trotzdem versteckte ich mich erst einmal vorsichtshalber hinter einem Gebüsch und beobachtete angestrengt die Gegend.
Nach einer Viertelstunde, in der ich außer einem Taxi keine Menschenseele entdeckt hatte, schlich ich mich langsam zum Auto. Ich öffnete die Fahrertür und setzte mich hinein. Mit klopfendem Herzen wartete ich, ob sich etwas in meiner Umgebung regte. Es war absolute Stille.

Ich nahm all meinen Mut zusammen und startete den Motor. Fast hätte ich ihn vor Schreck wieder abgestellt, denn er machte in der Totenstille einen unheimlichen Krach, obwohl ich sonst immer der Meinung war, daß der 4-Takter leise lief.
Kurz entschlossen legte ich den Gang ein, schaltete das Licht an, wendete mitten auf dem Platz und fuhr in Richtung Neustädter Bahnhof davon.
Dabei beobachtete ich ständig im Rückspiegel, ob mir jemand folgte. Es war niemand zu sehen und beruhigt gab ich Gas.
Gerade als ich in die Unterführung eingebogen war, durch die ich mußte, wenn ich rechts in die Leipziger Straße wollte, bemerkte ich hinter mir Scheinwerfer.
Ein Auto um diese Zeit? Was konnte das sein? Ein Taxi?
Meine Aufregung wuchs.
Inzwischen bog ich bereits in die Leipziger Straße ein und fuhr langsam in Richtung Radebeul. Ich schaute in den Rückspiegel. Die Scheinwerfer hielten immer noch den gleichen Abstand zu mir, obwohl ich jetzt so langsam fuhr, daß mich das Auto hätte eigentlich überholen müssen.
Wenn es die Polizei wäre, dachte ich mir, dann hätte sie mich schon längst überholt. Ein Taxi hätte das aber wahrscheinlich auch getan. Das hätte es sicher eilig.
Ich konnte einfach nicht erkennen, wer da hinter mir fuhr.
Schließlich, es blieb mir ja auch nichts anderes übrig, gab ich wieder Gas und fuhr nun etwas beschleunigter weiter.
Als ich in Höhe der Fahrschule Melkus war, sah ich erleichtert, wie das Fahrzeug hinter mir blinkte und zum Überholen ansetzte.
Verdammt, das wurde aber auch Zeit! Das konnte einen schon ganz schön nerven, wenn einer nachts immer im gleichen Abstand hinter einem her fährt.
Als der Ochse auf gleicher Höhe mit mir war, wollte ich ihm eigentlich einen Vogel zeigen. Doch ich hatte meine Hand noch nicht einmal auf halber Höhe, als ich sie jäh wieder sinken ließ.
Ich spürte, wie sich mir das Nackenhaar sträubte und ein eiskalter Schauer lief mir über den Rücken.
Durch mein Seitenfenster hatte ich eine rote Kelle erblickt, die auf und ab wippte.
Nicht schon wieder! Nicht schon wieder ich!

„Na, wen haben wir denn da?“ fragte Obermeister Lange voller Freude, als er von außen durch mein geöffnetes Seitenfenster schaute. „Schon wieder der Herr Hoffmann. Das haben wir uns doch gleich gedacht.“
Er konnte seine Freude über meinen Anblick kaum bändigen. Ich fand das gar nicht lustig.
„Würden Sie die Freundlichkeit besitzen und in unser Taxi umsteigen“, schleimte der Polizist weiter.
Er öffnete mir sogar die Autotür und machte einen ergebenen Diener, als ich ausstieg. Geduldig wartete er dann, bis ich den Skoda abgeschlossen hatte und geleitete mich hinüber zum Funkstreifenwagen. Er öffnete die hintere Wagentür und rief zu seinem Kollegen hinein: „Schau mal, wen ich dir mitgebracht habe“, und machte anschließend wieder brav seine Verbeugung, als ich einstieg.
Unterwegs zur Blutentnahme erzählten mir die beiden, daß sie sich mit ihrem Streifenwagen am Neustädter Bahnhof postiert hatten. Aber es sei absolut nichts los und stinklangweilig gewesen.
Fast wären sie vor lauter langer Weile eingeschlafen, wenn nicht plötzlich, direkt vor ihrer Nase ein alter Skoda vorbeigefahren wäre. „Na so was, den kennen wir doch“, hätten sie gesagt und wären mir dann auch sofort neugierig gefolgt, froh darüber, daß endlich doch noch etwas in dieser Nacht passierte.

Die beiden mit ihrer Freude darüber, daß sie mich nun ein zweites Mal erwischt hatten, konnten mich sogar mit ihrer guten Laune anstecken.
Ich sah das Ganze nicht mehr so verbissen. Ob sie mich nun einmal oder zweimal erwischt hatten, war mir egal, das erste Mal mit 2,8 und das zweite Mal mit 2,5 Promille.
Als sie sich erneut von mir verabschiedeten, sagte Obermeister Lange: „Nun sehen Sie aber zu, daß Sie endlich nach Hause kommen. Aber“, er lächelte und hob den Zeigefinger, „das Auto bleibt jetzt stehen!“
Ja, ja, bleibt stehen, sagte ich mir in Gedanken. Ich hatte nur noch einen Wunsch, so schnell wie möglich nach Hause zu kommen, denn inzwischen war es bereits 3 Uhr vorbei und ich war hundemüde.
Diesmal war es nicht mehr ganz so weit zu laufen bis zu meinem

Auto. Und diesmal war ich auch gar nicht erst vorsichtig, sondern stieg gleich ein und fuhr los.
Was spielte es denn schon für eine Rolle, ob sie mich zweimal oder dreimal in einer Nacht des Fahrens unter Alkohol überführten. Für das Strafmaß war das sicherlich unerheblich.
Auf der Fahrt bis nach Hause blieb ich aber unbehelligt.
Ich stellte den Oktavia ab wie immer und haute mich auf's Ohr. Viel Zeit blieb mir allerdings nicht mehr. Sonst stand ich immer um 4.15 Uhr auf, wenn ich früh in den Stall mußte. Diesmal hatte ich mir die Wecker auf 4.45 Uhr gestellt. Das sollte reichen, um bis 5 Uhr pünktlich mit dem Fahrrad im Stall zu sein.
Als die Wecker dann später klingelten, war ich noch nicht einmal richtig eingeschlafen. Vielmehr hatte ich mich in meinem Bett hin und her gewälzt. Zu vieles war mir durch den Kopf gegangen.
Im Stall erzählte ich meinen Kollegen nichts von den Vorkommnissen der letzten Nacht. Da man mir aber ansah, wie übermüdet ich war, sagte ich ihnen nur, daß ich in der Nacht keine Zeit gehabt hatte zum Schlafen. Was sie natürlich vollkommen anders deuteten.
Zum Glück roch keiner meine Fahne, die ich mit Sicherheit noch hatte.
Die Arbeit fiel mir unheimlich schwer, so ausgelaugt wie ich war. Außerdem hatte ich einen mordsmäßigen Durst.
In der Frühstückspause fläzte ich mich im Aufenthaltsraum in einen der beiden alten Sessel und versuchte zu schlafen. Zu essen hatte ich sowieso nichts mit.
Doch mit dem Schlafen wurde es nichts. Zu sehr kreisten mir die Gedanken im Kopf herum. Es war schon fürchterlich, daß ich meine Fahrerlaubnis eingebüßt hatte. Aber um ein Vielfaches schlimmer war, daß ich das meinen Kollegen und meiner Mutter beichten mußte. Es war eine so unglaubliche Schmach und Schande für mich, es den Leuten erzählen zu müssen, die mir vertraut und an das Gute in mir geglaubt hatten.
Keiner von ihnen würde verstehen, warum ich das getan hatte. Ich verstand es ja selber nicht. Es war der größte Schwachsinn, den ich in den letzten Jahren vom Stapel gelassen hatte. Es war total bekloppt. Ich war total bekloppt.
Nach der Arbeit um 9.30 Uhr wollte ich nur noch heim und schlafen. Ich hatte Zeit bis 14 Uhr, dann mußte ich mich wieder auf den

Weg zum Stall machen. Da ich aber trotz der Müdigkeit innerlich noch immer so aufgewühlt war, hielt ich am „Tempo“-Laden an und holte mir als Schlaftrunk eine Flasche Wodka. Schließlich war es ja scheißegal, ob ich nur einen Abend oder einen Abend und einen Tag getrunken hatte.
Im Moment war es mir viel wichtiger, daß ich schlafen konnte.

Als mich um 14 Uhr die Wecker aus dem Schlaf rissen, hätte ich sie am liebsten ausgedrückt und weiter geschlafen. Doch ich wußte ja selbst, wie blöd es war, wenn einer im Stall fehlte. Also rappelte ich mich hoch. Mein Blick fiel auf die Wodkaflasche die auf dem Tisch stand. Sie war noch reichlich halbvoll. Unwillkürlich griff ich danach und machte gleich ein paar große Schlucke.
Ja, das tat gut, diese wohlige Wärme in meinem Körper zu spüren.

Während der Stallarbeit, ich war gerade allein in einem Gang beim Ausmisten, kam Werner Schuster. „Kann das sein, daß ich vorhin eine Fahne gerochen habe bei dir?“ fragte er mich leise.
Vollkommen ertappt, konnte ich nur nicken. Jetzt war es soweit, jetzt flog alles auf.
„Weiß der Micklich schon, daß du wieder trinkst?“
Stumm schüttelte ich den Kopf.
„Mensch Stephan, was machen wir denn da?“ fragte Werner ratlos.
Ich zuckte hilflos mit den Schultern. Nach einer Weile räusperte ich mich und sagte: „Ich gehe morgen zu meinem Arzt.“
„Hm“, machte Werner nachdenklich. „Vielleicht kriegt der das gleich wieder hin. Ich sag den andern hier derweil noch nichts. Ab morgen bist du ja erst einmal wieder beim Feldbau.“
Da fiel mir ein: „Kannst du da dem Siggi Bescheid geben, daß ich morgen früh zum Arzt gehe? Da brauche ich nicht erst anrufen.“
„Ja, daß mach ich. Soll ich ihm was sagen?“
„Nee, lieber nicht“, sagte ich schnell, denn mir standen bereits die Tränen in den Augen. „Sag ihm nur, daß mir heute schlecht war.“
„Gut, geht klar. Kopf hoch, daß wird schon wieder!“ wollte Werner mich aufmuntern.
Er klopfte mir auf die Schulter und ließ mich allein.

Nach der Arbeit fuhr ich gleich heim. In mir war eine Leere wie lange nicht mehr. Mir war bewußt geworden, ich gehörte nicht mehr dazu. Ich war wieder, wie in einer völlig anderen Welt. Vorbei war die Zeit, wo man mir vertrauen konnte, wo ich zu jenen dazugehörte, die ordentlich ihre Arbeit machten und auf die man sich verlassen konnte. Ich verstand alle, wenn sie nichts mehr mit mir zu tun haben wollten. Inzwischen liefen mir die Tränen in Strömen die Wangen hinab. Allein in meiner Trostlosigkeit hatte ich wenigstens noch einen Freund. Ich trank die Flasche in einem Zug leer.
Kaum daß ich sie abgesetzt hatte, ging es mir schon besser. Die trüben Gedanken verzogen sich. Der Hunger meldete sich und mir wurde schlagartig bewußt, daß ich ja den ganzen Tag noch nichts gegessen hatte.
Ich schaute in meinem Kühlschrank nach, ob etwas Brauchbares zu finden war, aber außer einer Büchse Ölsardinen, die mir mal meine Mutter geschenkt hatte, war er gähnend leer.
Ich setzte mich im Wohnzimmer auf mein Sofa, brannte mir eine Karo an und überlegte rauchend.
Ich schaute zum Fenster und sah in der Dämmerung, daß bei meiner Mutter Licht brannte. Am besten wäre es, wenn ich gleich mal hinüber ginge, dachte ich mir. Sicher hatte sie etwas zum Abendbrot für mich da.
Ich überlegte auch, daß es ja schließlich egal war, ob ich ihr heute oder erst morgen von meinem Mißgeschick erzählte. Jetzt fühlte ich mich relativ mutig dazu. Also machte ich mich auf den Weg.

Meine Mutter freute sich, als ich kam. „Da können wir dann gleich zusammen Abendbrot essen“, sagte sie.
Bei uns beiden war es in der letzten Zeit üblich geworden, daß wir uns zur Begrüßung einen Kuß auf den Mund gaben. Da mir klar war, daß ich bestimmt eine ganz schöne Fahne hatte, gab ich ihr diesmal nur einen Kuß auf die Wange und ging an ihr vorbei ins Wohnzimmer.
„Hast du das nicht heute früh verschlafen, ich hab nämlich im Morgengrauen dein Auto gehört?“ fragte sie.
Doch plötzlich blieb sie wie versteinert vor mir stehen. „Sag mal, kann das sein, daß du eine Fahne hast?“ fragte sie leise, fast tonlos.
Ich nickte.

Sie mußte sich setzen. „Das darf doch nicht wahr sein", flüsterte sie fassungslos. Ich wußte nicht, was ich sagen sollte.
„Gestern bestimmt, mit deinen Kumpels, ich hab' es schon geahnt", flüsterte sie. Mit einem Mal schluchzte sie laut auf und jammerte: „Jetzt fängt das ganze Theater wieder von vorne an!"
Mir krampfte sich das Herz zusammen, als ich sie so weinen sah, und ich konnte die eigenen Tränen auch nicht mehr zurückhalten. Sie tat mir so unendlich leid, wie ich sie so hilflos dasitzen sah, die Hände im Schoß gefaltet, ihre Schultern bebten.
„Ich hatte so gehofft, daß du es diesmal geschafft hast", schluchzte sie. Das wußte ich zu genau.
All ihre Hoffnungen hatte sie mir seit meiner Entziehungskur in Arnsdorf dadurch gezeigt, in dem sie sich ständig um mich gekümmert hatte. In der ganzen Zeit hatte sie sich auch nicht ein einziges Mal darüber beschwert, was ich ihr früher für ein Leid zugefügt hatte. Gemeinsam hatte sie mit mir nur nach vorn geschaut.
Und nun hatte ich sie wieder so fürchterlich enttäuscht, kaum daß sie sich von meinem letzten Rückfall wieder hochgerappelt hatte.
„Ich gehe morgen zum Dr. Rößger", sagte ich leise und hoffte, daß ich sie damit etwas beruhigen konnte.
„Besser wäre es gewesen, sie hätten dich in Arnsdorf gleich dort behalten. Dann könnte ich jetzt ruhiger leben."
Dieser Vorwurf traf mich schwer. Ich konnte sie aber trotzdem verstehen, so verzweifelt wie sie war. Sie hatte ja schließlich recht. Ich war noch nicht einmal zwei Jahre von der Therapie zurück und hatte nun schon den zweiten Rückfall, wie sie meinte.
Für mich war es allerdings kein neuer Rückfall. Gut ich hatte zwar gestern und heute etwas getrunken, aber das hieß für mich noch lange nicht, daß ich nun weiter trank. Daß ich das nicht tun würde, darüber war ich mir ziemlich sicher.
Wenn nicht die Sache mit der Polizei gewesen wäre, wer weiß, ob es dann überhaupt jemand mitbekommen hätte?
Als hätte meine Mutter meine Gedanken erahnt, fragte sie noch immer unter Schluchzen: „Da bist du wohl die Nacht besoffen mit dem Auto gefahren?"
Ich nickte und blickte zu Boden.
„Und, da hat dich die Polizei nicht angehalten?" bohrte sie weiter.
„Doch, sie haben mich erwischt", gab ich zu.

„Sag bloß“, rief sie aus. „Da bist du jetzt auch noch die Fahrerlaubnis los?“
„Ja.“
„Es ist nicht zu fassen! Du machst alles kaputt!“ sagte sie und schüttelte unaufhörlich mit dem Kopf.
„Da bin ich ja gespannt, was der Dr. Rößger morgen dazu sagt.“
Danach herrschte Schweigen.
Meine Mutter deckte den Abendbrottisch und ohne ein Wort zu sagen, aßen wir. Jeder schaute nur auf seinen Teller und kaute lustlos vor sich hin. Ich selbst hatte überhaupt keinen Hunger mehr.
Als ich mich später verabschiedete und ihr einen Kuß geben wollte, zog sie ihren Kopf zur Seite wegen der Alkoholfahne, wie sie sagte.

Drüben, in meiner Wohnung angekommen, überlegte ich kurz, was ich eigentlich hier so früh am Abend wollte. Ich brauchte morgen nicht so zeitig aufstehen, weil ja schon geklärt war, daß ich zum Arzt ging. Da konnte ich auch noch für ein Stündchen in die Lößnitzperle gehen.

Feier-James konnte es gar nicht fassen, daß ich aufkreuzte, erst recht nicht, daß ich meine Fahrerlaubnis, die gerade mal ein halbes Jahr alt war, schon wieder los war.
„Au, Titius, das ist heftig“, sagte er mitleidig. „Ach komm, ich geb' dir einen aus!“ und er bestellte zwei Oberförster für uns bei Gudrun, die heute bediente.
Die anderen am Tisch hatten alle mit zugehört und ich war ihnen dankbar, daß sie nicht über mein Mißgeschick lachten.
„Ich weiß, wie das ist, Titius“, sagte Hydrant, „mach dir keinen Kopp! Ich hab auch schon ein paar Mal versucht aufzuhören, aber wie du siehst“, er tippte mit dem Finger an sein Bierglas, „hab ich es auch noch nicht geschafft. Was soll's?“
„Hee, Titius, laß den Kopf nicht hängen, trink lieber erst mal was!“ rief Andy und reichte mir sein volles Bierglas über den Tisch. Ich nahm es dankend an und trank es hintereinander aus.
„Eeh, der Titius hat ja einen Zug drauf, als hätte er monatelang nichts getrunken“, sagte Elektro-James mit schwerer Zunge.
„Haa, haa, haa“, machte ich.
„Hier, kannst meins auch haben.“ Er knallte sein volles Glas vor

mich hin, daß es überschwappte. „Ehe die Gudrun wiederkommt bist du ja verdurstet."
Ich trank auch sein Glas in einem Zug leer.
Als Gudrun kurz danach an unseren Tisch kam und die beiden Oberförster brachte, bestellte ich für alle eine Runde Bier und eine Runde Oberförster.
Ich war ihnen dankbar, daß sie mich aufmuntern wollten und erklärte ihnen, daß das auch eine Abschiedsrunde sei, weil ich am nächsten Tag zum Arzt ginge, wegen des Rückfalls und so. Da würde ich eine Weile erst einmal nichts trinken können.
„Das hab ich auch schon ein paar Mal gesagt", ließ sich Hydrant vernehmen, „aber dann bin ich doch wieder in der Perle gelandet."
Und Andy stimmte ihm zu: „Ja, ja, das ist der magische Arm, der einen immer wieder hier rein zieht. Du sagst dir, heute bleib ich eisern und gehe gleich nach Hause. Wenn du dann aber hier vorbei kommst, dann geht es hui, und mit einem Mal sagst du dir, mußt doch mal gucken, wer drin sitzt und schon bist du drin. Da kann man gar nichts dagegen machen."
„Nuuhu, das ist wirklich so, ha, ha, ha, haa", gackerte Feier-James. „Das geht mir auch immer so." Er hob sein Schnapsglas und prostete mir zu: „Titius, auf deinen Hundertsten. Abfahrt Verrückte, ha, ha, ha, haa!"
„Weg damit", sagte ich und wir kippten die Gläser hinunter.
„Titius", Feier-James knallte mir seine Hand auf die Schulter, „ich mach morgen eine F-Schicht und heute machen wir noch einen drauf, ha, ha, ha, ha, hi, hi, hi, hi!"
Die anderen hatten mich bereits mit ihrer guten Laune angesteckt. Vergessen war das Drama, was sich in der letzten Nacht abgespielt hatte.
Als Gudrun die bestellte Runde gebracht hatte, erhob ich das Schnapsglas und sagte: „Auf euch, Abfahrt Verrückte!"
„Auf dich, Titius und deinen 100.Versuch mit dem Trinken aufzuhören!" prostete mir Hydrant zu.

Ich hielt an diesem Abend mit Feier-James, Andy und Hydrant bis zum Kneipenschluß durch.
Das war aber auch das Limit, denn wie ich anschließend nach Hause gekommen war, wußte ich später nicht mehr. Ich konnte mich

nur noch daran erinnern, daß ich mir die Wecker mit Absicht nicht gestellt hatte, weil ich ja irgendwann im Laufe des Vormittages zum Arzt wollte. So etwa im Morgengrauen war ich mal auf der Toilette, das wußte ich auch noch.
Ich wachte schließlich auf, da war es bereits 11 Uhr vorbei und ich fühlte mich hundsmiserabel.
Ich war vollkommen kraftlos, mein Kopf schien einen Umfang von zwei Metern zu haben, mein Magen rebellierte und mir war es saukalt.
Sofort fiel mir die fröhliche Runde ein, in der ich den gestrigen Abend verbracht hatte. Deshalb war mir auch klar, warum es mir jetzt so schlecht ging. Ich hatte den ganzen Abend über ganz einfach viel zuviel geraucht. Das war der Grund. Außerdem hatte ich nichts gegessen.
Zu Dr. Rößger brauchte ich jetzt nicht mehr gehen, denn ich war der Meinung, daß seine Praxis über den Mittag geschlossen war.
Mir fiel Feier-James ein und daß er ja heute eine Fehlschicht machen wollte. Da war er jetzt bestimmt in der Stehpiepe.
Das war eine gute Idee. Ich zog mich schnell an und machte mich auf den Weg.

Feier-James war natürlich schon da. Er hatte bereits drei Flaschen Bier weg und es ging ihm bereits wieder gut. Er freute sich riesig, als ich aufkreuzte, denn außer Brennoli, der gleich zur zweiten Schicht mußte, war noch keiner von unseren näheren Bekannten da.
„Na, Titius, wie bist'n gestern noch nach Hause gekommen?“ fragte er.
„Ähh, jaa, ähh, keine Ahnung“, antwortete ich.
„Ha, ha, ha, haa, hi, hi, hi, hie, mir fehlt auch 'n Stück Film“, jubelte er vergnügt.
Mir war noch nicht zum Jubeln zumute, ich brauchte erst einmal etwas zu trinken.
„Trinkst du 'n Oberförster mit?“ fragte ich ihn.
„Na klar, Titius, aber du kannst mir auch gleich noch 'ne Flasche Pilsner mitbringen“, sagte er.
Nachdem ich die erste Flasche Pilsner und einen Oberförster getrunken hatte, ging es mir bedeutend besser. Pankwitz, Feier-James'

Cousin und Kunstblume waren inzwischen mit dazu gekommen und wir begannen, um eine Flasche Bier zu würfeln. Wenn Kunstblume mitspielte, brauchte man nichts bezahlen. Er verlor auch diesmal eine Runde nach der anderen.
In kurzer Zeit hatte ich fünf Flaschen Bier vor mir auf dem Tisch stehen. So schnell konnte ich gar nicht trinken. Deshalb spielten wir ab sofort statt um Bier, um einen kleinen Schnaps.
Wenn man so beim Spielen ist und laufend gewinnt, möchte man am liebsten gar nicht wieder aufhören. Doch um 15 Uhr mußte ich mich trotzdem verabschieden. Bei mir war das Maß voll, das spürte ich. Sieben Flaschen Bier und dazu jede Menge Schnaps auf nüchternen Magen war in der kurzen Zeit doch etwas zu viel gewesen.
„Ich muß mich erst mal 'ne Stunde auf's Ohr hauen. Bis dann!" sagte ich und schwankte dem Ausgang zu.
„Ich bin dann drüben in der Perle", rief mir James hinterher.
Zu Hause hatte ich kaum mein zweites Bein im Bett, da war ich schon eingeschlafen.

„Das stinkt ja hier schlimmer als in einer Kneipe", hörte ich meine Mutter rufen. Im ersten Moment bildete ich mir ein, ich hätte das geträumt. Doch dann merkte ich, daß mich meine Deckenlampe blendete und sie wirklich hier im Zimmer war.
„Da kann ich ja froh sein, daß mir Frau Lenk unten die Tür aufgemacht hat, sonst hätte ich mir ja wieder die Finger wund klingeln können", sagte sie aufgebracht.
Ich setzte mich auf die Bettkante und sah auf die Uhr. Es war kurz vor 20 Uhr. Wenn sie mich jetzt nicht geweckt hätte, hätte ich bestimmt noch weiter geschlafen.
„Was hat denn nun der Dr. Rößger gesagt?" wollte sie wissen.
Ich antwortete nicht gleich, denn meine Gedanken waren noch zäh wie Kaugummi.
„Oder warst du gar nicht dort?" bohrte sie weiter.
Ich holte langsam tief Luft um zu antworten, aber sie kam mir zuvor: „Hätte ich mir denken können, daß du nicht hingehst."
Ich war immer noch nicht richtig munter und zuckte nur mit den Schultern.
„Kannst du mir vielleicht mal sagen, wie das jetzt weiter gehen soll mit dir?"

„Ich gehe morgen früh hin“, flüsterte ich leise.
„Wie?“
„Ich gehe morgen früh hin“, sagte ich lauter.
„Das möchte ich dir auch raten, sonst gehe ich nämlich hin und rede mit dem Doktor.“
Grußlos verließ sie die Wohnung.
Ich brannte mir eine Karo an und wurde langsam munter. Hunger stellte sich ein und mir wurde wieder bewußt, daß ich immer noch nichts zu essen in der Wohnung hatte.
Sofort fiel mir auch Feier-James wieder ein, der jetzt in der Lößnitzperle sein wollte. Ich machte mich auf den Weg. Schließlich konnte ich ja dort auch etwas essen.

Feier-James war kaum noch ansprechbar, so betrunken war er.
Gitta und Yvonne, die mit bei ihm in der Nische saßen, versuchten ihn gerade davon zu überzeugen, daß es besser wäre, wenn er sich auf den Heimweg machte.
Er war aber viel zu betrunken, um vernünftig zu sein. Er wollte unbedingt noch ein Bier, aber Lilo wollte ihm keines mehr bringen. Das wollte schon etwas heißen, denn Feier-James war schließlich einer ihrer Lieblingskunden.
Mit einem Male stand James auf, schwankte und hielt sich am Tisch fest. „Dann eben ni. Ich hab’ zu Hause auch noch drei Flaschen“, lallte er.
Dann machte er sich langsam auf den Weg, zwei Schritt vor und einen zurück, einen nach links und einen nach rechts, bis er schließlich hinter dem Ausgang verschwunden war.
Lilo war erleichtert.
„Ich hätte Feier-James schon noch eins gegeben“, sagte sie mit leiser Stimme, „aber der Grabisch hat gesagt, daß er nichts mehr bekommen soll. Kann ich nichts machen, ist ja schließlich der Chef.“
Sie zuckte mit den Schultern und steckte James’ Zettel mit den Bierstrichen in die Schürzentasche.
„James hatte wohl noch gar nicht bezahlt?“ fragte ich.
„Och, den Zettel kann er doch morgen bei mir bezahlen. Ist doch ‘ne ehrliche Haut der James“, sagte sie.
Der ja, sagte ich mir und konnte mir sehr gut vorstellen, daß bis morgen noch einige Striche mehr auf dem Zettel waren.

„Nee, gib mal her“, sagte ich deshalb. „Ich hab’ bei James noch was offen. Ich übernehme gleich seinen Zettel.“
„Bitte, wie du willst“, sagte sie etwas beleidigt und legte den Zettel neben mein Bierglas. Dann ging sie weiter zum Nachbartisch.
„Jetzt ist sie aber eingeschnappt“, stellte Yvonne fest. „Die kann sich schon denken, warum du den Zettel haben wolltest.“
Ich winkte ab: „Die schnappt schon wieder aus.“
Ich kam an diesem Abend nicht mehr so richtig in Stimmung.
Mir ging immer wieder meine Mutter durch den Kopf und ich fand es wirklich besser, wenn ich mich am nächsten Tag doch mal beim Dr. Rößger sehen ließe, ehe sie bei ihm aufkreuzte.
Ich aß eine Gulaschsuppe und trank 6 oder 7 Glas Bier, dann machte ich mich wieder auf den Heimweg.
Als ich zu Hause ankam, war es gerade erst 22.30 Uhr. Trotzdem war ich schon wieder ziemlich müde und legte mich gleich ins Bett.

Ich erwachte voller Unruhe. Es war erst 5 Uhr und ich konnte trotzdem nicht mehr schlafen.
Ich schaltete das Licht ein, brannte mir eine Zigarette an und bemerkte dabei, wie mir meine Hände zitterten. Je mehr ich darauf achtete, um so schlimmer wurde es. Ich schob es auf die Kälte im Zimmer. Ich zog mir etwas über und kramte in der Küche herum. Eigentlich wollte ich mir einen heißen Tee kochen, aber ich hatte keinen. Nur ein bißchen Kaffee war noch da. Also brühte ich mir davon eine große Tasse auf und ging wieder hinüber in die Stube.
Der heiße Kaffee wärmte mich richtig durch, aber das Zittern war nicht viel besser geworden. Ich hatte eher das Gefühl, es wäre schlimmer. Ich versuchte mich zur Ruhe zu zwingen.
Ich schaltete das Radio ein und machte das Licht aus. Wenn ich schon nicht mehr schlafen konnte, wollte ich wenigstens eine Weile vor mich hin dösen. Das funktionierte aber auch nicht.
Ich machte mir Gedanken um meine Mutter, dann wieder um die eingebüßte Fahrerlaubnis, dann wieder um meine Kollegen, die gestern gar keine Nachricht von mir erhalten hatten und so weiter und so fort. Es war belastend. Ich kam einfach nicht mehr zur Ruhe.
Schließlich schaltete ich das Licht wieder ein.
Am besten wäre es, wenn ich ein bißchen lesen würde, dachte ich mir. Das würde mich bestimmt ablenken.

Ich stand auf. An der Wand hatte ich als Bücherregal untereinander zwei Bretter hängen. Darauf stand alles, was ich an Büchern besaß. Ich griff mir einen Band „Sherlock Holmes“. Davon hatte ich fünf Stück. In jedem Band waren mehrere Kriminalerzählungen.
Ich wählte mir die Geschichte „Der Mann mit der entstellten Lippe“ aus und begann zu lesen. Jedenfalls versuchte ich es.
Nach einer Weile gab ich es auf und warf das Buch auf den Tisch. Es hatte keinen Sinn, die Buchstaben tanzten in einem fort vor meiner Nase herum, als wollten sie mich foppen.
Ich rätselte, schlafen konnte ich nicht, lesen konnte ich aber auch nicht. Inzwischen hatte ich Hunger bekommen und einen riesigen Durst. Ich ging zum Wasserhahn und trank ein paar Schlucke.
Etwas zu essen wäre jetzt noch besser gewesen.
Schließlich zog ich mich an. Ich hatte beschlossen, eine Runde zu laufen. Als ich die steile Bodentreppe hinab ging, merkte ich, wie unsicher ich auf den Beinen war. Unten auf der Straße legte sich das zum Glück wieder.
Ich schlenderte die Moritzburger Straße hinunter.
Auf halber Höhe überholte mich ein Milchauto. Als ich dann an dem Molkereigeschäft vorbei kam, standen da Kästen mit frischer Milch, aber das war jetzt das Letzte, worauf ich Appetit hatte.
Unten an der Kreuzung sah ich von Weitem eine Straßenbahn kommen. Ich überlegte kurz, dann rannte ich die paar Meter bis zur Haltestelle an der Konditorei Dolze. Ich war nicht der Einzigste. Es war schon eine ganze Menge an Leuten unterwegs, die auf Arbeit wollten. Ich hatte aber Glück und fand noch einen Sitzplatz am Fenster.
Hier in der Bahn fiel ich nicht auf und die Fahrt machte mir direkt Spaß.
Als die Bahn an der Rankestraße hielt, hatte ich plötzlich eine Eingebung. Ich war doch gerade an der Industriestraße vorbei gefahren. Dort war direkt an der Haltestelle ein Zeitungskiosk an dem es auch Tabakwaren und Spirituosen gab. Ich hatte gesehen, wie der Verkäufer gerade einige Bündel Zeitungen hinein räumte. Also war der Kiosk jetzt schon geöffnet.
Ich stand auf und ging zur Tür, um an der nächsten Station, das war das „Goldene Lamm“, auszusteigen.
Lange zu warten brauchte ich nicht, denn es kam gleich eine Bahn in der Gegenrichtung.

Am Zeitungskiosk war ich nicht der erste Kunde, denn an der Haltestelle standen einige, die sich die Wartezeit bis zur nächsten Bahn mit Zeitunglesen verkürzten. Ich holte mir eine kleine Flasche Goldbrand und, damit es nicht so auffiel, noch eine „Junge Welt" dazu. Ich wickelte die Flasche in die Zeitung und steckte sie in die Innentasche meiner Jacke.

Dann wechselte ich die Straßenseite und ging in Richtung Radebeul. Direkt nach der Autobahnbrücke begann ein kleines Waldstück, das an der Hauptverkehrsstraße entlang bis zur Forststraße reichte.

Auf der anderen Straßenseite strömten inzwischen die Arbeiter der dort ansässigen Betriebe ihrem Schichtbeginn entgegen. Deshalb schlug ich, um unbeobachtet zu sein, einen schmalen Pfad quer durch den Wald ein.

Ich holte meine Flasche aus der Jacke und machte sie mit zittrigen Händen auf.

Der erste Schluck war himmlich. Ich spürte meinen Magen, wie er warm und wärmer wurde. Ich nahm ein paar weitere Schlucke und tauchte mehr und mehr in das warme, wohlige Behagen ein.

Ich steckte den Rest Goldbrand wieder ein und schlenderte zur Haltestelle an der Forststraße. Die letzte Bahn in Richtung Radebeul-West war erst kurz zuvor abgefahren. Deswegen wartete ich alleine hier. Die Versuchung, die ich bei mir trug, war zu groß.

Ich ging hinter das Wartehäuschen und trank meine Flasche in einem Zug leer und warf sie ins Gras.

In der Straßenbahn merkte ich, wie ich langsam wieder müde wurde. Das wurde ja auch endlich Zeit, dachte ich mir. Ich schaute auf meine Armbanduhr. Es war 6.45 Uhr. Bis ich zu Hause bin, rechnete ich, ist es kurz nach sieben. Da konnte ich in Ruhe noch zwei Stunden schlafen. Danach käme ich gerade zur richtigen Zeit zu Dr. Rößger.

Zu Hause angekommen, stellte ich mir vorsorglich die Wecker auf 9 Uhr und schlief gleich darauf ein.

Das Geklingel der Wecker ging mir auf den Docht. Ich war noch hundemüde und mit Ach und Krach schaffte ich es gerade so, diese lärmenden Ungetüme auszudrücken und beschloß, gleich noch eine Stunde Schlaf dranzuhängen. Danach würde ich immer noch zum Arzt gehen können und war auch gleich wieder eingeschlafen.

Schließlich wurde ich doch wieder munter. Da war es aber bereits 11.30 Uhr.
Verdammt, dachte ich, da brauche ich jetzt auch nicht mehr zu Dr. Rößger. Der würde sicher gleich in seine wohlverdiente Mittagspause gehen. Ich war mir auch fast sicher, daß er heute, am Mittwoch, nachmittags keine Sprechstunde mehr hatte. Zumindest glaubte ich, daß er da in seiner 2. Praxis in Radeburg war. Konnte auch sein, ich täuschte mich, aber es war sowieso besser, wenn ich vormittags und dazu nüchtern zu ihm ginge, denn ich merkte selber, daß ich noch eine kleine Fahne hatte.
Mehr Sorgen machte ich mir im Moment um meine Kollegen. Sie hatten ja immer noch keine Ahnung, was mit mir los war.
Obwohl mir dieser Schritt unsagbar peinlich war, rang ich mich endlich durch, Siggi anzurufen.
Ich wollte ihm sagen, was passiert war und daß ich morgen deswegen zum Arzt ginge. Damit wollte ich verhindern, daß er unverhofft hier aufkreuzte. Eigentlich staunte ich, daß er das bis jetzt noch nicht getan hatte.
Ich zog mich an und machte mich auf den Weg zur Telefonzelle am „Heiteren Blick“.

„Ja, Micklich.“
„Ja, hallo Sigfried, hier ist Stephan“, sagte ich mit zitternder Stimme.
„Ah, das ist ja schön, daß du dich mal meldest, wie geht dir‘s denn?“
Er klang wirklich erfreut. Das konnte ich mir nun überhaupt nicht zusammen reimen. Eigentlich hatte ich ein paar Vorwürfe erwartet, weil ich mich jetzt erst bei ihm meldete.
„Beschissen ist geprahlt“, sagte ich deshalb total verunsichert.
„Und warst du denn heute beim Arzt?“ fragte er.
Wieso heute, dachte ich mir. Eigentlich mußte er doch annehmen, daß ich bereits vorgestern beim Arzt war.
„Ich gehe morgen“, sagte ich vorsichtig.
„Dann wird es ja auch eigentlich mal Zeit“, antwortete Siggi und ich spürte, daß er doch nicht so vergnügt war, wie es am Anfang klang.
Ich wollte ihm gerade zustimmen, da fragte er: „Du bist doch jetzt zu Hause, Stephan?“ Er wartete gar keine Antwort ab, sondern redete gleich weiter. „Da komme ich gleich mal vorbei. Ich esse jetzt schnell etwas und dann komme ich. In Ordnung? Also bis gleich!“

Ohne, daß ich etwas antworten konnte, hatte er aufgelegt. Mein klopfendes Herz begann noch lauter zu pochen. Mit zitternder Hand hängte ich den Hörer in die Gabel.
Auf den Schreck hin muß ich mir schnell etwas besorgen, sagte ich mir und ging mit schnellen Schritten hinüber zum Selbstbedienungsladen.
Ich holte mir eine Flasche Korn, eine große und spürte den Blick der Verkäuferin im Rücken, als ich den Laden mit dem Korn in der Hand wieder verließ.
Das war mir heute egal. Außerdem mußte ich mich beeilen, denn Siggi kam gleich.
Ein paar Meter um die Ecke öffnete ich die Flasche und trank gleich vorsorglich fünf, sechs Schlucke hintereinander.
Fast hätte sich mein Magen geweigert und alles wieder zurück geschickt, aber es ging noch einmal gut. Auf das anschließende wohlige Gefühl konnte ich gar nicht achten, denn ich versteckte die Flasche in der Innentasche meiner Jacke und lief hastig heim. Ich mußte noch schnell etwas aufräumen. Kaum daß ich damit fertig war, klingelte es auch schon.
Nach der Begrüßung bot ich Siggi einen Stuhl an.
„Ich wollte eigentlich schon gestern mal vorbei kommen, aber da ist was bei mir dazwischen gekommen."
„Ich wollte dich auch gestern anrufen", log ich.
„Naja, ist ja jetzt egal", winkte er ab und fragte: „Was ist denn nun mit dir?"
Ja, was war mit mir? Ich wußte nicht so recht, wo ich anfangen sollte.
„Mensch Stephan, mir kannst du's doch erzählen oder meinst du, ich hätte jetzt eben deine Fahne nicht gerochen?"
Na, schöner Mist, dachte ich und wunderte mich, daß er darüber nicht wütend war.
„Naja", fing ich an und wußte immer noch nicht, wie ich beginnen sollte.
„Du brauchst doch gar nicht drum herum reden", sagte Siggi und lachte sogar, was mir vollkommen unverständlich war.
„Nachdem mir aus dem Stall der Werner Bescheid gegeben hatte, daß es dir nicht gut war, hab ich mir schon so meine Gedanken gemacht. Erst recht, weil du mich am Montag nicht angerufen hast.

Dann hat mich gestern deine Mutter angerufen und mir gesagt, daß du einen Rückfall hast. Da war ich natürlich geplättet, das kannst du dir ja vorstellen. Ich wäre heute sowieso vorbei gekommen, denn deine Mutter hat auch gesagt, daß du noch gar nicht beim Arzt warst. Sie hat aber auch mit Dr. Rößger telefoniert. Er weiß also auch schon Bescheid."
Ich konnte nur dazu nicken. Eigentlich hätte es mir ja von vorn herein klar sein können, daß meine Mutter, nachdem sie von dem Rückfall wußte, gleich mit Siggi und Dr. Rößger telefonierte.
Das war jetzt aber egal. Nun saß Siggi hier bei mir und machte mir nicht die geringsten Vorwürfe. Das war mir fast doppelt so peinlich. Lieber wäre es mir gewesen, er hätte losgewettert.
Der Korn vorhin hatte mich aber auch etwas mutiger gemacht. Deshalb fragte ich ihn vorsichtig: „Hat meine Mutter auch von der Fahrerlaubnis erzählt?"
„Wie meinst du das?"
„Hat sie dir noch nicht erzählt, daß ich die eingebüßt habe?"
„Was?" Siggi war erst einmal sprachlos und schüttelte ungläubig mit dem Kopf.
Ich berichtete ihm, was sich zugetragen hatte.
Als ich geendet hatte, sagte er: „Mensch, Stephan, da kommt ja gleich alles zusammen! Aber Kopf hoch, Stephan! Das wird schon wieder. Schließlich hast du ja fast ein ganzes Jahr ohne Alkohol durchgehalten. Das schaffst du schon. Die Brigade und Klötzer, Werner sind zwar im Moment natürlich ein bißchen sauer, aber das renkt sich auch wieder ein. Da brauchst du dir keine Sorgen machen."
Daß alle sauer auf mich waren, war mir schon klar. Dabei wußten sie noch nicht mal, von meiner eingebüßten Fahrerlaubnis.
„Hast du eine Ahnung, wie lange sie einem in so einem Fall die Fahrerlaubnis wegnehmen?" fragte ich ihn vorsichtig.
„Hm, das kommt drauf an, aber ich rechne mal, mit einem Jahr mußt du bestimmt rechnen. Was wird denn dann aus deinem Auto, das du dir gerade erst gekauft hast?"
„Weiß ich noch nicht", sagte ich. „Darüber hab ich noch gar nicht nachgedacht."
Siggi war aufgestanden. „Da finden wir schon eine Lösung, Stephan."

Er reichte mir die Hand. „Ich muß jetzt wieder los. Versprich mir nur eins, daß du morgen früh zum Arzt gehst."
Ich versprach es. Dann verabschiedete er sich von mir.
Ich schaute ihm vom Fenster aus noch zu, wie er auf sein Moped stieg und davon fuhr.
Ich fühlte mich unheimlich befreit, als sei eine riesige Last von meiner Seele gefallen. Erleichtert ließ ich mich auf mein Sofa fallen und griff hinter die Seitenlehne, hinter der ich den Korn versteckt hatte.
Jetzt brauchte ich ja keine Gewissensbisse mehr haben. Es wußten ja alle, daß ich trank.

Ich brauchte noch einige Tage, um mich durchzuringen, endlich doch zum Arzt zu gehen. Ich verschob es immer wieder.
Inzwischen hatte es in den letzten Tagen öfters bei mir geklingelt. Einmal stand Frau Rößger, die Frau meines Arztes und mehrere Male meine Mutter unten, wie ich von meinem Fenster aus erspähen konnte. Ich hatte aber nicht geöffnet und so getan, als wenn ich nicht zu Hause wäre.
Schließlich hatte ich mich doch überwunden.
Dr. Rößger hatte mich natürlich schon lange erwartet.
„Wieso kommen Sie denn heute erst?" fragte er etwas brummig, nachdem er mich freundlich begrüßt hatte.
„Naja", sagte ich, „ich brauchte etwas Zeit und hatte erst noch nicht den richtigen Mut dazu."
„Da haben Sie sich aber ganz schön Zeit gelassen. Ich weiß schon seit vorigen Montag, daß Sie wieder rückfällig geworden sind. Ihre Mutter hatte mich an dem Tag noch abends zu Hause angerufen", sagte der Doktor, aber es klang nicht wie ein Vorwurf.
Trotzdem schüttelte er mit dem Kopf und fügte hinzu: „Da haben Sie sich aber ein Ding geleistet mit der Fahrerlaubnis" und forderte mich auf: „Nun erzählen Sie mal der Reihe nach!"
Ich berichtete ihm, was vorgefallen war und wie es dazu kam.
Als ich geendet hatte schüttelte er wieder mit dem Kopf und sagte: „Wissen Sie, Herr Hoffmann, was ich nicht verstehe? Es ist noch nicht einmal ein Jahr her, da hatten Sie doch erst einen Rückfall gehabt. Damals muß Ihnen doch eindeutig klar geworden sein, daß es für Sie unmöglich ist, kontrolliert zu trinken. Deshalb verstehe ich

nicht, was Sie jetzt dazu veranlaßt hat, es wieder zu probieren?"
Ich hatte mir darüber noch keine Gedanken gemacht. Ich hatte mich nur pausenlos verflucht, daß ich unter Alkohol mit dem Auto gefahren war und noch dazu erwischt worden bin.
„Ich weiß eigentlich auch nicht so recht", überlegte ich laut. „Es ging alles, wie automatisch. Eigentlich wollte ich ja gar keinen Alkohol trinken, weil ich doch mit dem Auto war. Doch dann, als die Kellnerin kam, ... ja ich weiß auch nicht! Ich wollte dann auch wirklich nur das eine Herrengedeck trinken, schon wegen dem Auto."
Dr. Rößger nickte verständnisvoll. „Ja, ja, schon wegen dem Auto. Das hatten Sie ja dann ziemlich schnell wieder vergessen."
Schließlich stand er hinter seinem Schreibtisch auf und trat zu mir. Nachdenklich untersuchte er mich.
„Wieviel haben Sie in den letzten Tagen getrunken?" fragte er mich.
„Das hielt sich noch so halbwegs in Grenzen. Eine halbe große Flasche Klarer und vielleicht so höchstens 10 Biere."
„Hm", machte der Doktor. „Entzugserscheinungen?"
„Es ging eigentlich, aber ich hatte immer etwas da."
„Wieviel haben Sie heute morgen getrunken?"
„Vielleicht drei, vier Schlucke Wodka."
„Hm", machte er wieder und setzte sich hinter seinen Schreibtisch. Eine Zeit lang schrieb er etwas in seine Unterlagen. Dann blickte er auf und schlug mir vor, daß ich diesmal den Entzug nicht stationär, sondern ambulant machen sollte.
Dazu schrieb er mir die erforderlichen Medikamente auf und gab mir einen Krankenschein. Ich sollte jetzt regelmäßig, so alle drei Tage, in seine Sprechstunde kommen.
Wenn es nicht klappen würde, bliebe immer noch die stationäre Einweisung. Außerdem sollte ich nicht vergessen, daß sich am nächsten Tag meine Therapiegruppe traf. Da könnten wir mit allen gemeinsam den Rückfall auswerten.
„Versuchen Sie durchzuhalten Herr Hoffmann. Die Tabletten, die ich Ihnen hier aufgeschrieben habe, helfen Ihnen dabei."
Damit verabschiedete sich Dr. Rößger von mir.
Ich ging gleich anschließend in die Apotheke und dann nach Hause.

Zu Hause angekommen, mußte ich erst einmal in Ruhe nachdenken. Ganz automatisch griff ich mir den Lunikoff, der neben meinem Sofa stand.
Doch als ich gerade den ersten Schluck trinken wollte, hielt ich inne und stellte die offene Flasche vor mich auf den Tisch.
Was tat ich da? Wollte ich nicht aufhören damit?
Schließlich hatte ich ja eine Menge Tabletten bekommen, damit ich mein Zittern, welches sich bereits wieder bemerkbar machte, wegzaubern konnte.
Eigentlich war es ja Schade um den Schnaps, viel zu Schade, um ihn auszukippen. Ich überlegte nur noch kurz, dann trank ich genüßlich ein paar Schlucke. Schließlich reichte es ja auch, wenn ich ab morgen nichts mehr trank. Dann mußte ich allerdings aufhören, denn abends zur Gruppe durfte ich keine Fahne mehr haben, das war klar. Heute jedoch wollte ich noch den Schnaps alle machen. Ich nahm noch ein paar Schlucke, dann machte ich mich auf den Weg zum Stützpunkt auf der Uferstraße.

Siggi saß allein in seinem Büro. Von den anderen Kollegen war niemand zu sehen.
„Na, bringst du mir endlich den Krankenschein. Der Klötzer, Werner hat schon laufend gefragt", sagte er, nachdem wir uns begrüßt hatten.
Ich griff in meine Tasche und zog den Schein heraus. Siggi schaute kurz darauf. Dann runzelte er die Stirn: „Hier steht krank ab 12. 09 .83. Das ist heute und was ist mit der Woche davor?"
„Kannst du mir dafür Urlaub einschreiben? Ich hab' doch noch genug Tage", fragte ich.
„Nee, das geht jetzt nicht mehr", sagte er schnell. „Der Klötzer, Werner weiß doch, daß ich die ganze Zeit auf deinen Krankenschein gewartet habe. Da kann ich jetzt nichts mehr dreh'n. Da muß ich dir die Tage als Fehlschichten eintragen."
„Naja, dann können wir es eben nicht mehr ändern", sagte ich resigniert, denn ich hatte wirklich gehofft, daß ich mir für die letzte Woche Urlaub eintragen lassen konnte.
„Tut mir leid, Stephan. Hättest du mich am letzten Montag mal angerufen, wäre das klar gegangen, aber so?"
Er zuckte bedauernd mit den Schultern und fügte hinzu: „Da mußt

du jetzt auch damit rechnen, daß du einen Verweis bekommst."
Das war mir auch klar. „Läßt sich jetzt auch nicht mehr ändern", sagte ich.
Siggi erkundigte sich noch, wie es jetzt mit mir weiter ging.
Ich erklärte ihm alles.
„Na, hoffentlich klappt es ohne Krankenhaus", wünschte er mir zum Abschied.

Wieder zu Hause nahm ich mir vor, daß ich es mir ganz gemütlich machte. Schließlich sollte es ja erst einmal der letzte Tag sein, an dem ich etwas trinken konnte.
Dazu hatte ich mir von unterwegs eine Packung Fischstäbchen, ein paar Brötchen, Kaffee und drei Flaschen Bier mitgebracht.
Als erstes kochte ich mir einen anständigen Kaffee. Den hatte ich lange nicht mehr getrunken. Dann haute ich mir die Fischstäbchen in die Pfanne und aß mich endlich mal wieder richtig satt.
Anschließend schnappte ich mir die Bierflaschen und die fast noch halbvolle Flasche Lunikoff. Ich kramte mir eine alte Ausgabe des Troll hervor. Das war ein Rätselheft, welches ich erst bis zur Hälfte gelöst hatte und machte es mir auf dem Sofa bequem. Nach zwei Flaschen Bier und ein paar Schlucken Wodka schlief ich allerdings ein.
Gegen Abend wurde ich wieder munter und trank alles, was ich an Alkohol im Hause hatte aus. Damit hatte ich den ersten Grundstein für meine Abstinenz gelegt, glaubte ich jedenfalls.
An diesem Dienstag wurde ich sehr früh wach. So früh, daß ich hätte auf Arbeit gehen können. Meine innere Unruhe sagte mir, daß ich etwas tun mußte.
Es war mir auch sofort klar, daß dafür kein Alkohol mehr in Frage kam. Ich stand auf, holte mir die Tabletten und ein Glas mit Wasser.
Dr. Rößger hatte mir zwar ausführlich erklärt, wann ich welche Tablette nehmen sollte, aber ich konnte mich beim besten Willen nicht mehr daran erinnern. Zum Glück hatte die Apothekerin alle Schachteln beschriftet. 3 mal 1, 1 mal 1 und früh und abends 1 stand da. Also mußte ich jetzt 3 Tabletten nehmen.
Ich schaltete das Radio ein und legte mich wieder hin. Ich war gespannt, wann sich die Wirkung einstellte.
Nach einer Stunde mußte ich feststellen, daß mir meine Hände immer noch zitterten. Irgend etwas konnte da nicht stimmen.

Ich griff mir die Tablettenschachteln und versuchte die Beschriftungen zu lesen, aber mit meinen flackernden Augen konnte ich nichts entziffern.
Schließlich sagte ich mir, daß es vielleicht besser wäre, wenn ich am Anfang die doppelte Dosis nahm. Also, noch einmal 3 Stück genommen und wieder darauf lauern, ob etwas passiert.
Diesmal hatte ich höchstens eine halbe Stunde gewartet, da setzte die Wirkung bereits ein. Vor meinen Augen verschwamm alles und ich bekam mit einem Mal bleischwere Glieder.
Na also, dachte ich mir und schlief beruhigt ein.

Ich schlief bis zum Mittag und fühlte mich wie erschlagen, als ich aufwachte.
Mit Mühe schleppte ich mich in die Küche und brühte mir eine große Tasse Kaffee auf. Ich machte ihn doppelt so stark wie sonst. Allmählich begann mein Gehirn wieder zu arbeiten und mir fiel auch gleich meine Therapiegruppe ein, zu der ich heute Nachmittag gehen mußte. Das war allerdings unangenehm. Schließlich mußte ich vor allen bekennen, daß ich wieder getrunken hatte.

Karl-Heinz Göpfert eröffnete das Gruppengespräch indem er alle begrüßte. „Ganz besonders freue ich mich, daß Herr Hoffmann mit anwesend ist. Ich hatte vergangene Woche erfahren, daß du einen Rückfall hattest. Willst du gleich etwas dazu sagen oder wollen wir das zum Ende besprechen?“
Ich war ja schon seelisch und moralisch darauf vorbereitet, deshalb sagte ich: „Da können wir auch gleich darüber reden, dann hab ich's hinter mir.“
Ich erzählte der Reihe nach, wie sich alles zugetragen hatte. Dabei waren alle Blicke auf mich gerichtet und ich spürte, wie ich beim Erzählen rot wurde. Als ich geendet hatte, herrschte erst einmal betroffenes Schweigen.
Dann endlich unterbrach Dr. Rößger die Stille und sagte: „Vielleicht können Sie der Gruppe einmal erklären, wieso Sie sich in dem Lokal plötzlich statt einem Kännchen Kaffee, ein Herrengedeck bestellt hatten.“
„Tja, das kann ich eigentlich überhaupt nicht erklären. Das war wie eine Kurzschlußreaktion.“

„War es dir vielleicht zu peinlich, etwas Alkoholfreies zu bestellen, wo doch die anderen sich was Ordentliches bestellt hatten?“ fragte Rainer.
„Was heißt peinlich? Die anderen beiden wußten doch, daß ich keinen Alkohol trinke. Das wäre mir eigentlich nicht peinlich gewesen“, antwortete ich ihm.
„Du hast doch vor knapp einem Jahr schon mal einen Rückfall gehabt“, schaltete sich Karl-Heinz in das Gespräch mit ein. „Wenn ich mich noch richtig entsinne, wolltest du dir doch damals selbst beweisen, daß du nicht alkoholkrank bist. Kann das sein?“
Ich nickte.
„Vielleicht ist es so, daß du damals nach dem Rückfall immer noch nicht wirklich geglaubt hast, daß du alkoholkrank bist. Ich glaube nämlich, da kommen wir der ganzen Sache schon etwas näher.“
„Ja, das denke ich auch“, stimmte ihm Helmut zu. „Du hattest vorhin berichtet, daß du dir vorgenommen hattest, nachdem bereits das Herrengedeck bestellt war, an diesem Abend nur noch alkoholfrei zu trinken. Also nach deinem ersten Schreck über deine eigene Bestellung hattest du dir trotzdem vorgenommen, dieses eine Herrengedeck zu trinken und dann nichts mehr.“
„Naja, sicher“, sagte ich und merkte plötzlich, worauf er hinaus wollte.
„Das heißt“, fuhr Helmut fort, „daß du der Meinung warst, daß dir das eine Herrengedeck nicht schaden würde.“
„Ja, das hatte ich wirklich gedacht“, mußte ich zugeben.
Helmut nickte und sagte: „Siehste, und da hat Karl-Heinz nämlich recht. Du bist dir bis heute nicht im klaren darüber, daß du alkoholkrank bist.“
Sein Vorwurf hallte noch lange im Raum nach. Obwohl es eine Zeit lang still war. Alle Augen waren auf mich gerichtet und jeder erwartete nun eine Antwort von mir. Ich überlegte fieberhaft hin und her. Letztendlich mußte ich es aber zugeben und sagte: „Da hast du wohl recht.“
„Wenn du nur endlich schlau werden würdest! Zwei Rückfälle in so kurzer Zeit. Das müßte dir doch nun wirklich zu denken geben. Du bist doch kein Dummer, Stephan!“ wetterte Helmut.
„Das Beste ist, wir lassen Herrn Hoffmann erst einmal ein paar Tage in Ruhe über sich nachdenken“, kam mir Dr. Rößger zu Hilfe.

„Er kommt jetzt regelmäßig zu mir in die Praxis. Ich bin ganz zuversichtlich, daß er es schaffen wird, sich zu seiner Krankheit zu bekennen."
„Na hoffentlich, das wäre doch sonst schade, Mensch!" mußte Helmut noch hinzufügen.
Das Thema war damit erledigt und ich konnte wieder ein wenig aufatmen. Der Nachbar war an der Reihe.
Am Ende des Gruppengesprächs, als wir uns draußen verabschiedeten, gaben mir alle noch tausend Ratschläge und gute Wünsche mit auf den Weg.
Sie meinten es alle gut mit mir. Das wußte ich.

Helmut und Karl-Heinz hatten mich wirklich so weit gebracht, daß ich in den nächsten Tagen intensiv über meine Rückfälle nachdachte.
Wie war das doch alles passiert?
Vor einem Jahr hatte ich den Versuch unternommen, es allen, aber besonders mir selbst zu beweisen, daß ich nicht alkoholkrank bin.
Ich wollte beweisen, daß ich mit Alkohol umgehen konnte.
Den einzigen Fehler, den ich damals meiner Meinung nach gemacht hatte war, daß ich das Maß überzogen hatte. Ich hatte zuviel getrunken.
Diesmal war es ja eigentlich ähnlich. Ich wollte zwar niemandem etwas beweisen, aber ich hatte mir wieder fest vorgenommen, nur wenig zu trinken, nämlich nur das Herrengedeck am Anfang.
Also beide Male hatte ich versucht, in Maßen zu trinken und hatte es nicht geschafft.
Und wenn ich es so recht betrachtete, bevor ich den Alkohol getrunken hatte, war der Wille da gewesen, nach den ersten Gläsern wieder aufzuhören. Nachdem ich dann aber den Alkohol getrunken hatte, war dieser Wille wie weggeblasen.
Das war schon seltsam.
Ich hatte beide Male, bereits nach den ersten Schlucken das Steuer abgegeben und ließ mich von da an von jemand anderem steuern.
Für diesen Jemand war es ja auch einfach, denn ich ließ mich willenlos treiben, wohin er wollte.
Nicht ich hatte mehr die Kontrolle über den Alkohol, sondern umgekehrt. Ganz nüchtern betrachtet war damit klar, ich bin alkoholkrank, suchtkrank, alkoholsüchtig.

Es gab für mich nur noch zwei Wege, keinen Tropfen mehr oder totsaufen. Dazwischen war nichts mehr. Zum Totsaufen fühlte ich mich eigentlich noch zu jung. Deshalb blieb für mich nur noch der andere Weg übrig, ein Leben ohne Alkohol.
Das klang vielleicht blöd: Leben ohne Alkohol.
Obwohl, wenn ich so zurück an die letzte Zeit dachte, dann war das ja eigentlich nicht so schlecht gelaufen. Ich hatte die Fahrerlaubnis Klasse 5 gemacht, hatte ein Motorrad und ein Auto. Da ging es anderen entschieden schlechter.
Was aber noch viel schöner war, ich wurde wieder von anderen geachtet, von meiner Mutter, meinen Kollegen, den Leuten in der Nachbarschaft. Ich brauchte nicht mehr mit gesenktem Kopf durch die Straßen schleichen.
Und genau dort mußte ich unbedingt wieder hinkommen. Deshalb ab sofort keinen Tropfen mehr, das schwor ich mir.

Nach ein paar Tagen bekam ich meinen Bescheid.
Ein Jahr Fahrerlaubnisentzug wegen Fahrens unter Alkohol. Auf Grund der hohen Promillezahl und deshalb, weil man mich gleich zweimal in einer Nacht erwischt hatte, wurde ich dazu verpflichtet, nach dem Jahr ein psychologisches Gutachten vorzulegen. Der untersuchende Arzt sollte darin beurteilen, daß ich für das Führen eines Kraftfahrzeuges fähig war oder nicht.
Nachdem ich schon tausend Mal über den Wahnsinn nachgedacht hatte, den ich in dieser einen Nacht verzapft hatte, muß ich gestehen, daß ich eigentlich schon mit einer höheren Strafe gerechnet hatte.
Eigentlich hätte in dem Beschluß noch aufgeführt sein können, Fahren ohne Fahrerlaubnis, denn als ich das zweite Mal angehalten wurde, war diese ja bereits eingezogen worden.
Das hatten die zum Glück nicht bedacht.

Dadurch, daß ich jetzt krank geschrieben war, hatte ich um so mehr Zeit nachzudenken. Dabei kam ich wieder an den gleichen Punkt zurück, an dem ich schon vor fast zwei Jahren war.
Ich war immer noch allein.
Je länger ich erneut überlegte und überlegte, um so mehr kristallisierte sich für mich als einzige Möglichkeit heraus, eine neue Freun-

din über ein Inserat in der Zeitung zu finden. Es war die einzige Chance, die ich im Moment hatte, obwohl mir die vorhergehenden ja nichts gebracht hatten.
Allein in die Disco gehen, war mir zu blöd. Zusammen mit einem Kumpel der viel trank, war noch blöder. Wiederum, einen Kumpel, der nicht so viel trank, hatte ich nicht, und eine Frau so einfach auf der Straße anzusprechen, dafür war ich viel zu schüchtern. Erschwerend kam noch hinzu, daß ich ja nun keine Fahrerlaubnis mehr hatte.
Ich gab also eine neue Anzeige auf. Diesmal eine ganz besonders große. Damit sie gleich allen Damen, die mich suchten, sofort ins Auge fiel. Ich hatte gehofft, daß ich dadurch sehr viele Zuschriften bekommen würde, und ich sollte recht behalten.
Nach einigen Tagen hielt ich 144 Zuschriften in den Händen.
Mit so vielen hatte ich nun doch nicht gerechnet. Da war guter Rat teuer. Ich mußte der Reihe nach, die Spreu vom Weizen trennen.
Das war alles andere als einfach und ich brauchte dazu zwei Tage.
Schon beim ersten Lesen der Briefe, konnte ich ca. 30 beiseite tun, weil sie mich überhaupt nicht ansprachen. Trotzdem blieben noch über 110 übrig.
Beim nächsten Lesedurchlauf sortierte ich nach „sehr ansprechend" und „weniger gut".
Am Ende hatte ich 25 sehr ansprechende übrig. Das waren immer noch viel zu viele.
Ich überlegte, daß bei diesen 25 Damen auf jeden Fall eine dabei sein mußte, mit der ich zusammen paßte. Sollte das nicht der Fall sein, dann hatte ich ganz einfach eine Macke, dann war ich wahrscheinlich zu wählerisch. Ich entschied deshalb, daß das meine letzte Annonce gewesen sein sollte, denn hatte ich hier kein Glück, dann würde ich sie nie finden.
Ich schrieb einer, die mir am besten gefiel, daß ich mich gern mit ihr treffen würde. Den anderen 24 schrieb ich einen Antwortbrief mit gleichem Text, in dem ich sie bat, sich noch ein wenig zu gedulden. Ich müßte noch aus der riesigen Antwortflut diejenige heraussuchen, mit der ich mich treffen wollte und das könnte noch einige Zeit dauern.

Die erste hieß Veronika und wohnte in Dresden-Mickten. Das war nicht weit. Sie war 22 Jahre alt, 1,72 m groß und hatte braunes Haar. Von Beruf war sie Fleischfachverkäuferin und arbeitete im neuen Centrum-Warenhaus in Dresden. Ihre Hobbys seien Handarbeiten und Lesen. Außerdem sei sie Brillenträgerin. Das störte mich nun überhaupt nicht.
Ich schlug ihr vor, daß wir uns ja am Sonntag, dem 16. 10. 83 treffen konnten. Da müßte sie nicht arbeiten und ich könnte mir für diesen Tag auch frei nehmen. Wenn sie damit einverstanden sei, dann brauchte sie mir nur kurz schreiben, wo wir uns am besten treffen könnten.
Nur wenige Tage später erhielt ich die Antwort. Veronika freute sich auf das Treffen und lud mich zu sich nach Hause zum Kaffee ein.
Am vereinbarten Sonntag machte ich mich also mit einem Blumenstrauß bewaffnet auf den Weg zu ihr.
Ich fuhr mit der Linie 4 bis zum Straßenbahnhof in Dresden-Mickten. Von dort aus waren es höchstens 400 Meter zu laufen.
Obwohl ich ja in der Vergangenheit schon einige solcher Treffen hinter mir hatte, war ich doch aufgeregt und als ich an ihrer Wohnungstür klingelte, spürte ich, wie mein Herz klopfte.
Ich hatte noch gar nicht ganz den Klingelknopf losgelassen, da öffnete sich schon die Tür.
„Komm rein!“ sagte sie.
Zur Begrüßung übergab ich ihr den mitgebrachten Blumenstrauß.
„Das wäre aber nicht nötig gewesen“, sagte sie, und ich konnte an ihrer Stimme erkennen, daß sie ebenso aufgeregt war wie ich.
Sie geleitete mich in ihr Zimmer in dem bereits der Kaffeetisch gedeckt war und bot mir einen Platz auf dem Sofa an.
Dann stellte sie den Blumenstrauß auf den Tisch, zündete eine Kerze an und schenkte den Kaffee ein. Ihre Hände zitterten dabei ein wenig. Durch ihre Aufregung wurde sie mir gleich sympathischer. So war ich wenigstens nicht alleine aufgeregt.
Veronika hatte ein hübsches Gesicht und halblanges braunes Haar. Ihre Figur war kräftig, aber keinesfalls dick. Die Brille die sie trug, paßte zu ihr.
Während des Kaffeetrinkens erzählte sie mir, daß hier in der Wohnung ihre Mutter ein Arbeitszimmer hatte, weil diese in Heimarbeit Schlafsäcke nähte. Ein weiteres Zimmer bewohnte ihr Bruder.

Veronikas Eltern wohnten in der Wohnung direkt über ihr und die Großeltern in der Wohnung neben den Eltern.
Ich erzählte ihr, was ich arbeitete und vor allem, daß ich keinen Alkohol trank. Es war mir wichtig, das gleich zu Anfang zu erzählen. Sie fand das interessant und betonte, daß in ihrer Familie auch kaum jemand Alkohol trinken würde, außer der Opa, der gern mal einen Schluck zu sich nahm.
Veronika hatte es mir dadurch leicht gemacht. Ich fand sofort den Mut, ihr alles über meine Alkoholsucht zu erzählen und ich ließ dabei auch nicht die jüngste Vergangenheit aus, die mich zum Fahrrad- und Straßenbahnfahrer gemacht hatte.
„So, und nun kannst du dir ja noch überlegen, ob du mit so einem zu tun haben willst!“
„Wieso muß ich mir das überlegen?“ fragte sie.
„Naja, vielleicht hast du Angst, daß ich immer wieder solche Rückfälle haben werde?“
„Das denke ich eigentlich nicht, gab sie zurück. Schließlich habe ich jetzt bei dir keine Fahne gerochen und das zeigt doch, daß du es kannst. Und wenn du vielleicht doch mal wieder einen Rückfall haben solltest, dann denke ich, du schaffst es auch, wieder trocken zu werden.“
Diese Äußerung von ihr machte mich noch mutiger und ich sagte: „Wenn ich eine feste Freundin habe, mit der ich über alles reden kann und später vielleicht ein, zwei Kinder dazu, dann glaube ich, daß ich bestimmt keinen Rückfall mehr haben werde.“
„Ja“, sagte sie, „zwei Kinder möchte ich auch mal haben“ und lächelte mir ins Gesicht, als wollte sie mir damit sagen: „Na, passen wir nicht gut zusammen?“
Bis spät am Abend redeten wir über dies und das, über alle möglichen Dinge in der Welt, die uns bewegten. Die Zeit war wie im Fluge vergangen, und wir waren uns inzwischen schon sehr nahe gekommen.
Als ich mich dann an der Wohnungstür von ihr verabschiedete, gaben wir uns einen Kuß.
Veronika hatte in der kommenden Woche Spätschicht und wir verabredeten, daß ich sie am Mittwoch nach der Arbeit vom Centrum-Warenhaus abholte.

Den ganzen Heimweg und auch noch hinterher hüpfte mein Herz vor Freude. Das mußte sie sein, sagte ich mir immer wieder, das mußte sie einfach sein.
Schließlich, nach langem Überlegen entschied ich mich, auf all die anderen Zuschriften zu pfeifen und alles auf eine Karte zu setzen. Ich sagte mir, die oder keine. Wenn es jetzt nicht mit ihr klappte, dann klappte es nie.
Die Zeit bis zum Mittwoch wollte und wollte nicht vergehen.
Endlich war der Tag da und ich machte mich schon weit vor der Zeit auf den Weg nach Dresden, um sie abzuholen. Je näher ich dem Centrum-Warenhaus kam, um so mehr kribbelte es in meiner Magengegend.
Da ich bis zum vereinbarten Treff noch reichlich Zeit hatte, schlenderte ich noch ein wenig die Prager Straße auf und ab. Ich mußte feststellen, daß ich fast noch aufgeregter, wie am vergangenen Samstag war, als ich sie zu Hause besucht hatte.
Drei Minuten vor der Zeit postierte ich mich in der Nähe des Personaleinganges, damit ich Veronika ja nicht verpaßte, wenn sie heraus kam.
Nach und nach strömten immer mehr Menschen aus dem Ausgang. Ich hatte gar keine Vorstellung, wieviel Leute hier arbeiteten. Bisher konnte ich sie aber noch nicht entdecken.
Der Strom hatte bereits nachgelassen und sie war immer noch nicht dabei. Ich wurde immer nervöser. Als nur noch vereinzelte Personen durch den Ausgang kamen, faßte ich mir endlich ein Herz und fragte eine der Kolleginnen nach ihr. Sie kannte aber Veronika nicht. Das war aber auch kein Wunder bei der riesigen Schar, die hier arbeitete. Die Kollegin deutete auf eine andere Frau, die gerade das Warenhaus verließ. Die müßte aus der Fleischereiabteilung sein, meinte sie.
Ich ging zu ihr hin und es stellte sich heraus, daß sie Veronikas Abteilungsleiterin war. „Die Vroni“, sagte sie ganz erstaunt, „die ist doch heute ein paar Minuten eher gegangen, weil sie sich mit jemand treffen wollte.“
Sie machte eine kurze Pause und sah mich fragend an: „Ach, das sind Sie wohl?“
Ich nickte betroffen. Ich konnte das gar nicht begreifen.
Wenn sie ein paar Minuten eher gegangen war, hätten wir uns doch

trotzdem treffen müssen? Zumindest hätte sie mich doch entdekken müssen, denn so weit war ich ja nicht weg vom Personaleingang?
Ich bedankte mich bei der Kollegin und bewegte mich niedergeschlagen in Richtung Straßenbahn.
Was ist, wenn sie mit Absicht eher gegangen war, damit sie mir nicht über den Weg lief? Wenn ja, warum wollte sie mich nicht sehen? War ich ihr unsympathisch oder lag es an meiner Alkoholkrankheit? Vielleicht hatte sie mich aber doch gesucht, aber nicht gefunden?
Fragen über Fragen und ein fürchterliches Vibrieren im Bauch machte sich breit. Ich wollte es genau wissen und machte mich auf den Weg zu ihr nach Hause.
Und erneut spürte ich meinen Herzschlag um so mehr, je näher ich ihrer Wohnung kam. Doch sie schien nicht zu Hause zu sein. Ich hatte bereits mehrmals geklingelt, aber es rührte sich nichts.
Ob sie sich vielleicht nur stumm stellte, weil sie wußte, daß ich hier draußen stand?
Ich schlich um das Haus herum und entdeckte an Hand der mir bekannten Blumentöpfe die beiden Fenster, die zu ihrem Zimmer gehörten. Es brannte kein Licht.
Doch es konnte ja auch sein, daß sie damit gerechnet hatte, daß ich um das Haus schlich und sie hatte es deshalb schnell ausgemacht. Da es Hochparterre war, konnte ich von hier aus nicht in das Zimmer hinein sehen. Trotzdem stellte ich fest, daß die Übergardinen nicht zugezogen waren, denn ich erinnerte mich daran, daß sie das am Samstag getan hatte, als sie die Lampe eingeschaltet hatte.
Sollte sie also doch nicht zu Hause sein? Aber wo war sie dann, bei ihren Eltern oben oder bei den Großeltern?
Ich beschloß erst einmal in Ruhe eine zu rauchen und ging wieder nach vorn auf die Straße.
Dabei überlegte ich, ob ich vielleicht den Mut haben sollte, bei ihren Eltern zu klingeln. Den Gedanken verwarf ich aber gleich wieder. Ich dachte mir so, wenn wir vor dem Centrum vielleicht wirklich aneinander vorbei gelaufen wären, dann wäre Veronika jetzt bestimmt in ihrem Zimmer und würde trüben Gedanken nachhängen. Dann hätte sie sofort auf mein Klingeln reagiert.
Wenn sie aber wirklich bei ihren Eltern oben war, dann wollte sie

mich nicht sehen und hoffte nun, daß ich mich bei denen nicht meldete.
Schließlich vollkommen resignierend warf ich meine Kippe in den Gully und trabte mit gesenktem Haupt Richtung Straßenbahn.
In Höhe der nächsten Straßeneinmündung hörte ich plötzlich ein paar eilige Schritte auf mich zukommen.
Als Veronika um die Ecke bog, blieben wir beide vor Schreck wie angewurzelt stehen.
Ein paar Sekunden später löste sich die ganze Anspannung und wir umarmten uns, froh darüber, daß wir uns beide doch noch gefunden hatten.
Es stellte sich heraus, daß Vroni zwar eher gegangen war, sich aber die ganze Zeit über rings um das Centrum-Warenhaus aufgehalten hatte. Eigentlich hätten wir uns sehen müssen. Doch bei den Menschenmassen auf der Prager Straße sind wir förmlich aneinander vorbei gelaufen. Zuletzt hatte sie ebenfalls noch am Personaleingang auf mich gewartet, doch da mußte ich gerade weg gewesen sein.
Ganze 15 Minuten stand sie noch dort, bis sie ebenfalls enttäuscht nach Hause fuhr. Nun hatten wir uns ja endlich wieder.
In dieser Nacht blieb ich gleich bei ihr. Ich mußte am nächsten Tag in meiner Feldbaubrigade arbeiten. Da brauchte ich nicht ganz so zeitig aufstehen, wie zur Schicht im Stall.

Auch in den nächsten Tagen schlief ich meistens gleich bei ihr. Oftmals fuhr ich deshalb die Strecke von Dresden-Mickten und dem Naundorfer Stall mit dem Fahrrad täglich zweimal hin und zweimal zurück. Das war zwar belastend, aber mit der Straßenbahn war es noch ungünstiger, denn da hätte ich noch ein riesiges Stück laufen müssen. Bei schönem Wetter machte das Fahrradfahren ja auch Spaß, aber wenn es regnete oder starker Gegenwind war, dann konnte ich die Fahrt manchmal ganz schön verfluchen. Ich sagte mir dann immer, Schuld bist du selber, von wegen der Fahrerlaubnis und so. Das dämpfte meinen Mißmut ein wenig.

Etwa vier Wochen nach unserem ersten Kennenlernen sagte mir Vroni: „Du, ich war heute beim Arzt."
„Hoi", sagte ich überrascht und fragte: „Was fehlt dir denn?"
Mir war überhaupt nicht bewußt, daß sie in den letzten Tagen über

irgendein Wehwehchen geklagt hätte. Vroni machte eine feierliche Miene und sagte: „Fehlen tut mir nichts. Im Gegenteil, ich bin schwanger."
„Schwanger?" fragte ich zurück. Ich war so überrascht, daß ich beinahe noch hinzugefügt hätte: „Wie ist denn das passiert?"
Zum Glück war mir das nicht herausgerutscht und schließlich, als ich endlich begriff, was sie gesagt hatte, überlief mich ein heißes Gefühl, und ich nahm sie ganz fest in meinen Arm.
„Das ist ja Wahnsinn", stammelte ich. „Wir werden Mama und Papa."
„Ich hab mich auch riesig gefreut", sagte Vroni mir ins Ohr.
„Ich hatte nur vorhin Angst gehabt, daß du mir das ansiehst, bevor ich es dir gesagt habe."
„Ich hab mir ja schon immer Kinder gewünscht", sagte ich gerührt, „aber daß das mit einem Mal so schnell geht, das hätte ich nicht gedacht."

Ab sofort wurde alles anders. Wir schmiedeten gemeinsame Pläne. Gegenüber von Vronis Zimmer war ein Bad. Dort bauten wir etwas um, damit dort auch gekocht werden konnte.
Im Zimmer selber war es ziemlich eng. Wenn das Sofa auf beiden Seiten ausgezogen war, blieb gerade noch Platz für den Stubenwagen des Babys. Dann konnte man sich aber kaum noch drehen. Wir fanden es trotzdem schön, und es sollte für den Anfang reichen.
Insgesamt waren wir rundum glücklich. Auch Vronis Eltern freuten sich auf das Enkelkind. Sie hatten mich von Anfang an als Schwiegersohn akzeptiert, und wir verstanden uns sehr gut. Vronis Mutter überraschte uns immer wieder mit nützlichen Dingen für das Baby, die sie selbst genäht hatte.
Meiner Mutter war die ganze Sache allerdings zu schnell gegangen. Mit der Zeit verlor sich aber ihre Skepsis, und sie freute sich genauso auf das neue Enkelkind wie wir.
Ich selbst fühlte mich, wie vom Glück verfolgt. Ich hatte eine Freundin gefunden, mit der ich mich gut verstand, ich würde bald Vater werden, was ich mir schon lange gewünscht hatte und in der ganzen Familie wurde überhaupt kein Wert auf Alkohol gelegt.
Einmal, nach einer Familienfeier wo es überhaupt keinen Alkohol gab, fragte ich Vroni anschließend: „Trinken die alle wegen mir keinen Alkohol?"

„Nein", sagte sie, „das kommt sehr selten vor, daß da mal was getrunken wird."
„Und dein Vater, trinkt der nicht wenigstens mal ein Bier?" fragte ich weiter.
„Der trinkt überhaupt kein Bier. Das schmeckt ihm gar nicht", lachte sie.
„Na, aber mal ein Glas Wein oder so was?" löcherte ich sie weiter.
„Also, ich hab schon mal gesehen, daß meine Mutter ein Glas Wein getrunken hat, aber ich kann mich nicht mehr daran erinnern, wann das war. Du brauchst nicht zu denken, daß sie das dir zuliebe tun. Die trinken einfach nichts. Da habe ich eher mit meiner Schwester mal eine Flasche Wein getrunken", erklärte sie mir.
„Und jetzt trinkst du wegen mir nichts mehr", nervte ich sie.
„Nein, jetzt trinke ich wegen dem Baby nichts und nun ist Schluß damit."
Wir wechselten endlich das Thema und machten uns Gedanken für die Zukunft.
Uns war beiden klar, zu dritt in einem Zimmer, das konnte nur eine Notlösung sein. Auf Dauer, vor allem, wenn das Kind ein paar Monate alt war und anfing mit Laufen, würde alles zu eng werden. Meine Wohnung war aber auch zu klein für 3 Personen. Ein Zimmer mit einem kleinen Stück Küche, dazu das Wasser auf dem Flur und die Toilette eine Etage tiefer wäre auch keine Verbesserung der jetzigen Situation.
Das Frühgemüsezentrum hatte eine eigene Wohnungskommission. Wir beschlossen, daß ich in den nächsten Tagen einmal dort vorsprach. Daß Wohnungen knapp waren, wußten wir nicht erst seit heute. Trotzdem konnte man es ja mal versuchen.

Die Kollegin in der LPG, die die Wohnungskommission leitete, hörte sich mein Anliegen aufmerksam an und fragte dann: „Wann kommt denn der Nachwuchs?"
„Mitte August", antwortete ich.
„Verheiratet sind Sie aber nicht?"
„Nein, noch nicht."
„Was heißt, noch nicht? Heiraten Sie in der nächsten Zeit?"
„Äh, so konkret ist das noch nicht geplant."
„Naja, dann hat es eigentlich keinen Sinn, daß Sie einen Wohnungs-

antrag stellen“, meinte die Kollegin, „denn bevorzugt werden die Wohnungen natürlich an Ehepaare vergeben.“
„Das habe ich ja auch schon gehört“, sagte ich, „aber ändern muß sich irgend etwas. Zu dritt in einem winzigen Zimmer, das kann doch auf Dauer auch nicht gut gehen.“
Die Kollegin hatte ein Einsehen. „Ich gebe Ihnen wenigstens den Wohnungsantrag mit. Wenn Sie ihn ausgefüllt haben, bringen Sie ihn mir wieder, aber ich kann überhaupt keine Versprechungen machen. Sehen Sie dort drüben“, sie zeigte auf ein Fach im Regal, welches vollgestopft war mit Akten, „das sind alles Wohnungsanträge. Zum Teil warten die Leute bereits fünf, sechs Jahre und die meisten davon sind verheiratet und haben Kinder. Unser Vorsitzender hat zwar ganz gute Beziehungen zu den Wohnungsämtern von Radebeul und Dresden, aber es reicht trotzdem nicht.“
Ich bedankte mich bei ihr und ging wieder an meine Arbeit.

Veronika und ich ließen trotzdem den Kopf nicht hängen. Wir sagten uns, kommt Zeit, kommt Rat!
Jetzt, wo ich mehr Verantwortung übernommen hatte, machte ich mir auch ganz speziell um meine berufliche Zukunft Gedanken.
Mir gefiel meine Arbeit. Ich hatte daran überhaupt nichts auszusetzen. Außerdem fühlte ich mich unter meinen Kollegen wohl. Sie hatten mir meinen zweiten Rückfall schnell verziehen.
Wenn ich jetzt so zurückblickend nachdenke, kann ich mich auch nicht daran erinnern, daß irgendeiner meiner Kollegen mir irgendwann mal Vorhaltungen gemacht hätte, was ich ihnen mit meiner Trinkerei und der damit verbundenen Arbeitsbummelei für Ärger bereitet hatte.
Und nun kommt aber das Aber. So sehr mir meine Arbeit auch gefiel, ich konnte mir nicht vorstellen, daß ich das ein Leben lang machen würde.
Einerseits hatte ich jetzt schon ein paar Rückenprobleme bekommen und andererseits konnte ich mir gut vorstellen, daß ich irgendwann mal eine Tätigkeit ausführen würde, bei welcher der Kopf ein bißchen mehr mitdenken mußte.
Mit Siggi hatte ich zwar schon darüber gesprochen, daß ich, wenn alles gut bei mir laufen würde, ab September meinen Facharbeiter in der Abendschule machen konnte. Mit dem Abschluß in der Ta-

sche würde ich zwar ein paar Mark mehr verdienen, aber meine Arbeit würde die selbe bleiben.
Ich würde auch sicher, in ein paar Jahren die Möglichkeit erhalten, meinen Meister zu machen. Nur sah ich selbst kaum Chancen, daß ich dann auch als Meister eingesetzt werden würde. Dafür gab es einfach zu viele in der LPG.
Als Agraringenieur hätte man da mehr Chancen. Man konnte später als Abteilungs- oder Bereichsleiter arbeiten oder sogar in der Leitung des Frühgemüsezentrums mitwirken.
Nur, als ehemaliger Knastologe und Alkoholiker hatte ich nicht die geringsten Chancen, einen Studienplatz zu bekommen. Noch dazu, wenn man kurz vor dem Abi von der Penne geflogen war und ebenso nach anderthalb Semestern von der Ingenieurschule in Meißen. Das war so sicher, wie das Amen in der Kirche.
Trotzdem ließ mich dieser Gedanke einfach nicht mehr los. Ganz besonders wenn ich daran dachte, daß die anderen aus meiner Klasse inzwischen Ärzte, Lehrer, Ingenieure oder sonst was geworden waren. Denn eigentlich war ich ja nicht unbedingt blöder wie sie, ich war nur damals zu faul zum Lernen gewesen, und dann kam eben der Alkohol noch hinzu.
Doch so sehr ich auch darüber nachdachte, ich fand keine Lösung. Ich überlegte auch schon, ob ich nicht vielleicht direkt an irgendeinen Minister schreiben sollte, um ihn darum zu bitten, daß man mir noch eine Chance gab.
Aber auch diesen Gedanken verwarf ich schnell wieder. Das Ministerium würde mit Sicherheit das Schreiben an die Leitung meiner LPG zurücksenden, damit die sich darum kümmerten.
Da konnte ich gleich selbst zum Vorsitzenden gehen. Der würde mir dann antworten, daß ich mich mit meinem Lebenslauf erst gar nicht an einer Ingenieurschule bewerben brauchte.
Eines Tages half mir dann der Zufall auf die Sprünge.
Ich hatte während einer Versammlung des Bereiches Landwirtschaft der LPG Frühgemüsezentrum eine Begegnung mit der Parteisekretärin der LPG Margot Schmieder. Im offiziellen Teil der Versammlung war sie mir schon dadurch aufgefallen, weil sie einfach redete, so wie ihr der Schnabel gewachsen war. Da hatte ich bisher vollkommen andere Parteisekretäre kennengelernt. Die hatten alle nur mit geschwollenen Phrasen die Worte des Zentralkomitees wiederholt.

Margot hatte sich zwar auch lobend über unsere Planerfüllung ausgesprochen, aber sie sprach auch davon, daß noch nicht alles bei uns zum Besten stand. Schon alleine das fand ich gut.
Sie sprach davon, daß sie sich mit darum bemühte, daß ein Kinderferienlager in Langebrück gebaut werden sollte, daß die Kolleginnen mehr Kindergarten- und Krippenplätze bekamen, daß die sanitären Einrichtungen in einigen Teilen der LPG verbessert werden mußten und und und.
Das war alles andere als eine Parteitagsrede.
Nach dem offiziellen Teil der Versammlung wurden Speisen und Getränke gereicht. Währenddessen ging Margot von Tisch zu Tisch und redete mit den einzelnen Kollegen und hörte sich dabei ihre Sorgen an.
Als sie an meinen Tisch kam, war ich überrascht, daß sie mich bereits kannte. Ich hatte nämlich vorher noch keine direkte Begegnung mit ihr gehabt.
Um so erstaunlicher war für mich, daß sie von meinem letzten Rückfall wußte und daß ich mir Mühe gab, wie sie sagte, nicht wieder rückfällig zu werden.
„Das schaffst du schon", sagte sie und klopfte dabei Siggi, der mit an meinem Tisch saß auf die Schultern. „Schließlich hast du ja ganz tolle Kollegen hier."
„Hm, das stimmt", sagte ich.
„Wenn du irgendwelche Probleme hast, dann kannst du auch jederzeit zu mir kommen. Du weißt doch, wo mein Büro ist oder?" fragte sie mich.
Ich nickte.
„Komm ruhig mal bei mir vorbei! Vielleicht kannst du wirklich bei irgend etwas Hilfe gebrauchen?" sagte sie und ging zum nächsten Tisch.
„Woher weiß die denn so gut über mich Bescheid?" fragte ich Siggi.
Der mußte lächeln und meinte: „Ach, die Margot ist in manchen Dingen wie eine Mutter. Die weiß eben alles über ihre Sorgenkinder in der LPG."
„Aber ich bin doch gar nicht in der Partei", entgegnete ich.
„Ach, das spielt doch bei der Margot keine Rolle ob du in der Partei bist oder nicht. Die versucht jedem zu helfen."
Ja, „die versucht jedem zu helfen", diese Worte gingen mir einfach

nicht mehr aus dem Kopf. Margots kräftige Figur und auch die Art, wie sie mit mir sprach, hatte wirklich etwas mutterhaftes an sich. Ich fand sie sehr sympathisch, und ich konnte mir gut vorstellen, daß man mit ihr über alles reden konnte.
Ich sprach mit Vroni darüber, ob ich Margot vielleicht mal etwas über unser Wohnungsproblem erzählen sollte. Wir waren der Ansicht, daß das ja nicht schaden konnte, selbst wenn sie nicht helfen konnte.

An einem Vormittag, ich hatte gerade eine Arbeit in der Nähe des Verwaltungsgebäudes der LPG, sagte ich Siggi Bescheid, daß ich mal kurz zur Parteisekretärin gehen wollte. Er hatte nichts dagegen, und so ging ich voller Ehrfurcht in das Gebäude, in welchem die ganzen „hohen Tiere“ der LPG ihre Büros hatten, bis ich vor der Tür stand, auf der „Parteisekretär“ zu lesen war.
Zaghaft klopfte ich an.
„Herein“, hörte ich sie rufen und trat ein.
„Das ist aber schön, daß du mal vorbeischaust“, begrüßte mich Margot.
Ich konnte ihr ansehen, daß sie sich wirklich freute. Sie war hinter ihrem Schreibtisch aufgestanden und schüttelte mir die Hand. Dann bot sie mir an ihrem Konferenztisch einen Stuhl an und setzte sich mir gegenüber.
Ich wollte schon anfangen, ihr zu erzählen, warum ich gekommen war. Doch sie unterbrach mich und sagte: „Warte mal! Ich muß dir erst mal erzählen, warum ich mich so freue, daß du gekommen bist. Der Siegfried Micklich hält nämlich große Stücke auf dich. Der sagt immer, der Stephan ist ein ganz prima Kerl. Der gibt sich überall eine riesengroße Mühe. Und das mit dem Alkohol, das schafft der auch noch. Da ist sich der Siegfried vollkommen sicher.“
Ich merkte, wie ich vor lauter Lob rot anlief.
„Ja und da kann ich dir aus meiner Erfahrung sagen“, fuhr Margot fort, „daß wir hier bei uns in der LPG etliche solcher Fälle haben, um die wir kämpfen. Denn es ist schade um jeden einzelnen. Dabei bekommt jeder von uns die größte Unterstützung. Und ich könnte dir einige Beispiele aufzählen, wo man sehen kann, es hat sich gelohnt. Fehler macht doch jeder mal, der eine kleine und der andere eben auch mal größere. Jemanden deshalb sein Leben lang abzu-

stempeln, wäre doch wirklich schlimm. Und wenn ich dich so sehe, dann denke ich, der Siegfried hat recht."
So direkt hatte das noch niemand zu mir gesagt, daß es sich lohnte, um jeden einzelnen zu kämpfen, also auch um mich.
„Na, nun erzähl mal, was hast du denn auf dem Herzen?" forderte sie mich auf.
Ich schilderte ihr, daß ich seit einiger Zeit eine feste Freundin hatte und wir jetzt ein Kind erwarteten, daß wir aber sehr beengt wohnen und uns die Kollegin von der Wohnungskommission aber wenig Hoffnung machen konnte.
Margot hatte sich unterdessen dazu einige Stichpunkte auf einem Bogen Papier gemacht.
Als ich geendet hatte, sagte sie nachdenklich: „Das ist wirklich ein Problem. Laß mich mal nachdenken!" Und nach einer Weile fragte sie: „Dort, wo du deine Wohnung hast, kann man da was ausbauen?"
„Schlecht", antwortete ich. „Da ist zwar noch ein großer Bodenraum, aber den brauchen die anderen Mieter als Trockenraum für ihre Wäsche."
„Ach so", sagte sie nachdenklich. „Und in der Wohnung, wo deine Freundin wohnt, kann man da nichts machen?"
„Da haben wir auch schon hin und her überlegt, aber da geht gar nichts."
„Hm", machte Margot, „ihr würdet aber auch etwas nehmen, wo man vielleicht noch selbst etwas ausbauen müßte. Ich meine, da bekommst du auf jeden Fall Unterstützung von der LPG."
„Na sicher", sagte ich. „Darüber bin ich mir mit Veronika einig."
„Gut, Stephan, ich kann dir natürlich auch nichts versprechen, aber auf jeden Fall rede ich noch mal mit der Kollegin von der Wohnungskommission. Vielleicht findet sich ja irgendwo eine alte Wohnung, die man ausbauen kann. Am Besten ist es, wenn du bei der Kollegin immer mal wieder nachfragst. Dann behält sie dich in Erinnerung."
Ich bedankte mich bei Margot und verabschiedete mich von Margot. Dabei mußte ich ihr versprechen, daß ich sie bald mal wieder besuchte, denn sie wollte immer wissen, wie es mir ginge.

Margot hatte mich beeindruckt. Sie hatte mit mir, als ich sie besuchte, weder über Sozialismus, noch von Planerfüllung oder ähnlichem geredet, obwohl sie doch die Parteisekretärin einer so gro-

ßen LPG war. Das mußte man sich mal vorstellen. Sie hatte mir im Gegenteil dazu auch von ihrer Familie erzählt, von ihrem Mann und den beiden Töchtern.
Das fand ich einfach stark, und ich war der festen Überzeugung, daß sie mir wirklich bei unserem Wohnungsproblem helfen würde, wenn sie konnte. Die große Sympathie und das Vertrauen, welches ich zu Margot hatte, brachte mich auf die Idee, die mein späteres Leben ganz entscheidend prägen sollte.
Ich wollte versuchen, Kandidat der SED zu werden.
Ich konnte mir mit einem Mal gut vorstellen, daß ich vielleicht mit Hilfe der Partei doch noch studieren konnte. Natürlich nicht gleich, aber in ein paar Jahren, wenn ich mich schön liniengetreu verhielt, war das bestimmt machbar.
Wenn es nicht klappen sollte, dann konnte ich ja später wieder austreten.
Ich mußte auch ganz ehrlich zugeben, daß ich die DDR und den Sozialismus überhaupt gut fand. Ich war fest davon überzeugt, daß sich die Partei- und Staatsführung vollkommen für das Wohl des Volkes einsetzte, also auch für mich.
Im Gegensatz dazu konnte ich mir nicht vorstellen, daß das in einem anderen Gesellschaftssystem auch der Fall war.
Sicher gab es viele Ecken und Kanten in diesem Land. Da brauchte ich nur an den Vorfall mit der Stasi denken, als die mich kassierte, aber im großen und ganzen war ich doch froh, daß ich hier lebte. Natürlich gingen mir die Ansprachen der Parteibonzen gehörig auf den Keks, denn die laberten doch immer die selben abgedroschenen Phrasen. Was mit Volksnähe nun rein gar nichts zu tun hatte. Allerdings mußte das anscheinend nicht so sein. Das sah man ja an Margot Schmieder. Die redete auch so, wie ihr der Schnabel gewachsen war.
Ich hatte jedoch einige Bedenken, wenn ich an meine alten Kumpels dachte. Die könnten das mit Sicherheit überhaupt nicht verstehen, wenn ich in die SED eintreten würde. Schließlich hatte ich in diesem Staat 18 Monate im Knast gesessen, obwohl ich hätte eigentlich Bewährung kriegen müssen. Nur weil da ein Haufen Schulklassen zum Prozeß da waren und mich die Richterin als abschrekkendes Beispiel dargestellt hatte, mußte ich die Strafe absitzen. Zumindest hatten wir so immer am Kneipentisch diskutiert. Und dann trat ausgerechnet ich in die Partei ein. Das würde keiner begreifen.

Letztendlich sagte ich mir aber, daß das schließlich mein Leben war. Und in diesem einen Leben was man hat, wollte ich eben noch etwas erreichen, auch wenn dazu die Parteimitgliedschaft notwendig war.

Ende Februar 1984 ging ich wieder zur Parteisekretärin.
Ich hatte mich gründlich auf das Gespräch vorbereitet und wußte genau, was ich sagen wollte.
Als Margot mich fragte: „Na, wo brennt's denn Stephan?", sagte ich: „Ich möchte Kandidat der SED werden."
Sie schaute mich überrascht an und sagte: „Nein!"
„Wie, nein?" fragte ich nun ebenfalls überrascht.
„Ich meinte natürlich: nein, das gibt es doch gar nicht", sagte Margot und lachte.
„Wieso gibt es das gar nicht?" fragte ich immer noch irritiert.
„Das ist ja vielleicht ein Ding. Da klopft der Stephan einfach so bei mir an und sagt, er möchte Kandidat der SED werden. Das imponiert mir, muß ich sagen."
„Naja", sagte ich und zuckte mit den Schultern.
Endlich hatte ich begriffen, daß sich Margot riesig über mich freute.
„Wie bist du denn darauf gekommen?" wollte sie nun wissen.
„Naja, eigentlich bin ich ja durch meine Eltern so erzogen worden", begann ich meinen gelernten Text, „und neulich, als ich bei dir gewesen bin, da ist mir erst so richtig klar geworden, wieviel Hilfe ich bisher von anderen bekommen habe, nachdem ich so gestrauchelt war, und da bin ich mir sicher, daß das eben nur im Sozialismus möglich ist. Wenn ich in die Partei eintrete, dann möchte ich mithelfen, daß auch andere auf den richtigen Weg kommen."
Margot hatte mir andächtig zugehört und sagte dann: „Also, da freu' ich mich, Stephan. Es ist nur nicht ganz so einfach, wie du vielleicht denkst."
Was soll denn das heißen, dachte ich, darf ich etwa gar nicht in die Partei?
„Du mußt dazu erst einen Antrag stellen. Dann stimmen die Genossen in einer Parteiversammlung darüber ab, ob dem Antrag stattgegeben werden soll. Vorher ist es am besten, wenn du dich in der Versammlung den anderen kurz vorstellst."
„Ach so", sagte ich etwas enttäuscht.
„Ach, da brauchst du gar keine Angst haben. Junge Leute können

wir immer gebrauchen. Wirst sehen, die Genossen in deiner Parteigruppe freuen sich bestimmt. Die nächste Versammlung ist übrigens am kommenden Montag. Da kannst du gleich mit hinkommen. Ich gebe dir jetzt das Antragsformular. Das füllst du dann bitte bis zum Montag mit aus."

Wir wechselten noch ein paar private Worte, dann verabschiedete ich mich. Der erste Schritt war damit geschafft. Den zweiten schaffte ich auch, denn die Genossen meiner Parteigruppe stimmten einstimmig für meine Kandidatur.

Wie ich in der Versammlung erfuhr, dauerte diese zwei Jahre lang. Dann wurde wieder abgestimmt, ob ich Mitglied der SED werden durfte.

Der Geburtstermin unseres Kindes rückte immer näher.

Die Ärzte hatten dafür den 12. August vorgesehen. Das war ein Sonntag. Unser Kind würde also, wenn die Ärzte richtig gerechnet hatten, ein Sonntagskind werden.

Veronika ging es, wie man immer so schön sagt, den Umständen entsprechend gut.

Wir hatten inzwischen alles, was man für die Ausstattung brauchte, komplett. Besser gesagt, wir besaßen viel zu viel. Die Verwandten, die Kolleginnen und die Nachbarn hatten uns mit wunderschönen Babysachen und Windeln überhäuft. Das Wenigste mußten wir selber kaufen. Das war so üblich. Wir gaben dann die Sachen, die noch in Ordnung waren und nicht mehr gebraucht wurden, an die nächste werdende Mutter weiter.

Über die Vornamen war ich mir mit Vroni schon lange einig.

Da wir noch nicht wußten, ob es ein Junge oder ein Mädchen wird, hatten wir schon vor Wochen Martin und Sabine ausgesucht.

Als endlich der 12. August heran war, tat sich nichts. Wir konnten zwar fühlen, wie das Baby hin und wieder gegen den Bauch strampelte, aber heraus wollte es anscheinend nicht.

Ich hatte für die kommende Woche Urlaub genommen, damit ich in den ersten Tagen, wenn das Baby da war, regelmäßig ins Krankenhaus gehen konnte.

Vroni fühlte sich zwar gut, doch als am Dienstag, den 14. August früh immer noch keine Wehen eingesetzt hatten, entschlossen wir uns, zum Arzt zu gehen. Denn ganz geheuer schien uns das nicht zu sein.

Bei vielen hatten wir gehört, daß das Kind ein paar Tage eher kam und bei uns war es jetzt schon zwei Tage über der Zeit.
Der Arzt untersuchte Vroni und stellte fest, daß kein Grund zur Besorgnis sei. Es wäre auch völlig normal, wenn ein Kind ein paar Tage später zur Welt kommen würde. Trotzdem gab er Vroni einen Schein für die Entbindungsstation im Neustädter Krankenhaus mit. Falls bis Montag immer noch keine Wehen eingesetzt hätten, sollte sie sich dort melden. Dann könnte man dort eventuell mit einem Wehentropf etwas nachhelfen.
Das beruhigte uns vorerst, und wir gingen wieder nach Hause.
Jedenfalls waren wir jetzt um so gespannter, ob diejenigen recht hatten, die meinten: „Das wird sicher ein Mädchen, weil es sich länger putzen muß".
Der Dienstag ging vorüber, auch der Mittwoch, der Donnerstag, der Freitag, und nichts passierte.
Am Sonnabend war nun klar, daß ich meinen Urlaub vergeudet hatte. Ich hatte den ja eigentlich in der Annahme genommen, daß da das Baby schon da ist und verlängern konnte ich ihn nicht. Für den Sommer mußten wir den schon Monate vorher planen, damit nicht zu viele Kollegen auf einmal Urlaub hatten.
Am Montag nahmen wir Vronis Reisetasche, die schon lange gepackt in der Ecke stand und gingen zum Krankenhaus. Siggi hatte mir wenigstens für diesen Tag noch frei geben können.
Unterwegs unkte Vroni, daß das Baby bestimmt noch bis zu Papas Geburtstag warten würde. Doch bis dahin waren es noch 6 Tage und außerdem sollte sie ja an den künstlichen Wehentropf kommen. Da war in ein, zwei Tagen unser Neuankömmling sicher schon da.
Auf der Station verabschiedete ich mich von Vroni und versprach, am Nachmittag noch einmal vorbeizuschauen.
Doch auch da gab es nichts Neues.
Die Ärzte hatten Vroni zwar gründlich untersucht, wollten aber noch ein paar Tage warten, da mit Mutter und Kind alles in Ordnung war. Sie hofften, daß die Wehen doch noch von alleine einsetzen würden. Das taten sie aber nicht.
Jeden Tag fuhr ich nach der Arbeit mit dem Fahrrad sofort ins Krankenhaus. Jedesmal in der Hoffnung, das Vroni inzwischen alles überstanden hatte. Von Tag zu Tag wurden wir immer nervöser, jedenfalls ich.

Am Donnerstag erzählte mir Vroni am Nachmittag endlich, daß sie am nächsten Morgen endlich an den Wehentropf kommen sollte. In der Voraussicht auf den nächsten Tag löste sich ein Teil der Anspannung. Nun konnten wir nur noch hoffen, daß am nächsten Tag alles so glatt ging, wie es geplant war.
In der kommenden Nacht konnte ich trotzdem vor Aufregung kaum schlafen. Der Gedanke daran und die Freude darüber, daß ich am Morgen Vater sein würde, ließ mich nicht zur Ruhe kommen.
Vollkommen unausgeschlafen ging ich am nächsten Tag zur Arbeit. Aber ich konnte mich auch dort nicht konzentrieren. Immer wieder schaute ich auf meine Armbanduhr.
Unendlich lang kam mir die Zeit vor, bis es endlich 10 Uhr war. Jetzt wußte ich, daß Vroni bereits im Kreißsaal am Tropf hing und die Geburt eingeleitet wurde.
Ich war mit ihr so verblieben, daß ich ca. 12 Uhr im Krankenhaus anrufen wollte. Mit Siggi hatte ich auch gesprochen. Ich konnte, falls das Baby da war, ab Mittag frei machen, auch das Wochenende über. Im Stall wurde zwar jemand gebraucht, aber Egon hatte sich bereit erklärt, dort die Vertretung für mich zu übernehmen. Das fand ich Spitze.
Gegen Mittag, die anderen waren bereits zum Essen in die Kötitzer Straße 45 gefahren, saß ich im Stall in Naundorf vor dem Telefon. Punkt 12 Uhr griff ich nach dem Hörer und wählte die Nummer der Entbindungsstation.
Ich hatte gerade mal gesagt, wer ich bin, da unterbrach mich die Schwester schon vom anderen Ende der Leitung her: „Ja, Sie wollen sicherlich wissen, wie alles verlaufen ist? Da muß ich Sie leider ein wenig enttäuschen. Der Wehentropf hat nicht gewirkt. Wir haben nach zwei Stunden abbrechen müssen. Ihrer Verlobten geht es aber gut. Kommen Sie nur heute zur Besuchszeit.“
Damit war das Gespräch auch schon beendet. Sie hatte aufgelegt.
Im ersten Moment war eine unheimliche Leere in mir und ich fühlte gar nichts. Dann endlich löste sich die Anspannung in mir und ich mußte an Vroni denken, wie sie da gelegen hatte mit unserem Kind im prallen Bauch und darauf gewartet hatte, daß es endlich heraus wollte.
Wie enttäuscht mußte sie jetzt wohl sein?
Ich schnappte mir mein Fahrrad und jagte zur „Fünfundvierzig“.

Mit kurzen hastigen Worten erzählte ich Siggi, was passiert war oder besser, was nicht passiert war.
„Da fahr nur gleich mal hin", sagte er. „Hast trotzdem bis Montag frei!"
Die anderen Kollegen am Mittagstisch nickten bestätigend, als hätten sie soeben gemeinsam besprochen, daß ich frei machen kann. Es war schon eine dufte Truppe.
„Willste ni schnell noch was essen, sonst fällst'e mir noch vor Hunger im Krankenhaus um?" fragte Große, Werner.
„Nee, könnt ihr mit essen. Ich hab keinen Hunger", sagte ich und verabschiedete mich schnell von den anderen, nicht ohne mich bei ihnen zu bedanken.

Im Krankenhaus traf ich eine, wie ich schon vermutet hatte, niedergeschlagene Veronika an.
Sie versuchte zwar noch zu lächeln, als sie mich kommen sah, doch kurz danach kullerten doch die Tränen. Ich versuchte sie mit den Worten zu trösten, „was lange währt, wird gut."
Doch das half nur mäßig.
Das war aber auch kein Wunder, denn sie erzählte mir, daß sie im Kreißsaal auf einer Liege gelegen hatte und durch eine Spanische Wand vom übrigen Raum abgetrennt war. Dort mußte sie mit anhören, wie in der Zwischenzeit zwei Mütter ihre Babys zur Welt brachten und sie lag da, und es tat sich gar nichts, überhaupt nichts.
„Und was sagen da die Ärzte dazu?" wollte ich wissen.
„Ach die, die finden das wie immer ganz normal. Das würde schon hin und wieder mal vorkommen", sagte Vroni.
„Naja, da werden sie schon recht haben. Warum sollen sie dir denn was anderes erzählen? Da kommt unser Bummelant eben erst morgen oder übermorgen."
„Ja, ich hab ja gleich gesagt, es kommt bestimmt erst, wenn der Papa Geburtstag hat, stimmt's?"
Jetzt konnte Vroni wenigstens wieder lachen.
„Und was sagen die Ärzte, wie es weiter gehen soll?" fragte ich sie.
„Na wieder warten, ob die Wehen von alleine einsetzen und eventuell soll ich am Montag noch mal an den Tropf."
„Na gut", sagte ich, „dann warten wir eben. Langsam gewöhnt man sich ja daran."

„Du vielleicht, aber ich möchte es jetzt langsam hinter mir haben.“
„Naja, das glaub ich dir auch. Es kann sich ja wirklich nur noch um Stunden handeln“, versuchte ich sie zu trösten.
Nach einer Stunde überließ ich sie wieder alleine ihrem Schicksal.

Der nächste Tag brachte nicht viel Neues, besser überhaupt nichts.
Am Sonntag war dann mein Geburtstag. Ich wurde 27 Jahre alt.
Am Vormittag hatte ich noch kurz mit Vroni im Krankenhaus telefonieren können. Es sah aber nicht so aus, als ob das Baby gerade heute zur Welt kommen würde.
Meine Mutter hatte mich nachmittags zum Kaffee eingeladen.
Sie hatte inzwischen einen neuen Freund. Er hieß Kurt und kam aus einem Dorf bei Radeburg. Er war zwar noch nicht geschieden, aber die Scheidung lief bereits. Ich fand ihn ganz sympathisch, zumal er sich ja gut mit der Landwirtschaft auskannte. So hatten wir immer Gesprächsstoff.
Meine Patentante Gerda war auch gekommen. Wir machten es uns auf dem Balkon gemütlich. Meine Mutter hatte eine frische Erdbeertorte auf den Tisch gestellt.

An dieser Stelle möchte ich einfügen, auch auf die Gefahr hin, daß ich mich wiederhole, ohne die Hilfe meiner Mutter wäre ich heute nicht das, was ich heute bin. Sie hat mir die Hand gereicht, als ich damals aus dem Gefängnis kam. Sie hat sich um mich bemüht, als ich von der Entziehungskur kam. Selbst meine Rückfälle hatte sie mir schnell wieder verziehen. Sie war mit ihrer Hilfe und Fürsorge immer da, wenn ich sie so dringend gebraucht habe, und dafür danke ich ihr aus tiefstem Herzen.

Leider war meine Stimmung an diesem Nachmittag ziemlich gedrückt. Gestern, am Samstag hatte ich noch gehofft, daß ich heute ein ganz besonderes Geburtstagsgeschenk bekommen würde, aber nachdem ich mit Vroni telefoniert hatte, war diese Hoffnung wieder verflogen.
Trotzdem hielt ich die ganze Anspannung nicht aus, zumal das Telefon ja im Wohnzimmer meiner Mutter stand und förmlich darauf wartete, daß ich es benutzte. Also ging ich gleich nach dem Kaffeetrinken hinein und rief das Krankenhaus an. Ich hatte Vroni erzählt,

daß ich nachmittags bei meiner Mutter war und sie erst abends besuchen kommen wollte.
Als sich die Stationsschwester meldete, fragte ich sie, ob sie mir die Vroni mal an den Apparat holen könnte.
„Oh, nein, das kann ich jetzt nicht“, sagte sie.
„Na, wieso? Das ging doch heute früh auch“, fragte ich etwas verwirrt.
„Ja, heute früh war das auch was ganz anderes, aber jetzt erholt sie sich gerade ein bißchen von der Entbindung. Herzlichen Glückwunsch, sie sind der Vater einer strammen Tochter.“
„Was, das gibt‘s doch nicht!“ rief ich.
„Wieso gibt‘s das nicht? Nach 14 Tagen Verspätung wurde das ja nun mal Zeit. Ach ja, stimmt ja“, rief sie fröhlich, „Sie haben ja heute ebenfalls Geburtstag. Na, dann noch mal meinen Glückwunsch!“
„Danke!“ sagte ich. „Vielen Dank!“

Ich war vollkommen durcheinander und ging wieder auf den Balkon. Die anderen mußten gemerkt haben, daß etwas passiert war, denn sie schauten mich betroffen an.
Es kam mir noch alles vor wie im Traum, als ich zu ihnen sagte: „Wir haben eine Tochter.“
„Was“, „Na endlich“, „Das ist ja herrlich“, „Alles Gute“, riefen die anderen erleichtert durcheinander. Sie wollten auf einem Mal eine Menge von mir wissen, „wie groß“, „wie schwer“ usw., aber ich konnte gar nichts dazu sagen.
Ich wußte ja selbst nur eines: Ich bin eben Vater geworden.
Schließlich hatte ich überhaupt keine Ruhe mehr. Ich wollte so schnell wie möglich zu Vroni und Sabine ins Krankenhaus. Deshalb verabschiedete ich mich schnell von meiner Mutter, Kurt und Tante Gerda. Sie hatten natürlich dafür Verständnis.

Schon vor vier Wochen hatte ich mit der Ehefrau des Gärtnermeisters Sachs in Naundorf gesprochen.
Ihre Gärtnerei hatte wunderbare langstielige dunkelrote Rosen. Den Tip hatte ich von meinen Kollegen bekommen.
Ich hatte Frau Sachs erzählt, daß ich zum ersten Mal Vater wurde und daß ich meiner Freundin, wenn es soweit war, einen ganz be-

sonderen Blumenstrauß bringen wollte, nämlich so viele Rosen, wie der Tag des Monats zählte.
Frau Sachs hatte dafür Verständnis und sagte: „Wenn es nicht gerade mitten in der Nacht ist, können sie ruhig jeder Zeit kommen, wenn sie die Blumen brauchen.“
Als ich an dem Wohnhaus der Gärtnerei klingelte, dauerte es auch nicht lange und Frau Sachs erschien an der Tür.
„Ach nee, heute?“ fragte sie gleich, als sie mich erkannte.
„Wollten sie nicht schon vor zwei Wochen kommen?“
„Ja, aber meine Freundin hat heute erst entbunden“, sagte ich mit bittender Miene.
„Heißt das etwa, daß sie 26 Rosen brauchen?“
„Ja, wenn‘s geht?“
„Das glaub ich kaum. Da sind so viele für morgen bestellt. Da muß ich erst mal meinen Mann rufen. Lothar!“ rief sie ins Haus hinein.
Es dauerte nicht lange, bis der Gärtnermeister erschien. Seine Frau erzählte ihm von meinem Anliegen. Doch der schüttelte sofort mit dem Kopf und sagte: „Nee, das tut mir Leid. Es sind für morgen so viele Rosen bestellt. Die reichen gar nicht für alle.“
„Ich hatte es dem jungen Mann aber versprochen“, sagte seine Frau und das war mein Glück.
Der Gärtnermeister wußte jetzt nicht so recht, wie er reagieren sollte. Ich sah ihm an, wie er mit sich rang. Schließlich fragte er: „Wieviel?“
„Sechsundzwanzig“, sagte seine Frau.
Er zuckte mit den Schultern und ging in Richtung der Gewächshäuser davon.
„Der macht das schon“, sagte Frau Sachs und lächelte mir aufmunternd zu.
Es dauerte bestimmt eine Viertelstunde bis ihr Mann endlich wieder erschien. Im Arm hielt er einen riesigen Berg voller Rosen. Dunkelrot und langstielig, so wie ich es mir gewünscht hatte.
„Da haben sie aber wirklich Glück, daß ich noch so viele gefunden habe“, sagte er zu mir und übergab das Bündel seiner Frau.
Diese machte sich sofort daran, den unteren Teil der Stiele mit einem kleinen Schaber von Blättern und Dornen zu befreien.
Dann zählte sie: „Fünfundzwanzig, sechsundzwanzig, da haben wir’s.“

Es war ein wunderschöner Strauß geworden. Ich bezahlte und ließ mir um die Stiele herum ein Stück Zeitungspapier wickeln, damit ich die Blumen besser anfassen konnte.
Ich bedankte mich noch einmal und machte mich auf den Weg.
Die Strecke von Naundorf bis zur Industriestraße in Dresden mit dem Fahrrad, eine Hand am Lenker und in der anderen Hand der dicke Blumenstrauß, kam mir unendlich lang vor. Doch der Gedanke an die beiden Mädels im Krankenhaus trieb mich zügig voran.

Vroni lächelte mir in freudiger Erwartung entgegen, als ich in ihr Zimmer kam. Die Strapazen der Geburt waren ihr kaum anzumerken.
„Na, wie haben wir das wieder hingekriegt?“ sagte sie, während wir uns umarmten.
„Ihr seid wirklich Spitze“, antwortete ich überglücklich. „Da können wir in Zukunft immer Doppelgeburtstag feiern.“
Ich überreichte ihr die Blumen und sah ihr an, wie sehr sie sich freute.
„Das sind doch nicht etwa ...“ Sie begann zu zählen.
„Brauchst sie jetzt nicht alle zählen“, sagte ich, „es sind natürlich sechsundzwanzig.“
„Du bist verrückt!“ sagte sie strahlend.
Vroni berichtete mir dann der Reihe nach, wie alles eigentlich blitzschnell und unkompliziert abgelaufen war.
„Ein Glück, daß ich schon hier im Krankenhaus war. Wenn ich noch zu Hause gewesen wäre, hätte ich es gar nicht bis hierher geschafft. Da wäre unsere Biene schon unterwegs zur Welt gekommen“, meinte sie.
„Da kann man wirklich nur sagen: Ende gut, Alles gut!“ stimmte ich ihr zu.
„Wann kann ich denn unser Bienchen mal sehen?“ fragte ich.
„Die Schwester wird sie gleich bringen, sie hat bestimmt schon wieder Hunger.“
Es dauerte auch kaum ein paar Minuten, da kam die Schwester mit einem weißen Bündel im Arm zu uns und legte es Veronika in den Schoß. Das Bündel war unser Baby.
Wir hatten uns bereits vor Wochen auf den ersten Anblick eines Neugeborenen vorbereitet. Es war durchaus möglich, daß es noch kurz nach der Geburt etwas verschrumpelt aussehen konnte.

Das war aber bei unserem Baby nicht der Fall. Es war bildhübsch, winzig, niedlich, überwältigend.
Ich hatte noch nie in meinem Leben etwas Schöneres gesehen. Ich konnte kaum meinen Blick davon losreißen, und spürte, wie Stolz in mir aufstieg. Das da, dieses winzige kleine Würmchen, war auch ein Teil von mir.
Am Gesicht konnte man jetzt allerdings erkennen, daß es sich unbehaglich fühlte und anfangen wollte mit Schreien.
„Wir haben nämlich schon Hunger", sagte die Schwester. „Ich laß sie jetzt alleine und hole das Bienchen in einer halben Stunde wieder ab. Das müßte reichen."
Sie verließ das Zimmer.
Vroni legte Sabine vorsichtig an ihre Brust, und sie begann auch sofort gierig zu trinken.
Fasziniert beobachtete ich die beiden. Nach einiger Zeit konnte man merken, wie sehr sich das Baby beim Saugen angestrengt haben mußte, denn es wurde immer langsamer, bis es schließlich größere Pausen einlegen mußte. Manchmal dachten wir sogar, sie sei eingeschlafen, bis sie plötzlich wieder anfing zu saugen. Schließlich schlief das kleine Ding wirklich und Vroni legte sie mir in den Arm. Es war schon toll. So eine winzige Puppe im Arm zu halten. Kaum vorstellbar, daß das mal ein richtiger großer Mensch wird.
Jetzt waren wir eine richtige Familie.

Am Montag freuten sich meine Kollegen mit mir darüber, daß das lange Warten nun ein Ende hatte und beglückwünschten mich der Reihe nach zu unserer Tochter.
Selbstverständlich kostete mich das eine Runde. Das hatte zwar niemand gesagt, denn wahrscheinlich fanden sie es bei mir unpassend, davon zu sprechen, aber sonst war es schon so üblich. Wenn einer Geburtstag hatte dann gab er natürlich einen aus.
Ich verzichtete in der Mittagspause auf das Skatspielen und sagte den anderen, daß ich noch etwas erledigen mußte. Ich fuhr in die Kaufhalle und holte für jeden meiner Kollegen eine Flasche Bier und für mich eine Orangenperle.
Ich stellte alles in unserem Aufenthaltsraum auf den Tisch. Anschließend fuhr ich wieder zu den anderen, um weiterzuarbeiten.
Zum Feierabend war die Überraschung natürlich gelungen, denn die

Kollegen hatten, wie sie selber sagten, gar nicht damit gerechnet.
„Prost, auf immer volle Windeln!“ sagte Große, Werner.
„Ja, auf den Hosenscheißer!“ rief Egon.
„Stört dich das jetzt nicht, wenn wir hier Bier trinken?“ fragte Wolle vorsichtig bevor er die Flasche zum Trinken ansetzte.
„Nö, ist doch so wie immer“, sagte ich. „Ihr trinkt euer Bier und ich meine Limo. Ob ich das nun heute mal bezahlt habe oder sonst ein anderer, ist doch Wurscht.“
Es war wirklich so. Es hätte mich viel mehr gewurmt, wenn wir diese Runde ausgelassen hätten, nur weil ich eben keinen Alkohol trank.
„Früher hätte ich mich an so einem Tag sicherlich restlos betrunken“, fügte ich hinzu. „Doch die Zeiten sind eben jetzt vorbei und das ist gut so.“
„Und jetzt hast du ja auch noch viel mehr Verantwortung, wenn du nun Vater bist“, sagte Siggi.
Vier Tage später wurden Sabine und Veronika bereits aus dem Krankenhaus entlassen, und unsere Familie war komplett.
Selbstverständlich drehte sich absofort alles nur noch um das Baby.
Ich lernte, wie man es windelte und den Po eincremte, damit er nicht wund wurde oder wie man Windeln wusch.
Nur die Brust geben, das war Vronis Sache alleine.
Jeden Tag fuhr ich voller Freude von der Arbeit nach Hause.
Wußte ich doch, daß dort zwei auf mich warteten.

Der Septemberanfang 1984 hielt die nächste Überraschung für mich bereit. Eines Morgens sagte Siggi: „Du, Stephan, der Kollege Goseberg hat mich eben angerufen. Du kannst jetzt auf der Kreislandwirtschaftsschule deinen Facharbeiter für Pflanzenproduktion machen, wenn du willst. Ich hab gleich erst mal ja gesagt. Das war doch richtig, oder?“
„Na klar!“ freute ich mich.
„Das geht aber morgen schon los“, sagte Siggi etwas vorsichtiger.
„Ach du Schreck, morgen schon?“
„Ja und das ist aber in Berbisdorf, wenn dir das was sagt. Das ist in der Nähe von Radeburg“, sagte Siggi.
„Oh, und du hast schon zugesagt?“
„Naja, ich dachte, da kannst du doch gleich mit der Bimmelbahn bis dort hin fahren, oder?“

Das war nun doch eine Überraschung, eine ziemlich heftige sogar. Eigentlich hatte ich die Erwachsenenqualifizierung schon lange beantragt und freute mich auch wirklich, daß es nun endlich geklappt hatte.
Daß das aber ausgerechnet jetzt passieren mußte, wo gerade das Baby gekommen war, fand ich doch ziemlich ungünstig.
„Wie lange geht denn das so?“ fragte ich.
„Das Ganze geht über ein Jahr und du hast an einem Tag in der Woche Unterricht“, erklärte mir Siggi..
„Abends“, verbesserte ich ihn.
„Nee, nee, das geht immer von früh bis nachmittags.“
„Hieß das nicht, daß ich meinen Facharbeiter mal in der Abendschule nachholen könnte?“ fragte ich zweifelnd.
„Anscheinend ist das jetzt anders. Jedenfalls bekommst du den Schultag natürlich voll bezahlt.“
„Na, wenn das so ist“, sagte ich erleichtert, „dann ist das ja überhaupt kein Problem.“
Ab sofort war ich also wieder ein „Schulkind“ und es machte mir richtigen Spaß.
Die Anforderungen waren auch nicht so besonders hoch, so daß ich zu Hause nicht viel lernen mußte.

Und noch ein weiterer Höhepunkt sollte im September 84 folgen. Meine Fahrerlaubnissperre endete bald, und ich ließ mir von Dr. Rößger ein kurzes Gutachten ausstellen.
Darin bestätigte mir der Arzt, daß ich meinen Rückfall gut verarbeitet hätte und außerdem regelmäßig an den Treffen der Therapiegruppe teilnahm. Er hätte keinerlei Bedenken dagegen, daß mir die Fahrerlaubnis wieder ausgehändigt wird.
In unserer LPG wurden regelmäßig Verkehrsteilnehmerschulungen durchgeführt, an denen ich im zurückliegenden Jahr teilgenommen hatte. Das war mir auf meiner Schulungskarte bestätigt worden.
Damit hatte ich alle Auflagen erfüllt und bekam die Fahrerlaubnis problemlos wieder.
Allerdings hatte ich inzwischen mein Motorrad und den Skoda wieder verkauft, weil ich mir gesagt hatte, daß beides ja vom Herumstehen nicht besser wurde. Aber so konnte ich wenigstens auf Arbeit hin und wieder mit dem Traktor fahren.

Im Oktober 1984 mußten Veronika und ich schließlich doch einsehen, daß sich wohnungsmäßig schleunigst etwas ändern mußte. Ein Zimmer von 16 Quadratmetern war für drei Personen eben doch zu klein. Hinzu kam noch, daß ich kaum noch zum Schlafen kam, wenn ich im Stall arbeitete. Deshalb sprach ich wiederholt bei der Kollegin von der Wohnungskommission vor. Auch Margot fragte ich unentwegt, ob sie nicht etwas für uns tun konnte.
Ich hatte inzwischen meine kleine Wohnung in der Ludwig-Richter-Allee in Radebeul aufgegeben und war ganz zu Vroni gezogen. Einen Teil meiner Sachen mußte ich allerdings bei ihr im Keller lagern, denn in dem kleinen Zimmer war eben kein Platz mehr.
Mitte November erhielten wir endlich von der Stadtverwaltung Dresden eine Benachrichtigung, daß wir uns eine 2-Raum-Wohnung auf der Bürgerstraße ansehen konnten. An Hand der angegebenen Hausnummer konnten wir erkennen, daß die Wohnung in dem Haus sein mußte, welches in unmittelbarer Nähe vom Rathaus stand.

An einem Samstagnachmittag marschierten wir beide, samt Kinderwagen frohen Mutes in Richtung Bürgerstraße.
Aus Richtung Mickten kommend, brauchten wir auch nicht lange die Bürgerstraße entlang zu laufen, bis wir vor dem Haus angelangt waren.
Schon beim ersten äußeren Anblick waren all unsere Hoffnungen dahin.
Es war nicht nur ein altes Haus, es war ein uraltes Haus mit zwei Etagen und winzig kleinen Fenstern.
Der Putz war an vielen Stellen abgebröckelt und die Dachrinnen waren kaputt. Auf dem Dach standen, nein hingen zwei wacklige Schornsteine, die so aussahen, als wenn sie den nächsten stärkeren Sturm nicht mehr überleben würden.
„Naja, reingehen können wir ja trotzdem mal“, sagte ich resigniert.
„Also, hier wohne ich nicht“, sagte Vroni resolut.
„Wir gehen aber besser trotzdem mal hinein und schauen uns die Wohnung an, dann können wir wenigstens sagen, daß wir alles gesehen haben“, meinte ich.
„Aber ohne mich“, sagte Vroni stur.
Letztendlich konnte ich sie doch noch überzeugen, mit hineinzuge-

hen, denn nur wenn wir die Wohnung auch wirklich gesehen hatten, konnten wir sie mit Bestimmtheit ablehnen.
Wir gingen zur Rückseite des Hauses, wo sich der Eingang befand. Ich schaute noch einmal auf die Benachrichtigung. Der Name Walter stand darauf. Das war hier im Erdgeschoß. Die Haustür war offen und so konnten wir gleich an der Wohnungstür klingeln. Vroni hatte Biene auf den Arm genommen und stand hinter mir.
„Ja?“ fragte eine junge Frau, nachdem sie geöffnet hatte.
Ich zeigte das Schreiben von der Stadtverwaltung und sagte: „Wir haben hier ein Schreiben von der Stadt, daß wir uns ihre Wohnung einmal ansehen dürfen.“
„Ach so“, sagte Frau Walter und las sich das Schreiben durch. „Dann müssen Sie eben mal mit hereinkommen. Mein Mann ist zwar nicht da, aber naja“, sagte sie schließlich.
Wir traten ein, dabei mußte ich an der Wohnungstür den Kopf einziehen.
„Paß auf!“ sagte ich zu Vroni, damit sich die beiden nicht den Kopf am Türbalken stießen. Der Flur war winzig klein und es roch fürchterlich nach Kohlengas.
„Ich kann das gar nicht fassen, daß die die Wohnung noch mal an jemanden vermieten wollen“, sagte Frau Walter und führte uns ins Wohnzimmer.
Wieder mußten wir den Kopf einziehen. Das Zimmer war ebenfalls winzig klein. Höchstens 12 Quadratmeter, schätzte ich.
Trotzdem hatten Walters ein Stückchen Platz für ein Laufgitter in dem uns ein etwa 12 Monate altes Mädchen entgegen schrie.
Frau Walter nahm sie hoch und versuchte sie zu beruhigen.
„Die kleine hat es ganz schlimm mit den Bronchien. Sie haben ja sicher gemerkt, wie die Öfen hier qualmen. Eigentlich ist die ganze Wohnung gar nicht mehr heizbar. Elektrisch heizen können wir auch nicht. Da knallt es uns gleich die Sicherung heraus“, erklärte sie uns. Sie deutete mit dem Kopf zu unserer Biene und meinte: „Wenn Sie mit der Kleinen hier einziehen wollen, dann können Sie sie gleich auf den Friedhof bringen.“
Vroni war geschockt und stammelte nur: „Äh, wir ziehen bestimmt nicht hier ein.“
„Wir haben zum Glück über den Betrieb von meinem Mann eine Neubauwohnung bekommen. In 14 Tagen können wir endlich hier

raus", sagte Frau Walter erleichtert und küßte ihre Kleine auf die Wange. Sie zeigte uns noch anschließend die Schlafstube. Sie war auch höchstens 10 Quadratmeter groß. Ein Ehebett, ein Kinderbettchen, ein Schrank und das Zimmer war voll.
„Hier an den Wänden geht vor Nässe überall der Putz ab." Sie zeigte es sie uns. Es roch auch dementsprechend modrig.
Anschließend führte sie uns in die Küche. Dort stand ein uralter Eisenherd. Er diente zum Kochen und Heizen.
„Gas haben wir nicht und mit Elektrokocher geht auch nichts, wegen der Sicherung", erklärte uns Frau Walter.
Außer dem Herd hatten sie hier noch ein kleines Waschbecken, ein Küchenbüffet und einen kleinen Tisch.
„Und die Toilette?" fragte ich.
„Kommen sie mal mit." Sie führte uns wieder hinaus auf den Hof.
„Dort drüben." Sie deutet mit der Hand auf eine kleine Holzbude. Diese Stand in einer Reihe halb eingefallener Holzschuppen.
„Das glaub ich doch nun wirklich nicht", sagte ich und wir gingen gemeinsam zu dem Häuschen hinüber. Vorsichtig öffnete ich die schiefe Tür und tatsächlich, es war ein uraltes Plumpsklo.
„Ja", sagte Frau Walter, „aber das ist nicht nur das Klo für unsere Wohnung, sondern auch noch für die Wohnung über uns. Da wohnt noch ein älteres Ehepaar."
„Nee, danke", sagte ich, „ohne mich!"
Wir verabschiedeten uns von Frau Walter und wünschten ihr alles Gute in der neuen Wohnung. Dann trotteten wir mit hängenden Köpfen heimwärts. Keiner sprach ein Wort. Nur Biene im Kinderwagen spielte fröhlich mit ihren Klappern.
Unsere erste Wohnungsbesichtigung war ein totaler Reinfall.

Am darauffolgenden Montag ging ich gleich wieder zur Kollegin Ählig von der Wohnungskommission und berichtete ihr alles.
„Mensch, wären Sie doch vorher mal zu mir gekommen. Ich wußte doch nicht, daß die Stadt Ihnen die Wohnung angeboten hatte", sagte sie. „Die Wohnung kenne ich nämlich. Da hätte ich Ihnen gleich sagen können, was das für eine ist."
„Naja", sagte ich. „Der Spaß war es wert."
Obwohl diese Wohnung alles andere als ein Spaß war.
„Aber, Kollege Hoffmann, es ist trotzdem gut, daß Sie gekommen

sind. Ich wollte Sie nämlich sowieso diese Woche herbestellen“, sagte Kollegin Ählig und lächelte geheimnisvoll.
Ich richtete mich in meinem Stuhl kerzengerade auf und begann die Ohren zu spitzen.
„Wollen Sie gar nicht wissen warum?“ fragte sie mich, nur um die Spannung zu erhöhen.
„Naja, klar“, sagte ich ungeduldig.
„Ich hab nämlich für Sie eine Wohnung. Es dauert zwar noch ein paar Tage, aber ich hab eine. Die Margot hatte ja auch schon laufend bei mir angefragt wegen Ihnen.“
„Und wo?“ fragte ich.
„Naja, das ist so“, fing sie an.
„Die Familie Trojan baut sich gerade mit Hilfe der LPG ein Eigenheim. Das ist zwar noch nicht ganz fertig, aber sie werden in ein paar Tagen schon dort einziehen. Jedenfalls wird dann Trojans Wohnung frei, von der die Kolleginnen in der Stadtverwaltung erst gar nichts erfahren brauchen.“
„Und wo ist das?“ fragte ich neugierig.
„Das ist die Kötzschenbroder Straße 185 in Kaditz, direkt an der Bushaltestelle Spitzhausstraße, eine 2-Raum-Wohnung unter dem Dach mit Keller- und Bodenraum und einem kleinen Schuppen.“
„Das klingt ja wirklich nicht schlecht“, sagte ich, denn Keller, Boden und Schuppen, das gefiel mir.
Ich hatte nämlich inzwischen angefangen, die alten Möbel aus meiner ehemaligen Wohnung aufzumotzen. Da konnte ich ein bißchen Platz zum Handwerkeln gut gebrauchen.
„Sie können ja mal selber mit Trojans reden und sich die Wohnung anschauen. Kollege Trojan weiß schon Bescheid, daß Sie die Wohnung nehmen.“
Ich schaute sie verwundert an.
„Naja, Sie müssen sie natürlich nicht nehmen“, sagte sie, „aber ich kann Ihnen wirklich nur dazu raten. Ich bekomme so schnell keine andere Wohnung für Sie, und in Ihrer Situation ist das doch ein Riesensprung nach vorn. Ich darf ja auch gar keinem erzählen, daß Sie nicht mal verheiratet sind.“
Ich nickte zustimmend, denn sie hatte vollkommen recht.
Eine Wohnung mit schrägen Wänden fanden Vroni und ich gut. Darüber hatten wir uns beide schon oft unterhalten. Daraus konnte

man viel machen und außerdem fanden wir schräge Wände fiel gemütlicher.
Ich bedankte mich bei Kollegin Ähling und sagte ihr, daß wir uns die Wohnung so bald als möglich anschauen werden.

Nachdem ich an diesem Tag ungeduldig den Feierabend herbei gesehnt hatte, war er nun endlich da.
In Rekordzeit jagte ich die Strecke Kötzschenbroda-Mickten mit dem Fahrrad nach Hause. Schon an der Tür rief ich Vroni zu: „Ich habe eine Wohnung für uns!"
Sie schien sich gar nicht darüber zu freuen und fragte nur: „Und was soll das für eine sein?"
Ich begriff sofort, daß sie anscheinend ihre Enttäuschung über die Wohnungsbesichtigung vorgestern noch nicht überwunden hatte.
„Ach, das ist was ganz anderes", versuchte ich sie aufzuheitern. „Die hab ich doch von Frau Ähling bekommen. Das ist natürlich nicht so eine Bruchbude wie auf der Bürgerstraße."
Nun wurde Vroni doch ein wenig neugieriger und fragte: „Und wo soll das sein?"
Ich erzählte ihr alles, was ich von Frau Ähling wußte und langsam schien es so, als hätte ich sie mit meiner Freude angesteckt.
„Hast du gehört, was der Papa sagt, wir bekommen eine schöne neue Wohnung", sagte sie zu Bienchen, die dabei quietschvergnügt mit den Füßen strampelte und ihre Hände nach mir ausstreckte.
Ich hob sie hoch und küßte ihr die Wange.
„Da kannst du deinen Papa dann nicht mehr ärgern, wenn er schlafen muß", flüsterte ich ihr ins Ohr. Biene quittierte das, in dem sie ihre winzigen Finger in meine Nase krallte.
„Au!" rief ich, denn die Kleine hatte schon eine ganz schöne Kraft in den kleinen Händchen und was sie mit ihnen gefaßt hatte, ließ sie nicht so schnell wieder los.
Bienchen hatte sich überhaupt prächtig entwickelt. Sie schrie eigentlich nur, wenn sie Hunger hatte oder wenn ihr etwas weh tat. Sonst war sie aber sehr schnell zu erheitern. Für ein Lächeln von ihr, machte ich die tollsten Faxen oder sang ihr etwas vor. Da konnte ich mir auch sicher sein, daß sie zu lächeln begann.
„Wenn ich meinen Vater frage, ob wir mal zusammen zu diesen Trojans fahren können?" schlug Vroni vor.

„Und Biene?“ fragte ich.
„Ach, da paßt meine Mutter so lange auf. Außerdem dauert das ja nicht ewig.“
Veronikas Vater war auch gleich bereit, uns zu fahren. Schließlich war er genauso neugierig auf die Wohnung wie wir.

Frau Trojan war nicht gerade erfreut, als wir einfach so bei ihr auftauchten. „Da hätten sie doch vorher mal Bescheid geben können. Mein Mann ist noch auf der Baustelle“, sagte sie.
„Naja, das macht doch nichts“, sagte ich. „Da kommen wir eben ein anderes Mal.“
„Na wenn sie schon mal hier sind, dann können sie auch reinkommen“, forderte sie uns auf. Wir betraten einen geräumigen Flur.
„Sie wollen also hier einziehen?“ fragte mich Frau Trojan.
„Ja, wenn uns die Wohnung gefällt“, sagte ich.
„Na, dann kommen sie mal weiter!“
Sie führte uns in ein Wohnzimmer, welches mir gleich auf den ersten Blick gefiel. Es war schön groß und gleich neben der Tür stand ein großer Kachelofen. Gegenüber war eine Mansarde mit zwei Fenstern.
Rechts und links davon waren schräge Wände. Durch die Fenster hindurch konnte man die Weinberge der Oberlößnitz sehen, ein wunderschöner Ausblick. Das Gleiche fiel mir sofort in der Küche nebenan auf. Hier schaute man in Richtung Radebeul-West und man konnte sogar die Friedensburg sehen. Ansonsten war die Küche klein, aber gemütlich. Trojans kochten mit Propangas. Das fand ich eine gute Lösung.
Das nächste Zimmer, das Schlafzimmer, war fast identisch mit dem Wohnzimmer, nur eben auf der anderen Hausseite. Ich ging gleich zu den Mansardenfenstern und schaute hinaus. Wunderbar, man konnte bis hinüber zur anderen Elbseite sehen.
Ich sagte zu Vroni: „Also, die Wohnung müssen wir schon alleine wegen der Aussicht nehmen.“
„Da hast du recht“, stimmte sie mir zu und zog mich vom Fenster weg. „Komm, ich will mir noch mal die Küche ansehen.“
Dort rätselten wir mit Vronis Vater, wie man was stellen konnte. Kühlschrank, Waschmaschine, Herd usw., wir brachten in Gedanken alles unter.

„Die Toilette ist eine halbe Etage tiefer“, sagte Frau Trojan, „ein altes Plumpsklo.“
„Naja, besser, als über den Hof“, sagte ich.
„Im Winter zieht es da aber auch ganz gewaltig“, meinte sie.
„Ach, daran werden wir uns schon gewöhnen.“ Ich winkte ab. Mich interessierte etwas ganz anderes. „Wann ziehen sie denn aus?“ wollte ich wissen.
„Eigentlich wollten wir ja schon vor vier Wochen in unserem Eigenheim sein, aber es wird wohl noch mindestens 14 Tage dauern“, erklärte uns Frau Trojan.
„Ach, das ist doch kein Problem. Die 14 Tage können wir auch noch warten“, sagte ich erfreut, denn ich hatte nicht erwartet, daß es doch so schnell gehen würde.
Wir bedankten und verabschiedeten uns von ihr. Frau Trojan versprach, daß ihr Mann gleich Bescheid geben würde, sobald der Termin für ihren Umzug fest stand.
„Die Wohnung finde ich richtig gut“, sagte ich unten zu den beiden anderen.
„Also, da kann man was draus machen“, sagte Vronis Vater.
Und schon diskutierten wir während der Heimfahrt, mit welcher Farbe wir die Tapeten an welcher Wand strichen. Oder wir stritten darüber, wo wir was hinstellen konnten.

Innerhalb der nächsten Tage waren wir gedanklich schon fast vollkommen in der neuen Wohnung und warteten darauf, daß uns Herr Trojan endlich Bescheid gab. Mit den Kollegen hatte ich auch schon gesprochen. Sie wollten mir selbstverständlich alle beim Umzug helfen.
Nach zwei Wochen wurde mir das Warten doch zu bunt und ich fuhr abends zu Trojans hin.
„Ach, das ist ja gut, daß du kommst“, sagte Herr Trojan.
„Ich hätte dir morgen Bescheid gegeben. Wir ziehen nämlich am kommenden Wochenende aus.“
„Na, für diese gute Nachricht hat sich das Herkommen ja gelohnt“, sagte ich erfreut.
„Wenn du willst können wir dann am Montag die Schlüsselübergabe machen. Ich sag’ dann gleich dem Vermieter Bescheid“, schlug Herr Trojan vor.

„Na klar“, antwortete ich. „Das ist ja wunderbar!“
Wir verabredeten noch die Uhrzeit und ich verabschiedete mich.
Für den Montag war ich zwar im Stall eingeteilt, aber die Kollegen dort ließen mich bestimmt nachmittags etwas eher gehen.
Zu Hause war die Freude riesengroß. Vronis Vater forderte mich auf, mit in den Keller zu kommen. Er hätte eine Überraschung für mich. Neugierig folgte ich ihm.
„Hier drin ist es“, sagte er. Er deutete auf einen alten Kleiderschrank.
„Mach' ihn selber auf!“ sagte er.
Zaghaft öffnete ich die Schranktür und erschrak. Ich erblickte, fein säuberlich übereinander gestapelt, 6 Rollen Rauhfasertapete.
„Wo hast du die denn her?“ fragte ich ganz entgeistert.
„Nu, die gab es vor ein paar Tagen bei Linoleum-Rau in Radebeul“, antwortete er lachend.
„Aber doch nicht so viele“, rief ich aufgeregt.
„Nö, da hat jeder zwei Rollen bekommen. Die Mutter hatte sich mit angestellt.“
„Hm, naja, ist ja trotzdem rätselhaft“, sagte ich. „Wenn jeder nur zwei Rollen bekommen hat, wären das ja zusammen vier.“
„Naja, zwei hatte ich schon da gehabt“, sagte er. „Aber damit müßten wir in der Wohnung schon ein ganzes Stück vorwärts kommen. Hier“, er zeigte in eine Ecke neben dem Schrank, „einen Eimer Wandfarbe habe ich auch schon geholt. Da brauchen wir bloß noch ein paar Büchsen farblosen Latex.“
Ich war überwältigt und bedankte mich bei ihm.
Vroni, ihr Vater und ich, wir hatten uns schon ausgiebig darüber Gedanken gemacht, wie wir die Zimmer malern wollten. Jetzt, wo die Zeit herangekommen war, stellte ich aber fest, daß ich gar nicht die notwendige Zeit hatte, die Wohnung schnellstmöglich herzurichten, damit wir bald einziehen konnten.
Ich teilte Vronis Vater meine Bedenken mit, doch der winkte nur ab und meinte: „Ach, mach' dir doch darüber keine Sorgen. Da helf' ich dir doch. Das mach' ich doch gerne.“

Bereits am Montag, nachdem wir die Schlüssel bekommen hatten, fing ich mit dem Vater an, die alte Tapete abzureißen.
Fortan trafen wir uns jeden Tag nach der Arbeit in der neuen Wohnung. Meist war Vronis Vater eher da wie ich und hatte schon ein

gutes Stück Arbeit vorgelegt. Wir werkelten immer bis zum späten Abend und fuhren dann todmüde nach Hause.
Obwohl der alte Putz uns so manchen Strich durch die Rechnung machte, waren wir bereits nach 8 Tagen soweit fertig, daß wir einziehen konnten.
Am Umzugstag dann, einem Samstag, ging alles sehr zügig. Fred, Wolle und die anderen aus meiner Brigade halfen mit und bis zum Mittag standen bereits alle Möbel an der Stelle, wo sie hin sollten. „Viele Hände, schnelles Ende“ konnte man da wirklich sagen.
Meine Mutter hatte einen Haufen nützlichen Hausrats beigesteuert, ebenso Vronis Eltern, so daß wir jetzt Bedenken hatten, daß alles, was aus den Kisten und Kartons zum Vorschein kam, auch in die Schränke paßte.
Doch das mußten wir zum großen Teil auf den nächsten Tag verschieben. Ich mußte noch ein paar Lampen anbringen und Vroni kümmerte sich um Biene, die an diesem Tag kaum zu bändigen war und unbedingt alles anfassen wollte.
Glücklich schliefen wir drei zum ersten Mal in unserer neuen Wohnung ein.
Die Wohnung war noch schöner geworden, als wir es uns vorher vorgestellt hatten. Ich hatte links und rechts der Fenster im Wohnzimmer kleine Blumenregale angebracht, die ich selbst im Keller gebastelt hatte. Jetzt hatten wir ein wunderschönes Blumenfenster. Ebenso hatte ich unter dem Fenster entlang, bis in die Zimmerecke hinein ein Bücherregal gebaut.
Die hellbraune Schrankwand bemalte ich mit dunkelbraunen Ornamenten und noch vieles anderes mehr. Kurz, es war alles urgemütlich geworden.
In die kleine Küche hatten wir auch alles so hinein bekommen, wie wir es wollten. Kühlschrank, Propangasherd, Waschmaschine, hatte ebenso Platz, wie die selbst bemalten Küchenmöbel.
Ich hatte einen alten Glasschrank, ein altes Küchenbuffet, eine Kommode, einen Tisch und drei Stühle mit stahlblauer Farbe bemalt und ebenfalls mit kleinen Ornamenten verziert. In die Kommode hatte ich eine Doppelspüle eingebaut. So sah alles schön rustikal aus.
Unser privater Hausbesitzer hatte mir genehmigt, daß ich auf dem großen Hof ein paar Kaninchenställe aufstellen durfte. Dazu be-

sorgte ich mir aus dem VEB Kaffee und Tee ein paar leere Teekisten. Ich hatte das bei einem Kollegen gesehen, der ebenfalls Kaninchen hatte und fand diese Idee sehr zweckmäßig.
Man brauchte nicht erst groß etwas zusammen hämmern und wenn die Kisten irgendwann zu sehr durchgenäßt waren, ersetzte man sie durch neue.
Im Laufe der Zeit hatte ich dann manchmal über 20 Kaninchen zu versorgen. Futter konnte ich mir von der LPG besorgen, denn da gab es genügend Ernteabfälle.
Außerdem hatte mir Siggi ein Stück Elbdamm versorgt. Dort säte ich vollwertiges Gras ein und konnte so gutes Heu machen.
Zwischen dem Nachbarhaus und dem Häuschen der Bushaltestelle hatte mir Wolle ein Stück Wiese umgeackert.
Hier baute ich ab sofort Möhren, Kartoffeln, Erdbeeren und alles, was wir und die Kaninchen gut gebrauchen konnten, an.
Einen Haken hatte die ganze Sache aber. Seitdem ich selber Kaninchen hatte, aß ich kein Kaninchenfleisch mehr. Weder konnte ich eins schlachten, noch das Fell abziehen. Ich konnte diesen niedlichen Tierchen einfach nichts zu leide tun. Deshalb lieferte ich sie alle, wenn sie ausgewachsen waren, bei der Viehverkaufsstelle ab. Das brachte mir einen schönen Nebenverdienst ein und wir konnten uns bald ein Auto kaufen.
Wir fanden es auf dem Automarkt, der regelmäßig aber illegal in der Dresdner Flutrinne durchgeführt wurde.
Es war Liebe auf den ersten Blick, denn es fiel uns sofort auf.
Es war ein hellgrüner Trabant 600 Kombi, Baujahr 1963.
Wir sprachen mit dem Verkäufer. Das war ein junger Mann, kaum älter wie ich. Er wollte noch 5.000 Mark dafür haben. Das war ganz schön happig, wenn man bedachte, daß das Auto bereits 22 Jahre alt war und neu vielleicht damals 8.000 Mark gekostet hatte.
Der junge Mann begann aber sofort zu schwärmen von dem Trabbi. Er würde ihn ja nur verkaufen, weil er jetzt einen neuen 601er bekommen würde.
Außerdem sei fast alles neu an dem Auto und der Motor hätte gerade mal 12.000 Kilometer runter.
Ich ging um den Trabbi herum und schaute ihn mir ganz genau an. Äußerlich war er auf jeden Fall tadellos gepflegt. Auch dem Innenraum sah man die Jahre nicht an.

Bereitwillig öffnete der Verkäufer auf meine Bitte hin die Motorhaube. Auch hier sah alles sehr ordentlich aus.
„Soll ich mal den Motor anlassen?“ fragte der Verkäufer eifrig.
Ich nickte. Der Motor sprang sofort an. Das war schon mal gut. Er ließ ihn mehrmals hintereinander hochtouren und wieder abschwellen. Am Klang konnte ich kein Geräusch entdecken, was etwa auf eine scheidende Kurbelwelle oder eine schleifende Lichtmaschine hinwies. Anschließend durfte ich eine Proberunde drehen.
Das Auto war zweifelsfrei in Ordnung und ließ sich wunderbar fahren.
Der Verkäufer erklärte mir noch, daß er noch jede Menge Ersatzteile dazu geben würde. Er hätte noch ein paar Stoßdämpfer, zwei komplette Antriebe, einen Anlasser und und und.
Schließlich verabredeten wir, daß wir in drei Tagen den Kaufvertrag bei uns zu Hause abschließen wollten und ich ihm dann das Geld gab.
Am verabredeten Tag kam er auch pünktlich angefahren, und er hatte auch sonst Wort gehalten. Der ganze Kofferraum des Kombis war prallvoll gefüllt mit Ersatzteilen.
Von einem Kollegen hatte ich einen Kindersitz für Biene bekommen, den er nicht mehr brauchte und so stellten wir unseren neuen grünen Familienzuwachs am selben Abend noch meiner Mutter und Vronis Eltern vor.

Im Mai 1985 gab ich meine schriftliche Hausarbeit zur Facharbeiterprüfung ab. Ich hatte etwas über Fruchtfolgen geschrieben und mir dabei den Rat meiner Kollegen eingeholt. Was sich auch gelohnt hatte, denn ich bekam dafür die Note Eins. Als Vorzensur hatte ich eine Zwei und es kam nun letztendlich auf die mündliche Prüfung an, mit welcher Note ich den Abschluß bekam. Leider war ich an diesem Tag aber dann so aufgeregt, daß ich eine Zwei bekam und insgesamt die Facharbeiterprüfungen mit „gut“ bestanden hatte.
Im Juni bekamen wir die Urkunden überreicht und durften uns ab sofort Facharbeiter für Pflanzenproduktion nennen.
Letztendlich waren das auch ein paar Mark mehr in der Lohntüte.
Regelmäßig, jeden zweiten Dienstag im Monat, ging ich zum Treffen meiner Selbsthilfegruppe. Ich hatte inzwischen zu allen einen guten Draht gefunden, der bei einigen über den Kontakt in der Gruppe hinaus ging.

Außerdem beschränkte sich das Gruppenleben nicht nur auf das regelmäßige Beisammensein, sondern wir trafen uns auch hin und wieder am Wochenende zu einer Wanderung durch die Sächsische Schweiz.
Das Schöne daran war, daß dabei auch die Familienangehörigen mit teilnehmen konnten. Damit hatten auch sie die Möglichkeit, die anderen Gruppenmitglieder kennenzulernen.
Ich selbst hatte inzwischen, auch durch die Hilfe der Gruppe begriffen, daß ich mein Leben nur noch meistern konnte, wenn ich gänzlich auf Alkohol verzichtete.
Im Laufe der Zeit fiel mir das immer leichter, denn ich hatte so viel Wertvolles um mich herum, was ich auf keinen Fall mehr verlieren wollte.
Ich hatte eine eigene Familie und trug für diese die Verantwortung, daß es ihr immer gut ging.
Ich hatte tolle Schwiegereltern und eine wunderbare Mutter.
Und nicht zuletzt war es meine Brigade, in der ich geachtet wurde.
Diese Achtung, auch die von Nachbarn und Bekannten, war es, was mich am meisten mit Stolz erfüllte.
Sicher gab es noch den einen oder anderen Freund von früher, der, wenn er mir begegnete, wegschaute, um mich ja nicht grüßen zu müssen. Aber damit konnte ich leben. Solche Begegnungen taten zwar manchmal weh, doch mit der Zeit sagte ich mir dann in Gedanken immer „Arschloch", was mir unheimlich über dieses Problem hinweghalf.
Es gab aber auch Situationen, in denen ich mir regelrecht blöd vorkam, z.B. zu Silvester.
Wenn alle mit einem Gläschen Sekt auf das neue Jahr anstießen, hielt ich ein Glas Apfelsaft in der Hand. Ich kam mir dabei immer etwas minderwertig vor. Dämlicherweise muß ich zugeben, daß ich das bis heute noch nicht richtig im Griff habe, aber ich arbeite noch daran, versprochen.
Ansonsten hatte ich aber mit dem Alkohol kaum noch Probleme.
Mit der Zeit stellte ich aber fest, daß es mir absolut unangenehm war, wenn ich merkte, daß jemand extra wegen mir nichts trank.
Was können denn die anderen dafür, daß ich alkoholkrank bin?
Vroni hatte mich in dieser Beziehung schnell verstanden und trank deshalb, so wie früher auch, hin und wieder mal ein Gläschen mit

ihrer Schwester. Bei meiner Mutter dauerte das etwas länger. Verständlich, denn sie hatte ja das ganze Chaos mit mir, hautnah miterleben müssen und wollte mich auf keinen Fall damit gefährden, in dem sie mir etwas vortrank.
Mit der Zeit ist sie dann aber auch mutiger geworden.

Am 21. April 1986 war es so weit. Ich wurde in einer außerordentlichen Parteiversammlung als Mitglied in die SED aufgenommen. Damit hatte ich zwei Jahre der Kandidatur erfolgreich hinter mich gebracht, zwei Jahre regelmäßige Teilnahme an Mitgliederversammlungen und Parteilehrjahr.
Für mich war das eigentlich der absolute Horror. Mit Marx, Engels und Lenin hatte ich nicht viel am Hut. Das war mir ganz einfach zu trocken. Wenn ich auch davon überzeugt war, daß der Sozialismus die bessere Gesellschaftsordnung ist, war mir die ganze Theorie dafür viel zu öde.
Ähnlich ging es mir, wenn ein Plenum, eine Tagung des Zentralkomitees oder ein Parteitag in den einzelnen Parteigruppen ausgewertet werden mußte.
Ich fand es fürchterlich, wie man seiten-, hefte- und bücherweise solchen Schrott verfassen konnte. Ich versuchte mir dabei immer vorzustellen, ob es möglich war, daß die Verfasser dieser Reden und Schriften wirklich solche verwirrenden Gedankengänge hatten oder ob sie das nur taten, weil es Leute gab, die das von ihnen so erwarteten.
Dafür fand ich am Ende der Versammlungen die Diskussionen über Probleme innerhalb unserer LPG richtig gut. Die wurden immer ehrlich geführt und keiner brauchte mit seiner Meinung hinter dem Berg halten.

Es war nun der Zeitpunkt gekommen, wo ich es endlich wissen wollte. Ein früherer asozialer Suffi und ehemaliger Knastologe wollte sich für einen Studienplatz bewerben, was eigentlich vollkommen illusorisch war. Ich war reichlich gespannt, ob nun der Umweg über die Partei richtig war.
Ich hatte mich bereits an der Agraringenieurschule in Dahlen erkundigt, welche Unterlagen ich für eine Studienbewerbung benötigte. Auf jeden Fall brauchte ich eine Beurteilung vom Betrieb.

Ich sprach zunächst mit Siggi darüber. Ich fragte ihn, was er davon hielt, wenn ich ein Fernstudium zum Agraringenieur aufnehmen würde.
Mein Brigadeleiter fand die Idee eigentlich nicht schlecht und meinte: „Naja, deinen Facharbeiter hast du ja auch mit links gemacht und so ein Studium trau ich dir schon zu."
Mir war allerdings auch klar, daß Siggi das nicht zu entscheiden hatte. Solche Dinge regelte immer der Bereichsleiter. Es war mir nur wichtig zu wissen, was mein unmittelbarer Vorgesetzter davon hielt.
Ein paar Tage später suchte ich meinen Bereichsleiter in seinem Büro auf.
Ich sagte ihm, was ich vorhatte und fragte ihn, ob er mir für meine Bewerbung eine Beurteilung schreiben könnte.
Werner Klötzer schien von meiner Idee vollkommen überrascht zu sein und sagte: „Ach, du hast doch gerade erst deinen Facharbeiter gemacht und jetzt willst du schon wieder studieren?"
„Naja", antwortete ich überzeugt. „Im September, wenn ich mit dem Studium anfangen würde, wäre ich dann schon 29 und bis ich fertig bin, bin ich schon 33 Jahre alt."
Diese Argument schien ihn nicht zu überzeugen, denn er meinte: „Trotzdem mußt du das ja nicht überstürzen. Ich finde ja, daß du dich in der letzten Zeit gut entwickelt hast. Der Siegfried Micklich lobt dich ja auch immer. Du hast jetzt Familie, hast eine Wohnung bekommen und nun sogar deinen Facharbeiter. Letztendlich bist du nun sogar schon Parteimitglied. Ich halte trotzdem die Zeit für zu kurz. Ich bin der Meinung, du solltest dich noch ein paar Jahre bewähren, ehe du studierst."
Ich war sauer und wußte nicht, was ich dagegen sagen sollte.
„Außerdem haben wir in unserem Bereich ja schon genügend Ingenieure und Meister", fuhr Werner fort. „Ich wüßte gar nicht, wo ich dich dann als Ingenieur einsetzen sollte."
„Heißt das, du gibst mir die Beurteilung nicht?" fragte ich trotzig.
„Nein, jedenfalls jetzt noch nicht", sagte er mit Bestimmtheit.
Ich stand auf und grüßte kaum, als ich sein Büro wieder verließ.
Das war's nun, dachte ich mir.
Damit waren alle Hoffnungen dahin. Ohne eine Beurteilung konnte ich das Studium vergessen. Da brauchte ich mich gar nicht erst zu bewerben. Mein Plan war eigentlich so gut gewesen, doch er

war nicht aufgegangen. Eigentlich konnte ich jetzt gleich wieder aus der Partei austreten. Es hatte mir alles nichts genützt.
Die Partei, das war das Stichwort. Ich machte mich sofort auf den Weg zu Margot Schmieder.
Ich hatte auch Glück und traf sie in ihrem Büro an. Enttäuscht erzählte ich ihr, was ich eigentlich vorgehabt hatte und wie schließlich mein Gespräch bei meinem Bereichsleiter verlaufen war.
Margot hatte mir geduldig zugehört und sagte: „Das hast du mir ja noch gar nicht erzählt, daß du studieren willst. Also Stephan, ich finde das toll und ich gebe zu, das imponiert mir auch, wie du so zielsicher deine Zukunft planst."
„Der Plan war aber anscheinend schlecht", sagte ich mißmutig, „denn ich kann ihn ja nicht umsetzen."
„Warte mal, da fällt mir doch bestimmt etwas ein, wie ich dich unterstützen kann", sagte Margot und dachte eine Weile nach.
„Meinst du, daß es Sinn hat, wenn ich noch mal mit dem Klötzer, Werner rede?" fragte sie mich.
„Das glaub ich nicht", schätzte ich ein. „Nach seiner Meinung soll ich mich ja noch ein paar Jahre bewähren."
Plötzlich stand Margot auf und sagte: „Warte mal hier, ich geh mal schnell vor zum Vorsitzenden." Dann war sie verschwunden.
Irgendwie hatte ich wieder Hoffnung geschöpft. Deshalb wartete ich geduldig, bis Margot wieder kam. Sie war immerhin zwanzig Minuten weg gewesen.
„So, also, der Herbert sagt, ich als deine Parteisekretärin soll dir die Beurteilung schreiben. Wie findest du das?"
„Das ist stark", freute ich mich. In mir jubelte es und in Gedanken machte ich dem Klötzer, Werner eine lange Nase.
„Da kommst du morgen mal bei mir vorbei. Bis dahin habe ich dir die Beurteilung geschrieben", sagte Margot.
Ich bedankte mich bei ihr und verließ überglücklich ihr Büro.
Ich werde studieren, ich werde doch studieren, frohlockte es in mir.

Am nächsten Tag holte ich mir meine Beurteilung ab und las:

„Genosse Stephan Hoffmann ist seit 1981 Mitglied der LPG Frühgemüsezentrum „Wilhelm Wolff" Dresden.
Er arbeitet als Agrotechniker im Bereich Landwirtschaft und

erledigt alle ihm übertragenen Aufgaben mit hoher Disziplin. Durch sein ruhiges und bescheidenes Auftreten hat er sich Achtung im Kollektiv erworben und seine Meinung findet Beachtung.
Er steht Neuem aufgeschlossen gegenüber und ist stets bemüht, sein Wissen auf vielfältigem Gebiet zu erweitern.
1984 stellte er den Antrag auf Kandidatur der SED und wurde im April diesen Jahres Mitglied der SED.
Seit dieser Zeit ist er ständig bemüht, seinen Klassenstandpunkt zu festigen und ist bereit, gesellschaftliche Aufgaben zu übernehmen.
Genosse Hoffmann lebt in geordneten Familienverhältnissen."

Unterschrieben war die Beurteilung mit Margot Schmieder, Parteisekretärin.
Ich merkte, wie ich einen roten Kopf bekam, so viel Gutes über mich auf einen Haufen. Das Ganze las sich, als wäre es der Vorschlag für die Auszeichnung mit dem Karl-Marx-Orden.
„Da brauchst du gar keinen roten Kopf zu bekommen", sagte Margot und lachte. „Das stimmt alles so, wie ich es geschrieben habe. Ich hab mich nämlich bei deiner Brigade erkundigt."
„Naja, nee, äh, ich weiß gar nicht, wie ich dir danken soll", stammelte ich.
„Na, nun hör' aber auf. Ich freue mich doch, wenn ich dir helfen kann."
Sie kam hinter ihrem Schreibtisch vor und umarmte mich.
„Wir haben hier noch so viele Probleme in der LPG, da bin ich dann sicher froh, wenn du mir mal helfen kannst."
„Na, auf mich kannst du zählen", sagte ich und meinte es ehrlich. Doch dann überlegte ich kurz und fragte: „Sag' mal, bekommst du jetzt nicht Probleme mit dem Klötzer, Werner?"
„Ach wo, das regelt unser Vorsitzender", sagte Margot und winkte ab.
Ich bedankte mich noch einmal bei ihr und verabschiedete mich.
Noch am selben Abend warf ich die Bewerbungsunterlagen in den Briefkasten.
Inzwischen war ich mit Vroni bereits 33 Monate zusammen.
Biene würde in zwei Monaten schon zwei Jahre alt werden. Sie

hatte sich prächtig entwickelt. Wenn ich von der Arbeit nach Hause kam, nahm sie mich sofort unter Beschlag. Noch immer hatte sie es am liebsten, wenn ich ihr etwas vorlas oder vorsang. Das hätte ich stundenlang tun können, da war sie unersättlich.
Allerdings gefiel es uns langsam nicht mehr, daß Biene mit Familiennamen Franke hieß. Da wir nicht verheiratet waren, trug sie eben noch den Namen der Mutter. Ich fand es z.B. blöd, wenn ich sie aus der Krippe abholte. Dann holte ein Herr Hoffmann seine Tochter Sabine Franke ab.
Ich hatte bereits mehrmals mit Vroni über das Heiraten gesprochen, doch mich schreckte eigentlich immer der ganze Rummel, den es dabei ringsherum um die Hochzeit geben würde ab.
Schon mehrmals hatte ich Polterabende erlebt, die in regelrechte Saufgelage ausgeartet waren. Das wollte ich mir ersparen, denn durch den ganzen Trubel, so war ich der Meinung, würde das bestimmt kein schöner Tag für uns zwei werden.
Für den August hatten wir über die LPG einen Urlaubsplatz an der Ostsee bekommen. Das brachte uns letztendlich auf die Idee.
Ich fand sie genial und je mehr Vroni und ich darüber redeten, um so mehr fand Vroni auch Gefallen daran.
Wir wollten heimlich im Urlaub an der Ostsee heiraten.
Uns war zwar bewußt, daß sich die Eltern und die anderen Verwandten bestimmt nicht darüber freuten, aber wir waren der Meinung, daß wir eine kleine Feier im engsten Familienkreis ja nachholen könnten.
An einem Nachmittag erkundigten wir uns deshalb beim Standesamt in Radebeul, was wir tun mußten, damit wir im August in Bad Doberan heiraten konnten.
Frau Borgmann, die nette Standesbeamtin, sagte uns, welche Papiere wir dazu benötigten. Sie erklärte sich auch dazu bereit, daß wir alles bei ihr abgaben und sie es dann nach Bad Doberan schickte. Dann suchte sie uns noch die Telefonnummer des dortigen Standesamtes heraus, damit wir schnellstmöglich den Termin vereinbaren konnten.
Gleich am nächsten Tag rief ich dort an und erklärte welches Anliegen wir hatten. So kurzfristig war aber nur noch ein Termin zu haben und das auch nur, weil wir ja auf eine große Zeremonie verzichteten.

Wir einigten uns schließlich auf den 27.08.1986, einem Mittwoch. Das war einen Tag nach Bienes und meinem Geburtstag.

Anfang Juli 1986 erhielt ich Post von der AIS in Dahlen/Döbeln. Man teilte mir mit, daß ich ab dem kommenden Semester im September zum Fernstudium zugelassen sei. Das Studiums würde 8 Semester, also 4 Jahre dauern, und meine Seminargruppe hieße „F86“.
Mensch, war das gewaltig, ich hatte es geschafft! Unglaublich, aber doch wahr!
Wenn ich damals im Knast den anderen gesagt hätte, daß ich noch studieren würde, dann hätten sie mir alle den Vogel gezeigt. Ich hätte es ja selbst kaum für möglich gehalten.
Natürlich war mir auch klar, daß ich ab sofort weniger Freizeit haben würde.
Ich mußte zwar nur alle 14 Tage für zwei Tage nach Dahlen zu den Konsultationen, den Rest durfte ich aber allein zu Hause lernen. Da blieben dann nur die Abend- und Nachtstunden zum Studieren übrig.
Ich sprach gleich mit Vroni darüber. Sie war aber ganz optimistisch und meinte, daß wir das schon gemeinsam durchstehen würden.
Auch Margot und Siggi freuten sich, als ich ihnen von meinem Studienbescheid berichtete.
Mitte August fuhren wir mit dem Trabbi nach Stülow in den Urlaub.
Der kleine Ort war nur zwei Kilometer von Bad Doberan entfernt. Unser Zimmer bekamen wir in einem Nebengebäude vom Dorfkrug. Das war früher der Schweinestall gewesen, den die Wirtsleute ausgebaut hatten, um ihn an Urlauber vermieten zu können.
Das Zimmer war ganz schlicht eingerichtet, reichte aber für unsere Ansprüche aus, denn schließlich wollten wir unseren Urlaub ja nicht hier im Zimmer verbringen, sondern wir wollten tagsüber an die Ostsee baden fahren.
Mit Absicht fuhren wir am ersten Tag zum Baden bis nach Prerow an die hohe Düne. Ich konnte mich noch ganz genau daran erinnern, wie ich als kleines Kind das erste Mal über die Düne gelaufen bin und das riesige Meer gesehen hatte.
Ich beobachtete Biene bei jedem Schritt und richtig, als sie die Anhöhe der Düne erreicht hatte, blieb die Kleine plötzlich mit gro-

ßen Augen und offenem Mund stehen und staunte und staunte. Dann plötzlich hatte sie entdeckt, daß sich andere Kinder beim Baden tummelten. Sie ließ ihren Eimer mit dem Sandspielzeug fallen und rannte los, immerfort „Wasser, Wasser“ rufend.
Ich hatte Mühe, sie einzuholen, sonst wäre sie direkt mit ihren Sachen zu den anderen Kindern ins Meer gehopst.
Der Urlaub war ideal für unsere kleine Biene, ein Riesensandkasten und eine Riesenbadewanne, in der es sogar Wellen gab.
Aber auch bei schlechtem Wetter gab es etwas, womit wir sie begeistern konnten.
Das waren die Bären im Rostocker Zoo. Einen ganzen Tag lang konnten wir dort verbringen, ohne daß sich Biene an den drolligen Tieren satt gesehen hätte. Es gab beim Abschied immer Tränen und wir mußten versprechen, daß wir die Bären bald wieder besuchen würden.

Es war der 27. August 1986. Obwohl wir ja keine Zuschauer bei der Hochzeit haben würden, waren wir doch ziemlich aufgeregt.
Wir hatten uns ein paar ordentliche Sachen mitgebracht. Das heißt, wir trugen mal keine Jeans. Auch Biene hatten wir ein niedliches Kleidchen angezogen, und so zogen wir dann los.
Auf dem Standesamt in Bad Doberan mußten wir noch eine geraume Zeit lang warten, denn vor uns war noch eine Trauung. Wahrscheinlich hatte sich da irgend etwas verzögert.
Etwas unheimlich wurde es uns aber dann, als immer mehr Leute zum Standesamt kamen.
Wie wir bald aber mitbekamen, gehörten die schon wieder zur nächsten Hochzeitsgesellschaft.
Sollte etwas mit unserem Termin nicht stimmen?
Endlich wurde eine große zweiflügliche Tür geöffnet und eine riesige Hochzeitsgesellschaft strömte, angeführt von dem Brautpaar, heraus. Die Braut hatte ein prächtiges weißes Kleid an mit einem wundervollen langen Schleier, den zwei kleine Mädchen, ebenfalls in weißen Kleidern, hinter ihr her trugen.
„Die Hochzeitsgesellschaft Hoffmann-Franke bitte!“ wurden wir aufgerufen.
Wir nahmen Biene in die Mitte und gingen in den Saal. Verwundert schauten uns die anderen Hochzeitsgäste hinterher.

Unwillkürlich mußten wir über die erstaunten Gesichter lachen.
Die Standesbeamtin fragte uns, ob wir Ringe mit dabei hatten.
Wir hatten keine. Darum wollten wir uns erst zu Hause kümmern.
Dementsprechend verlief auch die Zeremonie schnell ab. Eine kurze Ansprache, dann die „Ja-Worte“, Kuß, Unterschrift und fertig.
Wir durften wieder gehen.
Beim Hinausgehen die gleichen entgeisterten Gesichter, über die wir wiederum lachen mußten.
Wir fuhren anschließend gleich nach Rostock. Ich hatte dort entfernte Verwandte, die wir darüber informiert hatten, daß wir sie besuchen kamen. Allerdings wußten sie noch nicht, daß wir sie kurz nach dem Standesamt aufsuchen würden. Das erzählten wir erst, als wir bei ihnen waren. Natürlich waren sie dadurch vollkommen aus dem Häuschen.
In dieser kleinen Runde wurde es noch eine ganz gemütliche Feier.

Zurück aus dem Urlaub mußten wir natürlich gleich beichten, daß wir heimlich geheiratet hatten. Meine Mutter fand das in Ordnung, die Schwiegereltern eher weniger lustig.
Trotzdem war es nun mal geschehen, und wir setzten für das kommende Wochenende eine Familienfeier an.
Bis dahin waren uns die Schwiegereltern aber schon nicht mehr böse, und es wurde eine sehr schöne Feier im engsten Familienkreis.
Mit meiner Brigade veranstalteten wir einen gemütlichen Kneipenabend als Ersatz für den Polterabend.

Das Fernstudium in Dahlen machte regelrecht Spaß. Ich fuhr alle 14 Tage Donnerstag und Freitag hin. Für diese Zeit wurde ich natürlich von der LPG bezahlt freigestellt.
Der Vorteil war dabei, daß die Konsultationen freitags immer nur bis zum Mittag gingen und ich dann ab 14.30 Uhr, wenn ich wieder zu Hause war, schon Wochenende hatte, falls ich nicht im Stall aushelfen mußte.
Von Donnerstag zu Freitag übernachtete ich mit drei anderen Studenten aus meiner Seminargruppe in einem kleinen Zimmer des Internats. Ich verstand mich mit den anderen Zimmergenossen auf Anhieb ausgezeichnet.

Mit „Reini“ (Klaus Reinsdorf) konnte ich mich in der Folge sogar in die Fahrstrecke teilen, denn er kam aus Grumbach, was nicht weit von meiner Wohnung entfernt lag. Außerdem waren noch der „Lange“ (Gerd Heubaum) aus Torgau und „Broiler“ (Andreas Hahn) aus Niederwiesa mit auf dem Zimmer.
Die Studienzeit erinnerte mich immer ein wenig an meine Schulzeit, denn gerade wir vier hatten in der Freizeit ständig nur Unsinn im Sinn und so viel gelacht wie dort, hatte ich lange nicht mehr.
Donnerstag Abend machten wir die Kneipen der umliegenden Dörfer unsicher. Dabei hatte ich Glück, daß die anderen drei es sofort akzeptierten, daß ich keinen Alkohol trank. Natürlich hatte ich ihnen erzählt, warum das so war, und sie fanden es gut, daß ich so eisern war. Außerdem war es ja auch günstig, denn so hatten sie nachts, wenn es wieder zurück ins Internat ging, immer einen Chauffeur.
Mit dem „Langen“ aus Torgau habe ich heute noch einen guten Kontakt.

Ende September 1986 sagte Vroni zu mir: „Du, ich hab’ eine Überraschung für Dich.“
„Nanu“, sagte ich, „haben wir im Lotto gewonnen?“
„Das kann man fast so sagen“, meinte sie geheimnisvoll.
Ich rätselte, welcher Art wohl die Überraschung sein konnte und sagte schließlich: „Na, nun spann mich doch nicht so lange auf die Folter!“
„Nun rate doch mal“, blieb sie eisern.
„Was hast du dir denn immer gewünscht?“
„Ich mir gewünscht?“
„Ja, das hast du dir immer gewünscht.“
„Also“, dachte ich laut. „Eine Wohnung hatte ich mir gewünscht, die haben wir. Eine Familie habe ich mir immer gewünscht, die habe ich jetzt. Daß ich studieren kann, habe ich mir gewünscht, das mache ich gerade.“
„Halt, nicht so schnell“, rief Vroni dazwischen, „geh noch mal zurück!“
„Wie zurück?“
„Na, was hast du vor dem Studium aufgezählt?“
„Äh, daß ich mir eine Familie gewünscht habe?“ fragte ich.

„Ja, genau!"
„Na, die hab ich doch aber", sagte ich kopfschüttelnd. Ich wußte nicht, was sie von mir wollte.
„Ja, ja, die hast du", sagte Vroni lachend, „aber wie groß sollte denn die Familie sein?"
„Hm", machte ich und eine Ahnung überkam mich. Ich wollte immer eine Familie mit zwei oder drei Kindern haben.
„Heißt das etwa ..."
„Na endlich, genau das heißt es", fiel sie mir ins Wort. „Biene bekommt ein Geschwisterchen."
„Ist ja 'n Ding!" rief ich. „Mensch Vroni, ich hab mir erst vor kurzem ein wenig Sorgen gemacht, daß der Abstand von Biene zu unserem zweiten Kind vielleicht langsam zu groß wird und schon ist es passiert."
Ich umarmte sie und drückte sie fest an mich. Das Familienglück wurde perfekt.

Ende November 1986 rief mich die Sekretärin des Vorsitzenden früh auf Arbeit an und sagte mir, daß der Vorsitzende dringend mit mir reden müßte.
Sie vereinbarte mit mir einen Termin in der ersten Dezemberwoche. Sofort machte ich mir Gedanken, warum er mich so dringend sprechen wollte, denn das konnte mir die Sekretärin nicht sagen.
Ich überlegte, ob ich vielleicht irgend etwas ausgefressen haben könnte, was mir nicht so wichtig erschien und ich es deshalb schon wieder vergessen hatte.
Doch weder was meine Arbeit betraf, noch mein Studium, hatte ich ein schlechtes Gewissen, daß ich etwas falsch gemacht hatte.
Ich kannte Herbert Hildmann zwar schon von einigen LPG- oder Parteiversammlungen her. So direkt persönlich hatte ich aber noch nicht mit ihm zu tun.
Zum Glück lief mir einen Tag später Margot, die Parteisekretärin über den Weg. Die wußte sicherlich genau, was los war, dachte ich mir und sprach sie darauf hin an.
„Du, das will der Herbert als erster mit dir besprechen. Das darf ich nicht verraten", sagte sie leise.
Noch so ein Geheimniskrämer, dachte ich.
„Na ist es was gutes oder was schlechtes?" fragte ich genervt.

„Da brauchst du gar keine Angst zu haben. Das ist bestimmt nicht zu deinem Nachteil. So viel kann ich dir verraten“, sagte Margot.
„Na prima“, sagte ich nun doch ein wenig erleichtert, „da kann ich jetzt noch vier Tage lang herumrätseln, was er von mir will. Da hab ich ja eine feine Parteisekretärin.“
Margot lachte und sagte: „Ja, wenn der Herbert sagt, ich soll dir noch nichts sagen, dann kann er sich auch auf mich verlassen.“
„Naja, ich merk’ schon, das hat keinen Zweck“, winkte ich ab und verabschiedete mich von ihr.

„Setz dich!“
Herbert Hildmann bot mir einen Sessel an und ließ sich selbst in dem Sessel gegenüber nieder. Zur Begrüßung war er hinter seinem Schreibtisch hervorgekommen und hatte mir die Hand geschüttelt. Ich war ziemlich aufgeregt, denn schließlich war ich jetzt beim Leiter einer 1200 Mann starken LPG.
Bei allen, die mir bisher etwas über den Vorsitzenden erzählt hatten, konnte man an der Art, wie sie von ihm sprachen, erkennen, daß sie vor ihm Respekt hatten.
Das Erstaunlichste bei ihm war, daß, egal in welchem Betriebsteil er auftauchte, er alle Kollegen mit Namen kannte und für jeden einen flotten Spruch auf den Lippen hatte.
Herbert Hildmann war nicht sehr groß, aber von Figur her ziemlich kräftig, um nicht zu sagen, etwas dick.
Er war ca. 60 Jahre alt und sein lichtes graues Haar hatte er nach hinten gekämmt.
In seinem Büro erschien er immer in feinen Anzügen. Dazu trug er Krawatten und ausnahmslos weiße Hemden. So korrekt mußte er auch gekleidet sein, denn er hatte ständig Vertreter des Rates des Kreises und des Bezirkes oder des Ministerrates der DDR zu Beratungen da. Ein sehr häufiger Gast war unter anderem Willi Stoph.
Heute saß mir Herbert etwas legerer gegenüber. Er hatte sein Jakkett ausgezogen und die Ärmel seines weißen Hemdes hochgekrempelt. Auch den Schlips hatte er sich etwas gelockert.
Die Sekretärin kam herein und stellte jedem eine Flasche Selters und ein Glas hin.
„So, daß wird höchste Zeit Stephan, daß wir uns mal persönlich kennen lernen“, begann er.

„Ich hab' deine Entwicklung hier bei uns in der LPG schon von Anfang an mit immer wachsenderem Interesse verfolgt. Wenn man mal von den zwei Rückfällen absieht, die du hattest, dann trinkst du ja nun schon fast fünf Jahre keinen Alkohol mehr. Dazu, kann ich mir vorstellen, gehört schon eine ganze Portion Willen und das, muß ich ehrlich sagen, imponiert mir. Ich für meinen Teil habe immer gesagt, gebt solchen Leuten, die mal gestrauchelt sind eine Chance, gebt ihnen eine Aufgabe, damit sie wieder auf die Beine kommen. Und bei den meisten habe ich recht behalten. Um so mehr freue ich mich darüber, daß du immer weiter an dir gearbeitet hast. Du hast jetzt Familie und wir haben dir eine Wohnung versorgt, du hast die Fahrerlaubnis in der LPG gemacht, hast deine Facharbeiterausbildung über die LPG auch so ganz nebenbei gemacht und jetzt studierst du sogar noch, neben deiner eigentlichen Arbeit. Ich hab' mal ein bißchen herumgehorcht. Deine Kollegen sprechen alle gut über dich, da konnte ich fragen, wen ich wollte."

Ich goß mir Selterwasser ins Glas und trank ein paar Schluck.

Mir war heiß geworden und ich lauerte darauf, wann denn der Vorsitzende endlich die Katze aus dem Sack ließ, denn irgendwohin wollte er hinaus. Das konnte ich deutlich spüren.

„Übrigens", fuhr Herbert fort, „der Klötzer, Werner ist dir nicht mehr böse, daß du ihn wegen der Beurteilung, ich will mal sagen, umgangen hast. Ich habe ihm noch mal klar und deutlich gemacht, daß man gerade solche Leute wie dich braucht, die sich weiterbilden wollen. Wer soll denn sonst in der Zukunft den wissenschaftlich-technischen Fortschritt in unserem Land meistern? Wir Alten gehen irgendwann in Rente, da brauchen wir eine Jugend, auf die wir bauen können."

Herbert machte eine Pause und trank ebenfalls einen Schluck von seinem Margonwasser. Dann sagte er: „Schau mal Stephan, wie du weißt, bin ich als Vorsitzender mit in der Parteileitung der LPG. Wir haben dir bisher geholfen, wo wir konnten und nun brauchen wir dich. Du mußt uns helfen!"

Es entstand eine Pause in der ich nicht wußte, was ich antworten sollte. Herbert sah mich prüfend an.

Ich zuckte mit den Schultern und sagte schließlich: „Naja, wenn ich euch helfen kann?"

Herbert nickte und antwortete: „Unsere LPG braucht einen neuen hauptamtlichen FDJ-Sekretär. Unsere jetzige, die Petra, geht zur SED-Kreisleitung und nun suchen wir jemanden, der ihr Amt übernimmt."

Ach du großer Schreck, dachte ich, die haben doch da nicht etwa an mich gedacht. Mir wurde schlecht.

„Und, Stephan, was hältst du denn davon?"

Herbert sah mich prüfend an. Ich wußte in diesem Moment überhaupt nicht, wie ich mich verhalten sollte.

„Äh, wie meinst du das?" fragte ich erst einmal zurück und rutschte unruhig auf meinem Sessel hin und her.

„Gut", sagte Herbert, „ich sag' es mal konkreter. Wir haben dabei an dich gedacht. Du würdest einen guten Nachfolger für Petra abgeben."

„Wieso ich? Ich bin doch schon viel zu alt für die FDJ", sagte ich. Etwas Besseres war mir auf die Schnelle nicht eingefallen.

„Ach was, zu alt!"

Der Vorsitzende wischte meine Antwort mit einer Handbewegung weg. „Du hast gerade das richtige Alter, um die Leitung der FDJ-Grundorganisation in unserer LPG zu übernehmen. Schließlich besteht diese aus 120 Mitgliedern."

„Aber ich bin doch gar nicht mehr in der FDJ", versuchte ich es erneut.

„Dann trittst du eben wieder ein. Das ist kein Problem."

Ich merkte schon, daß meine Argumente überhaupt nicht zogen. Ich und FDJ-Sekretär, das war ja fürchterlich, was sich die Parteileitung da ausgedacht hatte. Aber doch nicht mit mir!

„Aber ich bin doch gar nicht der Typ dazu, um mich vor 120 FDJler hinzustellen und ihnen zu sagen, was sie machen sollen", entgegnete ich schon ein wenig resoluter.

Herbert runzelte die Stirn. „Also, mein lieber Stephan, jetzt will ich dir mal was sagen. Als ich das erste Mal vor meinen Studenten an der LPG-Hochschule in Meißen gestanden habe, hatte ich das vorher auch noch nicht gemacht und als ich das erste Mal hier in der LPG vor der Delegiertenversammlung gesprochen habe, hatte ich das vorher auch noch nicht gemacht", sagte er energisch.

„Oder glaubst du vielleicht, daß ich mir vorher darüber bewußt war, daß ich der Typ für so etwas bin?" fuhr er fort. „Nee, nee, mein Lieber, ich hatte genauso Angst, wie du jetzt."

„Ich hab' doch aber gerade erst mit dem Fernstudium begonnen. Da brauch' ich doch auch einen Haufen Zeit zum Lernen", startete ich einen neuen Versuch und dachte, daß ich ihm das unbedingt ausreden muß.
„Na, pass' mal auf!" sagte er schon wieder etwas versöhnlicher. „Als FDJ-Sekretär arbeitest du hauptamtlich. Du hörst also in der Landwirtschaft auf und bekommst hier auf der Etage ein eigenes Büro, kannst dir deine Arbeitszeit selber einteilen und bekommst dazu noch mehr Gehalt. Ich glaube nicht, daß du dann weniger Zeit für dein Studium hast als jetzt."
Auch dieses Gegenargument hatte der Vorsitzende damit vom Tisch gefegt.
Ich versuchte es noch einmal: „Ich hab' doch von der FDJ-Arbeit überhaupt keine Ahnung. Könnt ihr da nicht jemanden nehmen, der sich da auskennt?"
„Ach was", kam sofort die Antwort. „Was du nicht kannst, das lernst du! Außerdem wird dich die Petra noch richtig einarbeiten. Das mußte sie mir versprechen."
Mir blieb nichts anderes übrig. Ich mußte es Herbert ganz konkret sagen. Auch auf die Gefahr hin, daß er explodieren würde.
„Ich mach das trotzdem nicht", sagte ich trotzig.
„Und warum nicht?" Er hatte sich plötzlich kerzengerade in seinem Sessel aufgerichtet und sein Gesicht hatte keine Spur von Freundlichkeit mehr.
„Na, weil das nichts für mich ist. Ich bleib' da lieber bei meinen Kollegen in der Landwirtschaft", antwortete ich mutig.
„So, so, ich fang noch mal von vorne an", wetterte Herbert los. „Wir haben dir eine Wohnung versorgt. Wir haben dich die Fahrerlaubnis machen lassen. Du hast über die LPG deinen Facharbeiter nachgeholt. Wir haben dich in die Partei aufgenommen. Erst kürzlich haben wir dich zum Studium delegiert. Die Delegierung können wir übrigens jederzeit wieder revidieren. Wir erwarten jetzt ganz einfach von dir, daß du uns hilfst."
Herbert hatte, während er sprach, einen roten Kopf bekommen und ich wurde immer kleiner in meinem Sessel. Mir war es plötzlich wie Schuppen von den Augen gefallen. Sie ließen mir gar keine andere Wahl. Das war ja unglaublich!
Wenn ich nein sagte, wollten sie mir das Studium streichen und das

regelmäßige Treffen mit dem Langen, Reini und Broiler würde wegfallen. Das war schon stark, das mußte ich erst einmal verdauen.
„Ich muß mir das trotzdem noch einmal in Ruhe überlegen", sagte ich.
„Gut!" Herbert stand auf.
„Ich erwarte dich morgen früh wieder hier. Bis dahin kannst du das noch mal überschlafen. Ich an deiner Stelle würde mich für das Studium entscheiden."
Das war klar und deutlich. Er kam um den Tisch herum, reichte mir die Hand und lächelte schon wieder, als er sagte: „Wirst' sehen, so schwer ist das doch nicht. Die Margot hat auch versprochen, daß sie dir in jeder Beziehung hilft und mich kannst du auch jeder Zeit fragen. Also bis morgen!"
„Ja, bis morgen!"
Auf wackligen Beinen verließ ich das Büro. Mein Schädel brummte und am liebsten hätte ich mir jetzt eine Flasche Wodka geholt und mich in irgendeine Ecke verkrochen.
Es war ein beklemmendes Gefühl der Hilflosigkeit in mir, einfach fürchterlich. Am besten, eine Flasche Schnaps austrinken und das letzte Gespräch vergessen.
Ich saß im Trabbi und starrte vor mich hin.
Langsam, ganz langsam wurde mir bewußt, ich hatte zu hoch gepokert und verloren. Ich war extra in die Partei eingetreten und hatte darauf spekuliert, daß ich dadurch doch noch einen Studienplatz bekommen würde. Es sah auch bisher so aus, als hätte ich dieses Spiel gewonnen, hatte ich gedacht, so selbstsicher wie ich war.
Als FDJ-Sekretär, das war mir vollkommen klar, würden alle über mich lachen, Freunde, Verwandte, Bekannte, Nachbarn, Kollegen und meine neuen Studienkollegen ebenso.
Ich sollte mich zum Affen machen, den Clown spielen, mit bald 30 Jahren wieder in die FDJ eintreten, das Blauhemd tragen und mit „Freundschaft" grüßen. Das war absolut bekloppt. Nee, ohne mich!
Ich merkte plötzlich, daß ich das Lenkrad krampfhaft in den Händen hielt.
Ich verjagte den Gedanken an die Flasche Wodka. Nein, die Fahrerlaubnis wollte ich nicht schon wieder einbüßen. Die konnte mir kein Vorsitzender wieder revidieren, die nicht.

Die Nacht über machte ich kein Auge zu. Ich hatte am Abend noch mit Vroni gesprochen, aber sie hatte nur gesagt: „Das mußt du alleine wissen.“
Es stand die Frage, würde mich Herbert Hildmann wirklich das Studium abbrechen lassen oder hatte er mir nur damit gedroht?
Eigentlich war er ja der autoritäre Typ - was er sagte, galt. Deshalb war es wohl besser, wenn ich seine Drohung ernst nahm.
Mir fiel die Entscheidung alles andere als leicht. Letztendlich war mir aber mein Studium wichtiger.
In meiner Jugend hatte ich zu viele Dinge nicht zu Ende geführt. Ich hatte das Abi nicht geschafft. Ich hatte es nicht geschafft Kfz-Schlosser zu werden, obwohl ich die Möglichkeiten dazu hatte, und ich hatte bei meinem Ingenieurstudium damals in Meißen gerade mal anderthalb Semester überstanden.
Dieses Studium wollte ich um jeden Preis schaffen. Schon allein deshalb, damit ich den anderen, mit denen ich zusammen auf die EOS gegangen war, sagen konnte: „Seht, ich hab' es auch geschafft!“
Aber eigentlich war das sekundär. Noch viel wichtiger war es für mich. Ich wollte es mir selbst beweisen. Ich wollte die Bestätigung, daß ich nicht mehr der asoziale Trinker, der Strafgefangene war. Das war ich nicht wirklich.
Das wirkliche Ich war Student und wollte Agraringenieur werden. So sah es aus und nicht anders.
Deshalb entschied ich, ich werde ihnen den FDJ-Sekretär spielen.
Allerdings, so schwor ich mir, würden sie bald selber feststellen müssen, daß ich gar nicht in der Lage sei, eine so bedeutende politische Funktion auszufüllen.

„Ich habe das von dir auch gar nicht anders erwartet“, sagte Herbert freundlich, als ich ihm am nächsten Tag meine Entscheidung mitteilte.
„Ich habe hier schon deinen Funktionsplan und die neue Vergütungsvereinbarung liegen. Lies es dir durch, und dann kannst du unten unterschreiben.“
Er reichte mir die Papiere über den Schreibtisch.
Interessant, der alte Fuchs hatte gar nicht damit gerechnet, daß ich den Posten nicht übernehme.
Im Funktionsplan waren die Aufgaben, die ein FDJ-Sekretär hatte,

in umfangreicher Form aufgelistet. Die Vergütungsvereinbarung überraschte mich allerdings. Ich bekam ab sofort Funktionszulage und außerdem wurde mir beim Qualifizierungszuschlag bereits der Ingenieur mit angerechnet. Das war ein erheblicher Mehrverdienst. Alles in allem, so überschlug ich in der Schnelle, waren es im Monat 100,- Mark mehr.
Ich unterschrieb und damit war alles schriftlich besiegelt.
Herbert stand auf und kam um seinen Schreibtisch herum. Er schüttelte mir die Hand und sagte: „Stephan, ich wünsche dir recht viel Erfolg bei deiner neuen Aufgabe und, ich hab es dir schon mal gesagt, du kannst immer zu mir kommen, wenn du meine Hilfe brauchst, aber du schaffst das schon."
Er klopfte mir auf die Schulter.
„Du kannst gleich mal hinter zur Parteisekretärin ins Büro gehen. Die wartet schon auf dich", sagte er, als wir uns verabschiedet hatten.
Margot schaute mir mit sorgenvoller Miene entgegen.
„Und, machst du's?"
„Ich habe eben unterschrieben."
„Gott sei Dank!" rief die Parteisekretärin. „Da fällt mir aber ein Stein vom Herzen. Komm her, laß dich mal drücken!"
Sie umarmte mich, daß mir die Luft wegblieb.
„Stephan, ich hab' so ein schlechtes Gewissen gehabt, daß ich nicht vorher mit dir reden konnte. Mir war richtig schlecht", sagte sie erleichtert. „Der Herbert hat mir nämlich erzählt, daß er dir mit dem Studium gedroht hatte", fuhr sie fort.
„Meinst du, der hätte das gemacht, wenn ich nein gesagt hätte?" fragte ich.
„Ich glaub' schon", antwortete sie. „Naja, vielleicht auch nicht. Weißt du, der Herbert ist eigentlich ein ganz prima Kerl. Was meinst denn du, was der mir schon geholfen hat. Nun sind wir aber dermaßen in die Zwickmühle geraten. Das kannst du dir gar nicht vorstellen. Wir wissen schon seit einem halben Jahr, daß Petra zur SED-Kreisleitung geht und suchen auch seitdem einen Nachfolger für sie."
„Na, da hättet ihr doch schon lange einen finden können. Das hätte doch z.B. jemand von der Jugendbrigade aus Kaditz machen können", sagte ich mit einem gewissen Vorwurf in der Stimme.
„Ach, das haben wir doch alles versucht", winkte Margot ab.

„Was denkst denn du, mit wem wir alles Gespräche geführt haben?"
„Es wollte nur keiner machen, stimmt's?"
„Nö, so ist das nicht. Wir hätten schon zwei, drei Mann gehabt, aber denen haben wir das nicht so richtig zugetraut. Schließlich muß ein FDJ-Sekretär ja auch unsere LPG repräsentieren können. Wie du weißt, sind wir ja einer der Spitzenbetriebe der DDR im Gartenbau und probieren ständig neue Entwicklungen aus. Deshalb haben wir auch öfters Besuch von der Partei- und Staatsführung. Da muß ein FDJ-Sekretär schon ein sicheres Auftreten haben."
„Ach nee, und das habe ich? Das ist mir ja vollkommen neu", antwortete ich.
„Ach, du machst das schon", meinte Margot, „und außerdem bin ich ja auch noch da. Dein Büro liegt doch gleich nebenan. Wir können gleich mal rüber gehen. Petra ist vorhin gerade gekommen."
Wir gingen hinüber in das Nachbarzimmer.
„Darf ich euch vorstellen, das ist unser neuer FDJ-Sekretär", sagte Margot und machte mich mit Petra und Marion, das war Margots Sekretärin, bekannt.
„Ich laß euch mal alleine. Petra kann dir ja schon mal ein bißchen was erklären. Bei mir kommt gleich einer von der Kreisleitung zu Besuch."
Damit verschwand Margot aus dem Zimmer. Petra erläuterte mir ein paar wichtige Dinge, die sie zu bewältigen hatte, aber viel Zeit hatte sie nicht. Deshalb zog ich es vor, schnell wieder zu verschwinden. Ich fühlte mich hier nicht wohl.

Am Freitag, dem 2. Januar 1987 begann ich meine Arbeit als FDJ-Sekretär. Das Verwaltungsgebäude war fast leer, denn viele der Kollegen hatten Urlaub genommen. Petra und Marion natürlich auch. Sie wollten erst am Montag wieder arbeiten kommen.
Ich setzte mich an Petras Schreibtisch, der jetzt der meine war.
Sie hatte mir ein paar Akten hingelegt und einen Zettel dazu. Auf dem stand, daß ich mir die Unterlagen in Ruhe durchsehen und daß ich mich so schnell wie möglich bei Karsten Strauß, dem Landjugendsekretär der FDJ-Kreisleitung vorstellen sollte.
Ich griff mir den ersten Hefter, auf welchem „Beitragskassierung"

stand und blätterte darin herum. Auf dem nächsten stand „FDJ-Studienjahr“ und auf dem darunter „Jugendobjekte“.
Ich legte alles wieder zurück auf den Stapel und sah hinaus aus dem Fenster.
In diesem Jahr wurde ich dreißig, ging es mir durch den Kopf. Was hatte ich eigentlich hier an diesem Schreibtisch verloren?

In der darauffolgenden Woche meldete ich mich beim Landjugendsekretär der FDJ-Kreisleitung. Er hatte sein Büro in der alten Villa auf dem Ledenweg in Radebeul, wo ich früher regelmäßig zur Disko war. Karsten war etwa fünf Jahre jünger als ich. Sein Büro war dermaßen vollgequalmt, daß er erst einmal das Fenster öffnete, als ich mich vorstellte.
„Willst du'n Kaffee?“ fragte er mich.
„Da sag' ich nicht nein.“
Er ließ mich kurz alleine und kam dann mit zwei großen Tassen Kaffee zurück. „So, so, da hat die Petra also doch einen Nachfolger gefunden“, sagte Karsten, als er es sich wieder bequem hinter seinem Schreibtisch gemacht hatte.
„Rauchst du?“ fragte er mich und bot mir eine von seinen F6 an.
„Nee, danke, ich rauch lieber meine Karo“, sagte ich abwehrend und brannte mir eine an.
„Nun erzähl schon“, forderte mich Karsten auf. „Wieso bist du denn FDJ-Sekretär geworden?“
Ich fand die Frage mehr als seltsam, sagte aber trotzdem: „Na, weil sie einen gesucht haben und ausgerechnet auf mich gekommen sind.“
„Und was hast du vorher gemacht?“
Ich erzählte ihm, was ich gearbeitet hatte und daß ich jetzt ein Fernstudium machen würde.
„Ich bin von Beruf Gartenbauingenieur, schöner Mist“, sagte er.
„Wieso Mist?“ fragte ich erstaunt.
Karsten winkte ab: „Ach, bloß so.“
„Und da wolltest du nicht mehr in der Landwirtschaft arbeiten“, löcherte er mich weiter.
„Wie kommst du denn darauf?“
„Na, wenn du jetzt lieber FDJ-Sekretär von dem glorreichen Frühgemüsezentrum sein willst?“

„Von lieber kann nicht die Rede sein. Ich hätte schon viel lieber weiter in der Landwirtschaft gearbeitet", verteidigte ich mich.
„Hättest'e doch auch machen können, oder?"
„Es ging aber nicht nach mir. Die Parteileitung wollte das so", sagte ich trotzig.
„Ach, das wollte ich doch bloß hören. Da geht dir's ja wie mir. Mich haben sie auch hierher verdonnert." Und wie entschuldigend fügte er hinzu: „Darfst du mir nicht übelnehmen. Ich frage am Anfang alle so blöde aus. Da weiß ich nämlich gleich woran ich bin. Hier im Haus", er beugte sich vor und flüsterte jetzt nur noch, „mußt du überhaupt vorsichtig sein, mit dem was du sagst."
„Und woher soll ich wissen, ob ich dir trauen kann?" fragte ich.
„Da hast du recht. Das kannst du in so einem Haus eigentlich überhaupt nicht wissen", räumte er ein. „Du wirst die anderen ja noch alle kennenlernen, wenn du einmal im Monat zur Anleitung der hauptamtlichen FDJ-Sekretäre kommst", erklärte mir Karsten.
„Vor wem ich dich aber auf jeden Fall warnen muß, das ist unser Agitproper, der Rehberg. Der scheißt alle und jeden an. Noch dazu ist der strohdoof. Der Schulze, was unser erster Sekretär ist, ist genauso ein armes Schwein, wie wir beide. Den haben sie auch irgendwie dazu verdonnert. Eigentlich ist der Chemieingenieur. Dann gibt's noch den Bachmann. Bei dem weiß ich immer nicht so richtig, woran ich bin. Aber der ist der Leiter Jugendtourist bei uns. Ist schon ganz gut, wenn du dich mit dem gut stellst. Da bekommt ihr für eure Grundorganisation ein paar Reisen mehr zugesprochen. Die hatten jetzt sogar welche nach Finnland und Frankreich. Die anderen hier sind alles dämliche Mitläufer."
„Und du meinst, beim Landjugendsekretär Karsten Strauß brauche ich nicht vorsichtig sein?" fragte ich halb im Scherz.
„Mensch, ich überlege schon ein halbes Jahr lang, wie ich aus dem Laden hier wieder herauskomme, natürlich unbeschadet, wenn's geht", sagte er aufbrausend.
„Hm", machte ich. „Also wenn ich gesagt hätte, ich mach's nicht, dann hätte ich wahrscheinlich mein Studium eingebüßt."
„Glaubst du vielleicht, das ist bei mir anders. Wenn ich sage, ich habe keine Lust mehr, sucht euch einen anderen Dummen, dann kann ich meinen Ingenieur in der Pfeife rauchen. Dann schicken die mich irgendwo hin, die Straße kehren. Nee, nee, wenn du ein-

mal in dieser Mühle drin bist, kommst du nicht mehr unbeschadet heraus. Da könnte ich dir so viele Beispiele nennen."
„Schöne Scheiße!" fluchte ich leise und bot ihm eine von meinen Karo an.
Obwohl ich mir das Ganze schon so in etwa ausgemalt hatte, schien es doch schlimmer zu sein, als ich dachte.
„Ich hab am Anfang gedacht, ich stelle mich einfach zu dämlich an, dann werden sie mich schon von diesem Posten ablösen. Da hab' ich aber falsch gedacht. So viele Idioten, wie hier rumrennen oder in der Bezirksleitung, die können die gar nicht alle ablösen."
„Ja, und wenn man einfach gar nichts macht? Ich meine, wenn man den ganzen Tag nur Kreuzworträtsel macht?" fragte ich Karsten und fand meine Idee gar nicht schlecht.
„Das gab es auch schon. Dem haben sie das als Sabotage ausgelegt, Zersetzung der Moral usw. Den kenne ich sogar. Der ist jetzt Heizer. War auch Gartenbauingenieur und wollte sogar seinen Doktor machen."
Ich atmete tief durch.
„Bei dir kann ich zum Beispiel folgende Prognose abgeben. Das siehst du ja bei Petra. Als FDJ-Sekretär solch einer großen Vorzeige-LPG wirst du später entweder zur FDJ- oder zur SED-Kreisleitung hochgelobt, wenn die dort jemanden brauchen. Danach kommt die Bezirksleitung und wenn du Glück hast, landest du ganz oben, als rechte Hand von Eberhard Aurich."
„Na, schönen Dank auch", sagte ich.
„So und jetzt mußt du wieder abhauen!" Karsten war aufgestanden. „Ich muß nämlich zur Sitzung. Da kann ich gleich vermelden, daß ich heute den neuen Sekretär vom Frühgemüsezentrum angeleitet hab. Nee, was bin ich heute wieder gut."
Er mußte herzlich über sich selber lachen.
Wir verabschiedeten uns und Karsten sagte noch: „Laß dich bald mal wieder sehen. Ich kenne kaum noch Leute mit denen ich normal reden kann."
Ich versprach es ihm.
Fortan trafen wir uns regelmäßig in seinem Büro in der FDJ-Kreisleitung zum Kaffee und brüteten über Ideen, wie wir die „Mühle" wieder unbeschadet verlassen konnten.

In der Folge fiel mir die Arbeit als oberster FDJler der LPG sichtlich schwer. Petra hatte nie Zeit, mich richtig einzuarbeiten und es dauerte eine Ewigkeit, bis ich mich durch ihren ganzen Papierkram gefressen hatte.
Zum Glück konnte mir Marion bei vielen Sachen helfen. Ich merkte auch schon bald, daß ich bei ihr auch kein Blatt vor den Mund nehmen brauchte. Sie hielt dicht.
Margot konnte mir auch viele Ratschläge geben, aber erledigen mußte ich die Arbeiten meistens selbst.
Zur Zeit wurden dringend Kandidaten für die SED gesucht. Es wurden in der letzten Zeit viel zu wenige in die Partei aufgenommen. Deshalb mußte jeder eine bestimmte Anzahl an Kandidatengeprächen vorweisen, das heißt, man mußte mit den Leuten Gespräche führen und sie dabei überzeugen, in die Partei einzutreten. Das war etwas, was mir grundsätzlich gegen den Strich ging. Damit ich aber keinen Ärger bekam, rechnete ich Gespräche ab, die gar nicht stattgefunden hatten.

Erstaunlich war für mich folgendes. Ich hatte eigentlich im Vorfeld schon etwas Bammel davor gehabt.
Ich mußte in Herberts Büro an einer Sitzung mit Vertretern der Bezirksleitungen der FDJ, der SED und des Rates des Bezirkes teilnehmen und aus irgendeinem Grund sollte dort mit Sekt angestoßen werden.
Agnes, die Chefsekretärin verteilte dazu die Gläser. Sie stellte auch mir ein Glas hin und nickte mir dabei auffällig zu.
Ich verstand nicht gleich, was sie meinte.
Ich wollte nur das Glas mit erheben, aber nichts davon trinken. Unwillkürlich roch ich daran. Es roch nach Apfelsaft. Die Gute hatte mir ein Glas Apfelsaft mit Selters hingestellt, obwohl ich mit ihr nie darüber gesprochen hatte. Das fand ich stark.

Mit der Geburt unseres zweiten Kindes verlief anfangs alles genauso wie beim ersten Mal.
Wieder kam es 14 Tage später als geplant. Nur, daß wir jetzt zu dritt darauf warteten, denn Biene freute sich riesig auf das Baby.
An einem Mittwoch, dem 29. 04. 1987 erblickte unsere Christina das Licht der Welt.

Ich war an diesem Vormittag in meinem Büro und hatte im Krankenhaus angerufen. Die Stationsschwester hatte mir mitgeteilt, daß alles gut verlaufen war.
Voller Freude machte ich mich sofort auf die Socken, besorgte in der gleichen Gärtnerei diesmal 29 Rosen und eilte ins Krankenhaus auf der Industriestraße in Dresden.
Ich sah sofort, daß etwas Schlimmes passiert sein mußte.
Vroni hatte geweint und als sie mich mit den Blumen erblickte fing sie wieder an. Die Schwester, die mich eben auf der Station begrüßt hatte, hatte mir nichts erzählt.
Hilflos stand ich da und wußte nicht, wie ich Vroni trösten sollte.
Es dauerte eine Ewigkeit, bis sie ein paar Worte sagen konnte.
„Die haben mir das Baby weggenommen“, schluchzte sie.
Ich verstand nicht gleich, was sie meinte und fragte deshalb: „Wie, weggenommen?“
„Die haben es mir weggenommen.“
„Aber warum denn?“ fragte ich entsetzt.
Wieder begann sie bitterlich zu weinen. Ich konnte mir nur vorstellen, daß etwas Schreckliches vorgefallen sein mußte.
Endlich konnte sie antworten: „Die haben gesagt, es hätte ein großes Krebsgeschwür. Ich hab' es noch gar nicht gesehen. Ich weiß nur, daß es ein Mädchen ist. Es würde auch nicht überleben, sagen sie.“
Ich spürte, wie sich alles vor mir zu drehen begann und ließ mich auf den Bettrand fallen. „Das glaub' ich nicht“, flüsterte ich entgeistert.
Biene ging mir durch den Kopf. Wie sehr hatte sie sich auf das Baby gefreut. Nein, das konnte gar nicht sein. Die Ärzte hatten doch das Baby mehrmals durch Ultraschall untersucht. Da war doch alles in Ordnung gewesen.
Ich versuchte mich etwas zusammenzureißen.
„Weißt du, wo sie sie hingebracht haben?“ fragte ich Vroni.
„Ich glaube auf die Kinderstation gegenüber.“
„Da geh ich gleich mal hin“, sagte ich entschieden und stand auf.
„Die müssen einen doch Näheres sagen können.“
Ich beruhigte Vroni noch ein wenig und versprach ihr, gleich wieder zu kommen.

„Hier ist ein Herr Hoffmann. Er fragt nach seiner Tochter Christina, die heute geboren worden ist", sagte die Krankenschwester durch die offene Tür in das Zimmer hinein.
„Ich komme gleich", antwortete der Arzt von drinnen.
„Der Doktor kommt gleich", sagte die Schwester. „Er kontrolliert nur einen Verband."
Dann war sie verschwunden und ließ mich alleine auf dem Flur stehen. Ich wartete unendliche fünf Minuten.
Dann endlich öffnete sich die Zimmertür wieder und der Arzt kam heraus und geradewegs auf mich zu.
„Ich bin Doktor Feldbusch, und Sie sind der Vater von der Christina?" fragte er und gab mir die Hand.
„Ja, ich hätte gern mal gewußt, was mit unserer Tochter los ist?"
„Tja, das ist so", sagte der Arzt etwas verlegen.
„Wir haben Ihre Tochter, wie jedes andere Neugeborene auch, gleich nach der Geburt untersucht und mußten leider feststellen, es sieht nicht gut aus."
„Was sieht nicht gut aus?" unterbrach ich ihn ungeduldig.
„Wir mußten leider feststellen, daß die kleine Christina im Bauch ein Krebsgeschwür hat. Es ist größer als die Faust eines Erwachsenen."
Ich mußte schlucken und fragte: „Und, da muß man doch was machen können?"
Der Arzt schüttelte den Kopf und sagte: „Da kann ich Ihnen, so leid es mir tut, nur wenig Hoffnung machen. Durch die Größe des Geschwürs sind schon einige innere Organe angegriffen. Das Kind hat kaum eine Überlebenschance."
Kaum eine Überlebenschance, ich spürte, wie mir die Tränen in die Augen schossen. „Kann ich sie sehen?" fragte ich leise.
Der Arzt schüttelte wieder mit dem Kopf.
„Das geht leider nicht", sagte er.
„Warum nicht?" unterbrach ich ihn.
„Wir haben sie gleich in Medizinische Akademie gebracht. Dort wird Ihre Tochter noch einmal gründlich untersucht. Die haben dort die besseren Möglichkeiten. Vielleicht versuchen sie auch zu operieren. Aber wie gesagt, ich muß es Ihnen so sagen, wie es ist. Die Kleine hat kaum Chancen, das durchzustehen. Sie können sie natürlich dort in der Kinderklinik besuchen."
„Sie hätten sie doch wenigstens vorher mal meiner Frau zeigen kön-

nen, bevor sie in die Akademie gefahren wurde“, sagte ich wütend.
„Naja, es mußte alles ein bißchen schnell gehen“, versuchte sich der Arzt zu rechtfertigen.
„Und wenn sie jetzt wirklich stirbt, hat meine Frau ihr Baby nicht einmal lebend sehen dürfen“, schrie ich und ließ den Arzt einfach stehen.
Ich war außer mir, und voller Wut ging ich wieder hinüber zur Entbindungsstation. Bis ich bei Vroni angelangt war, hatte ich mich allerdings wieder etwas im Griff.
Ich erzählte ihr, was der Arzt gesagt hatte und natürlich fing sie auch sofort erneut an zu weinen.
Ich kam mir so elend und so unheimlich hilflos vor, wie nie zuvor in meinem Leben. Mir fiel nicht ein einziges Wort ein, mit welchem ich sie hätte trösten können.
Endlich, nach ewig langen Minuten der Hilflosigkeit, sagte ich zu ihr: „Ich rufe jetzt in der LPG an und sage, daß ich ein paar Tage Urlaub mache. Sollen die doch von mir denken, was sie wollen und dann fahre ich in die Akademie. Ich möchte die kleine Tina wenigstens mal sehen.“
Vroni nickte nur, reden konnte sie noch nicht.
„Wenn es dann noch nicht zu spät ist, dann komme ich noch mal hierher. Sonst komme ich gleich morgen früh“, versprach ich ihr und verabschiedete mich.

In der LPG hatte ich Glück, denn ich erwischte Margot am Telefon. Ich erklärte ihr kurz, was passiert war. Dann herrschte am anderen Ende eine Weile Stille.
„Margot, bist du noch dran?“ fragte ich.
„Stephan, das ist doch klar, daß du jetzt nicht arbeiten kannst. Da kümmere ich mich drum. Hauptsache“, sie brach wieder ab.
„Hauptsache was?“ fragte ich.
„Das ist schon alles schlimm für dich, Stephan, aber du trinkst deswegen nicht wieder?“
„Wie trinken?“ Ich wußte nicht gleich, was sie damit meinte.
„Das wäre schade, wenn du deswegen wieder mit Trinken anfängst. Ihr habt doch noch die Biene.“
„Ach so, jetzt weiß ich erst mal, was du meinst“, antwortete ich. „Nee, da brauchst du keine Angst zu haben.“

Ich bedankte mich bei ihr und versprach mich zu melden, wenn ich etwas mehr erfahren hatte.
Komisch, an Alkohol hatte ich keine Sekunde lang gedacht. Ich fand es trotzdem rührend, daß sich Margot deshalb Sorgen machte.
Anschließend fuhr ich bei meiner Schwiegermutter vorbei und fragte sie, ob sie Biene aus der Krippe abholen und zu uns bringen könnte. Ich würde dann so schnell es ginge heim kommen. Natürlich sagte sie zu. Ein Glück, daß sie Heimarbeit hatte, sonst hätte ich sie jetzt nicht angetroffen.
Dann fuhr ich zur Medizinischen Akademie und je näher ich kam, um so mehr schlug mir mein Herz. Was würde mich da erwarten?

Eine nette Schwester bat mich in einem Zimmer Platz zu nehmen, nachdem ich ihr erzählt hatte, wer ich bin und warum ich gekommen war.
„Der Professor wird gleich für Sie da sein. Haben Sie bitte ein wenig Geduld. Er ist schon von heute früh an im OP", sagte sie freundlich. „Er müßte aber gleich fertig sein. Ich sag' ihm dann Bescheid, daß Sie warten."
Sie ließ mich alleine mit meinen Gedanken, das heißt, richtig denken konnte ich gar nicht.
Es schwirrte nur alles bunt durcheinander in meinem Kopf herum.
Nach einer halben Stunde stand ich auf und schaute zum Fenster hinaus. Ob sie mich hier vielleicht vergessen hatten?
Ich drehte mich um und wollte gerade die Schwester suchen gehen, als ein Mann im weißen Kittel hastig ins Zimmer kam.
Er gab mir die Hand und sagte: „Ich bin Professor Schubert. Tut mir leid, daß Sie so lange warten mußten, aber nehmen Sie doch Platz!"
Er zeigte auf die Sessel und ließ sich selbst auf einen Stuhl fallen.
Man konnte ihm ansehen, daß er erschöpft war. Trotzdem lächelte er, als er fragte: „Sie sind also der Vater von der kleinen Christina."
Ich nickte.
„Ja, also, was sag ich Ihnen jetzt", begann er zu reden und meine Augen schauten dabei ängstlich und gespannt auf seinen Mund.
„Ich kann Ihnen noch nicht so sehr viel sagen. Die Ärzte haben erst angefangen, sie zu untersuchen. So viel aber vornweg, der allgemeine Gesundheitszustand der Kleinen ist momentan stabil. Die

inneren Organe arbeiten auch gut. Das Geschwür hat zwar eine Niere so gequetscht, daß sie sich gar nicht entwickeln konnte, aber die andere Niere arbeitet gut. Wir können also erst mal zufrieden sein."

Der Professor hatte eine angenehme und beruhigende Stimme.

„Ja, aber was ist das für ein Geschwür", fragte ich trotzdem ungeduldig.

„Da wissen wir, denke ich, am Freitag mehr. Wir werden die kleine Christina, natürlich Ihr Einverständnis vorausgesetzt, aller Wahrscheinlichkeit nach am Freitag operieren. Dann können wir auf jeden Fall mehr sagen. Im Moment steht nur fest, daß das Geschwür etwa so groß ist, wie der Kopf der Kleinen und in wieweit es die inneren Organe angegriffen hat, sehen wir erst, wenn es entfernt worden ist."

„Im Neustädter Krankenhaus hat der Arzt gesagt, daß sie kaum eine Überlebenschance hätte", sagte ich zaghaft.

„Das kann man jetzt, vor der Operation überhaupt noch nicht sagen. Ich denke, sollte es ein gutartiges Geschwür sein, dann hat sie alle Chancen. Die Kleine ist kräftig und es bestehen alle Hoffnungen, daß sie die Operation gut übersteht."

„Es bestehen alle Hoffnungen ..." Diese Worte taten so unheimlich gut. Wieder spürte ich, daß mir die Tränen kamen, diesmal vor Freude. „Kann ich sie sehen?" fragte ich zaghaft.

„Sie können sie so oft sehen, wie Sie wollen", sagte er lächelnd.

Er stand auf und geleitete mich zur Tür.

Draußen im Flur fragte er: „Stillt Ihre Frau?"

„Na, wenn sie könnte, würde sie es bestimmt gerne tun", antwortete ich.

„Es wäre schön, wenn sie es einrichten könnte, daß sie wenigstens zweimal am Tag zum Stillen käme. Das würde der Kleinen unwahrscheinlich helfen", sagte Professor Schubert.

„Ja, sobald sie im Neustädter entlassen wird, bringe ich sie her", sagte ich und freute mich schon riesig darauf, Vroni das mitteilen zu können.

„Hier ist es", sagte er und hielt mich an der Schulter fest.

Er öffnete ein Zimmer und forderte mich auf, meine Jacke auszuziehen und dafür einen der grünen Kittel anzuziehen, die hier in einer Reihe an der Wand hingen.

Außerdem mußte ich noch ein paar Pantoffeln anziehen und schließlich meine Hände waschen und desinfizieren, was der Professor ebenfalls tat.
Dann öffnete er eine weitere Tür und wir kamen in den nächsten Raum. Rechts, gleich nach der Tür standen drei große Aquarien mit winzig kleinen Säuglingen. Das waren die Brutkästen, erklärte mir der Professor. Eine Vielzahl von Apparaten zeigte an , ob die kleinen Winzlinge richtig versorgt wurden.
Wir gingen weiter zur linken Seite. Hier stand eine Reihe von kleinen bettartigen Gestellen, in denen etwas größere Babys lagen. Auch sie waren mit einer Menge von Apparaten verkabelt.
„Hier haben wir sie“, sagte der Professor und blieb vor einem der Bettchen stehen.
„Christina Hoffmann, geboren am 29. 04. 87“, las ich auf dem Schild.
Mein Herz hatte schon die ganze Zeit höher geschlagen. Jetzt begann es vor Freude zu hüpfen.
Die kleine Christina schlief tief und fest. Ihre kleinen Ärmchen hatte sie nach oben gestreckt, so daß die kleinen winzigen Händchen links und rechts von ihrem Kopf waren.
„Wie Sie sehen, Herr Hoffmann, fühlt sich Ihre Kleine bei uns wohl.“
Er hatte seine Hand auf meine Schulter gelegt und sagte zu mir: „Sie können sie ruhig anfassen!“
Vorsichtig, fast ohne sie zu berühren, streichelte ich ihr über die Haare. Obwohl sie noch nicht sehr dicht waren, fühlten sie sich sehr weich an. Ich faßte nach einer ihrer kleinen Händchen mit den winzigen Fingern.
Plötzlich spürte ich, wie sie den Arm bewegte, so als wollte sie mich begrüßen.
Je länger ich sie betrachtete, um so weniger konnte ich an ihr entdecken, daß sie schwer krank war.
„Man sieht ihr das gar nicht an“, sagte ich fast wie zu mir selbst.
„Ja, die Kleine ist kräftig genug“, sagte der Professor. „Ich glaube, daß sie es schaffen wird. Ich wünsch' es ihr jedenfalls.“
Kurz darauf wurde der Arzt von einer Schwester zu einem Notfall gerufen.
Er verabschiedete sich von mir und entschuldigte sich dafür, daß er für mich nicht mehr Zeit hatte.
Ich blieb noch lange an dem Bett der Kleinen und konnte mich gar

nicht satt sehen. Es war auch irgendwie seltsam, ich hatte überhaupt nicht mehr das Gefühl, daß ich dieses kleine Bündel, das hier vor mir ganz friedlich schlief, schnell wieder verlieren sollte, so wie es mir heute schon prophezeit wurde. Das war einfach unmöglich. Das konnte gar nicht sein.

Es war schon ziemlich spät geworden, trotzdem erbettelte ich mir beim Krankenhauspersonal die Gelegenheit, noch einmal schnell mit Veronika reden zu dürfen.
Sie war überglücklich, als ich ihr von dem Gespräch mit Professor Schubert berichtete. Natürlich mußte ich ihr auch anschließend ganz genau beschreiben, wie die kleine Christina aussah.
„Da sage ich denen morgen zur Visite gleich, daß sie mich entlassen müssen. Da fahre ich gleich anschließend in die Akademie zum Stillen. Am Freitag wird das ja dann bestimmt nichts, wenn sie operiert werden soll“, sagte sie energisch.
Ich war froh, denn ihre Lebensgeister schienen neuen Mut geschöpft zu haben.
Wir vereinbarten, daß ich am nächsten Tag, kurz nach 10 Uhr hier auf der Station anrufen würde, denn dann war die Visite bereits vorbei und sie könnte mir sagen, ob ich sie abholen könnte.

Anschließend fuhr ich nach Hause.
„Ein Glück, daß du kommst!“ sagte meine Schwiegermutter.
„Die Biene ist heute überhaupt nicht zur Ruhe zu bringen. Sie fragt egal nur ‚Papa, Papa‘. Ich sage, der Papa kommt gleich, aber sie fragt immer nur ‚Papa, Papa‘.“
„Ja, ich wollte ihr aus ihrem Lieblingsbuch vorlesen, aber das hat sie heute gar nicht interessiert“, pflichtete ihr der Schwiegervater bei.
Ich öffnete leise die Schlafzimmertür.
„Papa?“
Ich ging hinein und schaltete das Licht ein. Biene stand in ihrem Bettchen und streckte die Hände nach mir aus. Ich nahm sie auf meinen Arm und sie schmiegte sich ganz fest an mich.
„Ist das Baby krank?“ fragte sie mich.
Mein Blick ging zu ihrer Oma, die in der Tür stehen geblieben war.
„Naja, ich hab ihr gesagt, weil sie immerfort das Baby besuchen

wollte, als wir sie aus der Krippe geholt hatten, daß das jetzt noch nicht geht, weil das Baby krank ist“, sagte sie.
Ich nickte. „Ja, das kleine Baby ist krank und ist weit weg in einem Krankenhaus. Morgen früh bringe ich dich in die Kinderkrippe, danach muß ich die Mama aus ihrem Krankenhaus holen und mit ihr zu deinem kleinen Schwesterchen fahren“, versuchte ich ihr zu erklären.
Doch das war nicht so einfach, denn sie wollte unbedingt mit zur Mama fahren. Ich konnte sie nur damit beruhigen, indem ich ihr versprach, daß sie die Mama am nächsten Tag dann am Nachmittag wieder sehen konnte und wir vielleicht am Freitag gemeinsam das Baby besuchen würden.
Als ich ihr dann noch zum Einschlafen das Lied „Bienchen summ herum“ vorsang, war die Welt wieder in Ordnung für sie.

Eigentlich hätte Veronika wirklich erst in der nächsten Woche nach Hause gehen dürfen, aber sie setzte es durch, daß ich mit ihr zu ihrer Tochter fahren durfte. Trotzdem sollte sie in zwei Tagen noch einmal zur Nachuntersuchung vorbei kommen.
Leider konnten wir nicht noch mal mit dem Professor reden, aber die Stationsschwester sprach genauso gefühlvoll mit Vroni.
Sie hieß Barbara und hatte eine Art an sich, die man als ausgesprochen lieb und nett bezeichnen konnte. Man spürte überhaupt nicht, daß sie hier auf der Station die Regie führte und sie freute sich wirklich darüber, daß Vroni die kleine Tina unbedingt stillen wollte.
Durch die Muttermilch bekäme das Kind die besten Abwehrkräfte, meinte sie, was bei einer so großen Operation auch ausgesprochen wichtig sei. Außerdem würde der Mutter-Kind-Kontakt dem Säugling psychisch gut tun und ihm die Geborgenheit vermitteln, die es brauchte.
Wir fragten Schwester Barbara ob es möglich sei, daß wir heute am späten Nachmittag zum Stillen Biene mitbringen dürfen und erklärten ihr, daß sie immer nach dem Baby fragen würde.
Das war überhaupt kein Problem.
Biene war inzwischen 2 Jahre und 8 Monate alt und für uns in dieser Situation schon eine große Hilfe. Wir hätten nicht gedacht, daß ein Kind in diesem Alter schon so verständig sein kann.
Ich hatte ihr ganz genau erklärt, was mit Christina los sei, daß sie operiert werden mußte und daß es ihr vielleicht danach besser ging.

Sie machte sich natürlich große Sorgen um das Baby, weil es krank war, aber gerade in den ersten Wochen in denen Christina auf der Welt war, hatten wir keine nervende oder bockige Biene, die sie manchmal auch sein konnte, sondern sie war überaus lieb zu dem Baby und zu uns.
Schwester Barbara hatte uns wie heute Morgen einen extra Raum vorbereitet, wo das Baby gestillt werden konnte.
Als sie uns Christina brachte, schrie diese gerade wie am Spieß.
„Dein Schwesterchen hat nur großen Hunger", sagte sie zu Biene, die entsetzt auf das Bündel in ihrem Arm starrte.
Sie blieb auch die ganze Zeit wie angewurzelt stehen, bis sich Tina wieder beruhigt hatte und voller Wonne anfing zu saugen.
Erst dann kam Biene vorsichtig näher und betrachtete ihre neue Puppe sehr aufmerksam. Sie hob die Hand und wollte zaghaft den kleinen Kopf berühren, hielt ab er mitten in der Bewegung inne und sah mich fragend an.
Ich nickte und sagte: „Natürlich kannst du sie streicheln."
Fortan war Biene von dem Baby nicht mehr loszubekommen. Immerzu mußte sie es streicheln oder das Händchen halten.

Am Freitag waren wir beide, Vroni und ich, sehr gereizt. Wir hatten die Nacht nur wenig geschlafen und andauernd an die bevorstehende Operation denken müssen. Beim Frühstück spürte Biene sofort die angespannte Situation und versuchte uns durch eine übertriebene Fröhlichkeit aufzuheitern, was ihr auch teilweise gelang.
Als wir sie später in der Kindergrippe abgaben, hatte sie es diesmal nicht so eilig wie sonst, zu den anderen Kindern zu kommen, sondern sie drückte uns beide beim Abschied besonders lange. So als wollte sie uns damit sagen, ich hab euch lieb und denke heute den ganzen Tag an euch.

In der Medizinischen Akademie lief die Operation bereits schon eine halbe Stunde, als wir ankamen.
Schwester Barbara begrüßte uns freundlich und bot uns wieder in einem gesonderten Zimmer Platz an. Sie fragte uns, ob sie uns einen Kaffee bringen konnte. Wir lehnten aber dankend ab, da wir beide schon nervös genug waren.
„Wie lange wird es denn noch dauern?" fragte ich.

Sie zuckte mit den Schultern und meinte: „Das kann man schwer sagen. Es kann sein, daß Professor Schubert in einer halben Stunde fertig ist, aber es kann auch viel länger dauern. Da dürfen Sie sich dann auch keine Sorgen machen. Manchmal dauert so eine Operation schon mehrere Stunden“, erklärte sie und ließ uns dann alleine.
Das Warten begann.
Wir versuchten uns die Zeit zu vertreiben, in dem wir über Biene sprachen, wie sie sich gestern ganz vorsichtig und behutsam mit ihrer kleinen Schwester angefreundet hatte und wie sie heute morgen versucht hatte, uns abzulenken.
Doch wir merkten schon bald, daß wir zur Zeit beide nicht zu einem Gespräch aufgelegt waren. Zu sehr waren unsere Gedanken mit den Dingen beschäftigt, die sich im Keller abspielten, denn dort waren die Operationssäle.
Der Professor und auch gestern die Stationsschwester hatten uns zwar alle Hoffnungen gemacht, die man sich in so einem Fall nur wünschen konnte, doch jetzt, wo es so weit war, gingen mir doch die düstersten Gedanken durch den Kopf.
Denn die Möglichkeit war ja nicht von der Hand zu weisen, daß Tina vielleicht doch nicht die Kraft hatte, eine so schwere Operation zu überstehen.
Außerdem wußte ja noch keiner genau, ob der Krebs schon innere Organe angegriffen hatte oder ob er an anderer Stelle bereits kleine Geschwüre gebildet hatte.
In den Voruntersuchungen hatten die Ärzte zwar nichts von dem entdeckt, aber das mußte noch nicht viel heißen.
Ich zermarterte mir den Kopf, wie es wohl Vroni verkraften würde, wenn alles schief ginge? Oder unser Bienchen, würde sie nicht einen ewigen Knacks davon bekommen?
Ich schaute zu Vroni und las in ihrem Gesicht, daß sie ähnliche Fragen bewegten.
„Eigentlich hätten wir heute früh mal richtig ausschlafen können“, sagte ich locker und fügte hinzu: „Der Professor schafft das ja auch ohne uns, wie du siehst.“
Ich stand auf und öffnete eines der Fenster. Ich holte mir eine Karo aus der Tasche und zündete sie an.
„Mensch, bist du verrückt“, sagte Vroni erschrocken, „hier darf man doch nicht rauchen.“

„Ach, es wird mich schon keiner erwischen", winkte ich ab. „Außerdem", ich schaute auf meine Armbanduhr, „ist ja gerade mal eine Stunde herum. Da taucht so schnell keiner auf."
„Na, ich weiß ja nicht?" Vroni hatte dafür kein Verständnis und schüttelte mit dem Kopf.
‚Na, jedenfalls hab ich sie ein wenig abgelenkt', dachte ich mir, denn wir begannen sofort eine Debatte darüber, wann und wo bei uns zu Hause noch geraucht werden durfte. Schließlich mußten wir jetzt Rücksicht auf zwei kleine Kinder nehmen.

Zwischenzeitlich kam Schwester Barbara zu uns ins Zimmer, um uns mitzuteilen, daß die Operation doch länger dauern würde, als geplant.
Wir könnten ja auch, um uns die Wartezeit zu verkürzen, eine Runde im Krankenhausgelände herum spazieren.
„Gibt es Komplikationen?" fragte ich besorgt.
„Nein, dazu kann ich gar nichts sagen. Ich habe nur erfahren, daß es etwas länger dauert als geplant", sagte sie.
„Und wann sollen wir wieder hier sein?" fragte Vroni und stand auf.
„Na, sagen wir etwa in einer halben Stunde. Da wissen wir schon mehr", schlug die Schwester vor.
„Na, das kommt mir doch langsam spanisch vor", sagte ich, während wir an den anderen Krankenhausgebäuden entlang spazierten und zündete mir die nächste Zigarette an.
„Ja, wer weiß, was da los ist", seufzte Vroni.
„Naja", lenkte ich ein, „der Professor war ja eigentlich ganz optimistisch und das sicher nicht ohne Grund."
„Hoffentlich", sagte sie.
Dann liefen wir schweigend weiter.
Als wir zurück waren, meldeten wir uns wieder bei der Schwester.
„Ich glaube, sie sind gerade fertig mit der OP", sagte sie und bat uns noch eine Weile in dem Zimmer Platz zu nehmen.
Unsere Anspannung ließ sich kaum noch steigern, als wir uns wieder gesetzt hatten.
Wir starrten immer nur auf die Zimmertür in der Erwartung, daß sie sich öffnen würde und der Professor herein käme.
Es dauerte aber noch über eine halbe Stunde, ehe endlich das geschah, worauf wir jeden Augenblick gewartet hatten.

Die Tür wurde hastig geöffnet, und ein strahlender Professor kam auf uns zu. Wir waren sofort aufgesprungen und nachdem wir uns kurz begrüßt hatten, sagte er: „Also, ich kann Ihnen sagen, es ist alles ausgezeichnet verlaufen, und Sie haben ein vollkommen gesundes Kind."
Es war wie eine Erlösung. Ich spürte, wie sich riesige Lasten von mir entfernten und ich mit einem Male federleicht wurde. Voller Erleichterung lagen wir uns in den Armen.
Als wir uns wieder ein wenig gesammelt hatten, fragte ich: „Was heißt denn vollkommen gesund?"
„Tja, das ist ein Fall, wie er unter vielen Tausenden von Geburten nur einmal vorkommt", sagte der Professor und lächelte.
„Ihre kleine Tochter hatte in ihrem Bauch gar kein Geschwür gehabt, sondern es war ein kleiner Zwilling von ihr."
„Was?" riefen wir beide fast gleichzeitig.
„Ja, das kommt wirklich nur sehr sehr selten vor. Natürlich war der Zwilling auf Grund der Größe noch nicht vollkommen ausgebildet, aber ich kann sagen, Sie hätten beinahe Zwillinge bekommen, aber nun zu Christina ...", sagte er mit einem Blick auf die Uhr. Was sicher bedeuten sollte, daß er nicht viel Zeit hatte. „Ihre Kleine hat die Operation ganz wundervoll gemeistert. Während wir operierten hatten wir nicht ein einziges Mal daran zweifeln müssen, daß sie es schafft. Nun ist es so, daß das zweite Embryo doch eine Menge Platz in ihrem kleinen Körper beansprucht hat. Wie wir erkennen konnten, sind aber trotzdem alle Organe der Kleinen vollkommen ausgebildet und arbeiten auch richtig. Und das ist schon fast ein Wunder. Das Einzige ist, daß die linke Niere sich nicht richtig entwickeln konnte. Ihre Funktion hat aber die rechte Niere mit übernommen, so daß da keinerlei Bedenken von unserer Seite aus bestehen. Außerdem gehen wir davon aus, daß die linke Niere jetzt, da sie richtig Platz hat, schnell wachsen wird und auch bald ein funktionstüchtiges Organ wird."
„Ich weiß gar nicht, was ich sagen soll", stammelte ich.
„Ich kann nur sagen, haben Sie vielen vielen Dank", sagte Vroni mit Tränen in der Stimme.
„Ach wissen Sie", winkte der Professor ab, „solche Nachrichten zu überbringen, gehören mit zu den schönsten Momenten, wenn man Arzt ist. Da brauchen Sie mir nicht extra zu danken."

Er erklärte uns anschließend noch, daß Christina noch wenigstens 14 Tage auf dieser Station bleiben mußte, bis die Narben richtig verheilt waren und damit sie noch einige Zeit unter ärztlicher Kontrolle blieb. Heute wäre es allerdings besser, wenn wir sie alle in Ruhe ließen. Natürlich konnten wir aber mal kurz nach ihr sehen.
„Mit dem Stillen scheint es ja, wie ich gehört habe, ganz gut zu klappen, Frau Hoffmann?“
„Ja, sie trinkt sehr gut“, bestätigte Vroni strahlend.
„Naja, dann ist ja alles gut. Ich denke bei uns ist die Kleine ganz gut aufgehoben“, sagte er und stand auf.
„Ja, das ist sie wirklich“, bestätigte ich und Vroni stimmte mir zu.
Wir verabschiedeten uns voneinander und schüttelten uns gegenseitig kräftig die Hände.
Der Professor mußte weiter zur nächsten OP.

In den folgenden Wochen und Monaten entwickelte sich Christina ganz hervorragend, und wie es der Professor bereits prophezeit hatte, auch die zweite Niere hatte sich ganz schnell erholt. Sie war gewachsen und funktionierte gänzlich normal wie die andere.
Als Einziges erinnerte nur noch die riesige Narbe auf dem Bauch daran, was passiert war.
Für Biene war die kleine Christina lange Zeit noch die kleine kranke Schwester, die sie behüten mußte. Sie umsorgte sie, wie eine Mutter und überschüttete sie mit all ihrer Liebe. Sie sang ihr an ihrem Bettchen Lieder vor, so wie sie es von mir oder in der Kindergrippe gelernt hatte. Jedenfalls versuchte sie es und gab sich dabei riesige Mühe.
Sogar aus ihren Lieblingsbüchern las sie Christina vor. Jedenfalls tat sie so und es war ganz drollig, sie dabei zu beobachten.
Manchmal mußten wir ganz behutsam gegen ihre Fürsorge einschreiten. Zum Beispiel dann, wenn Christina mit in ihrem Bettchen schlafen sollte, damit sie ihren Schlaf besser bewachen konnte.

Alles in allem waren wir, nun zu viert, eine glückliche Familie.
Veronika konnte, wenn das Mütterjahr vorbei war, in einer der Betriebskantinen unserer LPG anfangen. Das war gleich von uns zu Hause um die Ecke. Der Krippenplatz war uns sicher und Biene ging inzwischen schon in den Kindergarten. Das machte ihr riesi-

gen Spaß und sie empfand es fast als Strafe, wenn sie mal einen Tag nicht gehen konnte. Es lief also alles zu unserer vollsten Zufriedenheit, wenn nicht dieser blöde Beruf gewesen wäre.
Wie klang das überhaupt schon, wenn ich sagte:„Von Beruf bin ich FDJ-Sekretär“? Es klang fürchterlich.
Nun will ich mal nicht weiter herumjammern, denn Schuld war ich ja schließlich selber. Ich hätte mir ja auch sagen können: „Laß dich nicht erpressen, pfeif auf das Studium.“
Das hätte ich sagen können. Nur, wollte ich das?
Natürlich gab es eine Reihe, besser eine Vielzahl an Situationen, wo ich am liebsten das Handtuch geworfen hätte, aber ich riß mich immer wieder zusammen, denn die Folgen, die das mit sich führen würde, kannte ich ja.
Der Ehrlichkeit halber muß ich auch zugeben, daß sich Margot und Herbert immer wieder bemühten, mir zu helfen, wenn sie merkten, daß ich nichts in die Reihe bekam. Margot hatte sogar ihre eigene Sekretärin Marion offiziell damit beauftragt, mich in jeder Weise zu unterstützen.

Ende November 1987 verlangte der Vorsitzende unserer LPG Herbert Hildmann, mich dringend zu sprechen.
Mir wurde es wieder etwas mulmig in der Magengegend, denn es konnte eigentlich nur sein, daß man sich wieder einmal von höherer Stelle her über mich beschwert hatte. Das war in der letzten Zeit häufig vorgekommen. Deswegen bedeutete es immer nichts Gutes, wenn ich zu Herbert gerufen wurde.
Diesmal schien es aber einen anderen Grund zu geben. Das spürte ich gleich, als ich sein Büro betrat.
Herbert war bei meinem Erscheinen aufgestanden und forderte mich auf, in der bequemen Sesselecke seines Büros Platz zu nehmen. Dann schloß er die Tür zu seinem Vorzimmer, damit die Sekretärin nicht mithören konnte.
Als er sich mir gegenüber ebenfalls in einen Sessel setzte, mußte er noch einige Augenblicke überlegen, bevor er zu reden anfing. Das kannte ich von ihm gar nicht.
„Stephan“, begann er, „ich muß sagen, daß du dich inzwischen ganz gut eingearbeitet hast. Daß dir das nicht leicht gefallen ist, so von heute auf morgen plötzlich unser neuer FDJ-Sekretär zu werden,

daß war allen von vorn herein klar. Trotzdem muß ich sagen, bei allen Diskrepanzen die wir manchmal hatten, hast du dir Mühe gegeben. Ich meine damit, du hast uns nicht im Stich gelassen und das rechnen wir dir hoch an."
Er machte eine Pause und mir war immer noch völlig unklar, worauf er eigentlich hinaus wollte. Vor ein paar Tagen noch hatte er mir vorgeworfen und das ziemlich lautstark, daß ich mich viel zu wenig darum bemühte, daß die FDJler der LPG öffentlich auf sich aufmerksam machten.
Er hatte von der Bezirksleitung einen Anruf erhalten, bei dem er gefragt wurde, ob denn die Jugend in der LPG schlafen würde. Man würde überhaupt nichts von irgendwelchen Initiativen hören.
„Wenn man sich mal vergegenwärtigt", fuhr er fort, „was du bisher für einen Weg in unserer LPG genommen hast, dann kann man nur sagen, daß muß erst mal ein anderer Alkoholkranker nachmachen. Du hast eine Familie gegründet, hast die LKW-Fahrerlaubnis und deinen Facharbeiter nachgeholt. Jetzt studierst du sogar noch nebenbei und wie ich immer wieder hören kann, du bist von allen Kollegen geachtet."
„Nun komm schon endlich mal zum Punkt", dachte ich, denn es war wohl kaum möglich, daß er mich wegen dieser Lobeshymnen zu sich bestellt hatte.
„Um so unangenehmer ist nun folgendes", sagte er.
„Aha", dachte ich, „jetzt kommt der Haken."
„Vor ein paar Tagen waren zwei Genossen des MfS (Ministerium für Staatssicherheit) bei mir und warfen mir vor, daß ich nicht bei der SED-Bezirksleitung nachgefragt habe, ob ich dich als FDJ-Sekretär einsetzen darf. Ich mußte natürlich einräumen, daß das ein Fehler von mir war. Allerdings spielte dabei natürlich die Eile eine Rolle, mit der wir einen Nachfolger für die Petra finden mußten. Außerdem sah ich überhaupt kein Problem, was deine Person betraf. Naja, ist ja jetzt auch egal."
Der Vorsitzende machte eine wegwerfende Handbewegung.
„Jedenfalls haben sie gesagt", fuhr er fort. „Stell dir mal vor Genosse, der Hoffmann steht zur Demonstration am 1. Mai mit auf der Tribüne und unten laufen ein paar ehemalige Suffis von dem Hoffmann vorbei und grölen lautstark herum: ‚Eh, seht doch mal den Hoffmann da oben. Erst jeden Tag besoffen, dann im Knast

und jetzt mit auf der Tribüne!' Das wäre doch nicht auszudenken, oder? Was das für einen Schaden anrichten könnte?"
„Na und", dachte ich, „so ein Blödsinn, ich muß doch nicht unbedingt mit auf der Tribüne stehen."
„Und nun bin ich von ihnen aufgefordert worden, daß ich dich schnellstens von der Funktion des FDJ-Sekretärs entbinde", sagte Herbert zerknirscht.
„Das gibt's doch nicht", entfuhr es mir. Ich war baff.
„Doch es ist leider so. Ich muß dich von deiner Funktion entbinden", bestätigte er.
Ich konnte gar nichts mehr dazu sagen. Ich glaube, ich begriff im ersten Moment überhaupt nicht, was er gerade gesagt hatte.
Das konnte doch einfach nicht möglich sein!
Monatelang hatte ich mit Karsten von der Kreisleitung herumgerätselt, wie ich aus dieser elenden Zwickmühle wieder heraus kam und jetzt kommt die Stasi vorbei und erklärt einfach so, den Hoffmann müßt ihr als FDJ-Sekretär absägen. Der ist nicht tragbar für so einen Posten. Es war unglaublich, einfach nicht zu fassen!
Allmählich spürte ich wie ein innerer Jubel in mir hochstieg.
Doch ich mußte mich zusammenreißen, denn Herbert sprach weiter: „Natürlich bleibst du erst einmal FDJ-Sekretär, bis wir einen Nachfolger für dich gefunden haben. Du kannst ja auch mal überlegen, wen wir darauf hin ansprechen könnten. Ich selber werde mir auch noch überlegen, was wir dann mit dir machen werden und da kannst du dir sicher sein, mir wird schon etwas einfallen."
„Ja, das ist natürlich ein ganz schöner Hammer", sagte ich scheinheilig. „Wie stehe ich denn jetzt vor den Kollegen da, wenn ich einfach so abgesetzt werde?"
„Das laß mal meine Sorge sein", beruhigte er mich. „Natürlich wirst du nicht so einfach abgesetzt. Das ist doch klar. Mir wird schon noch etwas einfallen, darauf geb' ich dir mein Wort. Wir werden dann öffentlich sagen, daß es von Anfang an so geplant war, daß du den FDJ-Sekretär nur so lange machst, bis wir jemand passendes für diese Funktion gefunden haben, in Ordnung?"
Herbert sah mich fragend an.
Ich zuckte mit den Schultern und sagte: „Naja, da ich ja noch nicht weiß, was dir dazu einfällt, muß ich halt abwarten."
Danach konnte ich gehen.

Den ganzen Gang entlang bis zu meinem Büro mußte ich mich zusammenreißen, damit ich nicht laut loslachte. Ich schaffte es gerade noch bis auf meinen Schreibtischstuhl. Dann brach es aus mir heraus. Ich lachte und lachte und lachte. Es war so befreiend, daß mir sogar dabei die Freudentränen kamen.
Marion, die mir gegenüber saß, sah mich unterdessen mit weit aufgerissenen Augen an, so als wäre sie gerade einem fürchterlichen Gespenst begegnet. Darüber mußte ich natürlich noch mehr lachen. Doch sie schüttelte nur besorgt mit dem Kopf.
Ich brauchte eine lange Zeit, bis ich mich wieder beruhigt hatte. Vorsichtig fragte sie: „Was ist denn mit dir los? Da kann einem ja Angst und Bange werden."
„Nee, weißt du, was ich jetzt gerade erlebt habe, das glaubst du nicht!" sagte ich.
„Wieso, warst du nicht eben beim Herbert vorne?" fragte sie. „Der wird dich wohl kaum so zum Lachen gebracht haben."
„Doch, ich komm ja gerade von dort", antwortete ich.
„Na, Mensch, nun erzähl doch mal, was los ist!" forderte sie mich auf und ich merkte, wie ich ihr mit meinem Gelache langsam auf die Nerven ging.
„Also", sagte ich und holte tief Luft. „Die Stasi hat mich soeben als FDJ-Sekretär abgesetzt. Was sagst du dazu?"
„Die Stasi", sagte sie ungläubig, „wie kommt denn die Stasi dazu dich abzusetzen?"
Ich erzählte ihr, was der Vorsitzende eben mit mir besprochen hatte. „Ich kann es immer noch nicht fassen", sagte ich zum Schluß. „Da kommt einfach so die Stasi des Wegs und löst das Problem, über das ich schon monatelang nachdenke. Das ist doch wirklich unglaublich, oder?"
Marion nickte gedankenversunken. Sie schien sich überhaupt nicht zu freuen. Das verstand ich nun wirklich nicht. Schließlich wußte sie ja, daß ich schon lange darüber grübelte, wie ich von dem Posten hier wieder wegkam.
„Wieso freust du dich denn nicht?" fragte ich sie.
„Na wer weiß, wer dann als nächstes hier ins Zimmer kommt", sagte sie mißmutig und fügte hinzu: „Mit dir konnte man wenigstens reden, wie einem der Schnabel gewachsen war. Das war bei deiner Vorgängerin nämlich auch anders. Da mußte man sich

vorsehen, daß man ja nichts Schlechtes gegen den Staat sagte."
Sie hatte recht. Daran hatte ich nicht gedacht. Von einer Sekretärin der Parteileitung erwartete man schließlich, daß sie sich vollkommen linientreu äußerte.
Wir beide hingegen hatten oft miteinander darüber gesprochen, daß es doch dem Sozialismus viel dienlicher wäre, wenn man Mängel und Mißstände offen ansprechen könnte, ohne das man gleich als abtrünnig bezeichnet werden würde. Außerdem hatten wir beide auch die gleiche Meinung, wenn es darum ging, daß es gang und gebe war, daß alle Zahlen, die nach „Oben" weitergegeben werden mußten, immer bestmöglich frisiert wurden. Da konnte sich nie etwas zum Besseren ändern.
Mir war das in den letzten Monaten immer mehr aufgefallen, denn ich hatte ja oft mit den Kreis- und Bezirksleitungen der FDJ und der SED zu tun gehabt. Wenn ich da die Zahlen, die von der Basis in den Betrieben ausgingen, mit denen verglich, über die in den Bezirksleitungen gesprochen wurde, war ich manchmal regelrecht schockiert. Diese Zahlen wurden ja dann an die Regierung weitergegeben und ergaben ein völlig anderes Bild, das mit der Wirklichkeit nichts mehr zu tun hatte.
Marion und ich, wir fanden auch beide den Gorbatschow gut.
„Endlich mal nicht mehr so ein uralter verkalkter Knacker", dachten wir und hatten schon lange gespürt, daß „unsere Herren da oben" nicht so richtig wußten, was sie von Gorbi halten sollten. Da waren auf einem Male seltsame Zwischentöne zu hören, die man natürlich nur zwischen den Zeilen erkennen konnte.
Jedenfalls hofften wir, daß sich durch Gorbi auch bei uns etwas an dem verknöcherten System ändern würde.
Über solche Dinge konnte man als Genosse natürlich nicht reden, außer man verstand sich so, wie Marion und ich.
Ich versuchte sie damit zu trösten, daß ja vielleicht mein Nachfolger oder meine Nachfolgerin genauso waren wie ich. Das konnte man ja vorneweg nicht wissen.

Nur eine Woche später mußte ich schon wieder zum Vorsitzenden.
„Stephan, ich hab' es dir ja versprochen, ich hab' etwas für dich", sagte er.
Ich war gespannt und setzte mich.

„Du kennst doch unsere Abteilung Polytechnik, wo auch der ESP-Unterricht (ESP= Einführung in die sozialistische Produktion) der umliegenden Schulen durchgeführt wird. Kürzlich ist vom Bildungsministerium beschlossen worden, daß das Fach Informatik mit in den Lehrplan aufgenommen werden soll, um die Jugend mit der Computertechnik vertraut zu machen. Nun ist es aber so, daß die Schulen nicht über die nötigen finanziellen Mittel verfügen, die sie zum Kauf von Computern bräuchten. Deshalb sind die größeren Betriebe gebeten worden, die Schulen dabei zu unterstützen. In unserer letzten Vorstandssitzung haben wir darum beschlossen, daß in unserer LPG in der Abteilung Polytechnik ein Computerkabinett eingerichtet wird. Dort soll dann im Rahmen des ESP-Unterrichtes das Fach Informatik mit gelehrt werden. Außerdem sollen dann dort auch fakultative Kurse für Schüler und Arbeitsgemeinschaften durchgeführt werden. So, und du wirst nun der Leiter dieses Computerkabinetts. Was sagst du dazu?"

Ich sagte erst mal nichts, denn ich war sprachlos.

Das mochte schon eine interessante Aufgabe sein, aber wenn man von Computern Null Ahnung hatte, dann fand ich das eigentlich absurd.

Ich hatte bis jetzt noch nicht einmal einen Personalcomputer aus nächster Nähe gesehen. Davon gab es in der LPG nur im Rechnungswesen einige wenige.

Beim Fernstudium sollten wir zwar im nächsten Studienjahr auch etwas Informatik gelehrt bekommen, aber bis dahin war noch eine Menge Zeit.

„Ich hab' doch überhaupt keine Ahnung von Computern", sagte ich schließlich.

Der Vorsitzende lachte und schüttelte mit dem Kopf und sagte: „Weißt du, Stephan, bei uns in der LPG heißt es immer: ‚Geht nicht, gibt's nicht!' oder ‚Was de nicht kannst, das lernst de!' und wenn du mit so einem Computer nicht umgehen kannst, dann lernst du das eben. So einfach ist das."

Der hatte vielleicht gut Reden. Arbeit, Fernstudium und mich jetzt vielleicht auch noch in die Informatik einfuchsen, wie sollte das denn gehen?

„Ja, aber wann, wo und wie soll ich das denn lernen? Schließlich habe ich ja auch noch mein Fernstudium", fragte ich ihn, denn ich hatte keine Ahnung, wie ich das in die Reihe bekommen sollte. Doch der Vorsitzende schüttelte wieder lächelnd mit dem Kopf. „Nun paß mal auf“, sagte er. „Interessieren dich Computer?“

„Naja, interessieren schon. Ich würde mir schon ganz gerne mal erklären lassen, was man mit den Dingern alles anstellen kann“, antwortete ich.

„Na siehst du. Würdest du auch wollen, daß du mit den Dingern umgehen kannst?“

„Ach naja, schon, wenn man bedenkt, daß ja in der ganzen Computertechnik die Zukunft liegt.“

„Na also“, rief der Vorsitzende, „und wo ein Wille ist, ist auch ein Weg. Du bist doch noch jung. Wenn ich an deiner Stelle wäre, ich würde keine Sekunde überlegen.“

Also, ich mußte mir ehrlich eingestehen, die Aufgabe begann mich zu reizen. „Wann soll das denn los gehen?“ fragte ich.

„Du kannst erst mal in Ruhe Weihnachten und Silvester feiern und dann geht’s los. Deine neue Funktion beginnt am 4. Januar.“

„Was, so schnell? Aber das sind doch bis dahin nicht mal drei Wochen?“

„Genau. Du hast dann bis zum Beginn des neuen Schuljahres im September Zeit, das Kabinett einzurichten und dich mit den Computern vertraut zu machen.“

„Ich hab’ doch aber noch keinen neuen FDJ-Sekretär.“

Herbert winkte ab und sagte: „Ich glaub’ die Margot hat da schon jemand. Da mußt du mal mit ihr reden. Außerdem ist das ja dann nicht mehr dein Problem. Höchstens, daß du den oder die Neue dann noch mit hilfst einzuarbeiten.“

Trotzdem hatte ich keine Ahnung, wie das alles ablaufen sollte. Deshalb fragte ich: „Und wie ist das dann, bleib’ ich da hier in der Verwaltung?“

„So, daß heißt also, du machst es?“

„Naja, ich glaube, die Arbeit würde mich interessieren.“

„Also folgendes, Stephan, ich habe mit dem Jochen Siebelt gesprochen. Das ist der Leiter der Polytechnik. Er wird dir dort ein Büro zur Verfügung stellen. Dann habe ich mit den Kollegen Winkler und Mehl vom Rechnungswesen gesprochen. Die geben dir einen Kleincomputer, den sie nicht brauchen. Das ist genau so einer, der auch für die Schulen verwendet werden soll. Daran kannst du dann üben. Ich hab den beiden auch gesagt, daß sie dich fachlich in jeder Hinsicht unterstützen sollen. Du kannst dich also mit jeder Frage an sie wenden."

Das klang ja alles wie im Schlaraffenland, dachte ich mir. War das nicht ein bißchen zu viel des Guten?

„Hm, und wo ist da der Haken?" fragte ich vorsichtig.

„Wieso denn Haken?" Herbert sah mich finster an.

„Naja, ich meine, worin besteht denn zum Beispiel meine Aufgabe ab Januar?"

Herbert griff nach zwei A4-Blättern, reichte sie mir über den Schreibtisch und sagte: „Das ist dein neuer Funktionsplan als Leiter des Computerkabinetts."

Ich nahm mir die Papiere und las sie in Ruhe durch. Bei meinem Aufgabenbereich stand: Einrichtung und Leitung des Computerkabinetts, Erwerb von Kenntnissen der Informatik, mehr nicht.

„Du hast in den nächsten Monaten hier in der LPG nichts anderes zu tun, als dich um die Einrichtung zu kümmern und zu lernen. Unterstellt bist du offiziell direkt dem Abteilungsleiter Jochen Siebelt. Weisungsberechtigt dir gegenüber bin aber nur ich oder unser neuer Kaderleiter, der Günter Stark. Mit ihm wirst du auch alle Materialanforderungen durchsprechen. Hier ist deine neue Vergütungsvereinbarung."

Er reichte mir ein Blatt. Wieder bekam ich ein paar Mark mehr Gehalt als vorher. Damit konnte ich voll zufrieden sein.

So kurz vor Weihnachten war das natürlich die beste Überraschung für mich gewesen, die ich mir wünschen konnte.

Das mir peinliche Theater, mit dem FDJ-Hemd durch die Gegend zu ziehen, hatte ein Ende.

Margot hatte auch wirklich eine Nachfolgerin gefunden. Sie war erst 18 Jahre alt und ich fand sie eigentlich viel zu schüchtern für die Funktion eines FDJ-Sekretärs. Das war aber nicht mein Problem. Ich begann sie bereits in den nächsten Tagen einzuarbeiten.

Karsten Strauß von der Kreisleitung machte ein langes Gesicht, als ich ihm die Neue vorstellte. Noch länger wurde es, als ich ihm erzählte, was meine zukünftige Tätigkeit sein würde.

Natürlich mußte ich ihm, nachdem wir beide alleine waren in seinem Büro, genau berichten, wie es dazu gekommen war. Immer

wieder schüttelte er dabei ungläubig mit dem Kopf und sagte: „Mensch, hast du vielleicht ein Schwein!"
Er tat mir leid. Ich wußte auch nicht, mit welchen Worten ich ihn trösten sollte. Ich konnte nichts für ihn tun.

Kurz vor Weihnachten 1987 holte ich mir aus dem Rechnungswesen den Kleincomputer vom Typ KC 85 ab.
Die Kollegen Winkler und Mehl hatten aber beide nicht so viel Zeit, um mir das Gerät genau erklären zu können. Sie hätten sich erst selbst näher damit befassen müssen, denn sie hatten mit diesem Computer noch nicht gearbeitet.
Dafür gaben sie mir aber zwei Handbücher mit, die zum Computer dazu gehörten. Die sollte ich ausgiebig studieren.
Selbstverständlich probierte ich gleich alles bei mir zu Hause aus, mußte aber feststellen, daß ich mit den Handbüchern alleine nicht zurecht kam.
Deshalb besorgte ich mir noch aus der Stadtbibliothek in Radebeul ein paar Bücher, in denen die Programmiersprache BASIC besser erklärt wurde.
Von Stund an hatte mich dieser Computer in seinen Bann gezogen. Ich wollte unbedingt wissen, was man mit ihm alles anstellen konnte und genauso wollte ich unbedingt das BASIC beherrschen.

Am 4. Januar 1988 war mein erster Arbeitstag in der Polytechnik. Ich ging mit sehr gemischten Gefühlen dort hin.
Vom Sehen kannte ich bereits zwei Kolleginnen aus dieser Abteilung, die dort in einem der Büros arbeiteten. Ich war ihnen schon oft in den Mittagspausen im großen Speisesaal der LPG in Serkowitz begegnet. Ihrem Anschein nach schienen sie ziemlich hochnäsig zu sein.
Hinzu kam, daß ich mit der Chefin der Lehrausbildung, die ebenfalls ihr Büro in der Polytechnik hatte, bereits als FDJ-Sekretär einige Male zu tun hatte.
Ich war mit ihr aber bisher nicht sonderlich warm geworden.
Zum Glück kannte ich den Abteilungsleiter Dr. Jochen Siebelt durch meine Parteigruppe schon etwas näher und der war mir eigentlich sympathisch. Er war Doktor der Philosophie und war früher auch, wie der Vorsitzende, Dozent an der LPG-Hochschule in Meißen. Vom Alter her mußte er so um die 60 sein.

Jochen zeigte mir als erstes mein Büro und entschuldigte sich gleich dafür, daß neben meinem Schreibtisch momentan noch der Platz von Rolf war, einem Lehrausbilder. Er wäre aber nur selten an seinem Schreibtisch, da er ja sonst mit den Lehrlingen draußen auf den Feldern war.

Mir machte das aber keinesfalls etwas aus. Ich hatte sowieso nicht erwartet, daß ich ein Büro ganz für mich allein bekommen würde, denn das hatte hier niemand.

Jochens Büro lag gleich gegenüber von meinem.

Wir gingen hinüber und er stellte mich den anderen drei Kolleginnen der Abteilung vor. Diese hatten die Aufgabe, die Schüler der umliegenden Schulen, wenn sie ihren UTP (Unterrichtstag in der Produktion) hatten, bei ihrer Arbeit in der LPG anzuleiten.

Außerdem gehörte noch Regina Deinhart zum Kollektiv.

Das war die eine der beiden hochnäsigen Damen, die ich bereits vom Mittagessen her kannte.

Sie war für die Reinigung zuständig und machte zur Zeit einen Schreibmaschinenlehrgang, damit sie Jochen ein paar Schreibarbeiten abnehmen konnte, wie er mir erklärte.

Anschließend gingen wir ins Nachbarzimmer, wo Rosi Vogtländer, die Leiterin der Lehrausbildung, ein Büro zusammen mit ihrer Sekretärin hatte.

Auch hier wurde ich vorgestellt und danach zeigte Jochen mir die Unterrichtsräume für den ESP-Unterricht. Das eine der drei Klassenzimmer sollte später das Computerkabinett werden.

Im unteren Geschoß war noch ein großer Raum für kulturelle Zwekke oder für Tagungen.

Nach dem Rundgang setzte ich mich mit Jochen in sein Büro. Die anderen Kolleginnen waren inzwischen mit ihren Schulklassen unterwegs.

„Wie stellst du dir denn für die nächste Zeit deine Arbeit hier vor“, fragte mich Jochen.

Das war schon etwas kurios, denn schließlich war er ja eigentlich mein Abteilungsleiter.

„Sicherlich weißt du, daß wir hier das Computerkabinett bereits im September einweihen sollen“, sagte ich.

Jochen nickte und sagte: „Das ist auch so ziemlich das einzige, was ich darüber weiß.“

„Naja, viel mehr weiß ich ja auch noch nicht. Zunächst werde ich mir in Radebeul-Zitzschewig mal das Computerkabinett ansehen. Das ist das erste, welches hier im Kreis entstanden ist. Mit Herrn Lohr oder Herrn Kuhbandner von dort muß ich dann gleich mal telefonieren. Danach habe ich überhaupt erst einmal einen Überblick, was wir an Geräten brauchen, um das Kabinett einzurichten."
„Na, sicherlich wirst du die ja auch nicht so schnell bekommen und was machst du dann bis dahin?" fragte Jochen.
„Der Günter Stark, unser neuer Kaderleiter, kennt wohl einen von RFT. Er ist der Meinung, daß wir bestimmt nicht so lange darauf warten müssen. Bis dahin muß ich mich aber vordergründig mit der Informatik beschäftigen, denn zur Zeit habe ich noch null Ahnung davon", erklärte ich.
„Ach, ich dachte du kennst dich da schon aus", sagte Jochen überrascht.
„Nee, eben nicht. Ich hab von Computern genauso wenig Ahnung, wie du. Zum Glück haben die mir vom Rechnungswesen einen gegeben. Den bringe ich morgen mit hierher und dann kann ich in Ruhe lernen und üben. Nach Feierabend habe ich nicht so viel Zeit, weil ich ja noch das Fernstudium habe."
„Wie, willst du dir das alles alleine beibringen? Gibt es dafür keine Schulungen?" fragte er.
„Da muß ich mich noch genauer erkundigen. Zum Beispiel kann ich sicherlich in Zitzschewig ein paar Stunden mitmachen."

Ein, zwei Tage später gab ich meinen Einstand.
Ich spendierte Kaffee und Kuchen. Als wir dann gemütlich mit den anderen in der Runde saßen, erzählte ich ein bißchen über mich.
Ich erklärte ihnen auch, daß ich alkoholkrank bin und was das bedeutete. Die Kolleginnen und auch Jochen waren sehr interessiert an dem, was ich ihnen über diese Krankheit berichtete. Natürlich fanden sie es auch beeindruckend, daß ich es anscheinend geschafft hatte, mit dem Trinken aufzuhören.
Schon bald merkte ich, daß ich mit Jochen ganz gut über Politik reden konnte. Ich hatte in meinem Büro ein Bild von Michael Gorbatschow aufgehangen. Das fand er äußerst interessant und wir kamen darüber ins Gespräch.

„Meine Hoffnung ist ja die, daß sich Gorbis Glasnost und Perestroika auch auf unsere Politik abfärbt“, sagte ich.
„Das glaube ich nicht“, meinte Jochen. „Ich habe eher den Eindruck, als wenn sich unser Politbüro immer mehr von der sowjetischen Politik distanziert. Das spürt man doch jetzt schon.“
„Naja, ich denke eher, daß vielleicht ein paar Leutchen um den Erich herum auch der Meinung sind, daß sich bei uns etwas ändern muß, denkst du nicht?“
Er schüttelte den Kopf und sagte: „Wer soll denn das sein? Die sind doch alle so zufrieden, wie es ist.“
„Ist ja auch kein Wunder“, sagte ich. „Die müssen ja oben auch wirklich glauben, was sie sagen. Wenn die Planzahlen usw. von unten, von der Basis, bis nach ganz oben immer mehr verfälscht werden. Da kann ja am Ende nur noch Mist heraus kommen. Und daß das wirklich so gemacht wird, habe ich in der kurzen Zeit, wo ich FDJ-Sekretär war, mehrfach erlebt.“
„Deshalb ist meine Meinung, daß sich nicht nur oben etwas ändern muß, sondern auch unten, die kleinen Funktionäre müßten endlich den Mut haben und sagen, was wirklich los ist“, sagte Jochen.
Ich erfuhr später von ihm, daß er an der LPG-Hochschule in Meißen nicht von alleine aufgehört hatte. Vielmehr war es so, daß er plötzlich als Dozent für diese Hochschule nicht mehr tragbar war, weil sein Sohn vor einiger Zeit nach dem Westen abgehauen war. Deshalb fand ich es erstaunlich, daß er daraufhin nicht aus der Partei ausgetreten war. „Dann hätte ich mit Sicherheit nicht diese Arbeit hier als Abteilungsleiter machen dürfen. Das habe ich übrigens Herbert zu verdanken, daß ich hier bin. Wir kannten uns ja von Meißen her“, erklärte er mir.

Inzwischen hatte ich mir ein Bild gemacht, welche Geräte ich für das Computerkabinett benötigte. Für meine Begriffe waren das riesige Kosten, die da zusammenkamen.
Ich sprach mit Günter Stark darüber, aber er sah da kein Problem. „Über die Kosten brauchst du dir gar keine Sorgen machen“, meinte er. „Das ist doch alles schon von der Leitung abgesegnet.“
„Ich weiß, daß alle zugestimmt haben, daß das Computerkabinett eingerichtet wird, aber ob da auch alle bedacht haben, was das kostet?“ meldete ich trotzdem meine Bedenken an.

„Ach, das bekomme ich schon durch. Wer A sagt muß auch B sagen“, meinte er und lachte.
Bevor Günter in unsere LPG kam, war er 25 Jahre lang Offizier und Lehrer an der Offiziershochschule der Bereitschaftspolizei. Ich konnte mir das gar nicht richtig vorstellen, denn er war mir sehr sympathisch. Ich fand ihn eher zurückhaltend und immer freundlich, also überhaupt kein Offizierstyp.
„Übrigens habe ich mal mit Herbert über deine Qualifizierung gesprochen“, sagte er.
„Meine Qualifizierung?“
„Naja, Qualifizierung ist vielleicht übertrieben“, sagte er, „aber du hast ja für die Funktion, die du jetzt hast, keine Ausbildung und man weiß ja nie, wie manche bei uns in der LPG darüber denken. Neider gibt es immer und die könnten dann eben behaupten, daß wir dir den Posten zugeschoben haben, obwohl du gar keine Ausbildung dafür hast.“
„Na, ich mach' doch aber jetzt mein Fernstudium zum Agraringenieur“, entgegnete ich.
„Ja eben, zum Agraringenieur. Du bräuchtest aber als Leiter des Computerkabinetts eine Ausbildung in Informatik.“
Ich atmete geräuschvoll aus und fragte: „Ihr glaubt doch nicht etwa, daß ich nebenbei noch ein zweites Studium mache?“
„Ach, doch kein Studium“, sagte Günter.
„Das geht nur um einen Lehrgang von drei Wochen.“
„Und wo soll das sein?“ fragte ich nun doch interessiert.
„In der Offiziershochschule auf der Neuländer Straße. Ich habe schon mal den Major Schlechta gefragt, ob das möglich ist. Er leitet dort die Ausbildung.“
Das klang eigentlich nicht schlecht, Informatikausbildung in der Offiziershochschule.
„Und wann soll das losgehen?“
„Das klappt leider erst im Januar. Du kannst dich aber schon in den nächsten Tagen mal mit dem Major in Verbindung setzen. Ich habe ihm schon von dir erzählt, daß du bei uns das Computerkabinett leiten sollst und Hilfe brauchst. Hier ist seine Telefonnummer.“
Er reichte mir eine Visitenkarte des Majors.
„Ich glaube, die arbeiten mit den gleichen Computern, wie du sie hier bestellst“, fügte er noch hinzu.

„Ist das ein Scharfer?“
„Wie, ein Scharfer?“
„Na, der Major, ob das ein scharfer Offizier ist?“
„Ach so“, Günter mußte herzlich lachen. „Nee, der ist genauso wie ich.“
„Da ist ja gut“, sagte ich beruhigt.
Günter versprach mir anschließend noch, daß er sich schnellstens mit seinem Bekannten von RFT in Verbindung setzen wollte, damit ich die benötigten Computer und Geräte rasch bekommen würde.

Nur wenige Wochen später konnte ich die komplette Ausrüstung für mein Computerkabinett in der RFT-Verkaufsstelle am Postplatz in Dresden abholen.
So schnell hatte ich das keinesfalls erwartet. Mit Beziehungen ging eben alles besser.
Ich hatte vorsorglich die kompletten Geräte für einen Computer-Arbeitsplatz zusätzlich bestellt für den Fall, daß mal etwas kaputt ging. Dann hatte ich gleich ein Austauschgerät zur Hand.
Ein bißchen hatte ich aber dabei auch an mich gedacht, denn so konnte ich jetzt meinen Arbeitsplatz im Büro besser ausstatten und einen Computer mit nach Hause nehmen.
Inzwischen hatte ich mir schon so viel am Computer selbst beigebracht, daß ich einigen ESP-Lehrern, die zukünftig in unserem Kabinett unterrichten sollten, vieles erklären konnte.
Außerdem hatten sich folgende Absprachen mit dem Kreisschulrat ergeben.
Die Lehrer sollten die Schüler der 9. Klassen laut Lehrplan an den Computern innerhalb des ESP-Unterrichtes ausbilden.
Ich selber sollte in den 10. Klassen das Fach Informatik fakultativ unterrichten und nachmittags ein bis zwei Arbeitsgemeinschaften in der Woche leiten.
Das war für mich Autodidakten eine riesige Herausforderung.
Für das erste Jahr hatte ich allerdings Glück, denn ich konnte für die 10. Klassen den Lehrplan der 9. Klasse verwenden, da diese ja im Schuljahr davor noch keinen Informatik-Unterricht hatten.
Für das Jahr darauf mußte ich mir selber etwas einfallen lassen, denn dann war der Lehrstoff dran, der auf dem der 9. Klasse auf-

baute. Dafür gab es aber noch keinen Lehrplan. Genauso war es bei den Arbeitsgemeinschaften. Da mußte ich den Schülern schon mehr bieten, als sie im Unterricht sowieso lernten.
Mir kam die Idee, daß ich ja vielleicht zwei Fliegen mit einer Klappe schlagen konnte. Deshalb sprach ich mit meinem Seminargruppenleiter an der AIS in Dahlen.
Ich fragte ihn, ob ich nicht vielleicht als Ingenieurabschlußarbeit einen Lehrplan für Informatik der 10. Klasse ausarbeiten könnte. Nach ein paar Wochen erhielt ich auch die Zustimmung der Ingenieurschule. Allerdings mit der Auflage, daß der Lehrstoff auch wirklich landwirtschaftsbezogen sein sollte und ich mir dafür einen Mentor, der in der Landwirtschaft beheimatet war, suchen mußte.
Ersteres war kein Problem für mich, denn ich brauchte nur in den Lehrplan ein paar Rechnerprogramme mit Beispielen aus der Landwirtschaft mit einfügen.
Mit dem Mentor war das aber schon schwieriger.
Jochen und der Vorsitzende hatten dann schließlich die Idee, einen Dr. Seifert von der LPG-Hochschule in Meißen zu fragen, ob er dazu bereit wäre. Er beschäftigte sich dort an der Hochschule mit Informatik.
Ich rief ihn schließlich an und er erklärte sich auch sofort bereit, mein Mentor zu sein.

Es war ein wahnsinniges Arbeitspensum, was ich fortan hatte.
Tagsüber kümmerte ich mich um die Handwerker, die das neue Computerkabinett auf Vordermann bringen mußten.
Ich traf mich mit dem Leiter des Computerkabinetts in Radebeul-Zitzschewig, um mir von ihm verschiedenes erklären zu lassen.
Auch den Major Schlechta besuchte ich regelmäßig in seiner Kaserne. Er war ein ganz ruhiger und freundlicher Kerl, und ich glaube, daß ich von ihm in dieser Zeit am meisten gelernt habe.
Die restliche Zeit des Arbeitstages verbrachte ich damit, Programme für den Unterricht und die Arbeitsgemeinschaften zu entwikkeln oder die Methodik der einzelnen Schritte für die Programmierung aufzustellen.
Natürlich reichte dabei meine Arbeitszeit bei weitem nicht aus und ich mußte das meiste nach Feierabend, abends, nachts und am Wochenende erledigen.

Dazu kam noch, daß ich hin und wieder ja auch noch etwas für mein Fernstudium tun mußte.
„Ich mußte", ist aber der falsche Ausdruck dafür. Mich hatte ganz einfach die Gier nach Wissen gepackt.
Ich trank eine Unmenge an Kaffee und rauchte wie ein Schlot, um mich munter zu halten, denn mir tat es um jede Stunde leid, die ich schlief. Das war für mich tote Zeit in der ich nichts lernen konnte.
Einerseits war ich ganz froh darüber, daß ich nicht mehr so viel zu Hause war, denn irgendwie stimmte die Chemie zwischen Vroni und mir nicht mehr.
Andererseits war ich traurig darüber, daß ich meinen Kindern die Zeit stahl, die sie so gerne mit mir verbringen wollten. Deshalb verbrachten wir die wenigen gemeinsamen Stunden so ausgiebig, wie es nur möglich war.
Biene, inzwischen schon fast 4 Jahre alt, brachte mir ständig neue Lieder und Gedichte bei, die sie im Kindergarten gelernt hatte und die wir dann gemeinsam sangen. Auch Tina, die mittlerer Weile auch schon 1 Jahr und 3 Monate alt war, versuchte dabei mitzusingen.
Am schönsten war es für sie, wenn ich ihnen vor dem Einschlafen noch etwas vorlesen konnte. Danach sangen wir noch ein Gute-Nacht-Lied und die beiden schliefen glücklich und zufrieden ein.
Meistens fuhr ich danach wieder ins Büro und arbeitete weiter.

Am 2. September 1988 wurde das Computerkabinett eingeweiht.
Dazu wurde ein riesiger Rummel veranstaltet.
Als Gäste waren der Kreis- und der Bezirksschulrat, Leute vom Rat des Kreises und des Bezirkes, von der SED-Kreis- und Bezirksleitung, Direktoren und Lehrer der umliegenden Schulen und noch viele andere gekommen. Ich war fürchterlich aufgeregt.
Nachdem der Vorsitzende unserer LPG alle Gäste begrüßt hatte übergab er mir das Wort. Ich bedankte mich zunächst bei allen, die geholfen hatten, das Computerkabinett einzurichten und bei denen, die mir mit Rat und Tat zur Seite standen. Ganz besonders erwähnte ich dabei den Major Schlechta, von dem ich das meiste gelernt hatte. Anschließend führte ich den Gästen die Computer vor und mußte dabei über mich selbst staunen. Ich konnte problemlos die mir dabei gestellten Fragen beantworten.
Die Arbeit der letzten Wochen hatte sich gelohnt.

In der ersten Schulwoche bildete ich die ESP-Lehrer an den Computern aus, da diese doch ein wenig anders waren, als die, die sie im Zitzschewiger Computerkabinett kennengelernt hatten.
Dabei mußte ich feststellen, daß ein paar Kollegen fast noch gar keine Ahnung von Computern hatten und fragte mich ernsthaft, wie sie dann wohl ab der kommenden Woche die Schüler der 9. Klassen unterrichten wollten. Das war mir ein Rätsel.
Ich selbst hatte für den fakultativen Unterricht der 10. Klassen eine riesige Anzahl von Schülern gemeldet bekommen. Mit so viel Zuspruch hatte ich nicht gerechnet.
Da meistens vormittags das Computerkabinett von den 9. Klassen belegt war, gingen meine Unterrichtsstunden in der Regel nicht eher als 13 Uhr los. Ich mußte 7 Klassen in 14 Tagen mit je einer Doppelstunde unterrichten. Dazu kamen wöchentlich drei Arbeitsgemeinschaften am späten Nachmittag mit auch je einer Doppelstunde.
Das war vom Unterrichtsplan her gar nicht so einfach zu setzen, da ich ja selbst alle 14 Tage für zwei Tage in Dahlen zum Studium sein mußte.
Nun hatte ich ja gedacht, wenn der Unterricht los geht, brauche ich nicht mehr so viel Zeit zum Lernen und hätte dadurch mehr Freizeit, aber da hatte ich absolut falsch gedacht.
Ich hatte ja bis dahin keine Ahnung vom Lehrerberuf.
Ich brauchte schon eine Menge Zeit für die Unterrichtsvorbereitungen. Folien mußten beschriftet und Computerprogramme vervielfältigt werden. Doch das war noch nicht das Schlimmste.
Ich hatte mit meinem selbst erstellten Unterrichtsplan höchstens zwei Monate Vorsprung.
Aber schon bald stellte ich fest, daß die Schüler schneller lernten, als ich ursprünglich gedacht hatte. Das lag sicherlich daran, daß sie meinen Unterricht freiwillig besuchten und ein enormes Interesse mitbrachten. Fortan blieb mir nichts anderes übrig, als mich jede freie Minute um die Ausarbeitung meines Lehrplanes zu kümmern.
Und noch einen weiteren Punkt hatte ich nicht bedacht.
Nämlich, daß Lehrer auch mal krank werden. Wenn ein Lehrer ausfiel, was lag dann wohl nahe?
Natürlich, daß ich die Vertretung in Informatik übernahm.
Vor meiner ersten Unterrichtsstunde war ich aufgeregter als vor einer Prüfung.
Ich kannte viele der Schulklassen schon vom Sehen her, weil sie ja

hier im Gebäude der Polytechnik ihren ESP-Unterricht hatten. Oftmals hatte ich im Flur den Lärm der Schüler hören können, den sie während des Unterrichts verursachten und hatte mir schon so meine Gedanken gemacht, wie diszipliniert sie wohl bei mir waren. Meine Angst war aber vollkommen unbegründet gewesen. Ich kam mit allen Schülern ganz gut klar.
Das lag sicherlich daran, daß sie ja zu mir freiwillig kamen. Vielleicht lag es aber auch daran, daß ich manche Äußerungen und Späße der Jugendlichen nicht überbewertete, denn ich hatte nicht vergessen, wie ich selber früher in der Schule war.

Im November 1988 wurde die Zeitschrift „Der Sputnik" verboten. Das war eine sowjetische Broschüre die bei uns in deutscher Sprache erschien. In den letzten Monaten war sie aber kaum noch zu bekommen, weil sie immer mehr Menschen in der DDR kauften. Es war eine der wenigen Möglichkeiten für uns, etwas genaueres über die Reformen und Umstrukturierungen, die in der UdSSR im Gange waren, zu erfahren.
Am 19. 11. 1988 zeigte mir Jochen einen winzig kleinen Artikel des „Neuen Deutschland". Ich las: „Wie die Pressestelle des Ministeriums für Post- und Fernmeldewesen mitteilt, ist die Zeitschrift *Sputnik* von der Postzeitungsliste gestrichen worden. Sie bringt keinen Beitrag der der Festigung der deutsch-sowjetischen Freundschaft dient, statt dessen verzerrende Beiträge zur Geschichte."
„Das halte ich für einen Scherz", sagte ich, nachdem ich die wenigen Zeilen gelesen hatte.
„Aber ein schlechter Scherz, die sind doch wirklich dumm", schimpfte Jochen.
„Ich verstehe das nicht", sagte ich und konnte meine Enttäuschung nicht verbergen.
„Das wäre doch die Chance gewesen, bei uns auch etwas zu tun. Das gesamte Volk lauert doch darauf, daß sich etwas ändert", wetterte ich nun los. „Bis vor kurzem hieß es noch ‚von der Sowjetunion lernen, heißt siegen lernen' und jetzt? Jetzt distanziert sich der Honecker ganz offiziell von Gorbatschow. Das ist ja unglaublich."
„Die haben Angst", sagte Jochen.
„Vor was sollen die denn Angst haben?"
„Die haben Angst, daß die Menschen hier auch die Demokratie

wollen wie in der Sowjetunion, denn dann würde man sie sofort absetzen."
„Ja, ich glaube jetzt langsam auch, daß du recht hast", nickte ich und überlegte: „Mensch, ich hatte so viele Hoffnungen gehabt, daß Perestroika und Glasnost endlich auch bei uns Einzug halten würden. Wenn sie jetzt aber sogar den Sputnik verbieten, haben sie sich garantiert ein riesengroßes Eigentor geschossen."
„Ich bin nur gespannt, wo das noch hinführen soll", sagte Jochen kopfschüttelnd.
„Ja und nun erkläre mal den Genossen in deiner Parteigruppe, daß das richtig ist, wenn wir uns von der sowjetischen Politik distanzieren. Die zeigen dir alle den Vogel", sagte ich und tippte mit dem Finger an die Stirn.

Ab diesen 19. November, machte ich mir viel mehr Gedanken um Politik, als es früher der Fall war.
Von meinem Elternhaus her und von der Schule war ich im sozialistischem Sinne erzogen worden. Dagegen gab es auch von meiner Seite her nie Bedenken. Ich fand den Sozialismus von seiner Idee her gut. Zumindest fand ich ihn besser als den Kapitalismus, von dem wir in der Schule so viel gehört hatten. Arbeitslosigkeit, Drogentode und Obdachlose gab es hier nicht, und das war gut so. Allerdings war mir auch bewußt, daß ich mit vielen Dingen in der DDR nicht einverstanden war, z.B. daß man Wehrdienstverweigerer einfach einsperrte, daß man Leute einfach von ihren Posten absetzte, weil jemand aus der Verwandtschaft nach dem Westen abgehauen war oder daß man vielerorts nicht offen seine Meinung sagen konnte. Letzteres fand ich besonders dumm.
Wie sollte man etwas verbessern können, wenn man über viele Dinge nur mit der vorgehaltenen Hand reden konnte?
Ich war felsenfest davon überzeugt, daß es unserem Land zehnmal besser ginge, wenn man offen und ehrlich über alles reden konnte.
Ich begriff dieses ganze Gelüge nicht.
Trotzdem hatte ich immer die Hoffnung gehabt, daß sich das im Laufe der Zeit ändern würde.
Ganz besonders in den letzten Monaten, in denen Gorbi aufgetaucht war, und ich wünschte mir immer, so einer müßte sich hier auch finden, der sich an die Spitze stellt und alles umkrempelt.

Doch diese Hoffnung gab es jetzt nicht mehr. In den Parteiversammlungen hatte ich erfahren, daß immer mehr Leute einen Ausreiseantrag stellten, auch Kollegen aus unserer LPG.
„Das haben die nun davon“, dachte ich mir. „Die laufen alle weg.“
Mit den betreffenden Kollegen sollten spezielle Gespräche geführt werden. Das mußten die Mitglieder der Parteileitung tun.
Ich beneidete sie nicht darum, denn ich konnte einige, die den Ausreiseantrag gestellt hatten, auch verstehen.
Ich verstand auch, warum so viele Künstler in den Westen gingen. Es war für viele bestimmt der gleiche Grund, der mich ja oft genug selber störte, nämlich nicht die Wahrheit sagen zu können.
Trotzdem machte mich das traurig und ich bekam immer mehr Wut.
Früher habe ich oft gedacht, „die da oben“ wissen gar nicht, was „hier unten“ los ist.
Doch das hatte sich im Laufe der Zeit geändert, denn schließlich gab es genug Zuträger, die die Stasi umfassend informierten.
Jetzt konnte ich die Herren vom Politbüro nur noch als starr, stur und alterssenil bezeichnen.
Viele Menschen in der DDR hatten einfach nur noch Wut auf die Regierung und ich mußte zugeben, ich hatte sie auch.

Anfang Januar 1989 belegte ich wie geplant, für drei Wochen das Lehrfach Informatik an der Offiziershochschule der Bereitschaftspolizei.
Ich empfand es äußerst angenehm, als einziger Zivilist in einem Hörsaal zu sitzen, der von über hundert Uniformierten besucht war.
Während die anderen in Reih und Glied anmarschieren mußten, latschte ich bequem, die Hände in den Hosentaschen durch das Kasernengelände und keiner rief: „Kommen sie mal zurück! Können sie nicht grüßen?“, wie es während meiner Armeezeit der Fall war.
Die Vorlesungen selber waren allerdings für mich extrem langweilig, da ich ja den kompletten Stoff schon kannte.
Hinterher hatte ich manchmal Glück, daß Major Schlechta Zeit für mich hatte. Wir gingen dann zusammen in sein Arbeitskabinett, und er erklärte mir am Computer, was er gerade Neues entwickelt hatte.
Dabei konnte ich eine Menge von ihm lernen und die drei Wochen

waren nicht umsonst. Zum Abschluß mußte ich, wie jeder andere Offiziersschüler auch, eine schriftliche Prüfung ablegen. Diese schaffte ich problemlos ohne Fehler.
Drei Tage später hielt ich bereits die Teilnahmeurkunde in der Hand. Das war im Büro des Vorsitzenden. Gleichzeitig legte mir Herbert noch zwei andere Papiere auf den Tisch.
„Du kannst gleich deinen neuen Funktionsplan und die neue Vergütungsvereinbarung unterschreiben", sagte er.
„Neuer Funktionsplan?" fragte ich.
„Ja, du wirst ab sofort stellvertretender Leiter der Polytechnik und bleibst natürlich außerdem der Leiter des Computerkabinetts."
Da war ich nun doch ein wenig überrascht, denn keiner hatte vorher ein Wort mit mir darüber gesprochen.
„Wie kommst du denn darauf?" fragte ich deshalb.
„Na, wie soll ich denn sonst deine zusätzliche Funktionszulage rechtfertigen?" fragte er und lachte.
In der Tat sollte ich ab Januar wieder monatlich 40 Mark mehr erhalten. Das stand hier schwarz auf weiß.
„Es ist doch auch so, Stephan", sagte der Vorsitzende. „Der Jochen Siebelt hat doch nur noch ein paar Jahre bis zur Rente und dann wirst du die Abteilung übernehmen. Er hat mir erzählt, daß er mal bei dir im Unterricht hospitiert hat und fand es großartig, wie du mit den Schülern umgehst. Was du da in so kurzer Zeit auf die Beine gestellt hast, hat ein großes Lob verdient."
„Naja, ich muß schon noch ganz schön lernen, sonst wissen die Schüler bald mehr wie ich", sagte ich verlegen.
„Na, das ist doch klar", sagte Herbert, „aber kannst du dich noch entsinnen, was du hier bei mir gesagt hast, als ich dir die Leitung des Computerkabinetts angeboten habe. Das ist gerade mal ein Jahr her. Weißt du das noch?"
„Nee, weiß ich nicht mehr."
„Du hast hier auf dem Sessel gesessen und gesagt, daß das nichts für dich ist, weil du keine Ahnung von Computern hast und heute kommen sogar die ESP-Lehrer zu dir und fragen dich um Rat."
Man konnte mal wieder sehen, der Vorsitzende war wie immer über alles genauestens informiert.
„Also, mach weiter so, Stephan", sagte er mir noch, als ich sein Büro wieder verließ.

„Herbert Hildmann, Vorsitzender der LPG Frühgemüsezentrum ‚Wilhelm Wolff‘ Dresden, eigentlich hätte ich mit dir bis in alle Ewigkeit grollen müssen“, überlegte ich. Schließlich hatte er mich damals, wie er dringend einen FDJ-Sekretär gesucht hatte, mit meinem Studium erpreßt.
Doch ich konnte und wollte auch nicht nachtragend sein.
Außerdem war es ja so, wenn ich damals nicht den FDJ-Sekretär gemacht hätte, wäre ich heute nicht der Leiter des Computerkabinetts und diese Arbeit machte mir riesigen Spaß.
Ich konnte mir auch bildhaft vorstellen, daß ich diese Tätigkeit sehr gerne bis zur Rente ausüben würde.
Zudem war Herbert eine Persönlichkeit, die ich immer sehr geschätzt hatte. Ich war mir sicher, daß sich unsere LPG nur unter seiner Leitung zu einer der besten in der Republik entwickeln konnte. Wenn man heute zu jemandem sagte, man arbeitet im Frühgemüsezentrum, dann war man auch stolz darauf, hier arbeiten zu dürfen. Ich kannte viele andere LPG, denen es nicht so gut ging wie uns. Herbert, obwohl er nun auch schon fast das Rentenalter erreicht hatte, war immer noch der Neugierige, der alles ausprobieren mußte, was mit Wissenschaft und Technik zu tun hatte und er riß alle um sich herum mit seiner Begeisterung für das Neue mit.

Im Laufe des Jahres 1989 überschlugen sich fast die Ereignisse und ich verfolgte gespannt deren Verlauf.
Am 7. Mai fanden in der DDR die Kommunalwahlen statt.
Noch am selben Abend verkündete Egon Krenz die Ergebnisse.
Die Wahlbeteiligung lag bei 98,78% und die Stimmen für die Parteien der Einheitsliste betrugen 98,85%.
Das solche Ergebnisse bekannt gegeben worden, war in der DDR vollkommen normal. In diesem Jahr war es aber auch für mich der reinste Hohn.
Von vielen Bekannten, Nachbarn und Freunden wußte ich, daß sie, so wie ich auch, nicht zur Wahl gegangen waren. Wir wollten der Partei- und Staatsführung einen Denkzettel verpassen, damit sie endlich aufwachte. Wir waren auch fest davon überzeugt, so wie wir dachten bestimmt viele in unserem Land.
Folgerichtig demonstrierten an diesem Abend in Leipzig ca. 1000 Menschen gegen den Wahlbetrug. Dabei wurden 100 Personen verhaftet.

Diese Meldung kam natürlich nicht im Radio, aber bereits drei Tage später wußten wir durch den „Buschfunk" Bescheid.
Im Juli erfolgte dann die nachträgliche Wahlabstimmung mit den Füßen. Tausende von DDR-Bürgern verließen das Land über Ungarn nach Österreich oder belagerten die ständige Vertretung der BRD in Ost-Berlin, sowie die Botschaften der BRD in Prag und Budapest. Auch das erfuhren wir nicht im Radio, sondern von Mund zu Mund oder vom Deutschlandfunk.
Erst als der ungarische Außenminister in die DDR kam, um der Regierung mitzuteilen, daß er die Flüchtlinge in die BRD ausreisen ließe, sickerten ein paar Meldungen durch.
Damit wendete sich ein sozialistischer Bruderstaat offiziell gegen die Führung der DDR.
Von Erich Honecker wurde berichtet, daß er sich zur Zeit einer Gallenblasenoperation unterziehen mußte.

Jeden Tag steckten Jochen und ich die Köpfe zusammen und berichteten uns gegenseitig, was wir über die „Buschfunkkanäle" erfahren hatten.
„Man munkelt sogar, daß der Erich gar nicht krank ist, sondern schon zurückgetreten ist", sagte ich.
„Ach nee, das glaub' ich nicht", meinte Jochen, „dann hätten sie das offiziell gemacht und gleich einen Nachfolger benannt."
„Trotzdem, die werden den bald absetzen", sagte ich überzeugt.
„Ich glaub' auch, da oben brodelt es. Nur wer soll denn den Erich ablösen?" sagte Jochen nachdenklich.
„Das macht bestimmt der Krenz, denke ich."
„Ja, dann würde sich aber nicht viel ändern."
Jochen zuckte ratlos mit den Schultern.
„Ach, klar würde sich was ändern. Der ist doch bedeutend jünger wie die anderen."
„Der Krenz", sagte Jochen eindringlich, „ist doch der Zögling vom Erich, sozusagen der Kronprinz. Da brauchst du nicht zu hoffen, daß sich etwas ändert."
„Na, warten wir es ab", sagte ich.
Ich hoffte wirklich, daß Egon Krenz etwas veränderte und auf das Volk hörte, daß inzwischen mit den Montagsdemos die friedlich-demokratische Erneuerung des Staates forderte.

Am 7. Oktober war ich dann regelrecht geschockt, wie die Festlichkeiten in Berlin zum 40. Jahrestag der DDR durchgeführt wurden, so als wenn überhaupt nichts passiert sei.
Später erklärte Gorbatschow der Presse: „Gefahren warten nur auf jene, die nicht auf das Leben reagieren."
Das sagte mir alles.
Michael Gorbatschow hatte sich am Rande der Feierlichkeiten zu einem Gespräch mit Erich Honecker getroffen und wie es schien, war nichts dabei herausgekommen.
Ich war voller Wut.
„Dann hauen noch mehr ab, wenn der Erich weiter an der Macht bleibt" sagte ich zornig zu Vroni.
„Ich weiß auch nicht, wohin das noch führen soll", entgegnete sie ratlos.

Am 18. Oktober kam dann endlich die erlösende Nachricht. Erich Honecker war abgesetzt worden und Egon Krenz hatte die Regierung übernommen.
Monatelang hatte ich darauf gewartet.
Damit, davon war ich felsenfest überzeugt, war der Weg für eine bessere, ehrlichere DDR geebnet.
Am 3. November verfolgten meine Mitstudenten und ich in Dahlen live die Fernsehansprache von Egon Krenz.
Ich fand das, was er sagte, für den Anfang nicht schlecht. Es konnte also nur noch besser werden.
Ab sofort wurde das Fach Marxismus-Leninismus, welches beim Ingenieurstudium Pflicht war, abgesetzt. Besser gesagt, man konnte freiwillig daran teilnehmen, was aber keiner tat.
Am 9. November abends dann schließlich das Unfaßbare.
Die Grenzen wurden geöffnet.
In den nächsten Tagen und Wochen stürmten die Nachrichten massiv auf mich ein. Ich erfuhr von Wandlitz, von den Machenschaften des Schalck-Golodkowski und von schlimmen Geschehnissen in Verbindung mit der Stasi, von denen ich vorher noch nichts wußte.
Am 4. Dezember 1989 trat ich aus der SED aus.
Ich nahm mein Parteibuch und ging zu Margot. Schon von weitem hörte ich Stimmengewirr. Ihr Büro war brechend voll.
Eine Menge von Genossen hatten sich bei ihr eingefunden und dis-

kutierten lautstark durcheinander. Als Margot das Parteibuch in meiner Hand sah, sagte sie nur: „Leg' es drüben zu den anderen auf den Schreibtisch."

Ich drehte mich um und sah einen Haufen Parteibücher, die sich dort stapelten und legte meines mit dazu.

Margot schien gar keine Zeit zu haben, um mit mir reden zu können. Sie diskutierte weiter mit den anderen.

Sie tat mir leid. Ich wußte, daß sie eine ehrliche Haut war und daß sie jetzt die ganzen Prügel einstecken mußte, für Dinge, die die Parteibonzen oben verzapft hatten.

Vollkommen unbemerkt verließ ich wieder das Büro.

Ich fühlte mich weder froh noch erleichtert. Ich war eher traurig und enttäuscht.

Ende Januar 1990 wurden die ersten Weichen zur Wiedervereinigung Deutschlands gestellt.

Ein großer Teil von DDR-Bürgern hatte das auf den Demonstrationen gefordert.

Nachdem sich Hans Modrow anfangs dagegen gesträubt hatte, konnte er sich nun dieser Entwicklung nicht mehr in den Weg stellen,

Für mich aber war das mit erschreckenden Gedanken verbunden.

Ich dachte an das, was ich in der Schule über die Bundesrepublik gelernt hatte - Arbeitslosigkeit, Obdachlosigkeit, Drogentote und Kriminalität.

Am meisten beschäftigte mich aber die Frage, was wird dann bei einer Wiedervereinigung aus den volkseigenen Betrieben, was wird aus unserer LPG und was wird folglich mit meiner Arbeit?

Am laufenden Band rätselte ich mit Jochen herum, wie es denn weiter gehen sollte.

Er war der Meinung, daß die LPG und die Betriebe bestimmt erst einmal so bleiben würden, wie sie sind und später vielleicht irgendwann einmal privatisiert werden.

Er machte sich viel mehr Sorgen darüber, daß ja dann womöglich auch das Gemüse aus der Europäischen Gemeinschaft zur direkten Konkurrenz für unser Frühgemüsezentrum werden würde.

Wenn das der Fall war, dann würde es in der LPG sicher auch große Umstrukturierungen geben.

Ich hatte nur noch ein paar Monate bis zur Beendigung meines Fern-

studiums. Meine Ingenieurarbeit, der Lehrplan für das Fach Informatik der 10. Klasse war fast abgabefertig.
Nur, wenn ich mir die Landwirtschaft in der BRD anschaute, wo es nur noch kleine private Betriebe gab, bekam ich Zweifel, ob ich den Abschluß als Agraringenieur überhaupt noch brauchte.
Fragen über Fragen und keine Antworten.
Ich konnte reden, mit wem ich wollte. Keiner hatte Antworten, die mich überzeugen konnten.

Meine Ehe lief schon viele Monate nicht mehr so, daß man es überhaupt noch eine Ehe nennen konnte.
Ich kam mit Vroni einfach nicht mehr klar.
Ich grübelte deshalb oft darüber nach, was falsch gelaufen war.
Genauso oft versuchte ich mit Vroni zu reden, doch ich mußte immer wieder feststellen, wir hatten uns nichts mehr zu sagen.
Je länger ich nachdachte, umso mehr kam ich zu dem Ergebnis, daß ich sie wahrscheinlich nie richtig geliebt hatte.
Sicher, ich mochte sie noch immer. Schließlich hatten wir zwei ja auch zusammen diese beiden lieben Kinder. Aber es war keine Liebe mehr, die ich für Vroni empfand.
Nach reichlich 6 Jahren des Zusammenlebens war das eine Erkenntnis, die fürchterlich war.
Ich konnte mir das nur so erklären, daß ich damals, als ich Vroni kennenlernte, einfach alles auf eine Karte gesetzt hatte.
Nach den vielen Bekanntschaften durch meine Annoncen, aus denen ja alles nichts geworden war, hatte ich wahrscheinlich Angst bekommen, daß ich wohl nie mehr auf die Richtige treffen würde.
Aber konnte man Liebe erzwingen oder konnte man sie sich auf Dauer vorgaukeln?
Eine Ehe ohne Liebe fortzuführen, mochte ich mir aber unter keinen Umständen vorzustellen. Das war genauso gemein gegenüber Vroni, wie mich von ihr zu trennen.
Ich hatte deshalb schon oft an Scheidung gedacht, aber da waren ja noch die Kinder. Sie hingen sehr an mir und ich an ihnen. Bei einer eventuellen Scheidung wollte ich aber unbedingt, daß sie bei ihrer Mutter bleiben durften.
Es wäre für Vroni schon schmerzlich genug, wenn ich mich von ihr trennte. Da wollte ich ihr nicht auch noch die Kinder wegnehmen.

Das konnte ich ihr nicht antun. Außerdem war es eher unwahrscheinlich, daß sie mir bei einer Scheidung überhaupt zugesprochen wurden.
Also mußte ich mich von den Kindern trennen, doch ein solcher Gedanke war grausam.
Biene war bereits 5 Jahre und 5 Monate alt und sollte in diesem Jahr in die Schule kommen. Sie war ein fröhliches und aufgewecktes Mädchen geworden, welches alle Kinder und die Erzieherinnen im Kindergarten besonders mochten.
Auch Tina hatte sich prächtig entwickelt. Sie war vollkommen gesund und an die große Operation damals erinnerte nur noch die Narbe. Inzwischen war sie auch schon 2 Jahre und 9 Monate alt und konnte sich gegenüber ihrer großen Schwester schon ganz gut durchsetzen. Ich sagte mir immer wieder, von Kindern in diesem Alter trennte man sich nicht so einfach.
Da beide so sehr an mir hingen, konnte ich mir vorstellen, daß sie einen seelischen Knacks bekamen, wenn ausgerechnet der sie für immer verließ, den sie so sehr liebten.
Doch, nur der Kinder wegen die Ehe weiterführen?
Auf Dauer ginge das bestimmt auch nicht gut. Die beiden Kleinen würden sicher bald spüren, daß die Chemie zwischen Mutter und Vater nicht mehr stimmte. Das würde sie genauso traurig machen. Das konnte man ihnen eigentlich auch nicht antun.
Anfang Februar reichte ich schließlich doch die Scheidung ein und unsere Ehe wurde Mitte März bereits geschieden.

Da es in seinem Büro zu eng war, fragte mich Jochen, ob er in meinem Büro noch einen Schreibtisch für Regina hinstellen konnte.
Ich war damit einverstanden, denn Platz war ja genug vorhanden.
Schon kurze Zeit später, nachdem ich in die Abteilung Polytechnik gekommen war, hatte ich Regina ganz anders kennengelernt, als ich sie vorher, vom Sehen her eingeschätzt hatte.
Sie war in Wirklichkeit keine Spur von hochnäsig.
In Wahrheit war sie recht scheu und unsicher. Ganz besonders dann, wenn sie die Leute nicht kannte, mit denen sie zu tun hatte.
Ich wußte von ihr, daß sie verheiratet war und drei Kinder hatte. Ihre jüngste Tochter Yvonne kam sie oft nach der Schule hier auf Arbeit besuchen.

So nach und nach erzählte mir Regina, daß ihre Ehe für sie fast unerträglich geworden ist. Es wäre sogar bereits mehrmals zu Handgreiflichkeiten zwischen ihr und ihrem Mann gekommen. Einmal habe sie schon die Scheidung eingereicht, diese aber der Kinder wegen wieder zurückgezogen.
Ich mochte Regina sehr. Sie war eine bildhübsche Frau.
Ihre volles, dunkel gelocktes Haar trug sie bis zu den Schultern.
Je mehr ich mich mit ihr unterhielt, um so mehr fühlte ich mich zu ihr hingezogen und irgendwie schien sie mich auch zu mögen.
Manchmal, wenn ich abends noch im Büro zu tun hatte, kreuzte sie plötzlich unter dem Vorwand auf, daß sie mir doch einen Kaffee kochen müßte, wenn ich so spät noch arbeitete.
Wir tranken gemeinsam Kaffee und unterhielten uns. Danach ging sie wieder nach Hause.
Schon bald ertappte ich mich dabei, daß ich regelrecht darauf wartete, daß sie am Abend erschien und war traurig, wenn sie nicht gekommen war.
Nach einiger Zeit hatte ich ihr dann endlich, mit Hilfe ihrer Freundin Gisela, Mut machen können, die Scheidung erneut einzureichen. Schließlich war es gerade auch für ihre Kinder fürchterlich, wenn sie täglich mit ansehen mußten, wie sich Mutter und Vater bekriegten.
Irgendwann spürte ich, ich hatte mich in diese Frau verliebt. Es gab kaum noch Momente, wo ich nicht an sie dachte. Bei allem was ich tat, war Regina in Gedanken bei mir. Aber, ich traute meinen Gefühlen nicht.
Ich war doch eben erst von einer Frau geschieden worden, bei der ich lange Zeit auch geglaubt hatte, daß ich sie liebe.
Ja und nun?
Ich begann am laufenden Band zu vergleichen, wie war das damals und wie ist das heute. Das Ergebnis war immer das gleiche. Ich fand, daß meine Gefühle dieses mal viel kräftiger waren. Ich spürte, wie mein Herz vor Freude zu klopfen begann, wenn Regina in der Nähe war oder wie es manchmal zu schmerzen begann, wenn sie nicht da war und ich immerzu an sie dachte.
Wie schon gesagt, ich hatte bei ihr auch das Gefühl, daß sie mich besonders mochte. Vielleicht war sie aber auch nur froh, daß sie jemanden gefunden hatte, mit dem sie reden konnte?

Am liebsten hätte ich Regina in den Arm genommen, sie geküßt und ihr gesagt, daß ich sie liebe, aber ich traute mich nicht.
Einerseits wußte ich nicht, ob sie mir das vielleicht übel nahm und unsere Freundschaft dadurch entzwei gehen würde. Das durfte auf gar keinen Fall passieren.
Andererseits war ich mir eben nicht sicher, ob vielleicht meine Gefühle eine Macke hatten und ich mir die Liebe zu ihr nur einbildete.

Eines Nachmittags saß ich bei ihrer Freundin im Büro.
Plötzlich und vollkommen unerwartet sagte Gisela: „Sag' mal Stephan, ich hab' so den Eindruck, daß du Regina ganz besonders magst." Sie sah mich dabei fragend an.
Überrascht gab ich zu: „Naja, das stimmt schon."
Regina und Gisela waren sehr oft zusammen und ich konnte mir vorstellen, daß sie sich untereinander auch über mich unterhielten.
„Na, irgendwie scheint mir da bei dir ein bißchen mehr zu sein, als nur mögen oder täusch ich mich da?"
„Wie kommst du denn darauf?" fragte ich und konnte spüren, wie ich einen roten Kopf bekam.
„Na, das merkt man doch", sagte Gisela und lächelte.
Mensch verdammt, worauf wollte die denn hinaus! Sollte sie mich vielleicht in Reginas Auftrag aushorchen?
„Glaubst du eigentlich", bohrte sie weiter, „daß Regina genauso viel für dich empfindet, wie du für sie?"
„Wieso? Keine Ahnung, ich weiß nicht, wie du das meinst", stammelte ich verlegen.
„Na, ich glaube nämlich nicht, daß sie so empfindet. Sie mag dich bestimmt auch, ganz bestimmt sogar, aber ich glaube nicht, daß da mehr ist bei ihr", sagte sie.
Mein Herz begann sich zu verkrampfen, und ich hatte Mühe mich zu beherrschen. Das war es also, was sie mir im Namen von Regina auf schonende Weise beibringen sollte. Ich hatte schon verstanden.
„Ach, da brauchst du keine Angst zu haben", sagte ich betont lässig. „Das geht schon in Ordnung."
„Na, ich wollte ja nur, daß du dir keine falschen Hoffnungen machst", sagte Gisela mit entschuldigender Miene.
Ich ging wieder zu mir hinüber ins Büro.
Zum Glück war Regina gerade nicht an ihrem Schreibtisch.

„Scheiße!" fluchte ich laut. Mir war zum heulen zumute. Ich hatte wirklich gehofft, daß Regina mich vielleicht auch liebte. Manchmal hatte ich es mir geradezu eingeredet.
Wer kommt schon einfach so abends bei seinem Kollegen auf Arbeit vorbei und kocht ihm Kaffee?
Nun waren alle Hoffnungen mit einem mal zerstört und erst jetzt spürte ich ganz genau, wie sehr ich sie liebte.
Nach einer Weile versuchte ich mich damit wieder aufzubauen, in dem ich mir sagte: „Da hast du dich wieder einmal in etwas hineingesteigert. Das vergeht schon wieder."
Nur, mein Herz und mein Verstand sprachen keine gemeinsame Sprache. Keiner der beiden konnte dem anderen klar machen, daß er recht hatte.
Mein Verstand sagte, daß die Frau ja noch nicht einmal geschieden war und sie sich bestimmt nicht gleich wieder auf das nächste Abenteuer einließ. Das war vollkommen logisch und einleuchtend.
Mein Herz aber zog es immer wieder zu diesem wunderschönen und lieben Wesen hin und zeigte meinem Verstand einen Vogel.
Wenn Regina in der Nähe war, kam aber auch der Verstand ins Wanken. Sie brauchte mich nur anzusehen.
Ich merkte auch, wie sie sich freute, wenn wir uns begegneten und manchmal hatte sie so ein Zittern in der Stimme, wenn sie mit mir sprach. Bildete ich mir das nur ein? Stimmte vielleicht etwas mit meinem Verstand nicht mehr?
Tagelang versuchte ich mich, Regina gegenüber so normal zu verhalten, wie nur möglich. Schließlich wollte ich mich ihr ja nicht aufzwingen, obwohl mein Herz inzwischen den Verstand besiegt hatte und beide jetzt einstimmig davon überzeugt waren, daß ich diese Frau liebe.
Vielleicht brauchte ich ihr ja nur Zeit zu lassen?
Vielleicht liebt sie mich dann später auch?

Eine reichliche Woche später war ich wieder im Büro und verpaßte meiner Ingenieurarbeit die letzten Schliffe.
Es war Sonntagnachmittag und die Arbeit ging mir gut von der Hand.
Ich hörte, wie draußen im Flur die große Eingangstür geöffnet wurde. Dann hörte ich, wie Schritte näher kamen.

Mein Herz begann vor Freude zu hüpfen. Da klopfte es schon an meine Bürotür.
„Ich wollte nur mal nachschauen, ob du auch schön fleißig bist", sagte Regina mit einem Lachen auf den Lippen.
„Ich bin so fleißig, daß ich mir noch nicht mal einen Kaffee gekocht habe", log ich, denn ich hatte bereits zwei Tassen weg.
„Na gut", sagte sie, „das dachte ich mir nämlich. Da koch' ich uns mal zwei."
Sie ging nach nebenan in die Kaffeeküche. Ich folgte ihr.
„Hast du denn am Sonntagnachmittag nichts besseres vor, wie deinem Kollegen Kaffee zu kochen?" fragte ich, während sie den Wasserkocher füllte.
„Einem ganz lieben Kollegen, hast du vergessen zu sagen", erwiderte sie und lächelte mich vielsagend an.
„Naja gut", sagte ich, „dann kocht eben die ganz liebe Kollegin dem ganz lieben Kollegen einen Kaffee, gut?"
Regina antwortete nicht.
Sie stellte den Wasserkocher auf das Büfett und tat den Stecker in die Steckdose.
Dann drehte sie sich zu mir um und hielt plötzlich mit beiden Händen meinen Kopf fest und sagte: „Findest du nicht auch, ein kleines Küßchen könnten wir uns doch mal geben?"
Dann küßte sie mich.
Ich war so überrascht, daß ich gar nicht richtig reagieren konnte.
Die Folge war, daß vor lauter Aufregung unsere Zähne heftig aneinander stießen.
Danach ließ sie meinen Kopf wieder los und wir umarmten uns.
Wir hatten uns so eng umschlungen, daß ich ihr klopfendes Herz spüren konnte. Meines war davon so ergriffen, daß es in den gleichen Rhythmus mit einfiel.
Wie sehr hatte ich mich danach gesehnt, sie endlich in den Armen halten zu können. Jetzt war alles wie ein Traum und ich wollte diesen Traum nicht wieder hergeben.
Der dämliche Wasserkocher begann neben uns zu blubbern.
Langsam lösten wir uns aus der Umarmung.
Doch noch nicht ganz, denn wir mußten uns jetzt küssen, lange und ausgiebig.
Wo wir doch so lange darauf gewartet hatten.

Danach mußten wir für unseren Kaffee neues Wasser ansetzen, weil das meiste übergekocht war.
Als wir dann in meinem Büro saßen, sagte ich: „Ich hatte mir schon fast keine Hoffnungen mehr gemacht, nachdem Gisela neulich mit mir gesprochen hatte."
„Wieso? Über was hat sie denn mit dir gesprochen?" fragte Regina.
„Na, sie hat mich gefragt, ob ich dich ganz besonders mag und ich hab das natürlich zugegeben. Darauf hin hat sie gesagt, daß du wahrscheinlich nicht so empfindest, damit ich mir keine falschen Hoffnungen mache."
„Hm, das ist ja seltsam, davon hat sie mir nichts erzählt", sagte sie nachdenklich.
„Ich hatte eigentlich geglaubt, daß du sie vorgeschickt hattest, damit sie mir das sagt. Da kannst du dir sicher vorstellen, daß das wie ein Hammer auf mich gewirkt hat", erklärte ich ihr.
„Ach, da wolltest du wohl jetzt gar nichts mehr von mir wissen?" fragte sie und spielte die Gekränkte.
„Nee, nee", sagte ich schnell, „ich wollte dir nur etwas mehr Zeit lassen. So etwas Liebes wie dich, kann man doch nicht so einfach alleine lassen. Außerdem bist du ja bald geschieden."
„Ja, aber bis dahin müssen wir noch vorsichtig sein, damit uns mein Mann nicht sieht. Sonst bekomme ich noch bei der Scheidung die Schuld zugesprochen", sagte sie und ihr Gesicht wurde ernst.
„Ach, weißt du Regina, wir haben doch alle Zeit der Welt und brauchen nichts zu überstürzen. Hab' ich jetzt so lange gewartet, kann ich auch noch länger warten", versuchte ich sie wieder aufzuheitern.
„Übrigens habe ich neulich schon gehofft, du würdest mich mal in den Arm nehmen und trösten", sagte sie mit leichtem Vorwurf in der Stimme.
Mit neulich meinte sie den Abend, an dem sie mit ihrer Kegeltruppe im Kulturraum Fasching gefeiert hatte. Sie muß dabei wieder einen riesigen Streit mit ihrem Mann gehabt haben.
Jedenfalls kam sie weinend, zusammen mit ihrer Freundin Gisela, plötzlich in mein Büro. Als ich ihr verweintes Gesicht sah, krampfte sich bei mir das Herz zusammen und ich hätte sie wirklich am liebsten in meine Arme genommen.

„Ja, das war irgendwie doof“, antwortete ich. „Ich wollte die Situation nicht ausnutzen. Das fand ich schäbig. Außerdem wollte ich auch nicht, daß das Gisela sieht. Hinterher hätte ich mich am liebsten geohrfeigt, für meine Dämlichkeit.“
„Was glaubst du denn, warum ich extra zu dir ins Büro wollte?“ fragte sie.
„Naja, ich bin halt zu feige“, sagte ich.
Sie stand auf, umarmte mich und flüsterte mir ins Ohr: „Es ist schon schlimm, wenn die Frau den Anfang machen muß.“

Fortan kam sie mich so oft im Büro besuchen, wie es ihr überhaupt möglich war. Manchmal verabredeten wir uns auch heimlich und gingen ein Stück an der Elbe spazieren.
Jeden Tag spürte ich mehr, wie sehr ich sie liebte, und sie empfand es ebenso.

Ein paar Wochen später wurde ihre Ehe geschieden und Regina stellte mich ihren Eltern vor, zunächst nur als netten Arbeitskollegen.
Ich hatte anfangs Bedenken, daß sie mir gegenüber mißtrauisch waren, weil ja Regina gerade erst geschieden war, aber die beiden waren ausgesprochen nett und freundlich zu mir und ich fühlte mich in ihrer Runde gleich beim ersten Mal wohl.
Als sie mir später einen Likör anboten, lehnte ich dankend ab. Ich erklärte ihnen, daß ich überhaupt keinen Alkohol trinke und erzählte ihnen von meiner Alkoholkrankheit.
Natürlich war es für sie schwer zu verstehen, daß man da gar keinen Tropfen Alkohol trinken konnte, aber sie akzeptierten es von Anfang an.

Langsam begannen wir uns Gedanken zu machen, wie es mit uns weiter ging.
Außer Zweifel stand natürlich, daß wir unbedingt für immer zusammen bleiben wollten.
Da waren aber noch Reginas Kinder. Wir wußten nicht, wie sie es auffassen würden, wenn sie ihnen sagte, daß sie einen neuen Mann gefunden hatte.
Mike, der älteste von den Dreien, war fast 16 Jahre alt und ein ziemlich aufgeweckter Bursche. Bei ihm hatten wir die wenigsten

Bedenken. Zum einen hatte er bei den Streitereien seiner Eltern, immer die Partei seiner Mutter ergriffen. Zum anderen hatte er mal hinterher zu seiner Mutter gesagt, als ich in seiner Klasse den Lehrer vertreten hatte: „Der Herr Hoffmann fetzt. Bei dem macht der Unterricht wenigstens Spaß."
Bei Torsten, er war 14 Jahre alt, wußte Regina nicht so richtig, wie er reagieren würde. Er war ein ganz lieber, ruhiger Junge und hatte zu seinem Vater einen ganz guten Kontakt.
Yvonne war erst 11 Jahre alt. Als die Kleinste, wurde sie natürlich von allen verwöhnt, auch von ihrem Vater. Sie konnte die Scheidung der Eltern am wenigsten verkraften. Wenn Regina ihr jetzt gleich einen neuen Freund präsentierte, würde sie das mit Sicherheit nicht verstehen, zumal der Vater ja noch mit im Haus wohnte. Regina hatte sich erst mal so weit mit ihrem geschiedenen Mann arrangieren müssen, daß er in der ersten Etage ein eigenes Zimmer bekam und natürlich das Bad und die Küche mit benutzen durfte, bis er eine andere Wohnung bekam.
Uns blieb also vorerst nichts anderes übrig, als zu warten, was uns die Zeit so bringen würde.

Ende April 1990 stand fest, daß die LPG aufgelöst werden sollte. Herbert Hildmann war vor einiger Zeit in Rente gegangen und als sein Nachfolger wurde Rolf Heine gewählt.
Dieser hatte jetzt die Aufgabe, die große LPG „Frühgemüsezentrum" mit 1400 Beschäftigten in ihre Bestandteile zu zerlegen.
Aus den Betriebsteilen, bei denen man voraussehen konnte, daß sie eventuell wirtschaftlich arbeiten, sollten einzelne GmbH's gebildet werden. Der Rest sollte entlassen werden.
Unsere Abteilung Polytechnik sollte vollkommen aufgelöst werden.
Regina hatte Glück und konnte ab sofort in der Zentrale als Telefonistin anfangen und später in der Jungpflanzenaufzucht als Gärtnerin arbeiten.
Ich erhielt meine Kündigung zum 01. 07. 90, also zum Schuljahresende.
Natürlich kam das nicht überraschend für mich, denn in den letzten Wochen und Monaten zeichnete sich ja diese Entwicklung ab. Ich hatte aber immer noch insgeheim gehofft, daß vielleicht ein biß-

chen DDR noch erhalten bleibt, zumindest das gute Bildungssystem.
Als ich dann das erwartete Kündigungsschreiben in den Händen hielt, war es aber doch ein Hammer für mich.
Beim Fernstudium hatte ich noch eine Prüfung zu absolvieren und die Verteidigung der Ingenieurarbeit stand noch aus. Das war beides kein Problem für mich.
Es stellte sich nur jetzt ganz deutlich die Frage, was sollte ich dann mit meinem Abschluß als Agraringenieur anfangen?
Von meinen Mitstudenten wußte ich, daß die anderen LPG's sich auch alle auflösten. Scharenweise wurden dabei Ingenieure entlassen.
In dem Beruf weiter zu arbeiten, der mir ans Herz gewachsen war und der mir Spaß machte, hatte ich auch keine Chance. Dazu fehlte mir eine offizielle Lehrbefähigung und die bekam man nur durch ein Studium. Ich hatte mich deshalb schon erkundigt, ob es da Ausnahmen gab. Es hätte ja sein können, wenn jemand schon eine Zeit lang als Lehrer gearbeitet hat, daß ihm dann die Lehrbefähigung zuerkannt würde. Aber so etwas gab es nicht.
Bliebe nur noch ein neues Pädagogikstudium. Das konnte ich mir aber finanziell nicht leisten.
Ich rätselte hin und her, was ich sonst ab dem 1.Juli machen könnte, aber mir fehlten einfach die Ideen.
Ich fragte bei diesem und jenem nach, aber keiner konnte mir einen Tip geben. Nirgendwo wurde jemand wie ich gebraucht.
Ich war an dem Punkt angelangt, den ich mir nicht einmal in den verrücktesten Träumen hatte vorstellen können. Ich würde ab 1. Juli arbeitslos sein. So ein Quatsch eigentlich, so etwas gab es doch nur im Westen, aber doch nicht bei uns!
Ich hatte ja noch ein paar Wochen Zeit. Bis dahin würde sich bestimmt noch irgend etwas ergeben.

Inzwischen waren wir etwas mutiger geworden.
Ich besuchte Regina in ihrer Wohnung und fuhr erst abends spät nach Hause.
Eigentlich hätte ich mir eine andere Wohnung suchen müssen, denn die jetzige war Vroni und den Kindern zugesprochen worden.
Es ging auch nicht, daß wir für mich als Übergangslösung ein separates Zimmer einrichten konnten. Doch ich wollte die Wohnungs-

suche noch eine Weile hinauszögern und erst einmal abwarten, wie sich das Verhältnis zu Reginas Kindern entwickelte.
Vroni drängte mich auch nicht dazu. Komischerweise konnten wir seit der Scheidung ganz gut miteinander reden. Biene und Tina hatten keine Ahnung, daß sich ihre Eltern trennen würden.
Dieses Drama stand ihnen noch bevor.

Durch Zufall erfuhr ich von meinem Schwager, daß sich in Dresden eine bekannte Versicherungsgesellschaft aus Baden-Württemberg angesiedelt hatte. Es sollte dort eine neue Geschäftsstelle eröffnet werden, die noch Mitarbeiter suchte.
Man brauchte sich nur zu den Schulungen anmelden. Jens, mein Schwager, hatte bereits eine Schulung hinter sich.
Er machte das der Vorsicht halber, denn er wußte selbst noch nicht, wie es bei ihm in der Kriminalpolizei weiter ging und ob dort vielleicht auch die meisten entlassen wurden.
An einem Nachmittag nahm ich an einer dieser Schulungen teil.
Herr Engert, welcher die Schulung leitete, kam direkt aus Baden-Württemberg. Er würde auch der Geschäftsstellenleiter von Dresden werden.
Vor der Schulung fragte er mich, ob ich nur nebenbei oder gleich hauptberuflich für die Versicherungsgesellschaft arbeiten wollte.
Ich erzählte ihm, was ich bis jetzt gearbeitet hatte und daß ich ab 1. Juli arbeitslos war.
Dann wäre es ja das beste, wenn ich gleich hauptberuflich einstiege, schlug er mir vor.
Da ich sowieso keine andere Arbeit in Aussicht hatte, stimmte ich zu.
In der Schulung dann erfuhr ich, daß unsere Staatliche Versicherung der reinste Witz war. Dafür lernte ich jetzt die Vorzüge einer kapitalbildenden Lebensversicherung kennen.
Es war regelrecht verblüffend, was für eine Menge Geld man da ansparen konnte. Bei diesen riesigen Kapitalerträgen, so nannte man das, summten einem regelrecht die Ohren.
Ich war begeistert.
Danach lernte ich schon einen Teil des Verkaufsgespräches kennen, welches die Schulungsteilnehmer auswendig lernen mußten.
Denn nur so, meinte Herr Engert, konnte man eine Versicherung

verkaufen. Am Ende fragte mich dieser, ob ich nicht ein paar Leute kennen würde, die ich später als nebenberufliche Mitarbeiter selber anleiten könnte.
Jens gesellte sich dazu und meinte, daß er und ein paar seiner Kollegen ja nebenberuflich arbeiten würden. Damit hätte ich doch schon die ersten Mitarbeiter. Herr Engert war damit einverstanden.
So hatte ich schon am ersten Tag eine Gruppe mit fünf Mitarbeitern.

In den nächsten Tagen gab ich meine Bewerbungsunterlagen bei der Versicherung ab und erhielt kurz darauf einen Mitarbeitervertrag beginnend ab dem 1. Juli 1990.
Ich hatte inzwischen schon viel gelernt und auch erfahren, wieviel Geld man mit dem Verkauf von kapitalbildenden Lebensversicherungen verdienen konnte.
Drei von meinen Studienkollegen konnte ich auch für die Arbeit bei der Versicherung gewinnen, so daß meine Gruppe bereits aus insgesamt 9 Mitarbeitern bestand.

Es war der 29. Juni 1990, mein letzter Arbeitstag in der LPG.
Ich hatte schon seit ein paar Tagen keinen Unterricht mehr. Deshalb kam ich mir hier sowieso ziemlich nutzlos vor.
Die Dinge von meinem Schreibtisch, die mir privat gehörten, hatte ich schnell verstaut.
Dann schlenderte ich durch das Gebäude. Es war mir alles vertraut und doch mit einem mal so fremd. Ich spürte, daß ich nicht mehr hierher gehörte.
Ich öffnete die Tür zu meinem Computerkabinett, setzte mich in die letzte Bankreihe und sah mich um.
Hier durfte ich in den letzten zwei Jahren Lehrer sein. Das war ein Geschenk für mich gewesen, denn ich war gerne Lehrer, und ich glaubte, die Schüler hatten das auch gespürt.
Ich war vielleicht nicht das, was man sich unter einem Lehrer vorstellte, nicht streng, aber die Schüler hatten trotzdem Respekt vor mir und ich vor ihnen.
Es gab da z.B. einige „Rüpelklassen“, wie sie von anderen Lehrern bezeichnet wurden, bei denen es kaum möglich war, ordentlich zu unterrichten.

Bei mir war das anders. Bei mir benahmen sich alle ordentlich und diszipliniert. Ich konnte oft nicht nachvollziehen, was mir die Lehrer über die Klassen berichteten.
Die Schüler hatten auch Vertrauen zu mir. Oft kamen sie in den Pausen mit ihren Sorgen und Problemen zu mir, die nichts mit dem Informatik-Unterricht zu tun hatten und baten mich um Rat.
Dabei hatte ich das Gefühl, daß sie froh waren, wenn ihnen ein Erwachsener zuhörte, und meistens konnte ich ihnen auch einen Tip mit auf den Weg geben.
Nun war diese schöne Zeit zu Ende. Ich konnte es immer noch nicht begreifen.
Mein Leben war in den letzten Jahren in festen Bahnen verlaufen und auch für die Zukunft war alles genau geplant. Ich wäre bis zur Rente Lehrer geblieben und hätte nebenbei noch die Abteilung Polytechnik geleitet. Alles war so klar gewesen, und jetzt saß ich hier und grübelte, was mir wohl die Zukunft bringen würde.
Noch in diesem Jahr sollte die Vereinigung der BRD und der DDR erfolgen.
Ich war nicht froh darüber, hatte ich doch dadurch meine mir lieb gewordene Arbeit verloren.
Ich ging zu Jochen ins Büro und verabschiedete mich von ihm.
Er hatte es gut. Er war von der Leitung der LPG beauftragt worden, das Objekt Polytechnik aufzulösen. Damit gab es noch ein paar Monate zu tun. Dann würde er sowieso in Rente gehen.
Wir versicherten uns gegenseitig, daß wir gern zusammen gearbeitet hatten und daß es eine schöne Zeit war.
Dann mußte ich mich beeilen, daß ich hinaus kam, denn ich spürte, wie mir die Tränen in die Augen schossen.

Am darauf folgenden Sonntag war ich bei Regina zur Grillparty eingeladen. Es war der Tag der Währungsunion.
Das war für mich eine weitere Gelegenheit, ihre Kinder ein wenig näher kennen zu lernen und sie mich.
Reginas Eltern waren auch mit von der Partie, sowie ihre jüngere Schwester Sylvia mit Lutz, ihrem Mann. Die beiden hatten ihre kleine zweieinhalb Jahre alte Tochter Monique mit.
Es wurde ein gemütlicher Abend, und ich fühlte mich wohl in der Runde.

Um allen Eventualitäten aus dem Wege zu gehen, erklärte ich Sylvia und Lutz gleich zu Anfang, daß ich keinen Alkohol trank und warum. Reginas Eltern wußten ja schon Bescheid.
Lutz fand das zwar schade, weil er selber gern ein paar Bierchen trank. Trotzdem fand er es „stark“, wie er sagte, daß ich das so eisern durchhielt.
Am späten Abend konnten wir über Dresden noch ein schönes Feuerwerk beobachten, als wäre dieses direkt für unsere Gartenparty bestellt worden.
Kurz vor Mitternacht, alle anderen waren bereits gegangen, schlug Regina mir vor: „Du kannst doch heute nacht hier schlafen. Ich glaube, meine Kinder würden das akzeptieren.“
Obwohl ich mir das auch schon für die Zukunft so gewünscht hatte, kam es jetzt doch ziemlich überraschend für mich.
Bisher war ich morgens immer zu Hause gewesen, wenn meine Kinder munter wurden.
Für sie hatte sich seit der Scheidung nichts geändert, denn ich schlief weiter im ehelichen Doppelbett neben meiner geschiedenen Frau. Daß das auf Dauer keine Lösung war, war mir schon klar, doch bisher hatte ich eben die Kinder auf eine Trennung noch gar nicht vorbereitet.
„Du kannst doch im Wohnzimmer schlafen und morgen holst du deine Sachen. Ich mach im Schrank ein paar Fächer für dich frei“, sagte Regina.
Ich nahm sie in den Arm und hielt sie lange fest, ehe ich sagte: „Besser ist es, wenn ich erst ab morgen hier schlafe. Ich habe Biene und Tina noch nicht erzählt, daß ihre Mama und ihr Papa geschieden sind und was das am Ende für sie bedeutet.“
Regina blieb ganz still in meinen Armen und schmiegte sich an mich. Schließlich sagte sie leise: „Wenn du deine Kinder nicht verlassen willst, würde ich das verstehen. Ich habe mir gerade vorgestellt, ich müßte meine Kinder verlassen, damit wir zusammen sein können und ich weiß genau, ich könnte das nicht.“
„Das Schlimme daran ist ja, die beiden hängen so sehr an mir“, sagte ich. „Es wird sie sicher treffen, wie ein Blitz aus heiterem Himmel, denn sie haben selten mal ein lautes Wort zwischen Vroni und mir gehört. Für sie ist die Familie noch vollkommen in Ordnung.“

„Wenn es bei mir in der Ehe so ruhig zugegangen wäre, hätte ich mich schon allein der Kinder wegen nicht scheiden lassen“, sagte Regina bestimmt.
„Dann wärst du an der Seite eines Mannes geblieben, den du nicht liebst?“ fragte ich zweifelnd.
„Der Kinder wegen schon“, antwortete sie. „Ich hätte mich dann später scheiden lassen, wenn die Kinder alle groß sind.“
„Ich muß ja auch zugeben, daß es mir leid tut, wegen der Kinder, aber trotzdem möchte ich nicht mit einer Frau zusammen leben, die ich nicht liebe“, sagte ich.
„Ja, daß mußt du ganz alleine wissen.“
„Ich weiß, daß ich dich liebe und daß ich mit dir zusammen leben möchte. Das weiß ich ganz genau, Schatz“, sagte ich und küßte sie auf den Mund.

Es war an diesem Abend genau so, wie an den letzten Abenden zuvor.
Wenn ich bei Regina war, mußte ich sehr oft an Biene und Tina daheim denken. Ich dachte daran, wie weh ich den beiden tun würde, wenn ich sie verließ.
Mir war klar, daß sie lange Zeit brauchen würden, um darüber hinweg zu kommen, daß ihr Papa sie verlassen hatte.
Wenn sie überhaupt jemals darüber hinweg kamen.
Ich fühlte mich bei diesen Gedanken so unheimlich mies und kam mir vor wie ein elender Schuft, wie ein Rabenvater, der seine Kinder im Stich ließ.
Ich war ja nicht irgend jemand. Nein, ich war der, zu dem die beiden Kleinen das meiste Vertrauen hatten.
Es schnürte mir die Kehle zu, wenn ich an die Tränen dachte, die sie durch mich vergießen würden.
An Vroni dachte ich aber auch manchmal, wenn ich bei Regina war. Auf ihre Weise liebte sie mich immer noch. Das spürte ich.
Auch sie ließ ich einfach sitzen. Ich würde sie mit zwei Kindern alleine lassen. Kaum vorstellbar, was in ihr so vorgehen mußte. Der Mann, den sie liebte, sagt plötzlich: „Es ist aus und vorbei“ und haut einfach ab.
Wenn ich dann wiederum zu Hause war, kam mir nur noch Regina in den Sinn. Ich dachte an sie und daran, wie lieb sie war, so sanft,

so scheu und ich sehnte mich nach ihr, nach ihren Lippen und den zarten Händen, ein wunderschöner Engel. Ich sehnte mich danach, in ihren Armen zu liegen.
In diesen Augenblicken war ich überzeugt davon, daß sie die Wärme meines Herzens zu Hause im Schlaf spüren müßte. Vielleicht träumte sie dann gerade von mir.

Am Morgen mußte ich in die Geschäftsstelle meiner Versicherung. Seit dem Tag zuvor waren alle Versicherungspolicen, die meine Mitarbeiter und ich in den vergangenen Wochen abgeschlossen hatten, wirksam geworden.
Der stellvertretende Geschäftsstellenleiter fragte mich, ob ich ab August auch einen PKW haben möchte.
Ich verstand nicht gleich, wie er das meinte, denn bisher hatte man mit mir noch nicht darüber gesprochen.
Er erklärte mir darauf hin, daß jeder hauptberufliche Mitarbeiter der Versicherung über die Firma einen PKW gestellt bekommt.
Für den kleinen Ford Fiesta bräuchte der Mitarbeiter gar nichts bezahlen, sollte es ein größeres Modell sein, müßte monatlich etwas dazugezahlt werden.
Ich entschied mich spontan für den Fiesta, und er schrieb mich in eine Liste ein. Sogar die Farbe konnte ich wählen. Ich entschied mich für blau.
Anfang des Jahres hatte ich dummer Weise noch einen gebrauchten Trabant 601 gekauft. Wie sich aber erst viel später herausstellte, war der Motor nicht mehr viel Wert.
Es konnte jeden Tag passieren, daß er die Mücke machte.
So war es ganz gut, wenn ich kostenlos ein anderes Auto bekam, denn Vroni brauchte den 600er Kombi, den wir außerdem noch hatten, jetzt selber.

Am Nachmittag fuhr ich nach Hause. Vroni und die Kinder waren noch nicht da.
Ich holte mir vom Dachboden einen Koffer und eine Reisetasche und begann meine Anziehsachen einzupacken.
Ich wählte aus den Schränken im Schlafzimmer nur die Sachen aus, die ich in den nächsten Tagen brauchen würde, denn alles konnte ich sowieso nicht mit einem Mal mitnehmen.

Dann ging ich hinüber ins Wohnzimmer und suchte meine persönlichen Papiere zusammen.
Schließlich hatte ich alles verstaut und stellte Koffer und Reisetasche in den Flur.
Jetzt einfach so verschwinden, das konnte ich nicht. Deshalb setzte ich mich ins Wohnzimmer und wartete mit klopfendem Herzen auf Vroni und die Kinder, die ja jeden Augenblick nach Hause kommen mußten.
Es dauerte auch nicht lange, da wurde die Wohnungstür geöffnet und ich konnte die fröhlichen Stimmen der Kinder hören.
Dann war es eine Zeit lang ganz still. Sicher hatten sie Koffer und Reisetasche entdeckt.
Sabine kam ins Wohnzimmer gerannt, Christina hinter ihr her. In der Tür sah ich Veronika stehen. Sie hatte bereits begriffen, was das alles zu bedeuten hatte.
Die Kinder umarmten mich zur Begrüßung. Doch anders als sonst, ließen sie mich gar nicht wieder los.
„Papa, warum stehen denn die Taschen da draußen? Willst du in Urlaub fahren?“ fragte Biene.
An ihrer Stimme konnte ich die Enttäuschung heraus hören, daß ich ihr vorher nichts erzählt hatte.
„Nein, das ist ganz anders. Ich will mal versuchen, euch das zu erklären“, sagte ich.
Doch als ich die Augen der beiden lieben Kleinen sah, kamen mir die Tränen.
„Papa, was ist denn los mit dir“, sagte Biene erschrocken und begann mir das Gesicht zu streicheln.
Ich brauchte eine ganze Weile, bis ich mich wieder etwas im Griff hatte.
„Ich habe euch beide ganz doll lieb. Das müßt ihr unbedingt wissen“, sagte ich und drückte die Kinder fest an mich.
„Aber es ist so, daß ich mich mit der Mama nicht mehr so richtig verstehe und deshalb ziehe ich heute aus. Wenn ihr mal größer seid, werdet ihr das vielleicht verstehen.“
„Und wann kommst du wieder?“ fragte Biene.
Dicke Tränen kullerten über ihr Gesicht. Auch Tina begann zu weinen.
„Ich komme gar nicht wieder und es tut mir weh, wenn ich euch heute verlasse, denn ich habe euch beide sehr sehr lieb.“

Die beiden Kleinen schienen jetzt endgültig begriffen zu haben, daß ich sie verlassen wollte. Sie fingen beide lauthals zu weinen an. Sie schrien dabei: „Papa, bleib doch hier, bitte, bitte!"
Sie schrien es immer zu.
Ich stand auf und versuchte mich vorsichtig von den beiden zu lösen.
Dadurch schrien sie noch lauter.
Biene hatte ihre Arme fest um meinen Hals geschlungen. Tina umklammerte krampfhaft meine Beine, so daß ich keinen Schritt laufen konnte.
Ich sah zu Vroni, die kreidebleich im Türrahmen stand.
Mein Blick sollte ihr sagen: „Nun hilf mir doch!"
Sie hatte verstanden und kam zu mir.
Behutsam befreite sie mein Bein von der schreienden Tina und nahm sie auf den Arm. Dann sagte sie zu Biene: „Laß den Papa los! Der will nicht mehr hier bei uns wohnen."
Ich stellte Biene auf den Boden und löste mich aus ihren Armen.
Sie bekam einen Weinkrampf.
Ich mußte das Ganze unbedingt abkürzen.
Ich ging in den Flur und öffnete die Wohnungstür.
Dann griff ich mir Koffer und Tasche und stellte beides ins Treppenhaus.
Da kam Biene schon wieder angerannt, klammerte sich an mich und schrie: „Papa, bitte, bitte, bitte, bleib doch hier."
„Ich komm' euch bald besuchen", sagte ich und wollte sie damit etwas beruhigen.
Ich hob sie hoch und küßte ihr die Tränen aus dem Gesicht. Mit ihr auf den Arm ging ich zu Tina und küßte sie ebenfalls.
Dann stellte ich Biene neben Vroni und sagte: „Halt sie bitte mal!"
Sie ergriff ihre Hand und hielt sie fest.
„Ich komm' euch bald besuchen", sagte ich erneut.
Ich ging zur Tür und drehte mich noch einmal um.
Ich sah eine weinende Vroni, mit der weinenden kleinen Tina auf dem Arm. An der Hand die weinende Biene und beide Kinder schrien immerfort: „Papa, Papa, Papa ...!"
Es war ein grausames Bild.
Es brannte sich für immer und ewig tief in meinen Gedanken und meinem Herzen ein.
Es ist ein Bild, das immer wiederkehrt, das sich nicht verdrängen

läßt, und es tut immer wieder weh. Auch die vielen Tränen haben es nicht vermocht, dieses Bild hinweg zu spülen.
Regina erzählte ich nichts von dem ganzen Ausmaß des Dramas.
Ich wollte sie damit nicht unnötig belasten. Natürlich konnte sie sich vorstellen, daß mir die Trennung von meinen Kindern nicht leicht gefallen war.
Ich wollte aber nicht den Eindruck entstehen lassen, daß ich die Kinder wegen ihr verlassen hätte.
Das war ja nun wirklich nicht so. Schließlich hatten wir uns erst nach meiner Scheidung näher kennengelernt.

Die Geschäfte mit der Versicherung liefen anfangs sehr gut.
Später kamen mir aber Zweifel, ob das was ich hier machte, auch wirklich noch mit meinem Gewissen zu vereinbaren war.
Vom Geschäftsstellenleiter wurden wir für einen, wie er sagte, vollkommen neuen Tarif für die Lebensversicherung geschult. Dieser war viel günstiger für unsere Kunden als der alte.
Über die Zentrale in Baden-Württemberg erfuhr ich später, daß es diesen Tarif aber schon lange gab und daß es noch weitere solcher besseren Tarife gab.
Wir hatten demnach an unsere Kunden hier im Osten Versicherungen verkauft, die schon längst veraltet waren und die im Westen den Kunden gar nicht mehr angeboten wurden.
Die alten Tarife brachten zwar der Versicherungsgesellschaft mehr Gewinn, dem Kunden dafür aber weniger.
Durch diese Erkenntnis bekam ich starke Zweifel an der Seriosität der Versicherung und natürlich auch an meinem Tun.
Damit stand für mich fest, daß ich nicht mehr ewig bei dieser Gesellschaft bleiben würde.

Im April 1991 gründete ich dann eine eigene Firma, eine Partnervermittlung.
Ich hatte inzwischen mitbekommen, wie sogenannte seriöse Unternehmen die Partnersuchenden regelrecht abzockten.
Preise von 1.200,- bis sogar 6.000,- DM wurden da für einen Vermittlungsvertrag verlangt und leider auch bezahlt.
Da ich selbst noch aus früheren Zeiten wußte, wie schwer es sein kann, einen passenden Partner zu finden, hatte ich mir überlegt,

daß bestimmt viele froh darüber wären, wenn sie eine preiswertere Vermittlung in Anspruch nehmen könnten, eine die sie sich auch leisten könnten.

Ich inserierte also regelmäßig in einigen Zeitungen und wickelte alles, also Fragebögen, Verträge usw. postalisch ab. Ich verlangte für ein Jahr Vermittlungstätigkeit zwischen 160,- und 240,- DM.

Anfangs lief es auch ganz gut an, doch mit der Zeit überstiegen die Kosten für die Inserate die Einnahmen.

Im Juli hatte ich bereits einen Verlust von 13.500,- DM zu Buche stehen. Das waren Gelder, die ich mir von der Bank für die Büroeinrichtung, Software und die laufenden Ausgaben geborgt hatte.

Bei dieser Verlustsumme hätte ich eigentlich an die Aufgabe der Firma denken müssen.

Doch es ergab sich anders.

In den Nachbarbüros hatte sich eine Würzburger Vertriebsgesellschaft angesiedelt.

Seit einigen Tagen bemühte sich Herr Blatter, der Vertriebschef der Büros, mich für die Mitarbeit in seiner Firma zu gewinnen.

Schließlich gab ich nach und sagte einem Termin für ein vertrauliches Gespräch mit ihm zu.

Es war überwältigend.

Die Gesellschaft verkaufte Kapitalanlagen und versprach den Kunden dabei 12% Gewinn auf das eingezahlte Geld.

Logisch, daß man überhaupt kein Problem hatte, neue Kunden dafür zu gewinnen.

Wenn sich der Kunde entscheiden mußte, ob er sein Geld für 3% auf dem Sparbuch oder besser mit 12% bei der WVG wachsen lassen konnte, war doch klar, für was er sich entschied.

Als Herr Blatter dann noch von mir erfuhr, daß ich bereits für eine Versicherung gearbeitet hatte und dort einige Mitarbeiter hatte, erklärte er mir kurzer Hand, was ich bei der WVG im Strukturvertrieb verdienen konnte.

Das war regelrecht berauschend und mir wurde klar, wie schnell ich meine Schulden los sein würde, wenn ich hier bei ihm mitmachte. Also sagte ich kurz entschlossen zu und unterschrieb sogleich einen Mitarbeitervertrag.

Schon am folgenden Tag besuchte ich meine erste Schulung und wurde von der riesigen Begeisterung der Gruppe angesteckt.

Kurz darauf hatte ich bereits drei feste Mitarbeiter, die ich von der Versicherungszeit her kannte. Diese stellten wiederum Mitarbeiter ein und meine Struktur wuchs schnell auf 15 Mann an.
Für meine Weiterentwicklung mußte ich natürlich auch Seminare besuchen, wie zum Beispiel „Glück und Erfolg" bei Dieter Weiner. Davon kostete ein Seminar ca. 3.500,- DM.
Eine gute Investition in die Zukunft war das, dachte ich.

Am 9. August 1991 war unsere Hochzeit.
Obwohl wir keinen Polterabend machten und die Feier nur im engsten Familienkreis stattfand, waren wir immerhin 25 Personen. Jedenfalls war der kleine Raum im Standesamt Radebeul ziemlich voll geworden.
Regina war eine wunderschöne Braut. Wenn ich nicht schon verliebt gewesen wäre, hätte ich mich spätestens jetzt bei ihrem Anblick in sie verliebt. Sie trug ein trägerloses rotes Kleid, das bis zu den Hüften ganz eng anliegend war und ab da weit ausholend bis zum Boden reichte. Ihr langes dunkles Haar war zusammengesteckt und mit kleinen weißen Zweigen verziert.
Frau Borgmann, die Standesbeamtin, hielt eine feierliche Rede, die so manche Träne bei den Anwesenden hervorlockte.
Anschließend gaben wir uns gegenseitig das Ja-Wort.
Der liebe nette Arbeitskollege heiratete seine liebe nette Arbeitskollegin. Es war alles wie im Märchen.
Nun hätten wir uns eigentlich küssen müssen, aber das hatten wir beide in der Aufregung vergessen, wie uns erst hinterher bewußt wurde.
Vielmehr waren wir damit beschäftigt, uns gegenseitig die Eheringe anzustecken, was uns, mit vor Aufregung zittrigen Händen, nicht gleich auf Anhieb gelang.
Anschließend feierten wir zu Hause. Platz hatten wir ja genug und da uns das Wetter überaus freundlich gesonnen war, konnten wir es uns auch im Garten gemütlich machen.
Natürlich wurde dabei auch einiges getrunken. Das bereitete mir nun wiederum gar keine Probleme, denn die meisten wußten ja bereits, daß ich keinen Alkohol trank.
Wir feierten noch weit bis in die Nacht hinein, denn der nächste Tag war ein Samstag. Da konnten alle ausschlafen.

Die Provisionen kamen nicht wie versprochen. Meine Ausgaben waren dagegen enorm und so war mein Bankkonto von der Partnervermittlung inzwischen auf 40.000,- DM Saldo angewachsen.
Schließlich sagte die Bank: „Schluß mit lustig!" und wollte ihr Geld sofort wieder haben. Das ging natürlich von meiner Seite aus nicht und ich konnte mich zum Glück mit der Bank über eine Rückzahlung in Raten verständigen.
Mit der WVG ging es weiter bergab und natürlich auch mit ihren Mitarbeitern.
Die Presseberichte häuften sich, daß das ganze Unternehmen ein großer Schwindel sei, wo die Sparer um ihr Geld betrogen wurden. Von Seiten der Geschäftsführer wurde das zwar dementiert, aber es flatterten mehr und mehr Kündigungen der Sparverträge ins Haus. Ganz zu schweigen davon, daß wir Mitarbeiter kaum noch Leute fanden, die solch einen Vertrag neu abschließen wollten.
Ende 1991 kam dann ganz das Aus.
Die beiden Geschäftsführer der Firma wurden in Würzburg von der Staatsanwaltschaft verhaftet.
Ich hatte zu Beginn meiner Tätigkeit in der WVG gefragt, wie denn der phantastische Gewinn von 12% ermöglicht wurde.
Man erklärte mir, daß das durch die Anlage in Immobilien erzielt werden würde. Jetzt nach der Wiedervereinigung wäre es überhaupt kein Problem, noch größere Renditen zu erzielen.
Das leuchtete mir ein.
Der hauptsächliche Haken an der ganzen Sache war nur, wie sich später herausstellen sollte, daß der eine der beiden Geschäftsführer der WVG eine Unmenge der eingenommen Gelder unbemerkt am anderen Geschäftsführer vorbei geschmuggelt hatte und sie in seine eigenen Taschen hat fließen lassen.

Im Januar 1992 fand ich über das Arbeitsamt eine neue Anstellung. Ich wurde Außendienstmitarbeiter für die Firma forestina.
Ich verkaufte Substrate, wie Blumenerde, Rindenmulch usw. an Gartencenter, Baumärkte und Gärtnereien in Sachsen und Brandenburg.
Der Verdienst war nicht besonders, aber dafür bekam ich einen Firmenwagen, einen VW-Golf gestellt. Das war auch was Wert und half wirtschaften.

Nach der Einarbeitszeit machte mir die Arbeit direkt Spaß. Ich konnte mir die Zeit so ziemlich selbst einteilen und lernte eine Menge Leute kennen.
Seit ich mich von meiner ersten Frau und den Kindern getrennt hatte, waren inzwischen reichlich drei Jahre vergangen.
Eigentlich hatte ich anfangs geglaubt, daß es für die Kinder am besten sein würde, wenn sie mich gar nicht mehr sahen. Dann könnten sie mich und den schmerzlichen Abschied von mir besser überwinden.
Außerdem hoffte ich, daß vielleicht ein neuer Papa für sie auftauchen würde und dem wollte ich keinesfalls im Wege stehen.
Trotzdem wanderten meine Gedanken oft zu Sabine und Christina, immer verbunden mit dem schmerzlichen Bild unserer Trennung vor Augen. Mein Gewissen ließ mir einfach keine Ruhe.
Nach zwei Jahren der Trennung fragte ich deshalb einmal vorsichtig bei Vroni nach, wie es den Kindern ginge.
Vroni erzählte mir, daß es die erste Zeit furchtbar gewesen wäre und die beiden laufend nur geweint hatten. Jetzt hätten sie sich zwar beruhigt, aber besonders Biene würde immer wieder nach mir fragen.
Das gab mir natürlich einen fürchterlichen Stich ins Herz und ich fragte Vroni, ob es vielleicht besser für die beiden wäre, wenn sie mich hin und wieder mal sehen würden.
Sie meinte, daß es für Biene auf jeden Fall besser wäre. Bei Tina wüßte sie es nicht genau, aber sicher würde die sich auch freuen.
Ich vereinbarte darauf hin mit ihr einen Tag, wo ich sie besuchen kommen wollte.
Als ich Regina davon erzählte, fand sie die Idee erst mal nicht so gut. Sie war der Meinung, daß dadurch die Kinder hin und her gerissen werden würden und überhaupt nicht mehr zur Ruhe kamen.
In dem Punkt mußte ich ihr auch recht geben, denn die Gefahr bestand auf jeden Fall.
Doch ich war der Meinung, daß es für ein Kind vielleicht noch schlimmer war, wenn es sich vom Vater gänzlich im Stich gelassen fühlte, an dem es so sehr gehangen hat. Ich konnte mir vorstellen, daß es für die Kinder besser war zu wissen, daß es irgendwo, außer der Mutter, noch einen Vater gab, der sie sehr lieb hat.

Ich hatte geklingelt. Von drinnen hörte ich Vroni rufen: „Biene, machst du mal bitte auf!“
Die Tür wurde vorsichtig geöffnet und Biene erstarrte einen Augenblick lang. Ihre Augen und der Mund waren weit aufgerissen. Dann plötzlich schrie sie: „Papa!“ und sprang an mir hoch. Sie klammerte sich an meinem Hals und drückte sich ganz fest an mich. Mit ihren acht Jahren hätte sie mich fast umgerissen.
„Papa, Papa!“ sagte sie immer wieder.
Ich hörte trappelnde Schritte im Flur und Tina erschien. Auch sie stand erst wie angewurzelt da, dann rief auch sie: „Papa, Papa!“
Ich beugte mich zu ihr hinunter und drückte sie ebenfalls an mich. Zusammen zogen sie mich in die Wohnung.
„Der Papa ist da! Der Papa ist da!“ riefen sie zu ihrer Mutter.
Vroni spielte die erstaunte, als sie uns erblickte und begrüßte mich. Ich hatte ein paar kleine Puppen für die Kinder mitgebracht, die ich jetzt aus der Tasche zog und sofort zerrten mich die beiden ins Kinderzimmer, um mir ihre ganzen Spielsachen zu zeigen.
„Wo warst du denn so lange Papa?“ fragte Biene und ich spürte, daß sie die ganze Zeit über auf mich gewartet haben mußte.
Ich hatte mir für diese Frage schon ein paar Worte zurecht gelegt, aber ich fand sie jetzt nicht mehr so gut. Deshalb sagte ich: „Ich mußte erst einmal selber wieder klar kommen. Ich hatte ja inzwischen eine andere Frau kennengelernt, dann hatte ich eine ganz andere Arbeit anfangen müssen und ganz wenig Zeit. Außerdem habe ich Angst gehabt, daß ihr mir böse seid. Deshalb habe ich mich nicht eher getraut, euch zu besuchen.“
„Ich bin dir doch aber gar nicht böse Papa“, sagte Biene erstaunt. Sie kam zu mir, küßte mich und drückte sich fest an mich.
Als Tina sah, wie mir eine Träne aus den Augenwinkeln rollte, kam sie schnell zu mir und streichelte mir das Gesicht.
Dann wollte Biene ganz genau wissen wie meine neue Frau hieße, was sie und ich arbeitete usw. und fragte mich, ob sie uns mal besuchen kommen könnte.
Ich wiederum wollte natürlich wissen, wie es den beiden in der Schule und im Kindergarten gefiel.
Nach drei Stunden verabschiedete ich mich von den beiden.
Natürlich fragten sie sofort, wann ich denn wieder kommen würde?
Ich versprach ihnen, daß ich sie bald wieder besuchen würde.

Ein paar Tage später sprach ich erneut mit Vroni und fragte sie, wie denn die Kinder meinen Besuch verkraftet hätten.
Sie meinte, daß beide seitdem viel lieber wären und nicht mehr so oft bockig seien. Anscheinend hat es ihnen gut getan, schätzte sie ein.
Von da an sah ich die Kinder zwar nicht regelmäßig, aber doch in gewissen Abständen und besuchte sie auf jeden Fall zu Weihnachten und zu ihren Geburtstagen. Was sich allerdings nun an Biene ihrem Geburtstag immer als schwierig erwies, da sie den ja am gleichen Tag wie ich hat. Trotzdem klappte es immer irgendwie.
Vroni muß ich auf jeden Fall zugute halten, daß sie, obwohl ich sie mit der Scheidung sehr verletzt hatte, gegenüber den Kindern nie schlecht über mich geredet hat.

Im Oktober 1992 wurde Regina arbeitslos.
Sie hatte bis dahin in der Sächsischen Jungpflanzen GmbH in Radebeul als Gärtnerin gearbeitet.
Über den Winter wurden dort weniger Arbeitskräfte gebraucht. Demzufolge wurden einige entlassen und sie war mit dabei.
Regina wußte zwar, daß es in ihrer Firma nicht so besonders gut lief. Trotzdem war sie durch die Kündigung ziemlich niedergeschlagen. Schließlich war es für sie ja auch das erste Mal, daß sie arbeitslos wurde.
Nun waren wir beide ziemlich ratlos und das Arbeitsamt ebenso.
Gelernt hatte sie Schneiderin und gearbeitet hatte sie in den letzten Jahren ungelernt als Sekretärin und Gärtnerin.
Nun suchte man nirgendwo eine Schneiderin, denn alle Textilbetriebe in und um Radebeul herum wurden stillgelegt.
Sekretärinnen und Gärtnerinnen wurden auch nicht gesucht. Die gab es wie Sand am Meer.
In den wenigen Betrieben, die in Radebeul nach der Wende noch übrig geblieben waren, wurde ebenfalls das Personal stark reduziert.
Um Arbeit zu finden, blieb nur noch die Möglichkeit, in die westlichen Bundesländer überzusiedeln, aber als Pendler konnte Regina nicht hin und her reisen. Sie hatte keinen Führerschein und viel zu viel Angst, diesen zu machen.
Nur, übersiedeln wollten wir beide auch nicht. Schließlich waren

schon genug Ostdeutsche in den Westen gezogen. Außerdem hatten wir hier eine sehr preiswerte Wohnung und unsere Eltern, die auch nicht mehr die Jüngsten waren.
Schließlich sagten wir uns eindeutig: „Wir bleiben hier!"
Es mußte ja schließlich auch hier im Osten bald mal bergauf gehen, so wie es der „Dicke" allen versprochen hatte.

Gegen Ende des Jahres traf ich Gunther, meinen ehemaligen Strukturleiter bei der WVG.
Er berichtete mir von großen Plänen, die er hatte.
Durch Zufall sei er auf eine Gesellschaft gestoßen, die einmalig in Deutschland sei. Sie würde aber bisher nur im Raum München arbeiten und er hätte nun vor, eine Zweigstelle davon hier in Dresden zu gründen.
Er lud mich dazu ein, in der kommenden Woche mit nach München zu fahren. Da könnte ich mir direkt vor Ort ein Bild machen.
„Und wie heißt die Firma?" fragte ich nun doch etwas neugierig geworden, weil er so davon geschwärmt hatte.
„GWFB. Der Firmenchef ist Herr Frecher und der erwartet mich nächste Woche", antwortete Gunther.
„Und was heißt GWFB?" fragte ich weiter.
„Gesellschaft für Wirtschafts- und Finanzberatung."
„Nee du, danke, das klingt schon wieder wie Versicherung oder so was", winkte ich ab.
Ich hatte mir nach dem Schiffbruch mit der WVG geschworen, daß ich nie wieder für eine Versicherung oder dergleichen arbeiten würde.
„Das ist was vollkommen anderes als das, was du kennst. Davon konnte man bisher nur träumen", sagte Gunther.
„Ach, das ist doch alles großer Mist! Außerdem habe ich eine Arbeit."
„Mensch, nun warte doch mal ab", sagte er energisch und erzählte: „Stell dir mal vor, jemand sucht die günstigste Unfallversicherung. Die, wo das Verhältnis von Beitrag und Leistung am besten für ihn ist. Ich hab sie. Oder, es sucht einer die günstigste Risikolebensversicherung. Ich hab sie. Oder, es sucht einer den günstigsten Bausparvertrag. Ich hab ihn, usw. Hast du eine Ahnung, was man damit seinen Kunden für eine Menge Geld sparen kann. Und alles kann man über den Computer machen. Du gibst alle Daten in den Com-

puter ein und der spuckt dir dann die für den Kunden am günstigste Versicherung aus. Und nun kommt der Hit. Du suchst dem Kunden nicht nur raus, was für ihn am besten ist, sondern du kannst es ihm auch gleich verkaufen. Na, was sagst du dazu?"
Ich mußte zugeben, das klang wirklich gut.
Ich hatte im Laufe der Zeit die unterschiedlichsten Lebensversicherungen gesehen. Die Unterschiede der einzelnen Gesellschaften waren ziemlich heftig. Bei manchen bekam man am Ende für den gleichen Beitrag gerade mal die Hälfte heraus, wie bei einer anderen.
Wenn das wirklich möglich war, was Gunther da gerade erzählt hatte, brauchte keiner mehr irgendwelchen Mist bei einer Versicherung abschließen, sondern er konnte sich immer das Beste heraussuchen.
„Na, was ist?" fragte Gunther. „Ich seh' dir doch an, daß dich das interessiert."
„Naja, das klingt ja so nicht schlecht", gab ich zu. „Ich frag' mich nur, wo da der Haken ist?"
Gunther mußte lächeln und meinte: „Hm, genau das hab' ich mich zu Anfang auch gefragt. Darum war ich bereits vorige Woche in München und hab' mich vor Ort davon überzeugt, daß es keinen Haken gibt."
„Und wie macht das dann der Frecher?"
„Der Frecher ist ein absoluter Fuchs. Er ist freier Versicherungs- und Finanzmakler. Er beobachtet ständig den Markt und wenn er ein gutes Produkt entdeckt, dann zieht er es sich an Land. Außerdem hält er sich daran, was Stiftung Warentest empfiehlt. Er schließt also für unzählige Gesellschaften Verträge ab und kassiert dann die Provision dafür. Dazu hat der gerade mal eine Hand voll Mitarbeiter in München und er lebt nicht schlecht. Davon kannst du dich selber überzeugen."
Ich war schon überzeugt. Ich fand das Ganze genial.
„Und wann fährst du nach München?" wollte ich wissen.
„Heißt das, du kommst mit?"
Ich nickte.
„Das hab' ich mir schon gedacht", sagte Gunther freudestrahlend. „Ich hätte dich sowieso heute oder morgen noch angerufen."
Auf der Fahrt nach München schwärmte Gunther davon, daß er so

eine Firma schon lange gesucht hatte. „Wenn das klappt, sind wir damit vollkommen konkurrenzlos in Dresden."
„Du sprichst immer von wir", gab ich zu bedenken.
„Na, ich denke, daß du dir die Chance nicht entgehen läßt, da mitzumachen", sagte er.
„Mitmachen glaube ich kaum. Schließlich habe ich ja einen Job. Ich bin nur, ehrlich gesagt, wirklich neugierig. Das muß ich schon zugeben und bin gespannt, ob das alles so hinhaut, was du da erzählt hast."

Herr Frecher hatte uns bereits erwartet.
Gunther stellte mich ihm als einen seiner besten ehemaligen Mitarbeiter vor.
Das war natürlich ziemlich dick aufgetragen, aber Herr Frecher schien schon gewußt zu haben, daß ich hier mit aufkreuzte.
Er führte uns durch seine Büroräume und stellte uns seinem Computerfachmann vor. Dieser schien ebenfalls auf uns gewartet zu haben, denn er fing sofort an, uns seine Arbeit zu erklären.
Er würde ständig das Maklerprogramm mit neuen Daten füttern, damit es immer aktuell ist.
Er forderte uns auf, mit ihm die Probe aufs Exempel zu machen.
Wir suchten eine Lebensversicherung für männlich, Eintrittsalter 35, Laufzeit 20 Jahre.
In wenigen Sekunden hatten wir das Ergebnis. Der günstigste Tarif war einer der Nürnberger Versicherung.
Das war einfach toll.
Wir suchten noch nach der günstigsten Unfallversicherung, nach einer Hausratversicherung und nach verschiedenen anderen Kapitalanlagen. Die günstigste Kapitalanlage war zur Zeit der „Pioneer". Das war ein amerikanischer Aktienfond, der auf lange Sicht gesehen, mit ausgezeichneten Erträgen aufwarten konnte.
„Dort habe ich selber ein ganzes Sümmchen Geld angelegt", sagte Herr Frecher.
Es lief alles wie am Schnürchen. Der Computer war perfekt.
„Und wo bekommen sie ständig die neuesten Daten her?" fragte ich neugierig.
„Darum kümmert sich der Chef", sagte der Computerspezi.
„Das ist gar nicht so aufwendig", sagte Herr Frecher. „Man muß

nur die speziellen Fachzeitschriften aufmerksam lesen, auch das, was Stiftung Warentest regelmäßig veröffentlicht. Außerdem habe ich viele Bekannte, die einem hin und wieder einen entsprechenden Tip geben."
Wir gingen weiter in das Chefbüro und nahmen in der Sitzecke Platz. Die Sekretärin fragte uns, was sie uns anbieten könne. Wir konnten wählen, Kaffee, ein Gläschen Wein oder Sekt oder Mineralwasser.
Ich entschied mich für Kaffee.
Herr Frecher erklärte uns, daß er die Idee, in Dresden eine Zweigstelle seiner Gesellschaft einzurichten, nicht schlecht fand.
Er hätte lange darüber nachgedacht und sich dafür entschieden, daß Gunther dort der Geschäftsstellenleiter werden sollte.
Er erzählte uns weiter, wie er sich den Start in Dresden gedacht hatte. Sicher wären zu Anfang einige Schulungen hier in München notwendig. Er würde aber auch selber nach Dresden kommen, um uns dort vor Ort das nötige Wissen zu vermitteln.
Mir war aufgefallen, daß er beim Reden, wenn es um die neue Geschäftsstelle ging, immer uns beide meinte.
Wahrscheinlich hatte Gunther ihm nicht gesagt, daß ich nur der Neugier halber mitgekommen war.
Doch irgendwie fühlte ich mich dadurch nicht unwohl. Im Gegenteil fand ich es ziemlich schmeichelhaft, daß er mich gleich in die neuen Pläne mit einweihte.

Anschließend lud uns Herr Frecher noch zu einem fürstlichen Mahl in ein nahegelegenes Nobelrestaurant ein.
Er und Gunther tranken dazu einen leichten Weißwein.
Ich hatte mir zum Erstaunen von Herrn Frecher ein Mineralwasser bringen lassen.
Ich erklärte ihm, daß ich mit Alkohol schon seit fast 11 Jahren nichts mehr am Hut hatte, weil ich früher viel zu oft und zu tief ins Glas geguckt habe.
Herr Frecher fand das ausgezeichnet und meinte, daß ich ja da einen starken Charakter haben mußte. Solche Mitarbeiter könne er gut gebrauchen.
Auf der Heimfahrt sagte ich kaum ein Wort. Ich mußte die vielen Dinge, die ich gesehen und gehört hatte, erst einmal verdauen.

Gunther fiel meine Wortkargheit aber gar nicht auf, denn er redete stattdessen ununterbrochen.
Er hatte sich bereits ein Büro in Dresden ausgesucht und wußte schon, was er an Möbeln dafür brauchte. Natürlich hatte er dabei auch an meinen Schreibtisch gedacht und wußte schon genau, wo er ihn hinstellen würde.
Schließlich hatte ich mich entschieden.
„Also, ich fange vorsichtshalber erst mal nebenberuflich an“, sagte ich. „Ich hab' ja eigentlich noch von der WVG die Schnauze voll und hatte mir hoch und heilig geschworen, Versicherungen und Kapitalanlagen verkaufst du nie wieder.“
„Die GWFB kannst du nun wirklich nicht mit der WVG vergleichen“, sagte Gunther.
„Das wäre absoluter Blödsinn oder glaubst du etwa, daß der Frecher auch so ein Betrüger ist?“
„Nö, den Eindruck hat er wirklich nicht gemacht“, gab ich zu.
„Na siehst du.“
„Na, trotzdem mach' ich das erst mal nebenberuflich. Wer weiß, wann dann die Gelder für die Provision kommen. Das muß man erst mal abwarten“, sagte ich entschieden.
„Kannst du ja auch, aber wirst sehen, deinen Job als Erdeverkäufer schmeißt du sowieso bald hin. Für die paar Kröten, die du dort verdienst, stehst du in eine paar Wochen nicht mal auf“, sagte Gunther.

In der folgenden Zeit teilte ich mir meinen Außendienst für forestina so ein, daß ich Luft hatte, an der Ausbildung von Herrn Frecher teilzunehmen.
Vorerst ließ sich das auch so drehen, daß mein Brötchengeber davon keinen Wind bekam.
Man merkte, daß Herr Frecher ein absoluter Fachmann auf seinem Gebiet war und wir konnten eine Menge von ihm lernen.
Er hatte, bevor er sich gänzlich unabhängig gemacht hatte, früher für die OVB gearbeitet.
Auf meine Frage hin, wie er denn zu neuen Kunden kommt, erzählte er uns, daß er sich darum gar nicht mehr kümmern brauchte. Die Kunden würden sich von alleine bei ihm melden, einfach nur durch das Weiterempfehlen anderer.

Das fand ich nun wiederum ausgesprochen ideal. Ich hatte sowieso eine Abneigung dafür, ständig bei irgendwelchen Leuten zu klingeln, die einem dann am laufenden Bande sagten, daß sie nicht mit mir reden wollten.
Wenn das aber alles anders herum lief, so wie Herr Frecher das sagte, dann war ich auf jeden Fall mit dabei.

Ende April 1993 wurde mir seitens forestina gekündigt.
Zum einen hatte man dort erfahren, daß ich meine Arbeitszeit nicht mehr voll den Interessen der Firma widmete und zum anderen wurden mehrere Verkaufsgebiete zusammengelegt, so daß für die Zukunft weniger Außendienstmitarbeiter benötigt wurden.
Obwohl ich ja immer damit rechnen mußte, war es für mich in diesem Moment hart.
Ich mußte den Golf abgeben und unseren alten Audi 80 wieder flott machen, den ich vorübergehend still gelegt hatte. Das kostete eine ziemliche Stange Geld.
Dazu kam noch, daß die GWFB hier in Dresden immer noch in den Kinderschuhen steckte und an Geldverdienen noch nicht zu denken war.

Im Mai 1993 besuchte Regina einen Computerlehrgang der ihr vom Arbeitsamt vermittelt worden war.
Da sie ja bereits als Sekretärin gearbeitet hatte, sollte sie durch die Computerkenntnisse besser vermittelbar werden.
Auf diesem Lehrgang lernte Regina eine Frau kennen, deren Sohn in Radebeul auf der Hauptstraße einen Verkaufswagen für Käsespezialitäten stehen hatte.
Die Frau fragte Regina, ob sie Lust hätte, nach dem Computerlehrgang in dem Verkaufswagen ein paar Stunden pauschal als Verkäuferin zu arbeiten.
Da sie nun schon über ein halbes Jahr arbeitslos war, konnten wir das Geld gut gebrauchen.
Regina sagte zu, und wir freuten uns, daß sie wieder eine Beschäftigung hatte, wenn auch nur für ein paar Stunden in der Woche.
Regina war natürlich fürchterlich aufgeregt, als sie das erste Mal im Verkaufswagen stand.
Es gab eine Unmenge an Käsesorten, die sie zum großen Teil nicht

einmal vom Namen her kannte. Außerdem hatte sie ja noch nie mit einer Kassenwaage gearbeitet. Die anderen Kolleginnen halfen ihr aber in den ersten Tagen, denn vorerst brauchte sie natürlich noch nicht alleine verkaufen.
Nachdem Regina ihre anfängliche Unsicherheit überwunden hatte, machte ihr das Verkaufen großen Spaß.
Wenn ich sie mal so heimlich bei ihrer Arbeit beobachtete, konnte man meinen, sie wäre regelrecht zur Verkäuferin geboren.
Die Kunden kamen gerne zu ihr einkaufen und schätzten dabei besonders ihre liebe und nette Art.
Das Verkaufen von Käsespezialitäten hatte aber noch einen weiteren Vorteil gebracht.
Bisher hatte Regina kaum Käse gegessen. Sie hatte ihn höchstens mal zum Überbacken genommen.
Hier nun verlangte ihr neuer Chef von ihr, daß sie jede Käsesorte selber probieren mußte, damit sie den Kunden auch wahrheitsgetreu erzählen konnte, wie der Käse schmeckt.
Und siehe da, er schmeckte ihr! Zwar nicht gleich jede Sorte, das war natürlich klar, aber immerhin.
Fortan kam zu Hause auch mehr Käse auf den Tisch. Für mich war es erstaunlich, wie viele Sorten es gab und wo sie alle her kamen.
Ab sofort aßen wir zu Hause viel mehr Käse als Wurst.

Im Juli 93 gab ich die Arbeit bei der GWFB wieder auf und kündigte meinen Mitarbeitervertrag. Es hatte nicht viel gebracht.
Die Kosten waren wieder einmal höher gewesen, als die Einnahmen und das konnte ich mir bei meinem schmalen Arbeitslosengeld nicht leisten.
Ich schätzte, daß man vielleicht erst in zwei Jahren richtig davon leben könnte, vorausgesetzt, man arbeitete kontinuierlich weiter.
Doch das hielt ich finanziell nicht mehr durch. Ich mußte aufgeben.
Bei Gunther, als Geschäftsstellenleiter, blieben ein paar Mark mehr hängen, so daß er weiter arbeiten konnte.
Ich blieb aber nicht lange arbeitslos. Die Firma Ranft aus Neu-Ulm suchte einen neuen Außendienstmitarbeiter für ihre Zweigstelle in Cossebaude.
Das lag auf der anderen Elbseite von Radebeul. Zu Fuß oder mit

dem Fahrrad hätte ich es da nicht weit. Man konnte von Serkowitz aus, wo ich ja wohnte, mit der Fähre übersetzen.
Ich schickte meine Bewerbungsunterlagen ab und wartete nun auf einen Termin für ein Vorstellungsgespräch.
Es dauerte auch nicht lange und Herr Ranft, der Firmenchef, lud mich zu einem Gespräch in die Zweigstelle nach Cossebaude ein. Schon vom ersten Anblick her war er mir sympathisch.
Er erzählte mir, daß es seine Firma in Neu-Ulm bereits seit über 30 Jahren gab und er die Zweigstelle hier in Cossebaude gleich nach der Wende eröffnet hatte.
Es sei ein kleines Familienunternehmen in dem auch seine Frau und sein Sohn arbeiteten.
Die Firma ist ein Großhandel für Reinigungsbedarf, erklärte er mir. Neben Reinigungsmitteln und -geräten, verkaufe er auch sehr viel Handtuchpapier der Firma Kimberly-Clark. Die hauptsächlichen Kunden seien Reinigungsfirmen, öffentliche Verwaltungen, Schulen und Werkstätten, aber auch Hotels.
Herr Ranft lobte die Mitarbeiter hier in der Geschäftsstelle.
Sie seien sehr fleißig und hätten sich schon einen sehr guten neuen Kundenstamm erarbeitet.
Der bisherige Außendienstmitarbeiter würde aber in einem halben Jahr in Rente gehen. Ich könnte, vorausgesetzt, daß er sich für mich entscheiden würde, bereits zum 1. November hier anfangen. Dann bliebe noch genügend Zeit für meine Einarbeitung, bis der Kollege in den Ruhestand ginge.
Schließlich fragte er mich nach meinen Gehaltsvorstellungen.
Ich nannte sie ihm.
Herr Ranft notierte sich das und sagte, daß zum Gehalt ja noch ein Firmen-PKW kommen würde, den ich auch privat mit nutzen könnte.
Zum Schluß stellte er mir noch die Frage: „Haben Sie Probleme mit Alkohol?“
Ich war überrascht und fragte: „Wie meinen Sie das?“
„Na, verstehen Sie die Frage bitte nicht falsch“, sagte Herr Ranft verlegen. „Wir hatten zu letzt in Neu-Ulm einen Mitarbeiter, der hatte riesige Probleme mit dem Alkohol. Das hatte ich zu Anfang nicht gewußt. Schließlich mußten wir ihn sogar deswegen entlassen. Jedenfalls möchte ich so etwas nicht noch mal erleben.“

„Da brauchen Sie sich bei mir überhaupt keine Sorgen machen", sagte ich schnell.
„Na, da bin ich ja beruhigt", sagte er.
Eigentlich hatte ich vorgehabt, ihm zu erzählen, daß ich alkoholkrank bin, weil ich damit bisher immer am besten gefahren war. Doch hier hielt ich es für ratsam, lieber den Mund zu halten. Wenn ich es ihm jetzt gesagt hätte, dann würde er mit mir sicherlich keinen Arbeitsvertrag abschließen, denn dann bestünde für ihn die Gefahr eventueller Rückfälle und das wollte er ja auf gar keinen Fall noch einmal erleben.
„So, daß wär's für mich als erstes", sagte Herr Ranft und erhob sich. „Ich werde mich in den nächsten drei, vier Tagen bei Ihnen melden."
Wir verabschiedeten uns, und ich fuhr wieder heim.
Ich erzählte Regina gleich von dem Gespräch und auch davon, daß Herr Ranft ein sehr netter Chef ist, für den ich gerne arbeiten würde. Allerdings wußten wir ja auch, daß es viele Bewerbungen für diese Stelle gab. Es gehörte schon etwas Glück dazu, wenn ausgerechnet ich sie bekam.

Bereits zwei Tage später, ich hatte noch gar nicht damit gerechnet, klingelte abends das Telefon und die nette Stimme von Herrn Ranft war am anderen Ende der Leitung zu hören.
„Guten Abend, Herr Hoffmann", sagte er, „entschuldigen Sie bitte die späte Störung. Ich möchte Ihnen nur sagen, daß ich mich für Sie entschieden habe."
„Oh", sagte ich, „das freut mich aber."
„Ja, ich freue mich auch. Würde es Ihnen etwas ausmachen, wenn Sie am nächsten Dienstag noch einmal in die Zweigstelle nach Cossebaude kommen würden, sagen wir so um 10 Uhr?" fragte Herr Ranft.
„Nein, ich komme natürlich gerne", antwortete ich.
„Schön", sagte er, „ich habe nämlich schon Ihren Arbeitsvertrag vorbereitet. Den können wir dann gegenseitig unterschreiben, falls Sie damit einverstanden sind."
„Das ist schön, Herr Ranft", sagte ich.
Danach beendeten wir das kurze Gespräch.
„Ich hab' den Job", rief ich Regina zu und wir umarmten uns.

„Ich bin nur gespannt, was ich für ein Gehalt bekommen werde."
„Na, bestimmt nicht das, was du angegeben hast", meinte Regina skeptisch. „Ich glaub', da hast du doch ein bißchen zu hoch gegriffen."

Am Dienstag wartete Herr Ranft bereits auf mich.
„Bitte lesen Sie sich den Arbeitsvertrag in Ruhe durch", sagte er, nachdem wir Platz genommen hatten.
Ich sah mit Erstaunen, daß Herr Ranft genau meinem Gehaltswunsch entsprochen hatte. Dazu kamen 28 Tage Urlaub und die private Nutzung des Dienstwagens. Der Arbeitsbeginn war bereits in 14 Tagen und der Vertrag war unbefristet.
Das war perfekt, ich hätte es mir nicht besser wünschen können.
„Ist alles so in Ordnung?" fragte er mich.
„Ja", sagte ich, „da unterschreibe ich gerne."
Nachdem wir die Unterschriften unter die Verträge gesetzt hatten, schüttelte mir Herr Ranft die Hand und sagte: „Dann auf gute Zusammenarbeit!"
Danach stellte er mir die anderen Kollegen der Zweigstelle vor.
Es war eine kleine Mannschaft, bestehend aus dem Leiter, dem „noch" Außendienstmitarbeiter, der Sekretärin und dem Kraftfahrer, der die bestellte Ware auslieferte.
Die Sekretärin hatte belegte Brötchen und Kaffee vorbereitet und wir setzten uns zum 2. Frühstück gemütlich zusammen.
„Wie sind Sie denn heute hierher gekommen?" fragte mich Herr Ranft.
„Mit dem Fahrrad. Ich wohne doch gleich hier gegenüber, auf der anderen Elbseite. Das geht am schnellsten mit der Fähre."
Herr Ranft lächelte und sagte: „Da können Sie ja gleich mit dem Firmenauto nach Hause fahren. Das Fahrrad können Sie ja in den Kofferraum packen."
„Was ist es denn für eins?" fragte ich neugierig.
„Ein Ford Sierra, Sie können ihn dann gleich mitnehmen. Er steht draußen auf dem Hof."
Der Leiter der Zweigstelle ging mit mir hinaus, um mir das Auto zu zeigen.
Außerdem wollte er noch ein paar persönliche Sachen herausnehmen. Bis heute war er mit dem Auto gefahren und bekam jetzt ein

anderes. Er erklärte mir kurz die Funktion der einzelnen Schalter und Armaturen. Anschließend drückte er mir die Schlüssel und die Zulassung in die Hand und wünschte mir: „Na dann, gute Fahrt!"
Herr Ranft ging nun mit mir ins Warenlager.
An den Regalen erklärte er mir ausgiebig die einzelnen Artikel und deren Einsatzgebiete.
Schließlich schaute er auf seine Uhr.
„Ich würde mich freuen, wenn Sie mit uns zum Mittagstisch gehen. Ich lade Sie natürlich ein", sagte er.
Alle zusammen spazierten wir in das benachbarte VISA-Hotel.
Die anderen, außer der Sekretärin, bestellten sich zum Essen Bier. Ich ließ mir eine Cola bringen.
„Mittags ist das noch nichts für mich", erklärte ich den anderen, denn ich hatte ihre fragenden Blicke gespürt.
Sie waren damit zufrieden und fragten nicht weiter.
Allerdings fühlte ich mich bei dieser kleinen Schwindelei nicht besonders wohl in meiner Haut. Schließlich mußte ich ihnen ja noch im Laufe der Zeit eine plausible Erklärung geben, warum ich überhaupt keinen Alkohol trank.
In den drei Monaten Probezeit wollte ich aber auf keinen Fall verraten, daß ich alkoholkrank bin. Ich konnte mir vorstellen, daß Herr Ranft mich da lieber wieder entlassen würde, wenn er davon erfahren würde.
Also mußte ich mir etwas anderes einfallen lassen.
Während des Essens lud mich Herr Ranft noch zu sich nach Neu-Ulm ein, damit ich mal seine Firma und auch seine Frau kennenlernen könnte. Ich nahm die Einladung dankend an.
Am Ende verstaute ich mein Fahrrad mit Hilfe der Kollegen im Kofferraum des Dienstwagens und fuhr nach Hause.
Regina war nicht daheim. Sie hatte mittags im Käsewagen angefangen zu arbeiten. Ich stellte mein Fahrrad in den Schuppen und fuhr gleich zu ihr.
Natürlich staunte sie nicht schlecht, als ich vor ihr aus dem weißen Ford Sierra ausstieg. „Woher hast du denn das Auto?" fragte sie.
„Das ist jetzt unseres", prahlte ich.
„Unseres?"
„Das heißt, es gehört der Firma Ranft, aber wir können damit auch, so viel wir wollen, privat fahren."

„Das ist wirklich ein schönes Auto“, sagte Regina und lief um den Ford herum.
Ich versprach ihr, daß wir am Abend damit eine Runde drehten und verabschiedete mich von ihr, damit ich sie nicht länger von der Arbeit abhielt.

Der Außendienstmitarbeiter der Firma Ranft, der bald in den Ruhestand gehen würde, war der Vater des Zweigstellenleiters.
Er hatte zusammen mit seinem Sohn nach der Wende die Firma hier mit aufgebaut. Anfangs sogar von zu Hause aus.
Er nahm mich in den ersten Tagen mit zu den Kunden und stellte mich ihnen als sein Nachfolger vor. Das war günstig, denn so konnte er mir zu jedem vorher oder anschließend noch etwas erklären, denn manche von ihnen waren ziemlich schwierig zu handhaben.
In der zweiten Arbeitswoche mußte ich gegen Mittag etwas im Warenlager holen. Das befand sich in einer großen Halle in der außerdem noch andere Firmen ihre Werkstätten hatten.
Ich suchte nach einem bestimmten Artikel. Ich kannte mich hier noch nicht aus, so daß ich Mühe hatte, ihn zu finden.
Als ich um eines der Regale herum gehen wollte, um die nächste Reihe zu durchsuchen, kam plötzlich wie aus dem Nichts ein Arm um die Ecke mit einer Bierflasche in der Hand.
Erschrocken griff ich danach.
„Hier kannst'e gleich deinen Einstand geben“, sagte eine Stimme und ich erkannte unseren Kraftfahrer.
Neben ihm stand eine Gruppe von Schlossern des Nachbarbetriebes.
Alle prosteten sie mir zu.
Ich war so überrascht, daß ich ihnen automatisch ebenfalls zuprostete.
„Verdammt, was mach ich denn jetzt?“ schoß es mir durch den Kopf.
Ich konnte denen doch nicht sagen, daß ich alkoholkrank bin. Dann wüßte das doch gleich morgen der Herr Ranft und ich konnte meine Sachen packen.
Die anderen hatten bereits ihre Flaschen angesetzt und tranken.
Ohne weiter zu überlegen, trank ich ebenfalls ein paar Schlucke.
Es war alles viel zu schnell gegangen.
Zu schnell, um mir in Ruhe eine passende Ausrede einfallen zu

lassen. Dr. Rößger fiel mir ein. Die einzige Möglichkeit war, daß ich gleich morgen bei ihm vorbei ging. Vielleicht konnte er mir etwas verschreiben, damit es nicht so schlimm wurde.
Ein Rückfall hätte mir jetzt gerade noch gefehlt.
Die anderen witzelnden irgend etwas herum. Ich bekam gar nicht mit, wovon sie sprachen.
Ich kam mir vor wie in einem Traum.
Wieder prosteten sie mir zu und wieder trank ich.
Ich fühlte mich in die Enge getrieben und wußte nicht, wie ich da wieder heraus kam.
Ich bezahlte die Runde, verließ die Halle und ging wieder hinüber ins Büro, voller Erwartung, daß nun die Sucht in mir wieder ausbrach.
„Na, du hast das wohl nicht gefunden?" fragte mich der Zweigstellenleiter.
„Was? Nee", antwortete ich überrascht, denn mir war eben erst bewußt geworden, warum ich überhaupt in die Halle hinüber gegangen war.
„Naja, ich hol' es selber", sagte er und ging los.
Da saß ich nun da mit meiner Angst und erwartete das Schicksal, das mich ereilen würde.
Wenn ich die beiden anfänglichen Rückfälle nicht mit rechnete, hatte ich bis jetzt 12 Jahre keinen Alkohol mehr getrunken.
Eine wunderbare lange Zeit, auf die ich zu recht stolz sein konnte.
Was hatte ich inzwischen nicht alles geschafft?
Ich habe Kinder, habe eine Familie, habe den Facharbeiter gemacht, habe studiert und nicht zuletzt das beste, ich habe sogar als Lehrer gearbeitet in einem Fachgebiet, welches ich mir autodidaktisch beigebracht hatte.
Unterm Strich also eine absolut positive Bilanz. Und nun war alles vorbei. Vorbei wegen so einer scheißblöden verfluchten Bierflasche, die mir vor die Nase gehalten wurde.
Dabei hätte ich nur schneller zu reagieren brauchen, einfach nur sagen: „Nee, das geht jetzt nicht. Ich hab' gerade eine Tablette genommen" oder so was ähnliches.
„Willst du 'nen Kaffee?" fragte die Sekretärin und schreckte mich damit aus meinen trübsinnigen Gedanken hoch.
Ich nickte.

Vielleicht konnte ich damit noch etwas ausbügeln, dachte ich mir. Obwohl ich mir ja da nichts vormachen brauchte. Ich wußte ja, die Menge Alkohol von einem halben Liter Pilsner reichte vollkommen aus, um einen Rückfall in Gang zu setzen.
Da half auch kein Kaffee mehr.
Ich spürte bereits, wie sich in meinem Körper die Wärme auszubreiten begann. Eine Gefühl, das ich inzwischen vergessen hatte oder verdrängt.
Jetzt war es wieder gegenwärtig und es war kein Traum, es war die Wirklichkeit. Früher hatte mir genau diese Wärme ein behagliches, über alles geliebte Gefühl vermittelt.
Heute brachte sie mir im Gegensatz dazu Angst, Schrecken und Verzweiflung.
Was hatte ich da bloß angerichtet?
Trübsinnig trank ich den Kaffee, den mir die Sekretärin hingestellt hatte.
„Schmeckt er nicht?“ fragte sie besorgt.
„Doch, doch“, beeilte ich mich zu sagen. „Mir ist heute nur nicht so richtig.“
„Na, da wird doch keine Grippe im Anmarsch sein?“
Ich schüttelte mit dem Kopf. Grippe, das war eigentlich eine gute Idee. Ich konnte mich ja, damit das Ganze nicht auffiel, auf Grippe krank schreiben lassen.

Bis zum Feierabend fuhr ich mit dem anderen Kollegen noch zwei Kunden besuchen. Doch ich war nicht so richtig bei der Sache.
Immerfort lauschte ich in mich hinein, ob sich da etwas tat, ob da irgendeine Unruhe zu spüren war oder ich kontrollierte mich, ob vielleicht meine Hände zitterten.
Ich konnte aber nichts dergleichen entdecken.
Zum Dienstschluß fuhr ich sofort nach Hause.
Regina war ebenfalls daheim. Sie hatte heute nur vormittags gearbeitet.
Ich überlegte, ob ich ihr die Sache mit dem Bier erzählen sollte.
Doch ich entschied mich dafür, ihr erst einmal nichts zu sagen. Für sie war es im Laufe der Jahre selbstverständlich geworden, daß ich keinen Alkohol trank. Über einen möglichen Rückfall hatten wir bis jetzt noch nicht gesprochen.

Deshalb wollte ich lieber noch eine Weile abwarten und sie nicht unnötig beunruhigen.
Inzwischen war es nach 17 Uhr. Das bedeutete, es war nun schon 5 Stunden her, wo ich das Bier getrunken hatte.
Es mußte nun langsam losgehen.
„Na, ist dir eine Laus über die Leber gelaufen oder was ist mit dir los?“ fragte mich Regina.
„Ach, wenn du wüßtest!“ dachte ich mir. „Nee, wir hatten bloß zuletzt einen blöden Kunden“, schwindelte ich.
„Das kenn’ ich“, sagte sie. „Ein einziger doofer Kunde kann dir den ganzen Tag vermiesen.“
„Und außerdem ist mir heute nicht gut.“
„Hm, ein bißchen komisch siehst du schon aus“, sagte Regina und fühlte besorgt meine Stirn.
„Also Fieber hast du jedenfalls nicht“, stellte sie fest.
„Nee, ich fühl’ mich nur nicht so richtig.“
An meinem Tonfall hatte sie gespürt, daß sie mich nicht weiter nerven sollte.
„Na gut, ich laß dich schon in Ruhe, alter Brummbär“, sagte sie und gab mir einen Kuß auf die Wange. Dann machte sie sich in der Küche zu schaffen und ich schaltete den Fernseher ein.
Komisch, ich verspürte überhaupt kein Anzeichen, daß ich jetzt etwas Alkoholhaltiges zu trinken brauchte.
Doch das beruhigte mich keineswegs.
Ich war mir sicher, daß das bestimmt spätestens in der Nacht passieren würde.
Trotz aller Aufregung ging ich an diesem Abend zeitig ins Bett.
Ich hatte die Nacht zuvor wenig geschlafen und war ziemlich müde.
Ich war mir sicher, daß mich die innere Unruhe, die ich von früher her kannte, sowieso in der Nacht wecken würde.
Trotzdem schlief ich gleich ein.

„Schatz, du mußt aufstehen!“
Regina stand an meinem Bett und rüttelte mich an der Schulter.
Schlaftrunken wie ich war, schleppte ich mich automatisch an den gedeckten Kaffeetisch.
Regina brauchte um diese Zeit eigentlich gar nicht aufzustehen, denn ihre Arbeitszeit im Verkaufswagen begann entweder um 9 Uhr oder

gar erst um 14 Uhr. Sie tat das nur mir zuliebe, weil ich sonst früh überhaupt nicht in die Gänge kommen würde.
Außerdem hörte ich nach wie vor morgens überhaupt keinen Wekker, so daß mein pünktlicher Arbeitsbeginn vollkommen in ihren Händen lag.
Nach den ersten Schlucken Kaffee setzte sich mein Gehirn in Bewegung. Zwar ganz langsam nur, aber es reichte, um mich daran zu erinnern, was gestern passiert war.
Doch nun begriff ich gar nichts mehr.
Ich hatte gestern eine ganze große Flasche Pilsner getrunken und hatte fürchterliche Angst gehabt, daß der Rückfall nun seinen Lauf nehmen würde. Schließlich war ich mir sicher, daß es mir dann spätestens in der Nacht dreckig ging. Doch ich hatte fest geschlafen wie ein Murmeltier.
Das war doch eigentlich nicht möglich? Hatte ich das alles doch nur geträumt?
Nein, ich konnte mich noch ganz genau an die Bierflasche erinnern, wie sie plötzlich um die Regalecke kam, wie ich die Wärme in meinem Körper gespürt hatte und die Angst.
Doch auch jetzt verspürte ich keinerlei Unruhe in mir. Im Gegenteil, ich war genauso schlaftrunken wie immer nach dem Wecken.
Vielleicht hatte ich ja doch noch einmal Glück gehabt?
Vielleicht wollte ja mein Schutzengel nicht, daß ich wieder rückfällig wurde?
Ich schaute ehrfürchtig nach oben. Schließlich hatte der mich früher schon zigmal, als ich in volltrunkenem Zustand Treppen hinunter gerollt war, vor dem sicheren Genickbruch bewahrt.
Meine Lebensgeister begannen zu erwachen.
Wenn bis jetzt nichts passiert war, dann war es bestimmt überstanden. Mit Angst und Schrecken zwar, aber es war überstanden.
Natürlich war ich mir noch nicht hundertprozentig sicher, denn vielleicht machte sich der Ausrutscher erst in den nächsten Tagen bemerkbar. Doch das hielt ich eher für unwahrscheinlich.
Ein Glück, daß ich meinem lieben Schatz nichts davon erzählt hatte. Sie hätte sich sicher riesige Sorgen gemacht.
Unwillkürlich mußte ich ihr einen Kuß geben.
„Hee, was ist denn mit dir los?“ fragte sie erstaunt. „Seit wann bist denn du alter Morgenmuffel so früh schon so aufgekratzt?“

„Ach“, sagte ich betont gleichgültig, „mir war eben so.“
„Hast du was ausgefressen oder hast du was vor?“ fragte Regina mit besorgter Miene.
„Ach wo“, sagte ich, „das sollte nur Dankeschön heißen dafür, daß du mich miesgelaunten Stinker jeden Morgen erträgst.“

Am Nachmittag fuhr ich zusammen mit Regina zu meiner Mutter. Ich hatte plötzlich das unbedingte Bedürfnis verspürt, sie zu besuchen.
Sicher hing das auch damit zusammen, daß ich mir meinen Rückfall bereits in den schlimmsten Farben ausgemalt hatte, was für meine Mutter sicherlich ebenfalls ein Schock gewesen wäre.
Unser Verhältnis hatte sich im Laufe der Jahre, wie bereits erwähnt, ganz ausgezeichnet entwickelt und das tat uns beiden gut.
Natürlich grämte sie sich, daß sie durch meine Scheidung ihre Enkelkinder kaum noch sah. Das war mir allzu gut verständlich.
Mit Regina, der neuen Frau an meiner Seite, kam sie aber im Laufe der Jahre immer besser klar.
Sie war für mich also eine Mutter, wie ich sie mir nicht besser wünschen konnte.
Ich hingegen freute mich für sie, daß sie mit ihrem Kurt einen neuen Partner gefunden hatte und nicht mehr alleine war, denn die beiden unternahmen viel zusammen.
Sicher gab es manche Leute, die das nicht verstanden.
Mein Vater wurde von vielen Menschen sehr geachtet und verehrt.
Für diese Leute war es unverständlich, daß meine Mutter nach seinem Tod nicht allein bleiben wollte, für mich schon.
Schließlich war sie damals, als mein Vater starb, gerade mal 56 Jahre alt. Angenommen, sie würde 100 Jahre alt werden, müßte sie nach deren Meinung 44 Jahre alleine leben.
Wer so etwas von einer Frau verlangt, hat für meine Begriffe ein falsch programmiertes Gehirn.
Bei solchen Dingen fällt mir dann immer ein Spruch von Dante ein: „Geh deinen Weg und laß die Leute reden.“
Den wir in unserer Jugend ergänzt hatten mit: „Denn sie reden über jeden.“

Das Bier, das eine Bier, tagelang rätselte ich herum. Wieso hatte ich keinen Rückfall bekommen? Warum sprang mein Suchtmechanismus im Körper nicht nach einem halben Liter Pilsner an? Wieso stimmte das, was ich über die Alkoholkrankheit gelernt hatte nicht mit dem überein, was ich selber erlebt hatte?
Warum kann ich, der nachweislich alkoholkrank ist, eine große Flasche Bier trinken und es passiert überhaupt nichts?
Am Ende meiner tagelangen Überlegungen gab es dafür nur eine Erklärung. Ich wußte, daß die Ursachen für die Alkoholsucht noch nicht 100%ig erforscht waren.
Wenn das so wäre, gäbe es sicherlich schon ein Medikament, was die Sucht im Körper unterdrückt.
Deshalb konnte es ja nur so sein, daß man nach 12 Jahren Abstinenz von der Sucht geheilt war.
Gab es denn in dieser Hinsicht schon ausreichende Forschungsergebnisse? Ich hatte jedenfalls noch nichts davon gehört.
Ich hatte nur gelernt, daß es Alkoholkranke gab, die nach vielen Jahren der Abstinenz wieder rückfällig geworden waren, aber nach wievielen Jahren?
Vielleicht ist das auch bei jedem anders? Vielleicht mußte einer 10 Jahre trocken sein und ein anderer 20 Jahre, bis die Sucht geheilt war?
Für mich stand jedenfalls fest, ich war geheilt.
Anders konnte es ja nun wirklich nicht sein.

Nachdem nun schon 14 Tage vergangen waren, seit ich das Bier getrunken hatte, mußte ich es nun unbedingt ganz genau wissen.
Ich wußte inzwischen, daß unser Kraftfahrer in der Mittagspause in einer kleinen Kneipe in der Nähe immer in Ruhe sein Bierchen trank.
Ich fuhr diesmal mit und bestellte mir eine Bockwurst mit Brot und dazu eine Flasche Pilsner.
Der Kraftfahrer war natürlich hoch erfreut darüber, daß ich mich zu ihm gesellt hatte. Ich gab ihm aber trotzdem zu verstehen, daß das bei mir eine Ausnahme war, denn ich würde sonst kaum Alkohol trinken.
Das Bier schmeckte aber nicht sonderlich gut. Daran hatte sicherlich mein schlechtes Gewissen Schuld oder meine Unsicherheit.

Wenn ich auch fast davon überzeugt war, daß ich nicht mehr alkoholkrank bin, ganz sicher war ich mir trotzdem nicht.
Das wollte ich mir ja jetzt erst beweisen. Ich achtete genau darauf, wie das Bier wirkte.
Zum Anfang brachte es mir Kälte in den Magen. Daran änderte auch die warme Bockwurst nichts.
Erst ganz zum Schluß, als ich die Flasche fast ausgetrunken hatte, wurde es langsam warm, ganz leicht nur. Doch ich konnte spüren, wie sich diese leichte Wärme in mir auszubreiten begann.
Mir wurde bewußt, das ist der Alkohol, der nun von meinem Körper Besitz ergriff. Eigentlich sehr angenehm, aber die restliche Portion Angst in mir verhinderte, daß ich dieses Gefühl genießen konnte.
In den nächsten Stunden beobachtete ich mich selbst. Ich analysierte jede Reaktion meines Seins.
Ich erkannte zum Beispiel, daß ich anders als sonst mit dem Auto fuhr. Es war zwar keine weltbewegende Veränderung, aber es war anders, vielleicht etwas zügiger als sonst.
Aber, es waren keine Anzeichen zu spüren, die auf eine Sucht hindeuteten. Weder hatte ich das Verlangen nach mehr Alkohol, noch hatte ich irgendwelche Unruheerscheinungen, auch am nächsten Tag nicht, auch in den nächsten 14 Tagen nicht. Ich hatte das ja eigentlich auch so erwartet.
Jedenfalls konnte ich nun mit eindeutiger Sicherheit sagen: „Ich bin nicht mehr alkoholkrank.“ Ich konnte wieder ganz normal trinken.

Nun mußte ich unbedingt Regina davon erzählen. Ich war gespannt, wie sie darauf reagieren würde.
Ich beichtete ihr, wie ich fast unter Schock mein erstes Bier getrunken hatte und verschwieg auch nicht die Angst, die ich hinterher hatte, die sich aber letztendlich als unbegründet erwiesen hatte.
Ich erzählte ihr von meinem zweiten Test, den ich bewußt durchgeführt hatte, um mir damit selbst den endgültigen Beweis zu liefern.
„Du bist verrückt“, sagte Regina. „Was wäre denn gewesen, wenn das schief gegangen wäre?“
„Da war ich mir eigentlich schon ziemlich sicher“, sagte ich, „denn dann wäre es ja gleich beim ersten Mal schief gegangen, als sie mir plötzlich die Flasche unter die Nase gehalten hatten.“
„Trotzdem“, sagte sie zweifelnd, „weiß dein Arzt davon?“

Ich winkte ab: „Ach, dem brauch' ich doch davon nichts erzählen. Der kann sich das sicher genauso wenig vorstellen, wie ich noch vor ein paar Tagen. Es kann dafür ja eigentlich nur eine Erklärung geben, nämlich daß die Wissenschaft da eben noch nicht so weit ist, denn die Alkoholsucht ist noch nicht bis in alle Einzelheiten erforscht."
„An deiner Stelle würde ich trotzdem erst mal mit ihm reden."
Ich spürte, daß ihr die ganze Sache nicht geheuer war.
„Ach Schatz, nun mache dir doch deswegen keine Sorgen", sagte ich und nahm sie in den Arm.
„Das bedeutet doch nicht gleich, daß du mich hier jeden Tag mit der Bierflasche in der Hand siehst. Das möchte ich selber nicht, aber wenn ich mal zu einer Familienfeier ein Gläschen mit trinke, ist das doch nicht schlecht, oder?"
„Na, ich weiß nicht", sagte sie.
Ihre Stimme klang aber nicht mehr so besorgt.

In den nächsten Tagen und Wochen genehmigte ich mir hin und wieder mal eine Flasche Bier in der Mittagspause.
Es kam immer darauf an, ob ich gerade in der Firma war oder nicht. Wenn ich unterwegs bei den Kunden war, trank ich natürlich schon wegen der Bierfahne nichts. Nur wenn ich im Büro zu tun hatte, begleitete ich unseren Kraftfahrer in die kleine Gaststätte.

Zum Jahresanfang 1994 gab es eine Überraschung für uns.
Regina arbeitete jetzt schon ein halbes Jahr lang stundenweise als Verkäuferin im Käsewagen.
Eines Abends kam sie nach Hause und erzählte mir, daß ihr Chef ihr angeboten hätte, den Verkaufswagen zu kaufen.
Er hätte inzwischen zusätzlich noch eine Baufirma und wollte mit dem Käsegeschäft aufhören. Das fand ich ja nun wirklich interessant.
„Und, was hast du ihm gesagt?" fragte ich gespannt.
„Na, daß ich kein Geld hätte, um den Wagen zu bezahlen."
„Und was hat er da gesagt?"
„Er hätte schon daran gedacht und wüßte eine Möglichkeit. Es wäre nur die Frage, ob ich den Verkaufswagen übernehme."
„Und, natürlich willst du", sagte ich.

Regina wurde verlegen und sagte: „Ich habe nein gesagt, aber der Chef hat gesagt, ich soll es noch mal überschlafen und vorher mit dir besprechen.“

„Wieso hast du denn nein gesagt?“ sagte ich erstaunt.

„Naja, das Verkaufen macht ja eigentlich Spaß, aber der ganze andere Kram, der da noch dazu gehört, Bestellungen, Einkauf, Abrechnung usw., davon hab’ ich doch gar keine Ahnung.“

„Aber dabei kann ich dir doch helfen. Das kann man doch alles lernen“, sagte ich, aber ich sah an ihrem zweifelnden Blick, daß sie sich das einfach nicht zutraute.

Deshalb fügte ich hinzu: „Mensch Schatz, das ist die Chance für dich. Du weißt doch, was auf dem Arbeitsamt los ist. Wieviel Stellen haben sie dir den dort im letzten halben Jahr angeboten?“

Regina zuckte nur schüchtern mit den Schultern.

„Gar keine“, sagte ich. „Meinst du, das wird in der nächsten Zeit besser? Der Käsewagen läuft doch ganz gut, wie du immer berichtest. Was soll denn daran schief gehen? Du hättest auf längere Sicht wieder eine feste Arbeit, hast dann sicherlich mehr Geld und bist obendrein noch deine eigene Chefin.“

„Und wie wollen wir den Wagen bezahlen?“ hielt sie dagegen.

„Das weiß ich jetzt auch noch nicht. Ich weiß ja noch nicht mal, was das Ganze kosten soll. Da müssen wir schon mal mit deinem Chef reden, was der so für Vorstellungen hat.“

„Aber du mußt doch auch noch den Kredit von deiner blöden Partnervermittlung abbezahlen“, sagte Regina.

Dieser Einwand war allerdings wirklich berechtigt, denn an die Bank mußte ich noch etwa 20.000,- DM zahlen. Deshalb würden wir auch für den Kauf des Käsewagens keinen neuen Kredit bekommen.

„Ich sag’ ja, wir müssen uns mal in Ruhe mit deinem Chef zusammen setzen. Dabei interessiert mich natürlich, wie er sich die Finanzierung vorstellt. Dazu muß ich aber auch seine Umsatzzahlen und den Gewinn kennen, den er in den letzten Jahren erzielt hat“, erklärte ich ihr.

„Am besten ist es, wenn du ihn gleich morgen nach einem Termin fragst, wann wir uns mal zusammensetzen können.“

„Naja, trotzdem, falls das irgendwie geht, daß wir den Wagen übernehmen können, sage ich dir gleich, ich mache nur die Verkäuferin. Alles andere mußt du machen“, sagte sie ein wenig trotzig.

Ich gab ihr einen Kuß auf ihren Schmollmund und sagte: „Dazu bin ich ja da, Schatz. Doch ich schätze, daß wohl alles an der Finanzierung scheitern wird, aber vielleicht hat dein Chef eine kluge Idee.“

Regina vereinbarte darauf hin mit ihrem Chef einen Termin für die kommende Woche und wir fieberten beide diesen Tag entgegen.
Ich mußte zugeben, die Idee den Käsewagen zu übernehmen, gefiel mir von Tag zu Tag immer besser.
Ich wußte, daß Regina gerne dort arbeitete. Täglich berichtete sie mir von netten Kunden, mit denen sie gesprochen hatte und nicht ohne Stolz erzählte sie mir auch, wenn sie von ihnen für ihre ausgesprochen nette und freundliche Art gelobt wurde.

Reginas Chef hatte uns bereits erwartet.
Er hatte sich von seinem Steuerberater ein paar Papiere geben lassen, in die wir Einblick nehmen konnten.
Wenn die Zahlen stimmten und davon ging ich aus, sah alles ziemlich gut aus. Blieb eigentlich nur noch die Frage des Kaufpreises und der Finanzierung.
Er nannte uns die Summe, die er sich vorgestellt hatte.
Sie umfaßte den Verkaufswagen, samt Inventar und den Warenbestand an einem beliebigen Tag X.
Gleichzeitig bot er uns an, daß wir diese Summe in 18 Monatsraten ohne Zinsen abbezahlen konnten.
Insgesamt fand ich den Kaufpreis ziemlich hoch. Doch in Anbetracht der Möglichkeit, daß wir die Summe in Raten zahlen konnten, waren wir damit einverstanden.
Am Monatsende blieb dann immer noch etwas übrig und nach den eineinhalb Jahren lohnte es sich dann erst recht.
Geplant wurde, daß die Geschäftsübergabe zum 1. Mai 1994 erfolgen sollte. Bis dahin hatten wir Zeit uns um die Gewerbeanmeldung und den anderen Bürokratenkram zu kümmern.
Als wir am Abend nach Hause fuhren waren wir fest davon überzeugt, daß sich unser Leben in Zukunft verbessern würde.

Im Laufe der letzten Monate war es für mich vollkommen normal geworden, daß ich zum Mittag Bier trank.
Manchmal waren es jetzt schon zwei Flaschen, wenn ich genau

wußte, daß ich hinterher keine Kunden mehr besuchen mußte. Zu dem mittäglichen Bier gesellte sich inzwischen hin und wieder auch abends ein weiteres.
Ich hatte damit überhaupt kein Problem.
Weder bekam ich irgendwelche Entzugserscheinungen, noch hatte ich danach das Bedürfnis, noch mehr zu trinken.
Das einzige, was mich hin und wieder ärgerte war, daß ich mittags manchmal nicht mit dem Kraftfahrer in die kleine Kneipe gehen konnte, weil ich unterwegs war.
Das war aber nicht weiter schlimm.

Zum 1. Mai 1994 wurde Regina die Inhaberin der Firma „Käsetheke Hoffmann".
Sie übernahm noch zusätzlich die Mutter ihres ehemaligen Chefs als Pauschalkraft, da diese reichlich Verkaufserfahrung hatte.
Ganz allein konnte sie nicht verkaufen. Das wäre zu viel geworden.
Ich besorgte ab sofort abends die Einkäufe im Großhandel und kümmerte mich um die Abrechnungen und Bestellungen.
Dafür hatte ja Regina mit unserem 5-Personen-Haushalt nach Feierabend genügend Arbeit am Hals.
Die ganze Sache lief gut an, wenn auch die Umsatzvorgaben, die uns der ehemalige Eigentümer des Käsewagens vorgerechnet hatte, nie erreicht wurden.
Trotzdem blieb unterm Strich noch etwas übrig und das war die Hauptsache.
Schließlich wußten wir ja, wenn die Raten alle gezahlt waren, ging es uns besser.

Es ging mit Riesenschritten dem Sommer entgegen.
Ich hatte hin und wieder, aber mehr so im Unterbewußtsein, das ungute Gefühl, daß ich doch schon wieder zuviel trank.
Ich hatte mir inzwischen auch für zu Hause ein paar Flaschen Bier geholt, die ich im Heizungskeller deponierte.
Ich wollte damit verhindern, daß Regina einen Schreck bekam, wenn sie die Flaschen in der Wohnung entdeckt hätte.
Trotzdem merkte sie natürlich, daß ich hin und wieder eine Fahne hatte, wenn ich sie abends vom Käsewagen abholte und sie sagte

mir das auch. Doch ich konnte sie immer wieder mit der Begründung beruhigen, daß ich ja nur ein Bier getrunken hatte.
Neuerdings kam aber dazu, daß wir uns jetzt ab und an gegenseitig zum Mittag in der kleinen Kneipe einen Schnaps ausgaben.
Nach zwei großen Flaschen Pilsner und einem doppelten Schnaps merkte ich dann schon, daß ich einen leichten in der Krone hatte.
Dann nahm ich mir auch vor, nicht mehr so viel zu trinken. Schließlich brauchte ich ja das Zeug nicht so wie früher, sagte ich mir.
Doch am nächsten Tag sah alles schon wieder ganz anders aus.
Langsam und unbemerkt trank ich von Tag zu Tag mehr.

Anfang Juli mußte ich mir eingestehen, daß mir die ganze Sache vollkommen aus der Hand geglitten war, was ich lange Zeit nicht zugeben wollte.
Ich saß eines Tages am Rande der Autobahn im Auto und hatte eine Flasche Chantré in der Hand. Wahrscheinlich hatte ich sie mir besorgt, weil mir die Hände zitterten oder weil es mir hundeelend ging, wie es in den letzten Tagen häufiger der Fall gewesen war.
Ich hatte die Flasche bereits bis zur Hälfte geleert und fragte mich jetzt ganz entgeistert, was ich denn eigentlich hier machte.
Die anderen Kollegen waren in dem Glauben, daß ich jetzt Kunden besuchte. Doch ich saß hier im Auto und soff.
Wenn ich ehrlich war, hatte es in den letzten beiden Wochen keinen Tag mehr gegeben, an dem ich nicht getrunken hatte und, es hatte auch keinen Tag mehr gegeben, an dem ich mir nicht gesagt hätte: „Morgen trinkst du mal nichts!"
In zwei Wochen hatte ich Urlaub.
Wir hatten uns für dieses Jahr vorgenommen, da wir ja jetzt ein so schönes Auto hatten, mal ein paar Tage nach Ungarn an den Balaton zu fahren.
Regina hatte sich schon eine Vertretung besorgt, so daß der Laden in dieser Zeit geöffnet bleiben konnte.
Jetzt, hier im Auto, hatte ich mit einem Mal ernsthafte Bedenken, ob ich diese Strecke überhaupt fahren konnte, ohne zwischendurch etwas zu trinken.
Während der langen Fahrt kam ich bestimmt kaum an Alkohol heran, denn da war ich unter der ständigen Kontrolle von Regina.
Vor lauter Wut auf mich selber trank ich den Rest der Flasche in

einem Zug aus und warf sie aus dem offenen Fenster. Innerlich verfluchte und verwünschte ich mich.
Hatte ich Blödian mir doch wirklich eingebildet, daß ich nicht mehr alkoholkrank sei?
Jetzt blieb mir nur noch der Gang zum Arzt. Nach 12 Jahren Abstinenz ein Rückfall. Das war unsagbar peinlich.
Trotzdem mußte ich hin, gleich morgen.
Natürlich war mir klar, daß ich in diesem Zustand nicht mehr hätte Auto fahren dürfen.
Ich hatte aber die Hoffnung, es würde auf Arbeit vielleicht keiner etwas merken, wenn ich am nächsten Tag zum Arzt ginge und der mir irgendein Medikament gab.
Deshalb mußte ich unbedingt das Auto nach Hause bringen, damit keiner davon Wind bekam.
Irgendwie schaffte ich es auch bis nach Hause, aber dort erwartete mich Regina.
Sie hatte an diesem Tag nur bis Mittag gearbeitet und wurde kreidebleich, als sie mich so angetrunken nach Hause kommen sah, noch dazu mit dem Firmenauto.
„Was ist denn mit dir los?“ fragte sie erschüttert.
„Ach, ich hab’ nur ein bißchen was getrunken“, sagte ich und winkte ab.
„Und dann fährst du mit dem Auto?“
Dicke Tränen kullerten ihr übers Gesicht.
„Ich konnt’s ja nicht dort stehen lassen“, erwiderte ich.
„Ich habe aber jetzt keine Zeit zum diskutieren. Ich muß mich erst mal hinlegen. Morgen gehe ich zu Dr. Rößger.“
Ich ließ sie einfach stehen und war, noch ehe sie etwas sagen konnte, im Schlafzimmer verschwunden.

Kurz nach 20 Uhr wachte ich wieder auf und hatte einen fürchterlichen Durst. Da ich ja am nächsten Tag sowieso zum Arzt wollte, konnte ich jetzt auch noch auf ein paar Biere in die Kneipe gehen, sagte ich mir.
Ich schlich mich auf leisen Sohlen hinaus in den Flur.
Regina saß im Wohnzimmer vor dem Fernseher. Sie sollte ruhig denken, daß ich schlief. Ich zog mir meine Straßenschuhe an und verließ unbemerkt das Haus.

Ich ging zu Fuß in die kleine Kneipe am Karl-May-Museum.
Das war die Stammkneipe von unserem Kraftfahrer, doch der war, wie ich erfuhr, eben nach Hause gegangen.
Ich bestellte mir eine Flasche Bier und setzte mich an einen freien Tisch. Die anderen Gäste hier kannte ich alle nicht. Deshalb blieb ich auch alleine sitzen.
Nach zwei Stunden, drei Flaschen Bier und vier Doppelten ging ich wieder nach Hause.
Regina lag bereits im Bett. Doch sie schlief nicht.
Ich hatte mich leise ins Schlafzimmer geschlichen und wollte mich gerade neben sie legen, da schaltete sie das Licht auf ihrem Nachtisch ein.
„Wo kommst du jetzt her?“ fragte sie.
Ihren traurigen Augen sah man an, daß sie lange geweint hatten.
„Ich war bloß ein paar Biere trinken“, antwortete ich.
„Und warum schleichst du dich dazu leise aus dem Haus und sagst mir nicht, wohin du gehst?“
„Ich wollte dir nicht sagen, daß ich in die Kneipe gehe. Damit du dir keine Sorgen machst.“
„Keine Sorgen machst!“ Regina begann zu schluchzen. „Ich mach’ mir nur noch Sorgen. Ich weiß überhaupt nicht, wie das weiter gehen soll mit dir.“
„Ach, Mensch, Regina, nun wein’ doch nicht gleich wieder“, versuchte ich sie zu trösten.
Ich konnte es nicht ertragen, wenn sie weinte.
„Ich gehe morgen bestimmt zum Arzt. Dann wird wieder alles gut, ja?“
Meine Worte schienen sie doch ein wenig beruhigt zu haben, denn nach einer Weile fragte sie mich: „Wann mußt du denn da morgen aufstehen?“
„Wie immer“, sagte ich.
Wir gaben uns noch einen Kuß und ich schlief bald darauf ein.

Ich ging aber am nächsten Tag nicht zum Arzt, sondern ich fuhr auf Arbeit.
Ich schämte mich einfach, Dr. Rößger eingestehen zu müssen, daß ich einen Rückfall habe.
Spätestens um die Frühstückszeit merkte ich dann, wie meine Hän-

de zitterten und mir bei jedem Handgriff der Schweiß ausbrach. Ich fuhr in den Getränkestützpunkt und holte mir eine große Flasche Chantré.
Bierflaschen wären zu auffällig gewesen, aber diese Flasche konnte ich gut im Auto verstecken.
Wenn ich immer nur einen kleinen Schluck nahm zur Beruhigung, fiel das nicht weiter auf, sagte ich mir.

Ich ging am nächsten Tag wieder nicht zum Arzt, auch am übernächsten Tag nicht.
Inzwischen waren fast 14 Tage vergangen.
Abends war ich jetzt oft in den Kneipen gewesen und Regina stand meinen Saufereien hilflos gegenüber.
An einem Donnerstag Abend schließlich, als ich wieder angetrunken nach Hause kam, sagte sie entschieden: „Entweder du gehst morgen zu Dr. Rößger oder ich fahre nächste Woche nicht mit dir nach Ungarn."
„Ich wollte morgen sowieso gehen", antwortete ich.
„Ja, genau das erzählst du mir nun schon zwei Wochen lang jeden Tag. Meinst du, daß ich dir das noch glaube?" schimpfte sie.
„Nee, morgen gehe ich ganz bestimmt", versprach ich.
„Das glaube ich erst, wenn du wirklich dort warst", sagte sie. Dann ließ sie mich stehen und ging hinaus auf die Wiese, um die Wäsche von der Leine zu nehmen. Ich nutzte die Gelegenheit aus und huschte schnell die Treppe zum Heizungskeller hinunter. Ich hatte mir hier unten eine Flasche Wodka versteckt. Hastig trank ich ein paar Schlucke und jagte schnell wieder die Treppe hinauf.
Fast hätte mich Torsten, unser mittlerer Sohn erwischt.
Er wollte gerade in den Keller, um nach einem Werkzeug zu suchen, was er im Schuppen nicht gefunden hatte.
„Na, hallo, was machst du denn im Keller?" fragte er mich.
„Ach, ich hab' nur mal bei der Heizung nach dem Wasserstand geschaut. Bei dem alten Ding weiß man ja nie, ob nicht vielleicht irgendwo ein Leck ist", antwortete ich.
Etwas besseres war mir nicht eingefallen.
Ich setzte mich ins Wohnzimmer und schaltete den Fernseher ein.
Doch ich bekam überhaupt nicht mit, was da lief.
Meine Gedanken kreisten nur noch um den morgigen Tag.

Später rief ich noch meinen Zweigstellenleiter zu Hause an und sagte ihm, daß ich am nächsten Tag erst mal früh zum Arzt müßte und später auf Arbeit kam. Das war kein Problem für ihn.
Am Freitag, den 15. Juli 1994 war ich später als sonst aufgestanden. Regina mußte gleich nach dem Frühstück in ihren Käsewagen. Vorher hatte sie sich noch ganz lieb von mir verabschiedet. Anscheinend glaubte sie mir doch, daß ich heute endlich zum Arzt ging.
Die beiden Jungs waren auf Arbeit, und Yvonne schlief noch in ihrem Zimmer.
Ich holte mir den Schnaps aus dem Keller und trank ein paar Schlukke. Diese wunderbare wohlige Wärme, die sich in meinem Körper auszubreiten begann, wird mir wohl in Zukunft etwas fehlen, sagte ich mir und trank auch noch den Rest aus.
Für was sollte ich den noch aufheben?

Die Schwester in der Anmeldung fragte mich nach dem Grund meines Erscheinens.
„Rückfall", sagte ich nur.
„Oh, dann nehmen sie bitte draußen Platz", sagte sie.
Zum Glück saßen hier nicht viele. Ich hatte wahrscheinlich einen günstigen Tag erwischt.
Der Alkohol hatte mich ziemlich mutig gemacht. Trotzdem war es mir unangenehm, jetzt hier zu sitzen.
Ich rätselte herum, was der Dr. Rößger wohl jetzt mit mir machen würde und hoffte, daß er mich nicht gleich ins Krankenhaus zur Entgiftung steckte, sondern es erst einmal ambulant mit mir versuchte. Sonst könnten wir ja die Fahrt nach Ungarn vergessen.
Obwohl, es war ja eigentlich egal. Hauptsache, mir ging es wieder besser und ich konnte Regina wieder mehr helfen.
In den letzten Wochen mußte sie oft Mike darum bitten, ob er mal mit ihr in den Großhandel fahren könnte, um Ware für den Käsewagen einzukaufen, weil ich entweder schon betrunken war oder weil ich in irgend einer Kneipe herumhing.
Dabei hatte ich es Regina fest versprochen, daß sie sich nur um den Verkauf kümmern brauchte. Ich hatte sie ganz gemein im Stich gelassen.
Aber das würde sich ja jetzt endlich ändern.
Jetzt würde alles wieder gut werden, ganz bestimmt.

„Herr Hoffmann bitte!“
Dr. Rößger hielt mir die Tür zu seinem Sprechzimmer auf und gab mir die Hand.
„Nehmen Sie Platz!“ forderte er mich auf und schloß die Tür.
Er nahm hinter seinem Schreibtisch Platz und sah mich freundlich an. „Wir haben uns ja lange nicht gesehen. Wie geht es Ihnen?“
„Beschissen“, antwortete ich. „Ich habe einen Rückfall.“
Sein Gesicht bekam Sorgenfalten und er nickte bestätigend als er sagte: „Ich hatte schon so eine Ahnung, als Sie eben zur Tür herein gekommen sind. Wie ist denn das passiert?“
„Das war ganz dämlich“, sagte ich.
„Erzählen Sie nur“, forderte er mich auf.
Ich erzählte ihm von dem ersten Bier und von dem zweiten und wie sich das Ganze so nach und nach gesteigert hatte.
„Warum sind Sie denn da nicht eher gekommen?“ fragte er mich.
„Ich dachte, ich hätte das alles noch im Griff“, sagte ich. „Außerdem war es mir peinlich nach so vielen Jahren.“
„Und was hat Ihre Frau dazu gesagt?“
„Naja, am Anfang hat sie ja auch geglaubt, daß ich wieder ganz normal trinken kann. Aber in der letzten Wochen hat sie auch darauf gedrängt, daß ich endlich zum Arzt gehe.“
„Wieviel haben Sie denn da in der letzten Zeit getrunken?“
„Unterschiedlich, meistens 5 bis 6 Flaschen Bier und noch ein paar Schnäpse dazu. Manchmal auch mehr.“
Der Doktor machte sich ein paar Notizen und fragte weiter: „Heute haben Sie doch auch schon etwas getrunken?“
„Naja, eine halbe Flasche Schnaps“, sagte ich kleinlaut, „sonst hätte ich gar nicht den Mut gehabt, hierher zu kommen.“
„Machen Sie mal bitte den Oberkörper frei, ich muß Sie jetzt untersuchen“, forderte er mich auf.
Nach dem er damit fertig war, nahmen wir beide wieder an seinem Schreibtisch Platz. Dr. Rößger schrieb etwas in seine Unterlagen. Als er damit fertig war, sah er mich eine Zeit lang kopfschüttelnd an. Dann zuckte er mit den Schultern und meinte ratlos: „Tja, Herr Hoffmann, ich weiß gar nicht, was ich jetzt mit Ihnen machen soll. Ich fahre nämlich ab morgen in Urlaub.“
Im ersten Moment begriff ich seine Worte überhaupt nicht.
Erst so nach und nach wurde mir klar, was sie für mich bedeuteten.

Tagelang hatte ich es vor mir hergeschoben, endlich zum Arzt zu gehen, weil ich alleine nicht mehr zurecht kam. Fast schon wochenlang hatte ich es mir vorgenommen und immer wieder auf den nächsten Tag geschoben, weil es mir peinlich war zu bekennen, daß ich wieder rückfällig geworden war.

Und nun, endlich hatte ich meinen ganzen Mut zusammen genommen, hatte mich überwunden und bin hierher gekommen, nur um zu hören: „Ich weiß nicht, was ich mit Ihnen machen soll. Ich fahre jetzt in Urlaub."

Ein heftiges Rauschen begann in meinen Ohren. In meinem Kopf überschlugen sich die Gedanken.

Ich war umsonst gekommen. Keiner konnte mir helfen. Mir blieb also nur noch, weiter zu saufen.

Wenn ich aber weiter trank, würde ich bestimmt meine Arbeit verlieren und obendrein noch Regina. Die machte das bestimmt nicht mehr länger mit.

Alleine aufhören, das schaffte ich nicht. Das hatte ich mir schon mehrmals vorgenommen. Es war sinnlos, denn die Entzugserscheinungen waren inzwischen viel zu groß, also weiter saufen.

Wie durch einen Nebelschleier hindurch sah ich, wie der Doktor zum Telefonhörer griff.

„...könnte höchstens probieren, ob ein Kollege ... schlecht ...Urlaubszeit ..." verstand ich nur.

Kollege, was nütze mir ein Kollege, dachte ich und schüttelte mit dem Kopf.

Nein, wenn mir hier keiner hilft, dann kann ich ja wieder gehen.

„Wiedersehen", sagte ich und stand auf.

„Herr Hoffmann, so warten Sie doch mal. Ich kann Ihnen hier die Adresse ..."

Mehr hörte ich nicht mehr. Ich hatte bereits die Tür hinter mir zu geschlagen. „Adresse, was will ich mit einer Adresse", höhnte ich draußen im Flur.

Wenn mir hier schon keiner helfen will, dann woanders gleich gar nicht. Wutentbrannt setzte ich mich ins Auto und fuhr los.

Ich hatte gar nicht richtig mitbekommen, wohin ich fuhr.

Am Riegelplatz in Dresden-Kaditz kam ich wieder zu mir und hielt an. Jetzt war sowieso alles scheißegal.

Die kleine Imbißkneipe neben der Gaststätte „Zur Einheit" hatte bereits geöffnet.
„Eine Flasche Bier und einen doppelten Wodka", sagte ich am Fenster.
Als mir beides gereicht wurde, kippte ich den Schnaps gleich hinunter. Die Bierflasche nahm ich mit an einen der freien Tische.
Es war noch nicht viel los hier. Gerade mal ein Tisch war belegt, obwohl es schon fast Mittagszeit war.
Trübsinnig trank ich mein Bier und hing meinen Gedanken nach.
Regina kam mir in den Sinn. Sie würde sich sicher von mir trennen.
Was wollte sie denn mit so einem Suffkopp wie mir?
Doch wo sollte ich denn dann hin?
Da war es besser, wenn ich mich gleich totsaufen würde.
Ich liebte sie und es tat mir auch unendlich Leid, daß ich ihr solche Sorgen gemacht hatte. Das wollte ich nicht. Ich wollte niemals, daß sie wegen mir weint.
Doch was sollte ich noch ohne sie? Dann schon besser totsaufen.
Ich spürte, wie mir die Tränen kamen.
„Ist hier noch frei?"
Ich schaute auf und erblickte eine heruntergekommene Gestalt.
„Ist frei", sagte ich.
Dem jungen Mann, der mir gegenüber Platz nahm, sah man auf den ersten Blick an, daß der Alkohol für ihn in den letzten Jahren die wichtigste Rolle im Leben gespielt hatte.
Er saß da und zitterte am ganzen Körper.
Wenn man genauer hinsah, konnte man erkennen, daß er erst so um die dreißig sein mußte.
Seine Haare sahen struppig aus und waren genauso dreckig, wie seine Kleidung.
Rasiert hatte er sich schon lange nicht mehr. Sein flackernder Blick war auf meine leere Bierflasche gerichtet.
Ich wischte mir die Tränen aus den Augenwinkeln und fragte ihn: „Willste 'n Bier?"
Er nickte eifrig.
„Hol mal zweie und zwei doppelte Wodka dazu", sagte ich und reichte ihm einen 20-Mark-Schein über den Tisch.
Unsicher, wie ein uralter Mann erhob er sich und tapste zum Aus-

schank. Ich beobachtete, wie er bestellte und sich danach hilflos nach mir umsah.
Ich wußte, was sein Blick bedeutet hatte. Mit seinen zittrigen Händen würde er den Schnaps verschütten.
Ich ging hin, um ihm zu helfen. Ich nahm die beiden Schnapsgläser und meine Bierflasche und stellte sie auf unseren Tisch.
„Brauchst dir keinen Kopp zu machen. Das kenn' ich", sagte ich, als er sich wieder gesetzt hatte.
Er wollte mir das Wechselgeld wiedergeben, aber ich winkte ab und sagte:
„Kannst'e behalten!"
Ich erhob mein Schnapsglas, sagte „Na dann Prost!" und kippte den Wodka hinunter.
„Prost", sagte der andere und verschüttete beim Trinken einen Teil des Schnapses.
Ich hatte schon gedacht, er könne überhaupt nicht reden.
„Trink mal noch 'n Schluck Bier hinterher. Dann wird dir gleich wieder besser", riet ich ihm.
Nach einem weiteren „Gedeck" taute er schließlich auf und erzählte mir, daß er Uwe heiße. Er war 29 Jahre alt und seit kurzem geschieden. Von Beruf sei er Zerspanungsfacharbeiter.
„Aber wer braucht heutzutage noch einen Dreher", jammerte er.
„Und wer braucht heutzutage noch einen Agraringenieur", äffte ich ihn nach und spürte, daß ich schon einen in der Krone hatte. „Heute arbeite ich als Vertreter und verkaufe Klopapier, hä, hä. Na und? Geschissen wird schließlich überall, also brauchen sie mein Klopapier, hä, hä."
„So was ähnliches haben die mir auf dem Arbeitsamt auch angeboten, aber ich habe keine Fahrerlaubnis", sagte Uwe.
„Führerschein, bitte schön. Mensch, das heißt jetzt bitte schön Führerschein."
„Hab' ich auch nicht", sagte er. „Vielleicht geh ich in den Westen."
„In den Westen", krähte ich. „Die gehen alle in den Westen. Klar, haut nur alle hier ab. Hast du dich mal gefragt, an wen ich dann hier mein Klopapier verkaufen soll, wenn ihr alle in den Westen abhaut, hä?"
Uwe sah mich ganz entgeistert an.
„Da guckst'e, hä? Das habt ihr euch alle nicht überlegt. Aber scheiß drauf, hol' mal lieber noch 'ne Runde", sagte ich und gab ihm Geld.

Als er zurück kam, mußte ich grinsen. „Meinst du, wenn die dich dort drüben so sehen, daß du da eine Arbeit bekommst?“ fragte ich ihn.
Er sah betroffen an sich hinunter und sagte kein Wort.
„Ach, mach’ dir nichts d’raus. Ich bin heut’ schon besoffen, Prost Alter“, sagte ich, um ihn wieder aufzumuntern.
Mit Uwe war aber nichts mehr anzufangen. Er redete kaum noch. Ich hatte ihn wohl zu sehr beleidigt.
Trotzdem holte ich für uns noch eine Runde und trank gleich am Ausschank einen zusätzlichen Doppelten.
Nun überlegte ich, was ich mit dem angerissenen Tag noch so anstellen könnte.
Die alte Kneiperin fiel mir ein, die ich sonst mit Reinigungsmitteln belieferte. Sie hatte das Sportkasino in der Steinbachstraße.
Vielleicht waren dort ein paar alte Bekannte von früher, die Skat spielten.
Ich verabschiedete mich von Uwe und stand auf.
„Kannst du mir mal noch ‘n Zehner borgen“, fragte er mich. „Ich geb’s dir nächste Woche wieder.“
Ich gab ihm das Geld und ging zum Auto. Als ich hinterm Steuer saß, mußte ich erst mal die Scheiben herunter lassen.
Das Fahrzeug hatte sich in der Mittagssonne gewaltig aufgeladen.
Ich bekam kaum Luft.
Dann startete ich und fuhr in Richtung Radebeul.

Das Sportkasino war gut besucht, zwar nicht von Sportlern, aber von Bier- und Schnapstrinkern.
Ich sah ein paar bekannte Gesichter und klopfte zur Begrüßung der Reihe nach auf die Tische.
Ich trat an einen Vierertisch, an dem Skat gespielt wurde.
„Mensch Titius, gibt’s dich auch noch?“ fragte Bernd.
„Also, wie du siehst“, antwortete ich.
„Willst’e mitspielen?“
„Aber ihr seid doch schon vier“, sagte ich.
„Manne geht gleich. Der hat gerade bezahlt“, sagte Bernd.
Manne stand auch sofort auf.
„Hier, kannst gleich meine Karten übernehmen.“
Ich setzte mich. Doch bevor ich mitspielte brauchte ich erst etwas zu trinken. Ich bestellte ein Bier und einen Wodka.

„Sonst kann ich heute nicht mehr klar denken“, erklärte ich den anderen.
Ich spielte eine Runde nach der anderen und verlor die meisten.
Das bedeutete, daß ich nach jeder verlorenen Runde für einen Schnaps für die Mitspieler ausgeben mußte und natürlich zum Trost selber einen trank.
Mit der Zeit hatte sich dann auf meinem Bierdeckel die stattliche Zahl von 26 Doppelten und 6 Bieren angesammelt.
Ich mußte erst einmal in mein Portemonnaie schauen, ob ich überhaupt noch genügend Geld einstecken hatte.
Der Einblick beruhigte mich. Geld hatte ich, also konnte ich noch eine Weile mitspielen.
Irgendwann später kam mir dann Regina in den Sinn.
Sollte ich sie nicht heute vom Käsewagen abholen?
„Muß aufhören“, sagte ich, nachdem ich wieder eine Runde verloren hatte.
„Bist'e voll?“ fragte Bernd.
„Nee, muß meine Frau abholen“, sagte ich und spürte, daß mir meine Zunge überhaupt nicht mehr gehorchen wollte.
Ich winkte nach der Wirtin, um zu bezahlen. Sie kam auch gleich an meinen Tisch.
„Mit was willst du die denn abholen?“ fragte Bernd.
„Na mit dem Auto, mit was'n sonst“, sagte ich.
Plötzlich redeten alle durcheinander. Ich verstand überhaupt kein Wort mehr.
Schließlich hatte ich endlich bezahlt und erhob mich, aber vor mir drehte sich alles und ich ließ mich wieder auf den Stuhl fallen.
Wie ich es dann doch geschafft hatte, weiß ich nicht mehr genau.
Ich weiß nur noch, daß ich hinter mir jemand sagen hörte: „Der will doch jetzt nicht etwa wirklich mit dem Auto fahren.“
Als ich rückwärts aus der Parklücke heraus fuhr, bemerkte ich zu spät, daß da zwei Fahrräder standen.
Das Auto holperte etwas. Ich hatte sie überrollt.
Dafür sah ich jetzt, wie ein paar Leute aus der Gaststätte heraus kamen und auf mich zu rannten.
Ich gab Gas und fuhr ganz schnell davon.

Ich wunderte mich über die Stimmen. Wo kamen die her?
Ich verstand nur Satzfetzen.
„... Notarzt rufen ... herausholen ... ist nicht tot ...“
Meinten die etwa mich?
Ich spürte, wie mich jemand an der Schulter packte und öffnete die Augen.
Es dauerte eine Zeit lang, bis die verschwommenen Konturen ein wenig schärfer wurden.
Vor mir war ein Stück von einem zerbeulten Auto zu sehen, aus welchem mitten drin ein Eisenmast herausragte. Die Splitter der Frontscheibe waren überall verstreut.
Das war mir ein zu blöder Traum. Ich machte die Augen wieder zu.
„Der ist ja total besoffen!“ rief jemand an meinem Ohr.
„Die Polizei ist gleich da“, sagte eine andere Stimme.
Langsam überkam mich eine Ahnung.
Das Bild meiner Abfahrt vom Sportkasino drängte sich in mein Bewußtsein und ich begann zu begreifen, es war irgend etwas passiert und die Stimmen sprachen von mir.
„Können sie mich hören?“ fragte jemand und die Hand an meiner Schulter begann wieder zu rütteln.
Ich öffnete die Augen und konnte dicht über mir ein Gesicht erkennen, daß ich nicht kannte und das immer wieder verschwamm.
Trotzdem, für den Fall, daß das Gesicht mich meinte, nickte ich.
„Gut“, sagte das Gesicht und fragte: „Haben sie irgendwo Schmerzen?“
„So besoffen, wie der ist, hat der keine Schmerzen“, sagte ein anderes Gesicht.
Ich wußte nicht, ob ich welche hatte, schüttelte aber mit dem Kopf.
„Gut“, sagte wieder das nettere Gesicht, „dann bleiben sie ruhig sitzen. Der Notarzt ist gleich da. Wir machen ihnen nur den Gurt ab.“
„Hier läuft was aus“, rief einer.
„Ist es Benzin?“ fragte ein anderer.
„Ich glaube, das ist bloß Öl.“
„Viel?“
„Nö, es geht.“
„Kann mal einer einen alten Sack oder so was holen? Das legen wir drunter.“

Ich sah mich um. Ich saß in meinem Ford Sierra, der eigentlich der Firma Ranft gehörte und der jetzt nur noch ein großer Haufen Schrott war.
Links von mir auf dem Fußweg stand eine Menschenmenge, die aufgeregt diskutierte.
Rechts auf der Straße regelte jemand den sich stauenden Verkehr.
Es war die Ecke Schildenstraße / Pestalozzistraße.
Aus der Ferne war ein Signalhorn zu hören, das immer näher kam und schließlich hielt ein Sanitätsfahrzeug direkt vor mir.
Als es stand hörte ich ein anderes Sondersignal näher kommen, das schließlich auch verstummte.
Ich sah, wie Sanitäter auf mich zu kamen und begannen, mich überall abzutasten.
Wieder wurde ich gefragt, ob ich reden könnte und wieder rief jemand, daß ich total besoffen sei.
Doch so besoffen war ich gar nicht. Ich bekam alles mit.
Zwei Polizisten stellten sich mir höflich vor und baten die Sanitäter, daß sie mich in ihren Wagen brachten.
Die ersten Schritte mußten sie mich noch stützen, weil meine Beine wie Pudding waren, doch nach ein paar Metern ging es wieder.
Im Polizeiauto bat man mich um den Führerschein, die Zulassung und den Personalausweis.
„Sie haben getrunken?“ fragte mich einer der Polizisten.
Ich nickte.
„Wieviel?“
Ich zuckte mit den Schultern.
Der andere Polizist hielt ein Röhrchen in der Hand, welches er mir herüber reichte: „Blasen Sie mal da rein!“
Ich blies und gab es ihm wieder.
Die beiden Polizisten betrachteten sich das Ergebnis.
Schließlich rief der eine zum Fahrzeug hinaus: „Der Notarzt soll bitte noch mal kommen!“
Der war auch in wenigen Sekunden da.
„Wir brauchen Sie noch mal zur Blutentnahme“, sagte der Polizist, „falls Sie nichts dagegen haben, Herr Hoffmann“ und wandte sich mir zu.
Ich schüttelte mit dem Kopf. Ich hatte nichts dagegen, mir war es egal.

Ein vollkommenes Gefühl der Leere hatte mich ergriffen.
Die Blutentnahme dauerte nicht lange. Als der Arzt sich von mir verabschiedete sagte er noch: „Da müssen Sie ja tausend Schutzengel gehabt haben, daß Ihnen da nichts passiert ist, so wie das Auto aussieht."
„Ja, wie ist denn das nun überhaupt passiert?" fragte mich der Polizist.
Der andere war inzwischen damit beschäftigt, mit einem weiteren Kollegen die Unfallstelle zu vermessen.
„Ich kann mich überhaupt nicht daran erinnern", sagte ich.
„An gar nichts mehr?"
Ich schüttelte mit dem Kopf.
„Was ist denn das Letzte, an was Sie sich noch erinnern können?"
„Nur, daß ich im Sportkasino hier auf der Steinbachstraße war. Ich kann mich auch noch daran erinnern, wie ich dort losgefahren bin. Dann fehlt mir der Film."
„Da müssen Sie ja ganz schön getrunken haben. Trotzdem hatten Sie noch ein Riesenglück gehabt, daß Sie keinen überfahren haben", sagte der Polizist.
Danach ließ er mich ein Protokoll unterschreiben.
„Sie müssen nun mit einem längeren Führerscheinentzug rechnen, Herr Hoffmann. Das hängt auch von der Promillezahl ab. Den Führerschein behalte ich gleich ein. Sind sie damit einverstanden?"
Ich nickte.
„Soll ich Ihnen einen Abschleppdienst rufen? Das Auto kann hier nicht so stehen bleiben."
„Ja", sagte ich.
„Gut, dann können Sie jetzt draußen warten, bis er kommt."
Er gab mir noch die anderen Papiere zurück und ich stieg aus.

Die Menschenmenge hatte sich inzwischen aufgelöst. Nur vereinzelt standen noch ein paar Schaulustige um das Auto herum.
Ich setzte mich an einen Gartenzaun, brannte mir eine Zigarette an und starrte auf das, was einmal ein Auto war.
Langsam verschwand die Leere in mir, die mich die ganze Zeit über ausgefüllt hatte. Regina kam mir in den Sinn.
Ich schaute auf die Uhr und bekam einen Schreck. Es war schon 15 Minuten nach 18 Uhr. Ganz sicher würde sie jetzt am Käsewagen

auf mich warten. Oder, ob sie schon erfahren hatte, was passiert war? Sicher wäre sie dann schon hier. Oder, vielleicht gerade nicht? Vielleicht wollte sie mich nicht mehr sehen?

Am Sonntag wollten wir mit dem Auto an den Balaton fahren und nun das.

„Sind Sie das mit dem Auto hier?“ riß mich jemand aus meinen Gedanken.

Es war schon der Abschleppdienst. Ich nickte und erhob mich.

„Wo soll denn die Karre hin?“

„Nach Altserkowitz.“

Es dauerte einige Zeit, bis der Ford verladen war.

Ich fuhr vorn beim Fahrer mit.

Als wir ins Dorf hinein fuhren, fragte er: „Wo willst’n die Karre hin haben?“

Ich ließ ihn am Straßenrand abladen und schaute mich ängstlich um, ob uns jemand von den Nachbarn dabei beobachtete.

Sonst war es mir egal, was die Leute hier über mich dachten.

Ich hatte kaum Kontakte zu den Dorfbewohnern als einer, der nur zugezogen war und der außerdem einem anderen die Frau weggenommen hatte, wie sie meinten.

Daß ich heute mit einem total zertrümmerten Auto heim kam, war mir aber ziemlich peinlich.

Ich unterschrieb den Auftrag und der Abschleppdienst fuhr davon.

Regina war bereits zu Hause.

„Schön, daß du auch schon kommst“, sagte sie wütend. „Da hätte ich ja lange auf dich warten können.“

„Das Auto ist kaputt“, sagte ich.

„Was heißt kaputt? Das hätte uns ja gerade noch gefehlt. Hast du es reparieren lassen?“

„Da ist nichts mehr zu reparieren. Es hat Totalschaden.“

Regina sah mich zweifelnd an.

Dann schüttelte sie mit dem Kopf und meinte: „Also weißt du, für solche Späße habe ich jetzt wirklich nicht den Nerv.“

„Du kannst es dir ja ansehen. Es steht draußen.“

Immer noch ungläubig sah sie mich an.

Dann lief sie plötzlich an mir vorbei hinaus, über den Hof und auf die Straße.

Es dauerte eine ganze Weile, ehe sie wieder zurück kam, langsam und mit hängenden Schultern. Schon von Weitem sah ich, daß sie weinte. In der Küche ließ sie sich auf einen Stuhl fallen. Sie weinte so sehr, daß ihr ganzer Körper bebte und ich stand hilflos daneben. Ich konnte ihr nichts Tröstendes sagen, höchstens, daß es mir leid tat. Doch was zählte das schon in diesem Augenblick.
Sie sprach es aus, was mir in meiner Verzweiflung durch den Kopf ging: „Und ich hatte mich so darauf gefreut, daß wir am Sonntag in den Urlaub fahren", schluchzte sie.
Es dauerte eine Ewigkeit, bis sie sich wieder ein wenig beruhigt hatte.
„Wie ist das denn passiert? Warst du Schuld?"
Ich erzählte ihr alles von Anfang an und ließ nichts dabei aus.
Als ich geendet hatte, war es lange Zeit still.
Nur ihr Weinen war zu hören.
Immer wieder sah sie mich an und schüttelte mit dem Kopf.
Schließlich fragte sie: „Und wie soll das jetzt weiter gehen? Kannst du mir das vielleicht mal sagen?"
Ich zuckte mit den Schulter und sagte leise: „Keine Ahnung."
„Du machst alles kaputt."
Die ganze Tragweite des Geschehenen wurde mir auch jetzt erst vollkommen bewußt.
Wir hatten kein Auto mehr, das wir für den Wareneinkauf für den Käsewagen dringend benötigten. Ich war meinen Führerschein auf lange Zeit los und natürlich auch meine Arbeit.
Dazu kamen die Kosten für das Verfahren, den Abschleppdienst und nicht zuletzt das Auto. Das mußte ich Herrn Ranft sicherlich ersetzen, denn den Schaden bezahlte bestimmt keine Versicherung, da der Unfall unter Alkoholeinwirkung passiert war.
„Damit sind wir beide wieder arbeitslos", flüsterte Regina.
Sie stand auf und ging hinüber ins Wohnzimmer.
Hilflos schaute ich ihr nach.
Ich setzte mich an den Küchentisch und konnte meine Tränen nicht mehr zurückhalten. Was hatte ich nur angerichtet?
Ich hatte alles mit einem Mal vernichtet, was wir Stück für Stück begonnen hatten aufzubauen. Meine neue Arbeit, Reginas Existenz und auch ihre Liebe, es war alles zerstört.
Torsten kam nach Hause. Sicherlich hatte er draußen das kaputte

Auto gesehen.
Als er mich hier so sitzen sah, fragte er: „Wie ist denn das passiert?“
Ich konnte nicht antworten.
Ich hörte, wie Torsten ins Wohnzimmer ging. Hörte, wie er mit Regina sprach und wie sie weinte.
Wie gerne hätte ich sie jetzt in meine Arme genommen und sie getröstet.
Ich hielt es nicht mehr länger aus. Ich stand auf und ging hinaus.
Ich lief und lief, vollkommen egal wohin. Nur laufen, immer weiter laufen und nicht anhalten, schrie es in mir.
Plötzlich stand ich vor der kleinen Kneipe am Karl-May-Museum und ging hinein.
Der Kraftfahrer meiner Firma stand am Tresen. Er hatte mich sofort entdeckt und winkte mir zu.
Ich gesellte mich zu ihm.
Weiter weiß ich von diesem Abend nicht mehr viel. Ich weiß auch nicht, wie ich nach Hause gekommen bin.
Aber ich kann mich noch entsinnen, daß Regina noch munter war, als ich nach Hause kam.
Sie hatte im Wohnzimmer auf mich gewartet und fragte mich, wo ich gewesen bin und warum meine Sachen so schmutzig seien. Anscheinend war ich unterwegs hingefallen. Ich konnte mich nicht erinnern, wie mir das passiert war.
Jedenfalls hätte sie mich überall gesucht. Auch Torsten und Mike hätten die ganze Gegend mit ihren Autos abgefahren.
Ich verkrümelte mich sofort ins Bett. Zufrieden mit dem Gedanken, daß Regina mich gesucht hatte, schlief ich ein.

In den nächsten Tagen ging es Schlag auf Schlag.
Natürlich wurde ich sofort von Herrn Ranft fristlos entlassen und er forderte von mir den Zeitwert für das Auto in Höhe von 9.000,- DM, welches verschrottet werden mußte.
Zum Glück ließ er mit sich reden und ich vereinbarte mit ihm eine Ratenzahlung.
Die Behördenpost ließ auch nicht lange auf sich warten.
Bei meinem Unfall hatte ich einen Blutalkohol von 3,1 Promille.
Ich wurde zu einem Führerscheinentzug von 15 Monaten und einer

Geldstrafe von 800,- DM verurteilt. Der Führerschein sollte mir erst nach einer bestandenen MPU (Idiotentest) ausgehändigt werden.

Torsten und Mike halfen ab sofort Regina, wenn es darum ging, in den Großhandel zu fahren oder die Eier in Schwochau zu holen.
So konnte sie wenigstens ihr Geschäft aufrecht erhalten, wenn auch mit sehr sehr viel Mühe und Kraft.
Schließlich meldete sich Regina bei der Fahrschule Krug an.
Das hatte sie eine unheimliche Überwindung gekostet, denn wenn sie mit ihrem Fahrrad im Straßenverkehr unterwegs war, stieg sie ängstlich an jeder Kreuzung ab und überquerte diese lieber zu Fuß.
Trotzdem wollte sie nicht länger von anderen abhängig sein und selber zum Einkaufen fahren.

Ich hatte Regina versprochen, mit dem Trinken aufzuhören oder wenigstens weniger zu trinken.
Deshalb trank ich jetzt hauptsächlich heimlich.
Wenn Regina arbeiten war, konnte ich in Ruhe meine Getränkedepots in Keller und Schuppen auffüllen.
Ich versuchte nur so viel zu trinken, wie ich brauchte, um mein Zittern zu unterdrücken.
Das gelang mir aber nicht immer.
Oft kam Regina nach Hause und mußte feststellen, daß ich einen Mächtigen in der Krone hatte.
Natürlich machte sie mir dann entsprechende Vorwürfe.
Doch angetrunken wie ich war, konnte ich diese nicht ertragen und suchte das Weite. In irgendeiner Kneipe gab ich mir dann den Rest.
Oftmals kam ich danach schmutzig und zerschunden wieder nach Hause.
Immer wieder schwor ich Regina danach, daß ich mich behandeln lassen würde, damit dieses ganze Drama endlich aufhörte.
Ich nahm es mir ja auch wirklich vor, aber ich verschob es von einem Tag auf den anderen und das über Monate hinweg.

„Aus Schaden wird man klug“, sagt man, deshalb mußte ich mir auch etwas Neues einfallen lassen.
Ich hatte mir für den „Notfall“ eine eiserne Reserve in Form einer großen Flasche Wodka zugelegt, die ich ein paar Meter vom Haus

entfernt in einem Holzschuppen versteckte. Über viele Wochen hinweg war es mir auch gelungen, diese Flasche nicht anzurühren, denn ich hatte ja tagsüber genügend Zeit, meine Alkoholvorräte zu Hause wieder aufzufüllen. So konnte ich mir die beiden Zitterer ganz gut vom Hals halten.

An einem Wochenende im November sollte ich mich damit aber gründlich verplant haben.

Ich wollte mich eigentlich am Freitagnachmittag, nachdem Regina auf Arbeit gefahren war, auf den Weg machen und Nachschub im Getränkestützpunkt auf der Wasastraße holen. Doch auf halbem Wege überlegte ich es mir plötzlich anders.

Ich machte kehrt und ging in Richtung Sportkasino auf der Steinbachstraße. Ich war dort schon lange nicht mehr gewesen und hoffte, daß ich da ein paar Bekannte traf. Ich konnte mir ja schließlich auch von dort etwas zu trinken für zu Hause mitnehmen. Meine Ahnung hatte mich nicht getäuscht, denn Heiko und Werner, die ich von der Stehpiepe her kannte, saßen an einem Tisch und warteten nur darauf, daß sie einen dritten Mann zum Skat fanden.

Wir spielten wie immer um einen Doppelten. Zum Glück verlor ich aber kaum eine Runde, denn ich hätte sonst gar nicht so viel Geld einstecken gehabt, wie ich entsetzt feststellen mußte.

Ich merkte gar nicht, wie die Zeit verging.

Deshalb zuckte ich auch zusammen, als plötzlich Torsten und Regina auftauchten.

Ich hatte sie gleich gesehen, als sie zur Tür herein kamen.

Sie sahen sich kurz um und steuerten dann direkt auf unseren Tisch zu. „Naja, wenigstens brauchten wir heute nicht lange suchen“, sagte Regina.

„Ich wollte sowieso gerade gehen“, log ich.

„Dann kannst du ja jetzt bezahlen, wir warten draußen“, sagte sie und ging mit Torsten wieder hinaus.

„Da steht aber einer unter'm Pantoffel“, meinte Heiko und grinste.

„Ach Quatsch, ich hab' nur vergessen, daß wir heute noch zum Geburtstag wollen.“

Mein Geld reichte gerade noch aus, um die Rechnung zu bezahlen.

„Zum Glück habe ich ja zu Hause noch meine Reserveflasche“, dachte ich.

Unterwegs im Auto sprachen Torsten und Regina kein Wort.

Ich hingegen war in bester Stimmung und freute mich schon auf meinen Wodka im Holzschuppen.
Doch es ergab sich erst spät am Abend, ein paar Schlucke davon zu nehmen.
Am Sonnabend kam ich dann ganz gut über den Tag. Ich hatte im Keller noch drei Flaschen Bier und einen Rest Schnaps. Das reichte allerdings nicht ganz und ich mußte zusätzlich noch ein paar Schlucke „Reserve" trinken.
Am nächsten Tag dann grauste es mir.
Ich war in den Holzschuppen gegangen, doch die Flasche war weg.
Voller Aufregung suchte ich den ganzen Schuppen ab in der Hoffnung, daß ich den Wodka vielleicht irgendwo anders versteckt hatte, aber ich fand ihn nicht.
Verzweifelt ließ ich mich auf eine Kiste fallen. Erst jetzt spürte ich, wie mir die Sachen am Leibe klebten. Mir wurde es kalt und ich begann zu zittern.
„Was mach' ich denn jetzt?" überlegte ich ratlos.
Eine unheimliche Angst überkam mich. Der Gedanke an die beiden Zitterer war wieder da.
„Vielleicht hatte ich die Flasche gestern mit in den Keller genommen?"
Ich stand auf und schleppte mich ins Haus.
„Wie siehst du denn aus?" fragte mich Mike, der gerade zur Haustür heraus kam.
„Ach, mir ist bloß ein bißchen schlecht", sagte ich und ging an ihm vorbei ins Haus.
Ich konnte vor lauter Zittern kaum noch laufen und ließ mich im Schlafzimmer aufs Bett fallen.
Regina mußte mich gehört haben. Sie kam mir hinterher.
„Was ist denn mit dir los?" fragte sie, als sie mich so sitzen sah.
„Mir ist schlecht", antwortete ich, „aber das ist gleich wieder weg."
„Da mußt du dich eben ein paar Minuten hinlegen", sagte sie besorgt. „Vielleicht hörst du jetzt endlich mal auf mit deinem Gesaufe."
Nachdem sie mir das Kopfkissen zurecht gerückt hatte, ließ sie mich wieder alleine.
Ich hörte, wie sie die Treppe hinauf ins Bad ging.
Vorsichtig stieg ich wieder aus dem Bett und schlich zur Kellertür.
Ich wollte die Klinke ganz sacht herunterdrücken, damit es Regina

oben nicht hörte, doch vor lauter Zittern rutschte sie mir aus der Hand. Das Geräusch schallte durchs ganze Haus und ich dachte vor Schreck, mein Herzschlag setzt aus.
Jetzt mußte ich schneller unten bei meinem Schnaps sein als Regina. Die hatte den Krach sicherlich gehört und würde bestimmt gleich herunter kommen.
Langsam begann ich die Treppe hinunter zu gehen, doch nach drei Stufen mußte ich mich schnell setzen. Meine Knie waren mit einem Mal weich wie Pudding, denn meine Augen spielten wieder verrückt.
Wie gefährlich das für mich werden konnte, das wußte ich nur zu gut von früher. Deshalb rutschte ich jetzt die restlichen Stufen lieber auf dem Hosenboden hinab. Endlich im Keller angekommen, war ich richtig stolz auf mich, daß ich das unbeschadet geschafft hatte.
Meine gute Laune war aber sofort wieder vorbei.
Ich hatte gehofft, daß der Wodka auf der Werkbank stand, aber ich fand nur leere Flaschen.
„Suchst du schon wieder nach Schnaps?"
Ich bekam einen Schock. Schlagartig blieb mir der Atem stehen und mein Herz begann zu rasen. Ein eiskalter Schauer lief mir über den Rücken und ich spürte, wie sich die Nackenhaare sträubten. Vor meinen Augen begann sich alles zu drehen und ich setzte mich, schon fast leblos auf eine Holzkiste.
Wieso hatte ich sie denn nicht kommen gehört?
Meine Mutter stand vor mir, die Hände in den Hüften und schüttelte mit dem Kopf.
„Das sieht dir wieder ähnlich, alles durchzuschnüffeln, ob nicht vielleicht irgendwo Alkohol versteckt ist. Vor dir ist aber auch gar nichts sicher", schimpfte sie.
„Aber, wieso, wo kommst du denn her?" stammelte ich.
„Ich bin schon lange da. Ich hab' dich die ganze Zeit beobachtet, auch draußen im Holzschuppen. Hier wirst du aber nichts finden."
Dann hat sie bestimmt den Wodka vor mir versteckt, schoß es mir wie ein Blitz durch den Kopf.
„Bitte, gib mir die Flasche. Wenn ich die leer gemacht habe, höre ich auf zu trinken. Das verspreche ich dir", bettelte ich.
„Da kannst du lange warten."

Ich war verzweifelt. Warum mußte sie nur so hart sein? Wußte sie denn nicht, daß ich ohne dem Schnaps jetzt jämmerlich zugrunde ging?
„Wenn ich jetzt nichts trinke, dann kommen die beiden Zitterer und du bist Schuld, wenn die mich umbringen“, wimmerte ich, denn die Tränen erstickten mir fast die Stimme.
„Die beiden Zitterer, daß ich nicht lache. Einer von den beiden bist dann wohl selbst?“
Meine Mutter tippte mit dem Zeigefinger an die Stirn.
„Du brauchst nur zu warten, die kommen bestimmt. Dann kannst du sie selber sehen“, rief ich wütend.
Mein Blick fiel auf den Werkzeugschrank.
Die Tür war einen Spalt weit geöffnet und durch das Licht der Kellerlampe sah ich darin etwas funkeln. Das war doch nicht etwa ...?
Mit einem Satz war ich am Schrank, riß die Tür auf und griff nach der Flasche. Im Handumdrehen hatte ich sie aufgeschraubt und schüttete drei, vier, fünf Schlucke in mich hinein. Tat das gut!
Dann setzte ich mich wieder auf die Holzkiste und grinste meine Mutter siegessicher an.
„Wie du siehst, brauchst du vor mir nichts zu verstecken. Ich finde es ja doch.“
Meine Mutter sagte gar nichts. Sie drehte sich einfach um und ging die Treppe hinauf.
„Was machst du denn dort unten“, hörte ich Regina rufen.
Schnell versteckte ich die Flasche wieder im Werkzeugschrank. Da kam sie auch schon die Treppe herunter.
„Und mit wem hast du gerade gesprochen?“ fragte sie.
„Mit meiner Mutter.“
„Mit deiner Mutter? Wo soll denn deine Mutter auf einmal herkommen?“
Ich verstand nicht, warum sich Regina so dumm stellte.
„Ja, die muß dir doch eben noch an der Kellertür begegnet sein“, sagte ich.
„Also, ich glaub’, jetzt hakt es vollkommen bei dir aus oder hast du schon wieder zu viel gesoffen?“ sagte Regina wütend und schaute auf die leeren Flaschen, die auf der Werkbank standen.
„Mensch, dann ist sie eben kurz vor dir zur Tür hinaus“, sagte ich beleidigt.

Regina sah mich fassungslos an. „Also, ich glaube jetzt wirklich langsam, daß du deinen ganzen Verstand schon versoffen hast. Meinst du vielleicht, wenn uns deine Mutter besuchen kommt, daß sie mir dann nicht mal ‚Guten Tag' sagt?"
Ich wurde langsam wütend. Sie glaubte wirklich, daß ich sie anlüge.
„Dann wartet sie vielleicht oben im Wohnzimmer auf uns", sagte ich.
Wir gingen hinauf und sahen nach. Ich schaute in die Küche, ging auf den Hof, aber nirgendwo war eine Spur von meiner Mutter zu sehen. Hatte ich mir das wirklich nur eingebildet?
Da kam Mike gerade nach Hause und in mir keimte ein Funken Hoffnung.
„Hast du meine Mutter draußen auf der Straße gesehen?" fragte ich ihn.
„Nee, die letzten 10 Minuten nicht", antwortete er, „da haben wir draußen am Hoftor gestanden und gequatscht."
„Der Kerl hat 'ne Macke", sagte Regina und ging kopfschüttelnd in die Küche.

Zwischen Weihnachten und Silvester 1994 war ich zu Hause wieder einmal so betrunken, daß ich mich überhaupt nicht mehr auf den Beinen halten konnte.
Ich war schon mehrmals hingefallen und wollte trotzdem noch fort, in irgendeine Kneipe gehen.
Torsten und Yvonne hatten Regina geholfen, mich ins Wohnzimmer zu schleppen.
Dort lag ich jetzt vor dem Fernseher auf dem Teppich.
Sie mußten mich festhalten, weil ich versuchte, immer wieder auszureißen.
Regina wußte sich keinen anderen Rat mehr, als bei Dr. Rößger anzurufen und ihn um Hilfe zu bitten.
Seine Praxis war geschlossen, aber sie erreichte ihn zu Hause und er versprach ihr, sofort zu kommen.

Der Doktor hatte gleich seine Frau mitgebracht.
Beide versuchten nun, mit mir zu reden, damit ich mich beruhigte.
Nachdem ich eine Spritze bekommen hatte, gelang ihnen das auch und sie konnten mich auf das Sofa legen.

Dr. Rößger erklärte Regina, daß er jetzt im Moment gar nichts mehr machen könnte.
Anfang Januar würde er aber für mich sofort einen Termin im Krankenhaus zur Entgiftung besorgen. Eher wäre es durch die Feiertage nicht möglich.
Regina fragte ihn, was sie denn bis dahin mit mir machen sollte. Schließlich wären das ja noch einige Tage bis dahin.
Der Arzt erklärte ihr, daß ich bis dahin auf jeden Fall weiter trinken mußte, weil ein Alkoholentzug ohne ärztliche Überwachung gefährlich sei.
Auf Reginas Frage hin, was sie mir da zu trinken geben sollte, antwortete er, daß Bier wohl in diesem Moment das kleinere Übel sei. Auf jeden Fall sei das besser als Schnaps.
Dr. Rößger versprach, sofort anzurufen, sobald er den genauen Termin für die Krankenhausaufnahme wußte.
Regina bedankte sich bei den beiden und sie verabschiedeten sich wieder.
Ein paar Tage später rief Dr. Rößger an und teilte uns mit, daß ab 5. Januar ein Bett für mich auf der Inneren im Krankenhaus Radebeul frei sei.

Für mich waren diese Vorgänge wie hinter einem dichten Nebelschleier abgelaufen.
Ich hatte allerdings mitbekommen, daß der Arzt da war und er mir helfen wollte.
Als ich von dem Termin für meine Krankenhausaufnahme erfuhr, war das wie eine Erlösung für mich.
Endlich würde ich aus diesem verfluchten Teufelskreis heraus kommen.
Auf der einen Seite hatte ich Regina ja immer wieder versprochen, mit dem Trinken aufzuhören. Auf der anderen Seite hatte ich eine panische Angst vor den fürchterlichen Entzugserscheinungen.
Ich trank, um mir die beiden Zitterer vom Halse zu halten und hatte dabei Regina gegenüber immer ein schlechtes Gewissen.
Seit dem Arztbesuch nun war alles anders geworden.
Ich durfte ganz offiziell trinken.
Was wiederum hatte zur Folge, daß ich etwas weniger trank. Ich brauchte meinen Körper nicht mehr auf die Schnelle mit reichlich

Alkohol zu versorgen, weil ich Angst haben mußte, später keine Gelegenheit mehr dazu zu haben.
Jetzt reichte es oft aus, nur zu wissen, daß ich mir ja jederzeit ein neues Bier aufmachen konnte, wenn das Zittern begann.

Am Silvesterabend kamen Reginas Schwester Sylvia mit Familie zu uns zum Feiern.
Sie staunten darüber, daß ich mit ihnen zusammen Alkohol trank. Sie kannten mich ja sonst nur als Nichttrinker.
Regina erklärte ihnen, was mit mir los sei und daß ich in der kommenden Woche ins Krankenhaus zur Entgiftung gehen würde.
Sylvia erklärte sich sofort bereit, uns an diesem Tag ins Krankenhaus zu fahren.

Eigentlich sollte ich mich möglichst nüchtern im Krankenhaus melden.
Morgens, beim Aufstehen, war ich bereits ziemlich aufgeregt und mußte als erstes Frühstück eine Flasche Bier trinken. Das wirkte aber nicht so schnell. Mir fiel eine Flasche Chantré ein, die ich vor einigen Tagen im Keller versteckt hatte und in der noch etwas drin sein mußte.
Regina war noch oben im Badezimmer und das nutzte ich aus, um nach der Flasche zu sehen. Sie war noch reichlich halbvoll.
Da ich nicht viel Zeit hatte, trank ich sie schnell in einem Zug leer und setzte mich danach, so als sei nichts gewesen an den Frühstückstisch.
Regina hatte nichts mitbekommen.
Wir frühstückten in Ruhe und warteten anschließend auf Sylvia, die uns abholen wollte.
In der Zwischenzeit trank ich noch zwei Flaschen Bier. Zur Beruhigung, wie ich Regina erklärte.
Als Sylvia dann kam, hatte der Alkohol in mir schon begonnen zu wirken und auf der Fahrt ins Krankenhaus wurde es noch schlimmer.
Schließlich kostete es Regina und Sylvia Überredungskünste, damit ich in der Krankenhausaufnahme blieb, denn ich wollte immer wieder ausreißen.
Am Ende gelang es ihnen aber doch.

Von den ersten Tagen im Krankenhaus fehlt mir jede Erinnerung. Erst in den darauffolgenden Tagen fingen meine Gedanken an, wieder ordentlich zu arbeiten und das war schlimm.
Am meisten kreisten sie natürlich um Regina.
Was hatte ich ihr nicht alles angetan?
Was hatte sie nicht in den letzten Monaten alles aushalten müssen?
Unsere Liebe hatte dadurch einen gewaltigen Knacks bekommen.
Das war kaum noch zu reparieren.
Zeit heilt alle Wunden, heißt es. Doch in diesem Fall konnte ich mir vorstellen, daß Regina immer mit der Angst im Hinterkopf leben würde, daß ich wieder anfange mit Trinken.
Zu fürchterlich mußten die Erlebnisse für sie gewesen sein, als daß sie diese jemals wieder vergessen könnte.
Was würde mir die Zukunft mit ihr bringen?
Gab es überhaupt noch eine gemeinsame Zukunft?
Ich selbst wußte, was ich für sie empfand: Es war eine riesengroße Liebe, die ich in meinem Herzen verspürte, wenn ich an sie dachte.
Sicher hatten wir das eine oder andere in unserer Beziehung falsch gemacht. Das wußten wir beide.
Besonders wenn es um die Kinder ging, aber das war kein grundlegendes Problem.
Wir machten es nur manchmal zu einem solchen.
Trotzdem, nach jedem Streit vertrugen wir uns auch wieder und das war das Schönste. Sich wieder vertragen. Die verwundeten Herzen wieder ganz fest aneinander legen, damit sie heilten. In diesen Momenten empfanden wir die Liebe füreinander doppelt so stark.
Würde jetzt alles wieder verheilen? Konnte es noch einmal so wie früher sein?
Jeden Tag wartete ich mit Anspannung darauf, ob sie mich im Krankenhaus besuchen kam. Ich hatte Angst, daß ihre Liebe zu mir erloschen war und sie mich hier alleine ließ. Verdient hatte ich es ja.

Je mehr ich über meinen Unfall nachdachte, umso unklarer wurde er mir: Ich war mit überhöhter Geschwindigkeit frontal gegen einen kantigen Eisenmasten gerast. Das Auto hatte danach einen Totalschaden. Ich selbst aber blieb dabei vollkommen unverletzt. Nicht mal eine Schramme hatte ich abbekommen.

Der Grund dafür war, daß ich angeschnallt war, und genau das war das eigentliche Rätsel.
Bis dahin war ich ein ausgesprochener Gurtmuffel, um es mal vorsichtig auszudrücken. Das heißt, im Stadtverkehr habe ich mich nie angeschnallt. Weil ich meist nur kurze Strecken gefahren bin, empfand ich das Anschnallen immer als lästig. Das hatte ich bisher nur auf der Autobahn getan.
Ich konnte mir vorstellen, daß wenn man betrunken war, das Auto nur noch routinemäßig bedienen konnte. Also, man macht alle Handgriffe nur deshalb, weil sie einem in Fleisch und Blut übergegangen waren.
Aber, zu dieser Routine hatte bei mir nie das Anschnallen gehört.
Im Normalfall wäre ich jetzt aller Wahrscheinlichkeit nach tot.
War es also Glück oder war es Zufall, daß ich in dem Augenblick des Unfalls angeschnallt war?
Oder hatte ich wirklich einen Schutzengel, so wie ich früher schon mal angenommen hatte?
Wenn ja, dann hatte dieser ganze Arbeit geleistet.
Für den Fall, daß es ihn gab, schaute ich ehrfurchtsvoll nach oben an die Decke und bedankte mich bei ihm. Außerdem entschuldigte ich mich vorsichtshalber dafür, daß ich angezweifelt hatte, daß es ihn gab. Mann konnte ja nie wissen, ob man ihn noch mal brauchte.
Jedenfalls sah ich mit der Zeit darin eine riesengroße Chance, die nicht jeder bekam.
Wenn ich davon ausging, daß ich ja jetzt eigentlich schon tot war, dann ist das, was mir jetzt widerfährt alles Zugabe oder um es anders auszudrücken, ich habe ein zweites Leben geschenkt bekommen.

Es stellte sich aber nun die Frage, warum ich ein neues Leben bekommen hatte? Hatte ich nicht auf das Erbärmlichste versagt?
Ich hatte nach 12 Jahren einen fürchterlichen Rückfall erlitten, der nicht nur für mich schmerzhaft war, sondern noch viel mehr für Regina und die ganze Familie.
Diesen Rückfall, nach einer so langen Zeit der Abstinenz, hatte ich aus Dummheit und Überheblichkeit bekommen.
Dummheit deshalb, weil ich bei der Einstellung in die Firma Ranft meine Alkoholkrankheit verschwiegen hatte. Bisher hatte ich ausnahmslos dazu gestanden und hatte es jedem auch aus freien Stük-

ken erzählt. Das war für mich der beste Selbstschutz gewesen. Ein einziges Mal habe ich aus Dummheit nicht dazu gestanden und prompt ging es schief.
Ich hätte, wenn ich ehrlich gewesen wäre, vielleicht diese Arbeitsstelle nicht bekommen, aber dann hätte ich später bestimmt eine andere gefunden und hätte diesen Rückfall nicht gehabt.
Ja, hätte ... Zu dämlich war ich!
Überheblich war ich deshalb, weil ich klüger sein wollte als die Wissenschaftler.
Wäre ich nach diesem ersten Bier gleich zu Dr. Rößger gegangen, dann wäre der Rückfall ebenfalls nicht passiert.
Aber, ich mußte unbedingt schlauer sein und mir einbilden, daß ich wieder ganz normal trinken konnte.
So ein Quatsch!
Ganz davon abgesehen von diesen Betrachtungen war es überhaupt ein Wunder, daß ich bei meiner Amokfahrt keinen anderen Menschen überfahren habe. Es wäre eher kein Wunder gewesen, wenn es passiert wäre.
Wieviel Leid hätte ich damit anderen zugefügt?
Was für eine riesige Schuld hätte ich dann auf mich geladen?
Das ging mir immer wieder durch den Kopf.

Dr. Rößger bemühte sich in der Zeit meiner Entgiftung im Krankenhaus, aber auch darüber hinaus, sehr um mich.
Regelmäßig schaute er bei mir vorbei und erkundigte sich, wie es mir ging, und auch später gaben mir die Gespräche mit ihm den nötigen Auftrieb, mein Leben wieder in geordnete Bahnen zu bringen.
Das war nicht einfach, denn meine Gedanken waren völlig durcheinander, und ich empfand meinen Rückfall als eine peinliche Niederlage, für die ich mich maßlos schämte.
Mein Selbstvertrauen hatte so ziemlich den Nullpunkt erreicht und ich sah mich selbst als etwas Minderwertiges an.
Um mich schneller wieder auf die Beine zu bringen, schaltete Dr. Rößger noch eine zusätzliche Psychologin ein, die sich um mich kümmerte.

Am 23. März 1995 bekam Regina ihren Führerschein. Sie hatte zwar dafür ein paar Fahrstunden mehr gebraucht als andere, aber letztendlich hatte sie die Prüfungen doch bestanden und nur das zählte.
Es war schon gewaltig. Dieses scheue, ängstliche Reh hatte den Führerschein geschafft.
Jedenfalls waren dadurch Torsten und Mike etwas entlastet.
Wir kauften für ein paar Mark ein uraltes Auto und Regina konnte stolz ab sofort selbst in den Großhandel fahren.

Ein paar Wochen später traf ich auf die Radebeuler Schriftstellerin Tine Schulze-Gerlach.
Ich erzählte ihr, was mit mir passiert war und daß ich trotz der Hilfe von Arzt und Psychologin, diesen Rückfall geistig immer noch nicht verarbeitet hätte.
Sie riet mir dazu, ich solle mich hinsetzen und schreiben, einfach alles aufschreiben, was mir in den Sinn kam.
Sie selber hätte nach dem Tod ihres Mannes fast zwei Jahre lang ununterbrochen geschrieben. Nur dadurch hätte sie die Kraft gehabt, diesen schmerzlichen Verlust zu verarbeiten.
Ich setzte ihren Rat sofort in die Tat um.
Zeit hatte ich genügend, denn die Aussichten auf eine neue Arbeitsstelle ohne Führerschein waren schlecht.
Und so begann ich, dieses Buch zu schreiben.

Im Sommer 1995 fuhr ich mit Regina für ein paar Tage an den Bodensee. Besser gesagt, sie fuhr mich an den Bodensee, denn ich hatte ja den Führerschein noch nicht zurück bekommen.
Es war für sie die erste größere Autotour, die sie ganz bravourös gemeistert hat.
Natürlich wurmte es mich, daß ich selber nicht fahren durfte, aber ich tröstete mich damit, daß ja in diesem Punkt bereits Land in Sicht war.

Im Dezember 1995 bekam ich dann meinen Führerschein zurück.
Ich war in der Führerscheinstelle auf einen netten Beamten getroffen, den meine Lebensgeschichte sehr interessierte.
Vor allem hatte ihn dabei meine Alkoholsucht interessiert und wie

ich damit fertig wurde. Er konnte schließlich bei Gericht durchsetzen, daß ich keinen Idiotentest machen mußte.
Ein Gutachten von meinem behandelnden Arzt wäre vollkommen ausreichend, da Dr. Rößger ja schließlich Facharzt für Neurologie und Psychiatrie sei.
Dieser schrieb mir natürlich dieses Gutachten und innerhalb weniger Tage hielt ich meinen Führerschein wieder in den Händen.

Im Frühjahr 1996 sprach ein Mann bei Regina am Käsewagen vor. Bei ihm im Haus sei ein Laden frei geworden und es würde ihn freuen, wenn dort ein Käsegeschäft hineinkommen würde. Er gab ihr seine Anschrift und die Telefonnummer und meinte, sie könne sich das ja mal in Ruhe überlegen.
Als mir Regina das am Abend erzählte, fand ich die Idee auf Anhieb gar nicht dumm.
Wir hatten inzwischen alle Raten für den Verkaufswagen abgezahlt und waren in dieser Beziehung wenigstens schuldenfrei.
Meine Meinung war, was in Radebeul-Ost geht, müßte doch in Radebeul-West ebenso gehen und da ich ja immer noch keine andere Arbeit gefunden hatte, könnte ich dann voll mit bei der Käsetheke Hoffmann einsteigen.
Regina hatte aber so ihre Bedenken.
Schließlich brauchten wir ja für die Ladeneinrichtung wieder eine Menge finanzieller Mittel. Also Geld, welches wir nicht hatten.
Trotzdem konnte ich sie davon überzeugen, daß wir uns den Laden wenigstens einmal ansahen, denn das kostete ja schließlich nichts.
Am nächsten Abend fuhren wir also hin.
Moritzburger Straße 5 war die Adresse und der leerstehende Laden das ehemalige Kunstgewerbegeschäft, direkt neben der Drogerie Rau.
„Also von der Geschäftslage her finde ich das hier nicht schlecht“, sagte ich zu Regina.
Neugierig drückten wir uns am Schaufenster die Nasen platt, um etwas von den Räumlichkeiten erkennen zu können.
„Wie wär’s denn, wenn wir mal bei Herrn Waltsgott klingeln, da wir schon einmal hier sind?“ fragte ich Regina. „Vielleicht zeigt er uns gleich mal den Laden von Innen?“
„Ich weiß nicht“, meinte sie unschlüssig, „da wäre es besser gewesen, wir hätten vorher angerufen.“

„Du hast doch erzählt, daß er sehr nett ist. Außerdem, wenn es ihm heute nicht paßt, können wir ja einen anderen Termin mit ihm ausmachen.“
Schließlich konnte ich sie überreden, daß wir doch klingelten.
Herr Waltsgott freute sich, daß wir uns so schnell bei ihm meldeten, wie er uns sagte. Er entschuldigte sich aber gleich bei uns, weil er noch einmal hoch mußte, um die Schlüssel für den Laden zu holen.
Gemeinsam schauten wir uns dann den Laden an. Ich hatte gleich ein ungefähres Bild, wie man was stellen konnte.
Ich fragte Herrn Waltsgott nach der Miete, die er für den Laden haben wollte und fand die Summe, die er nannte, vollkommen akzeptabel.
Verglichen mit der Miete, die wir für den Standplatz des Verkaufswagens bezahlen mußten, war sie sogar gut.
Allerdings wußte man ja noch nicht, wieviel Umsatz man hier haben würde. Ich ging aber davon aus, daß er genauso war wie in Radebeul-Ost.
Zum Schluß, als wir uns von Herrn Waltsgott verabschiedeten, erklärte ich ihm, daß wir erst einmal in Ruhe überlegen mußten, ob das für uns überhaupt finanzierbar ist.

Während Regina arbeiten ging, erarbeitete ich zu Hause verschiedene Kalkulationen. Ich wollte vor allem wissen, welche Summe ich für die Investition benötigte.
Wenn ich für die Ladenausstattung gebrauchte Geräte nehmen würde, lag die Summe bei 18.000,- DM. Das war eigentlich überschaubar.
Für uns war sie allerdings viel zu hoch, weil wir sie nicht hatten.
Blieb also nur die Finanzierung über eine Bank.
Ich erstellte ein komplettes Konzept für den neuen Laden, welches die Finanzierung, meine Festeinstellung in der Firma und die Umsatzprognose mit beinhaltete. Dabei verwies ich auf den bereits bestehenden erfolgreichen Laden in Radebeul-Ost.
Damit mußte doch eine Bank zu überzeugen sein. Dachte ich.
Jedenfalls konnte ich Regina mit dem Konzept überzeugen. Sie fand es gut und war genau wie ich der Meinung, daß man damit bestimmt eine Bank für uns gewinnen konnte.

Ich meldete mich bei der ersten Bank zu einem Gespräch an. Mein Konzept wurde auch für gut befunden, aber es fehlten die Sicherheiten.
Weder hatten wir ein Grundstück, noch ein Haus oder ein Sparguthaben oder eine kapitalbildende Lebensversicherung oder Aktien. Wir hatten nichts und deshalb brauchten wir auch gar nicht erst einen Kreditantrag stellen.
Natürlich war ich nach dem Gespräch fürchterlich sauer.
Wenn ich selber genug Geld hatte, warum sollte ich mir dann welches von der Bank borgen?
So ein Blödsinn!
Ich dachte immer, man borgt sich Gelder von der Bank, wenn man selber keines hatte.
Ich ließ mich dadurch aber nicht entmutigen, denn ich hatte bereits von anderen Selbständigen gehört, daß sie wegen eines Kredits von Bank zu Bank gehen mußten.
Ich ging also zur nächsten Bank, aber auch da bekam ich eine Absage, auch bei der nächsten und der übernächsten.
Es scheiterte immer wieder an den fehlenden Sicherheiten. Unser Verkaufswagen wurde dabei nicht akzeptiert, weil er schon zu alt war.
Doch auch danach gab ich noch nicht auf und klapperte weiter Bank für Bank ab.
Bei manchen Banken wurde mir ganz offen gesagt, wenn ich an die Kreditsumme noch eine Null oder gar zwei Nullen anhängen würde, wäre die Finanzierung einfacher.
Letztendlich hatte ich mit neun Banken gesprochen und nur Absagen erhalten. Schließlich war ich mit meinem Latein am Ende.
Herr Waltsgott wollte inzwischen wissen, ob wir den Laden nehmen.
Ich sagte ihm, daß ich bis jetzt noch keine Bank für die Finanzierung gefunden hatte.
Er überlegte einen Moment und fragte mich dann: „Waren Sie denn schon mal bei der Bayrischen Vereinsbank?“
„Nein, dort war ich noch nicht“, sagte ich und versprach, daß ich das gleich mal in Angriff nehmen würde.

In der Filiale dieser Bank in Radebeul-Ost sagte man mir, ich müsse dazu in die Geschäftsstelle nach Dresden fahren. Netterweise wurde dort gleich telefonisch ein Termin für mich vereinbart.

„Ich heiße Bongen", sagte mir der Herr, der mich in der Bank empfing. „Ich bin ihr zuständiger Geschäftskundenberater."
Herr Bongen war mir gleich im ersten Moment sympathisch. Bekleidet war er wie ein typischer Banker, schwarzer Anzug, weißes Hemd und Krawatte. Er war von der Figur her kräftig und hatte kurze schwarze Haare.
Obwohl er sich Mühe gab, hochdeutsch zu sprechen, konnte man unschwer den bayrischen Dialekt heraus hören. Gemischt mit etwas Sächsisch klang das richtig gut.
Als wir in seinem Büro waren, zog er sich das Jackett aus, lockerte den Knoten seiner Krawatte und öffnete den obersten Knopf seines Hemdes, bevor er hinter seinem Schreibtisch Platz nahm.
„Wir sind ja unter uns", sagte er und krempelte sich demonstrativ die Ärmel seines Hemdes hoch.
Dadurch wurde er mir natürlich noch sympathischer.
„So", sagte er, „wie kann ich Ihnen helfen?"
Ich trug mein Anliegen vor und reichte ihm mein Konzept über den Schreibtisch. Herr Bongen blätterte flüchtig darin herum, legte es aber uninteressiert wieder bei Seite.
„Wo steht denn Ihr Käsewagen?" fragte er mich, als ich meine Ausführungen beendet hatte.
„Na, direkt schräg gegenüber der Radebeuler Filiale ihrer Bank", antwortete ich.
„Haben Sie auch Munster oder, wie heißt der doch gleich? Ach ja, haben sie auch Morbier?"
„Klar, haben wir und außerdem noch mindestens hundert andere Käsesorten", sagte ich stolz.
„Da muß ich unbedingt mal bei Ihnen an den Verkaufswagen kommen, wenn ich in Radebeul bin", sagte Herr Bongen begeistert.
Dann wurde er wieder ernst.
„Wie hoch soll das Darlehen sein, das Sie benötigen?"
„18.000,- DM", sagte ich zaghaft.
Herr Bongen winkte ab.
„Das machen wir."

Ich war so überrascht, daß ich vor Freude kein Wort sagen konnte.
„Was könnten wir denn als Sicherheiten einsetzen?“ fragte Herr Bongen. „Lebensversicherung, Grundstück oder so was?“
Also ist es hier genauso wie bei den anderen Banken, dachte ich enttäuscht.
„Das ist ja der Haken“, sagte ich resignierend.
„Wir haben weder ein Haus, noch ein Grundstück, noch sonst irgend etwas.“
Herr Bongen überlegte eine Weile.
„Und der Verkaufswagen?“ fragte er. „Der gehört doch ihnen, oder?“
„Ja, den haben wir abbezahlt“, sagte ich.
Er blätterte in meinen Unterlagen und las hier und da nun doch mit etwas mehr Interesse.
Dann klappte er die Mappe zu und sagte: „Gut, dann machen wir das so. Wir nehmen den Verkaufswagen als Sicherheit. Ihre Frau ist ja der Kreditnehmer. Da können sie die Bürgschaft übernehmen. Ich brauche dazu aber noch ein paar Unterlagen.“
Er nahm einen Zettel und schrieb mir einige Stichpunkte auf.
Ich konnte es kaum glauben, was hier passierte. Es war wie ein Wunder.
„Bis wann brauchen Sie denn das erste Geld?“ fragte er mich.
„Naja, eigentlich sofort, damit ich anfangen kann, den Laden umzubauen“, sagte ich.
„Wenn Sie mir noch diese Woche die fehlenden Unterlagen herein reichen, können wir nächste Woche zusammen mit Iihrer Frau den Kreditvertrag unterzeichnen. In der Woche darauf, können wir Ihnen dann schon die erste Rate überweisen. Reicht Ihnen das?“ fragte er.
„Also, wissen Sie“, sagte ich. „Ich weiß gar nicht, wie ich es ausdrücken soll. Ich bin regelrecht sprachlos. Natürlich reicht mir das. Haben Sie vielen Dank, Herr Bongen!“
Er winkte wieder ab und meinte: „Da müssen Sie mir nicht danken. Ich finde Ihr Konzept ausgesprochen interessant. Ich selber esse nämlich sehr gerne Käse und bin der Meinung, daß es viel zu wenig solcher Spezialläden gibt. Jedenfalls bin ich sicher, daß Ihnen ihr Vorhaben gelingen wird. Schließlich soll es doch hier im Osten vorwärts gehen.“
Wir verabschiedeten uns von einander und ich schwebte auf „Wolke 7“ aus der Bank.

Nun lief alles wie geschmiert. Wir unterzeichneten Kreditvertrag und Mietvertrag. Dann ging es mit dem Ladenbau los.
Am 26. August 1996, an meinem Geburtstag, eröffneten wir schließlich unser neues Geschäft und haben es bis zum heutigen Tag nicht bereut.

Drei Jahre später, im November 1999 übernahmen wir auf der Oschatzer Straße in Dresden noch einen weiteren Laden.
Das war dringend notwendig geworden, weil die Herstellerpreise immer weiter in die Höhe geklettert waren.
Dadurch verringerte sich für uns die Handelspanne.
Wir konnten ja schließlich nicht ständig die Preiserhöhungen an unsere Kunden weitergeben.

Im Dezember 2000 eröffneten wir in der Neustädter Markthalle einen Stand. Beeindruckt von diesem wunderschön restaurierten historischen Bauwerk ließen wir uns blenden und willigten in einen 10-Jahres-Vertrag ein.
Verschiedene Versprechungen, die uns das dortige Management machte, wurden aber leider nicht eingehalten, so daß wir nur wenige Monate nach der Eröffnung vor dem Konkurs standen.
Rechtlich gesehen, hatten wir aber wenig Chancen, aus diesem Mietvertrag heraus zu kommen.
Mit Hilfe der Bild-Zeitung und der Morgenpost war es uns aber dann doch möglich geworden, außergerichtlich einen akzeptablen Vergleich auszuhandeln und hatten damit die Chance, weiter existieren zu können.

Wenn ich heute über all die vielen Jahre zurückblicke, über die vielen Höhen und Tiefen meines Lebens, fühle ich mich ein bißchen wie ein Hans im Glück.
Warum?
Ich hatte Glück, daß ich bei dem Unfall damals nicht ums Leben gekommen bin, daß ich mich nicht, wie viele frühere Bekannte von mir, totgesoffen hatte, daß ich die Kraft hatte, mich aus den Fängen des Alkohols zu befreien und bin dankbar dafür, daß ich die Gelegenheit bekommen habe, dieses zweite neue bessere Leben zu leben, daß mir dabei so viele Menschen geholfen hatten, daß ich eine

wunderbare liebenswerte Frau gefunden habe, daß ich insgesamt 5 Kinder habe, die alle ihren Weg meistern, daß ich eine liebe Mutter und liebe Schwiegereltern habe, daß ich viele Freunde habe und mich viele Bekannte auf der Straße grüßen, daß ich eine Arbeit habe, die mir viel Spaß macht, daß ich heute jungen Menschen in den Schulen von meiner Alkoholkrankheit erzählen kann und dadurch vielleicht doch den einen oder anderen vor einem schlimmen Unglück bewahren kann ...

Der 8. Juni 2003, Pfingstsonntag, hielt eine riesige Überraschung für mich bereit. Mein Schwager Udo hatte seinen 39. Geburtstag, und ich fuhr um die Kaffeezeit mit Regina zu ihm hin, um zu gratulieren.

Ich konnte Udo schon immer gut leiden. Er war ein gutmütiger Kerl. Seine offene Art nahm ihm deshalb keiner übel.

Wenn er bei Familienfeiern mit dabei war, gab es immer etwas zu lachen, auch wenn der Spaß auf seine Kosten ging, das machte ihm nichts aus.

Leider war es mit ihm in den letzten Jahren immer weiter bergab gegangen. Der Alkohol hatte ihn immer mehr in den Griff bekommen. Hinzu kam, daß er dadurch bereits lange Zeit arbeitslos war.

Diese Entwicklung hatten Regina und mich immer mehr beunruhigt. Obwohl wir nie aufgehört hatten, auf ihn einzuwirken, war es uns bisher nicht möglich gewesen, ihn vom Sinn einer Therapie zu überzeugen. Zuletzt hatte er sich ganz aufgegeben, weil ihm ein Arzt prophezeit hatte, daß wenn er so weiter machte, er seinen 40. Geburtstag nicht erleben würde.

Es tat uns beiden in der Seele weh, mit ansehen zu müssen, wie Udo immer weiter abstürzte und wir nichts dagegen tun konnten.

Weil es so fürchterlich schade war um diesen Kerl, ließen wir den Kontakt zu ihm niemals abreißen.

Jedenfalls freute sich Udo, daß wir an seinen Geburtstag gedacht hatten.

Ich merkte gleich bei der Begrüßung, daß etwas mit ihm nicht stimmte. Er war aufgeregter als sonst. Ich machte mir aber erst keine Gedanken weiter, denn ich schob es darauf, daß er ja wußte, daß er Besuch bekam und vielleicht deshalb noch nicht so viel getrunken hatte.

Als ich ihn dann später in der Küche hantieren sah und beobachtete, wie stark seine Hände zitterten, fragte ich ihn, was denn mit ihm los sei.
„Ich hab' schon zwei Tage nichts mehr getrunken", antwortete er und sah mich mit flackernden Augen an.
„Wie, nichts mehr getrunken?"
Ich begriff so schnell gar nicht, was er gesagt hatte.
„Bei mir ist Schluß. Ich hab' die Schnauze voll. Ich trinke nur noch Selters. Die anderen können von mir aus saufen was sie wollen. Bei mir ist Schluß."
Bernd, ein Kumpel von Udo kam hinzu und bestätigte, daß er wirklich schon den zweiten Tag keinen Alkohol mehr getrunken hatte. Udo hätte seit einigen Tagen eine neue Freundin. Sie hieße Franziska, wäre 24 Jahre alt und hätte ihm wohl mal beim Frühstück gesagt, daß sie es blöd fände, wenn Udo gleich früh Bier trinken würde.
Es war unglaublich für mich. Die ganzen Jahre hatten wir vergeblich versucht, auf ihn einzuwirken, damit er sich in Behandlung begab und nun hörte der Kerl plötzlich ganz von alleine auf.
Ich konnte es nicht fassen. Es war wie ein Schock für mich, ein positiver natürlich.
„Das ist das schönste Geburtstagsgeschenk, daß du je erhalten hast", sagte ich voller Freude, „und obendrein hast du es dir selber geschenkt."
Aber, nachdem mir wieder zu Bewußtsein kam, wie er jetzt so vor mir stand, am ganzen Körper zitternd, machte ich mir wieder Sorgen.
„Udo, daß kannst du nicht alleine durchziehen", versuchte ich ihm zu erklären, „da brauchst du unbedingt einen Arzt, der dich dabei betreut."
„Das ziehe ich jetzt alleine durch", entgegnete Udo trotzig. „14 Tage will ich schaffen und das schaff ich auch."
Ich wußte ja aus eigener Erfahrung, daß ein Selbstentzug bei Alkoholabhängigen äußerst gefährlich werden konnte, ja daß man dabei sogar drauf gehen konnte. Man nannte das dann schlicht und einfach Herzversagen.
Soweit durfte es nicht kommen. Ich sprach mit Regina darüber und beide versuchten wir Udo im Laufe des Nachmittags davon zu überzeugen, daß wir ihn am Dienstag beide zum Arzt begleiten würden.

Ich wußte, wie aufgewühlt es in seinem Inneren aussehen mußte und daß er deshalb auch in den nächsten Tagen vor Unruhe nicht schlafen konnte.
Schließlich konnten wir ihn doch noch überreden, daß er mitkam, damit ihm der Arzt wenigstens etwas zur Beruhigung verschreiben konnte. Von einer Therapie oder wenigstens einer Entgiftung im Krankenhaus konnten wir ihn aber trotzdem nicht überzeugen. Er wollte es unbedingt alleine schaffen.
Als wir uns am Abend von Udo verabschiedeten, vereinbarten wir, daß wir ihn am Dienstag 13.30 Uhr abholen würden, weil wir beide nur bis 13 Uhr arbeiten würden.
Zum Schluß hatte ich das Gefühl, daß er froh darüber war, daß wir ihm helfen wollten.

Zu Hause rätselten Regina und ich herum, was das wohl für ein Mädchen war, daß ihn so sehr beeindruckt hatte, daß er schlagartig aufhören wollte mit dem Trinken.
Was Udo dazu für einen Willen aufbringen mußte, kann sich kaum einer vorstellen, der nicht alkoholkrank ist.
Ich wußte nur so viel, was Bernd und Udo von Franziska erzählt hatten. Franziska war Kellnerin und mußte gerade dieses Pfingstwochenende in Stolpen arbeiten. Deshalb konnte sie zu Udos Geburtstag nicht mit da sein. Zur Zeit wohnte sie mit bei Bernd in der Wohnung. Udo hatte sie auch dort kennengelernt. Bisher hatten sie sich wohl erst vier oder fünf Mal gesehen, aber immerhin schien sie einen positiven Einfluß auf ihn zu haben.
Trotzdem war uns klar, daß Udo allein kaum Chancen hatte, es ohne Therapie zu schaffen. Da konnte der Wille noch so groß sein. Wenn er nach den 14 Tagen Selbstentzug wieder ein Bier trinken würde, wäre alle Mühe umsonst gewesen.

Am Pfingstmontag war Badewetter und ich fuhr mit Regina an den Senftenberger See. Natürlich ging uns auch da unser Udo nicht aus dem Kopf. Wir machten uns Sorgen.
Ich hatte keine Ahnung, wieviel Alkohol er in der letzten Zeit getrunken hatte. Ich konnte nur hoffen, daß es nicht so viel war, wie bei mir damals, denn dann mußten die Entzugserscheinungen mörderisch werden.

Gestern hatte ich allerdings den Eindruck, daß es nicht ganz so schlimm war und sich Udo halbwegs im Griff hatte. Doch da konnte ich mich täuschen.
Bernd und Mike, ein anderer Kumpel von Udo, wollten sich bis Dienstag um ihn kümmern und auf ihn aufpassen. Das fand ich stark von ihnen, zumal beide nicht gerade das waren, was man Abstinenzler nennt. Trotzdem schien es so, als ob beide Udos Willen, nichts mehr zu trinken, unterstützen wollten. Das mußte man ihnen hoch anrechnen.
Obwohl es am See herrlich war, hielten wir es doch nicht so lange aus, wie wir es ursprünglich geplant hatten.
Wir wollten unbedingt noch nach unserem „Sorgenkind" sehen und fuhren deshalb etwas eher heimwärts.
Als wir in die Straße einbogen, in der Udo wohnte, kam uns Mike entgegen. Er fuchtelte wie wild mit den Armen als er unser Auto erkannte.
Ich hielt an und er rief aufgeregt: „Udo ist weg. Bernd und ich, wir suchen ihn schon überall."
„Wie ist denn das passiert?" fragte ich erschrocken.
„Ich habe ihn heute früh mal 'ne Stunde alleine gelassen. Als ich wiederkam war die ganze Küche voller Blut, am Kopf hatte er eine Platzwunde und seine Nase hatte er sich auch aufgeschlagen. Als ich ihn fragte, was denn passiert ist, sagte er, daß er keine Ahnung hatte, was los war. Jedenfalls ging es den ganzen Tag über, daß er mit Leuten sprach, die gar nicht im Zimmer waren. Als ich vorhin in der Küche war und das Blut aufgewischt habe, hat er laut gebrüllt: ‚Laßt mich doch endlich in Ruhe!' und ist 'rausgerannt. So schnell konnte ich gar nicht hinterher."
„Mensch, Scheiße", entfuhr es mir. Mir saß der Schreck in den Gliedern. „Wo habt ihr ihn denn schon alles gesucht?"
„Bernd war gerade hier vorne im Park und an der Tankstelle und ich war gerade bei der Nachbarin. Da ist er auch manchmal. Vorher war ich noch im 'Hong do', da ist er auch nicht. Wir könnten höchstens noch mal weiter vorn in der Kneipe nachsehen", schlug er vor.
Ich ließ ihn einsteigen und wir fuhren gemeinsam zu „Steffens Bistro".
Natürlich war mir klar, daß es Udo nicht mehr ausgehalten hatte.

Wenn er mit Leuten gesprochen hatte, die nicht existierten, dann war er im Delirium. Da konnte nur noch Alkohol helfen.
Udo war nicht zu übersehen. Er saß gleich am Eingang allein an einem Tisch und hatte vor sich zwei Bierdeckel liegen.
„Was wollt ihr denn alle hier, laßt mich in Ruhe", murmelte er und zählte mit zittrigen Händen Kleingeld ab.
An der rechten Seite seiner Stirn hatte er eine riesige Platzwunde, die zum Glück aufgehört hatte zu bluten. Dafür blutet aber seine Nase immer noch ein wenig. Sie war dick aufgequollen und blau angelaufen.
Die Kellnerin kam und brachte ihm ... ja was brachte sie ihm wohl ...? Ich konnte es nicht fassen, ich dachte, ich spinne ... Sie brachte ihm eine Selters, die er bestellt hatte.
Es war so unglaublich, daß ich es bis heute nicht begreifen kann. Der Kerl macht unglaubliche Qualen durch, verliert das Bewußtsein, schlägt sich dabei den Schädel ein, sieht am laufenden Band Gespenster, rennt vor ihnen weg und weiß dabei aus seiner eigenen Erfahrung heraus, daß nur eines ihn wieder zur Ruhe bringen kann, nämlich Bier oder Schnaps.
Er setzt sich in eine der nächsten Kneipen und was trinkt er ???
Er trinkt Selters.
Er trinkt sie mühsam, ja qualvoll. Mit einer Hand kann er das Glas nicht festhalten. So sehr zittert sie ihm.
Er nimmt beide Hände, das geht ein wenig besser. Obwohl er am ganzen Körper zittert, gelingt es ihm schließlich, ein paar Schlucke zu trinken. Erleichtert setzt er das Glas wieder ab.
„Wie hast du denn das geschafft?" fragte ich Udo und deutete auf seinen ramponierten Kopf.
„Hab' ich keine Ahnung, ehrlich", antwortete er.
„Und warum bist du hierher in die Kneipe?"
„Weil mir alle auf's Schwein gegangen sind. Die ganze Bude war voll gewesen und jeder quatschte blöde herum und da keiner auf mich gehört hat und gehen wollte, bin ich eben selbst gegangen", berichtete er.
Mike, der hinter Udo stand, fuchtelte sich mit der rechten Hand vor seinem Gesicht herum und wollte mir damit andeuten, daß er eine Macke hatte.
„Na gut, Udo, Regina und ich, wir bringen dich jetzt nach Hause.

Da legst du dich hin und morgen Mittag gegen 13.30 Uhr holen wir dich ab. Dann fahren wir zusammen zum Arzt, damit er dir was zur Beruhigung verschreibt, ja?"
Udo nickte und stand auf.
„Aber die kommen nicht mit. Ich will meine Ruhe haben." Er zeigte auf Bernd und Mike.
„Nee, die lassen dich jetzt alleine", versuchte ich ihn zu beruhigen.
Bevor wir die Kneipe verließen, verabredete ich noch mit Mike, daß er am Morgen gleich mal nach Udo sehen sollte, da wir ja am Vormittag erst noch arbeiten mußten.
Dann brachten wir ihn zu sich nach Hause. Er legte sich sofort aufs Sofa.
Da er sowieso nicht schlafen konnte, wollte er so lange fernsehen, bis ihm die Augen zufielen. Selters hatte er noch ausreichend da und wir legten ihm sein Handy zurecht, damit er uns gleich anrufen konnte, wenn irgend etwas sein sollte. Schließlich ließen wir ihn alleine.
Wohl war uns dabei nicht.
Udos Entzugserscheinungen waren schon ziemlich extrem geworden. Er gehörte eigentlich sofort in stationäre Behandlung. Wir wußten aber auch, daß wir oder der Arzt ihn nicht dazu zwingen konnten, wenn er es selber nicht wollte.
Außerdem wußten wir ja, daß er in der Vergangenheit schon des öfteren auf eigenen Wunsch die Krankenhäuser wieder verlassen hatte, egal weswegen er dort eingeliefert worden war. Nachdem unsere Überredungskünste nicht gefruchtet hatten, hofften wir, daß der Arzt ihn am nächsten Tag für eine stationäre Behandlung überzeugen konnte.
Ich rief spät am Abend noch einmal bei Udo an und fragte ihn, ob alles in Ordnung sei.
„Es geht ganz gut", sagte er zu meiner Erleichterung.
Trotzdem konnte ich in dieser Nacht kaum schlafen.
Am Dienstagmorgen rief ich Udo gleich als erstes an.
„Und, Sorgenkind, wie geht es dir?" fragte ich ihn.
„Ach, naja, es geht so", antwortete er.
Ich spürte, daß er nicht gerade gut drauf war und fragte weiter: „Hast du wenigstens ein bißchen schlafen können?"
„Ich glaube nicht", sagte er zerknirscht. „Wann kommt ihr mich

denn abholen?“ Die Frage klang bald so, als wollte er sagen, holt mich so schnell ihr könnt.
„13.30 Uhr holen wir dich, Udo. Mike kommt nachher bei dir vorbei und sieht mal nach dem Rechten. Ist das in Ordnung?“
„Ja, bis dann“, sagte er.
Ich fuhr am Morgen zum Großhandel einkaufen und danach lud ich einen Teil der eingekauften Ware im Geschäft auf der Oschatzer Straße aus. Anschließend wollte ich gleich zu unserem Stammgeschäft auf der Moritzburger Straße in Radebeul fahren. Ich war bereits auf dem halben Wege dorthin, da kehrte ich wieder um.
Die Gedanken an Udos Entzug ließen mir keine Ruhe. Seine Wohnung war ganz in der Nähe der Oschatzer Straße.
Als ich an der Wohnungstür klingelte, kam sofort Mike angelaufen und öffnete mir.
„Gott sei Dank, daß du kommst“, rief er erleichtert. „Der Udo dreht total am Rad und will egal weg.“
Ich ging ins Wohnzimmer. Udo sah mich und stand sofort auf.
„Wo willst du denn hin?“ fragte ich ihn.
„Na, meine Schuhe anziehen“, antwortete er.
„Wozu willst du dir jetzt deine Schuhe anziehen?“ fragte ich weiter, aber da war er bereits im Flur, hatte sich seine Schuhe ergriffen und kam wieder zurück ins Wohnzimmer.
„Na, ich denke, wir wollen zusammen zum Arzt fahren?“ fragte er verwundert.
„Naja, das wollen wir ja auch, aber erst 13.30 Uhr und jetzt ist es erst 11.30 Uhr“, versuchte ich ihm zu erklären, aber er schien gar nicht darauf zu achten, was ich sagte. Er zog sich unbeirrt weiter seine Schuhe an.
„Udo, wir fahren erst 13.30 Uhr“, rief ich ihm zu.
„Ja, ja, ich bin ja gleich fertig“, sagte er unter Anstrengung, denn das Zubinden der Schuhe bereitete ihm große Mühe.
Ich überlegte schnell, was ich jetzt mit ihm anstellen sollte.
Ich hatte noch Ware im Auto, die schnellstens in den Laden nach Radebeul-West mußte.
Ich beschloß, Udo erst einmal bis dorthin mitzunehmen. Entweder fuhr ich dann gleich nach dem Ausladen allein mit ihm zum Arzt oder er mußte eben warten, bis wir um 13 Uhr Schluß hatten und Regina mitfahren konnte.

Das war mir eigentlich lieber, denn Udo mochte seine Schwester sehr und vielleicht konnte sie ihn besser überzeugen als ich, wenn es darum ging, daß Udo zur Entgiftung besser ins Krankenhaus ging.
Ich sagte Mike, daß besser war, wenn ich ihn gleich jetzt mitnahm. Der stimmte auch gleich erleichtert zu und zu dritt verließen wir das Haus.
Wir waren gerade um das Haus herum gelaufen und wollten den Fußweg entlang zu meinem Auto gehen, da brach Udo völlig unerwartet zusammen.
„Stephan, es geht wieder los“, rief Mike aufgeregt.
Erschrocken sah ich zu Udo.
Er stand breitbeinig schwankend, wie vom Blitz getroffen da. Sein Körper zuckte, als würde er von riesigen Stromschlägen gepeitscht. Seine Augen schauten ins Leere.
Bevor er fiel, konnten wir ihn noch schnell links und rechts unterhaken.
„Was machen wir den jetzt?“ fragte Mike hilflos.
„Wir setzen ihn erst einmal hier auf den Fußweg und lehnen ihn an die Hauswand“, sagte ich.
Wir hatten Mühe, Udos bebenden und steifen Körper in diese Position zu bringen.
Eine Nachbarin kam herbeigeeilt und bot ihre Hilfe an.
Mike jagte los und holte einen Gartenstuhl, damit wir Udo darauf setzen konnten. Die Nachbarin hielt den Stuhl fest und wir hievten ihn hoch, aber er war so steif, daß wir ihn nicht loslassen konnten. Sonst wäre er wieder herunter gerutscht.
„Ich habe Kühlakkus im Kühlschrank“, sagte die Nachbarin.
„Soll ich die holen? Die können wir ihm ins Genick und auf die Stirn tun.“
Ich nickte und sie lief davon.
„Vielleicht kommt er dann wieder zu sich“, sagte ich zu Mike.
„Ach, das kann ewig dauern“, sagte er. „Ich hab das schon mal mit erlebt bei ihm. Ich ruf jetzt den Notarzt an.“
„Ja, das ist das beste“, pflichtete ich ihm bei.
Mike holte sein Handy aus der Tasche.
„Notruf kost’ ja nüscht“, sagte er und grinste.
Der Notarzt kam schon nach fünf Minuten. Das war auch gut so,

denn wir konnten den bebenden Körper meines Schwagers kaum noch bändigen.
Ich stellte mich dem Notarzt vor und erklärte ihm kurz, was passiert war. Er war sehr freundlich und überhaupt nicht so aufgeregt wie wir. Er versuchte mit Udo zu reden. Zu meinem Erstaunen machte er auch kurz die Augen auf und wollte sich sogleich von Mike und mir losreißen.
„Udo, ich bin es, dein lieber Schwager Stephan“, versuchte ich ihn zu beruhigen. „Wir haben den Arzt geholt, der wird dich jetzt versorgen.“
Udo machte wieder kurz die Augen auf und schien mich erkannt zu haben, denn er schloß die Augen zwar gleich wieder, aber er schien doch ein wenig beruhigt zu sein. Jedenfalls versuchte er nicht mehr, sich von uns loszureißen.
Während der Arzt ihm eine Spritze gab, war der Krankentransporter eingetroffen. Udo wurde eingeladen und die Sanitäter mußten noch telefonieren, ehe sie mir sagen konnten, daß er ins Neustädter Krankenhaus auf der Industriestraße eingeliefert werden soll.
Ein paar Stunden später war ich mir mit Regina im klaren darüber, daß eigentlich nichts Besseres hätte passieren können, denn ich war mir ziemlich sicher, daß Udo nicht freiwillig ins Krankenhaus gegangen wäre.
Gemeinsam machten wir uns auf den Weg ins Krankenhaus.
Beim Pförtner erkundigten wir uns nach der Station.
Udo war auf der B2, der Intensivstation aufgenommen worden. Das klang schon etwas besorgniserregend für uns.
Als wir die Station erreicht hatten, atmeten wir erst einmal tief durch, ehe wir auf den Klingelknopf drückten.
Eine Schwester öffnete uns. Zu unserer freudigen Überraschung war es eine gute Kundin von uns. Sie hatte in unserem Geschäft schon viele Bücher meines ersten Teils gekauft, meist für Kolleginnen wie sie uns erzählte.
Wir erklärten ihr, daß wir Schwester und Schwager von Udo Wirbeleit seien. Die Schwester fand es gut, daß wir gleich zu Besuch kamen. Sie wäre sonst eigentlich auf der Station, die eine Etage tiefer liege und hätte in dieser Woche nur Vertretung auf der B2. Udo bereitete ihr allerdings momentan große Probleme, weil er kaum zu bändigen wäre. Obwohl er bereits mit Medikamenten ru-

hig gestellt sei, würde er immerfort versuchen, sich die notwendigen Kanülen und Kabel abzureißen und aufzustehen. Vielleicht beruhigte er sich, wenn er uns sah. Sie führte uns zu seinem Bett.
Ich hatte mir bereits vorher bildlich ausgemalt, wie einer aussieht, wenn er auf der Intensivstation liegt. Deshalb war ich von dem Anblick nicht so sehr geschockt, wie es Regina war.
Ich sah, wie es ihr sofort die Tränen in die Augen trieb und sie sich am Bett festhalten mußte. Udo war in einem Zustand, den man als halbwach bezeichnen konnte.
Eine Unmenge an Schläuchen und Kabeln gingen von seinem Körper ab und endeten in einer Vielzahl an Geräten und Apparaturen. Ein Monitor, der rechts vom Bett angebracht war, zeigte verwirrende Linien und Kurven an.
Ich trat näher heran und ergriff Udos Hand. Dann beugte ich mich zu seinem Kopf herunter und flüsterte ihm ins Ohr: „Hallo Udo, ich bin's, dein Schwager."
Als hätte er nur darauf gewartet, öffnete er seine Augen.
An seinem Blick konnte ich erahnen, daß er mich erkannt hatte.
Regina war inzwischen an die andere Seite des Bettes herangetreten, und ich sagte es ihm. Udo drehte den Kopf und schien auch sie zu erkennen.
Plötzlich fing er an, mit den Beinen zu strampeln, als wolle er seine Bettdecke loswerden und versuchte dann, als dies nicht glückte, seine Beine über das Bettgitter zu heben, das links und rechts zur Sicherheit angebracht war.
Unentwegt murmelte er dabei etwas, was wir nicht verstehen konnten und nickte immer mit dem Kopf zur Tür.
Es dauerte lange bis ich begriff, was er meinte. Er wollte mit mir eine rauchen gehen.
„Udo, das geht hier nicht. Da mußt du erst noch ein paar Tage ausruhen. Jetzt kannst du sowieso noch nicht laufen", versuchte ich ihn zu besänftigen, aber er versuchte immer wieder aus dem Bett zu steigen.
Erst nach mehrmaligem Zureden, gab er schließlich nach, blieb wieder ruhig liegen und schloß die Augen.
„Das versucht er die ganze Zeit", sagte die Schwester leise.
Sie hatte Udos Anstrengungen beobachtet und war vorsichtshalber mit zu uns ans Bett getreten.

„Franzi, Franzi", murmelte Udo und sah mich fragend an.
„Ich kümmere mich darum", versprach ich ihm. „Ich bring' sie beim nächsten Mal mit."
Er schien mich verstanden zu haben, denn er nickte nur leicht mit dem Kopf und war beruhigt wieder eingeschlafen.
„Nach der Franzi hat er schon ein paar Mal gefragt", sagte die Schwester.
Ich erklärte ihr, daß das eine neue Freundin von meinem Schwager sei, wegen der er wahrscheinlich mit dem Trinken aufgehört hatte.
„Wollen sie noch mit einem Arzt sprechen?" fragte sie uns.
„Ja, das wäre gut", sagte ich.
Sie ließ uns im Besucherwarteraum Platz nehmen.
Kurze Zeit später erschien der Arzt.
„Dr. Benisch", stellte er sich vor und lud uns zu sich in sein Zimmer ein, damit wir ungestört reden konnten.
Dr. Benisch hatte kurze Haare, trug eine Brille und mochte so an die vierzig heran sein. Seine Stimme strahlte Ruhe und Gelassenheit aus. Kurz, er war uns sofort sympathisch.
Ich erzählte ihm die Vorgeschichte, wie es zu dem Zusammenbruch gekommen war, bei welchem wir letztendlich den Notarzt rufen mußten.
Dr. Benisch klärte uns ausgiebig über den gegenwärtigen Zustand des Patienten auf. Sorgen bereite es ihm dabei, daß Udo, trotzdem er hohe Dosen an Beruhigungsmitteln bekommen würde, immer noch so unruhig und damit unberechenbar sei.
Da seine Atmung zeitweise nicht funktioniere, müsse er vorsorglich künstlich beatmet werden.
Nachdem ich ihm erzählt hatte, daß unser „Sorgenkind" bereits mehrere Krankenhausaufenthalte von sich aus abgebrochen hatte, schlug uns der Arzt folgendes vor.
Wenn sich Udos Zustand bis zum nächsten Tag nicht gebessert hätte, würde er ihn zu seinem eigenen Schutz in ein künstliches Koma versetzen, unser Einverständnis vorausgesetzt. Er erklärte uns, daß das nur ein ganz leichtes Koma wäre, aus welchem man ihn dann auch schnell wieder aufwachen lassen könnte.
Er sah uns fragend an.
Ich fand diesen Vorschlag genial und stimmte sofort zu, denn meine Hauptsorge war es, daß Udo seine Behandlung auch hier wieder

auf eigene Gefahr hin, abbrechen würde. Doch noch nie standen die Zeichen für ihn so günstig, ihn gänzlich vom Alkohol wegzubringen, wie jetzt und es wäre unendlich schade um die vertane Chance. Da war ich mir vollkommen sicher.
Wir bedankten uns bei Dr. Benisch und er versicherte uns, daß wir Udo jederzeit auf der Station besuchen kommen konnten.

Auf der Heimfahrt telefonierte ich mit Mike.
Ich hatte ihm versprochen, mich zu melden, so bald ich etwas Näheres über Udo wußte. Ich erzählte ihm, daß Udo auf der Intensivstation liegt und ihn momentan dort auch keiner besuchen kann, außer seine nächsten Angehörigen. Das verstand er auch und er bedankte sich für meinen Anruf.
Später zu Hause rief ich meine Schwiegermutter an und berichtete ihr, was passiert war.
Ich sagte ihr auch, daß Udo nichts Besseres hätte passieren können, als daß er uns auf der Straße zusammengebrochen war und gleich auf die Intensivstation gekommen ist. Wir hätten ihn sonst kaum zu einem Krankenhausaufenthalt überreden können. Am Ende des Gespräches hatte ich den Eindruck, daß ich sie etwas beruhigen konnte.

Am nächsten Tag schaute ich gleich am Vormittag bei Udo auf der Station B2 vorbei. Sein Zustand war unverändert.
Als er mich erkannt hatte, wollte er gleich wieder mit mir rauchen gehen und war nur schwer davon zu überzeugen, daß das jetzt noch nicht ginge.
Der Arzt, mit dem ich anschließend sprach, sagte mir dann auch, daß sie ihn wie abgesprochen ins künstliche Koma versetzen werden, anders bekämen sie ihn nicht zur Ruhe.
Die anderen Untersuchungen hatten ergeben, daß sich Udo keine weiteren schwerwiegenden Verletzungen durch seine Stürze zugezogen hatte. Das war immerhin schon etwas.

Die nächsten Tage verliefen etwas ruhiger. Ich besuchte Udo zwar jeden Tag auf der Intensivstation, oft nach Ladenschluß mit Regina zusammen, aber wir konnten nur beobachten wie er friedlich schlief.
Als wir ihn am Samstag besuchten, sprach anschließend ein Arzt

mit Regina und mir. Er erklärte uns, daß Udos Zustand stabil ist und daß sie am nächsten Tag einen Aufwachversuch unternehmen wollten. Dabei könnte es allerdings passieren, daß er noch zu unruhig ist. Sollte das der Fall sein, dann würden sie ihn sofort wieder in das künstliche Koma versetzen.

Am nächsten Tag fuhren wir am Nachmittag voller Erwartungen ins Krankenhaus. Die Schwester die uns öffnete, nachdem wir an der Station geklingelt hatten, sagte uns, daß der Arzt erst mit uns sprechen wolle, bevor wir zu Udo durften.
Dadurch etwas verunsichert, nahmen wir im Besucherwarteraum Platz.
War irgend etwas schief gelaufen?
Zum Glück wurden wir nicht lange auf die Folter gespannt, denn Dr. Benisch trat ein und begrüßte uns.
Seinem Gesichtsausdruck nach brauchten wir uns keine großen Sorgen zu machen, so schien es jedenfalls. Erstaunlich, was dieser Mensch für eine Ruhe ausstrahlte.
Nachdem er sich gesetzt hatte, erklärte er uns, daß sie Udo nach dem Aufwachen gleich wieder ins Koma versetzt hatten. Seine Entzugserscheinungen seien noch zu stark gewesen. Komplikationen, wie eine eventuelle Lungenentzündung seien bisher aber noch nicht aufgetreten.
„Allerdings müssen wir jetzt überlegen, wie wir weiter verfahren werden“, sagte er.
In seinem Gesicht konnte man lesen, daß doch nicht alles so einfach war, wie wir im ersten Moment angenommen hatten.
„Das Problem dabei ist, daß Herr Wirbeleit zur Zeit mit einem Schlauch, der durch den Mund geht, beatmet wird. Das kann man nicht unendlich lange so fortführen“, erklärte Dr. Benisch.
„Man sagt so maximal 10 bis 14 Tage, dann muß der Schlauch wieder entfernt werden, weil sonst unter anderem die Stimmbänder geschädigt werden. Es bleibt dann nur noch die Möglichkeit, daß wir unterhalb des Kehlkopfes einen kleinen Schnitt machen und den Schlauch zur Beatmung dann dort einführen.“
Ich hatte ihn verstanden und nickte zustimmend.
Der Arzt fragte mich trotzdem: „Herr Hoffmann, wie ich gesehen hatte, haben Sie ja auch die anderen Unterlagen, an Stelle Ihres

Schwagers unterschrieben. Für den Fall, daß wir den Schnitt machen müßten, würden Sie da ihre Zustimmung geben, denn den Patienten selber können wir ja nicht fragen?"
„Also, so wie Sie uns das eben erklärt haben, bin ich auf jeden Fall damit einverstanden."
Ich sah den Zweifel in Reginas Augen und fügte noch hinzu: „Besser ist es, wenn mein Schwager eine kleine Narbe unterhalb des Kehlkopfes hat, als ein Leben lang keine richtige Stimme mehr."
„Gut, dann können Sie jetzt zu ihm gehen." Dr. Benisch erhob sich. „In zwei, drei Tagen werden wir einen erneuten Aufwachversuch starten. Vielleicht ist dann schon alles geklärt."
Wir bedankten uns bei ihm und gingen zu Udo.
Dieser lag friedlich schlafend in seinem Bett, als wäre nichts gewesen. Nur eine Menge Schläuche und Kabel verrieten, daß er hier nicht nur so zum Ausschlafen dalag.

Am nächsten Morgen fuhr ich in den Großhandel einkaufen und wollte anschließend in Udos Wohnung mal nach dem Rechten sehen.
Ich benötigte einige Unterlagen, damit die Zahlungen für Miete, Strom usw. für die Zeit seines Krankenhausaufenthaltes geregelt werden konnten.
Da uns alle Sachen meines Schwagers von der Intensivstation mit nach Hause gegeben worden waren, hatte ich auch seinen Wohnungsschlüssel. Doch an seiner Wohnungstür versuchte ich vergeblich den Schlüssel ins Schloß zu stecken.
Seltsam, dachte ich und wollte mich gerade bücken, um zu sehen, was da im Schloß klemmte, als sich die Tür öffnete.
Mir gegenüber stand eine junge Frau. Beide schauten wir uns einen Moment verdutzt an.
„Komm 'rein", sagte sie.
Ich trat ein und reichte ihr die Hand.
„Hallo, ich heiße Stephan. Ich bin der Schwager vom Udo."
„Und ich bin die Franziska", sagte sie und lächelte etwas verlegen.
„Das hab ich mir schon gedacht. Wie kommst du denn hier 'rein?" fragte ich sie, als wir uns im Wohnzimmer gesetzt hatten.
„Der Bernd hat mir den Zweitschlüssel von Udo gegeben."
„Aha", sagte ich. Das erklärte die ganze Sache natürlich.

„Er wollte ihn mir erst nicht geben", fuhr Franzi fort, „aber ich hab' ihm gesagt, daß es Udo so wollte."
Wenn das die Frau war, wegen der Udo mit dem Trinken aufgehört hatte, dann stimmte das sicherlich, dachte ich mir.
„Warum warst du denn noch nicht im Krankenhaus. Udo hat egal nach dir gefragt. Außerdem hab' ich über Bernd und Mike versucht, dich zu erwischen. Sie haben mir auch deine Handy-Nummer gegeben, aber da bist du nie rangegangen, wenn ich dich angerufen hatte. Das versuch ich jetzt schon seit Tagen", fragte ich sie.
„Mein Ladegerät hat eine Macke, da ist egal das Akku runter. Deshalb nehme ich jetzt hier das Ladegerät von Udo."
„Und wieso warst du noch nicht im Krankenhaus?"
„Ich mußte egal arbeiten. Ich weiß nicht, ob dir Udo erzählt hat, daß ich kellnern tue?"
„Naja, da arbeitest du doch keine 24 Stunden am Tag."
„Na, ich will dann mal ins Krankenhaus", wich Franzi aus.
„Da kannst du gleich mitfahren", bot ich ihr an. „Ich will nämlich gleich mal nach ihm sehen."
Franzi war sofort einverstanden und zusammen fuhren wir los.
Unterwegs erklärte ich ihr, wie es zur Zeit um Udo stand und sagte ihr auch, daß ich es stark fand, daß er wegen ihr einfach von einem Tag auf den anderen mit dem Trinken aufgehört hatte.
Franzi war ein hübsches, freundliches Mädel. Sie hatte kurze, blond gefärbte Haare, war etwas kräftig, aber nicht dick.
Da sie zu ihren Jeans ein rosa T-Shirt mit Spaghettiträgern trug, sah ich, daß sie an den Armen und auf dem Rücken tätowiert war. Das war nun nicht gerade mein Geschmack, aber in der heutigen Zeit hatte ich kein Problem damit, dies zu tolerieren.
Daß sie 15 Jahre jünger war als Udo, störte Franzi nicht, mich auch nicht. Für mich war entscheidend, daß mein Schwager wegen ihr mit dem Alkohol Schluß gemacht hatte. Schon allein deshalb war mir diese Frau wertvoll. Da hätte sie auch einen krummen Buckel oder zwei Holzbeine haben können. Das wäre mir in diesem Fall egal gewesen.
Auf der Intensivstation, als wir an Udos Bett traten, mußte Franzi mit ihren Tränen kämpfen und verlor.
Sie erfaßte seine Hand und flüsterte ihm etwas, was ich nicht verstehen konnte ins Ohr. Ihr Anblick rührte mich. Sie schien ihn sehr

zu mögen. Wenn das keine Chance für einen neuen Anfang war? Udo schlief aber fest und wir blieben nicht lange.
Als ich mich von Franzi verabschiedete, sagte sie, daß sie am nächsten Tag allein ins Krankenhaus gehen würde.
Am Abend war ich noch einmal mit Regina auf der Intensivstation, aber es war alles unverändert. Der diensthabende Arzt sagte uns, daß sie am nächsten Tag einen neuen Aufwachversuch starten würden.
Wenn das gelänge, dann bliebe Udo der Schnitt am Hals erspart.

Am nächsten Tag, es war Dienstag, der 17. 06. 03, wollte ich eigentlich erst am Nachmittag mit Regina ins Krankenhaus gehen.
Dienstags war das immer günstig für uns, denn wir hatten beide ab 13 Uhr frei. Einmal in der Woche hatten wir dafür eine Vertretung im Geschäft.
Am Morgen mußte ich erst noch Ware in das Geschäft auf der Oschatzer Straße bringen. Anschließend wollte ich wieder zurück nach Radebeul-West, aber die Neugier ließ mir keine Ruhe.
Ich mußte unbedingt sehen, ob es mit dem Aufwachversuch klappen würde.
Ich rief Franzi auf dem Handy an und fragte sie, ob ich sie abholen sollte. Sie freute sich und wollte natürlich gleich mit ins Krankenhaus. Ich holte sie ab.
Als wir zur Intensivstation kamen, sagte uns die Schwester, die für Udo zuständig war, daß alles gut geklappt hätte.
Er wäre wieder bei Bewußtsein, könnte aber viele Dinge noch nicht richtig zuordnen. Deshalb sei es ganz gut, daß wir gekommen sind.
Bevor sie uns zu Udo ließ, machte sie uns aber noch darauf aufmerksam, daß ihm das Sprechen noch sehr schwer falle und er kaum zu verstehen ist. Das sei aber vollkommen normal in den ersten Stunden nach dem Koma, beruhigte sie uns.
Udo hatte die Augen geöffnet, als wir an sein Bett traten, Franzi auf die linke Seite und ich auf die rechte Seite. Ich nahm vorsichtig seine Hand, an welcher ein Venentropf angeschlossen war und sagte: „Hallo Udo, das ist aber schön, daß du wieder munter bist."
Er drehte seinen Kopf zu mir und sah mich verständnislos an.
„Erkennst du mich nicht?" fragte ich. „Ich bin dein Schwager Stephan."

Er schien zu begreifen, lächelte kurz und versuchte mir etwas zu sagen, aber es war nur ein kraftloses Gemurmel, das ich nicht verstand.
„Hast du schon gesehen, wer mitgekommen ist?“
Ich nickte zur anderen Bettseite hinüber. Udo folgte auch meinem Blick, schaute mich aber gleich darauf wieder fragend an.
„Ich bin's, die Franzi“, sagte sie.
Er wandte ihr erneut sein Gesicht zu. Der Name Franzi hatte ein Leuchten in seinen Augen hervorgezaubert.
Lange sah er sie an, während sie sagte, daß er uns einen riesigen Schrecken eingejagt hatte, daß sich alle Sorgen gemacht hätten, aber jetzt ja alles wieder gut werden würde.
Udo drehte den Kopf wieder zu mir und begann unentwegt zu reden. Ich verstand kein Wort. Er redete immer weiter und ich merkte, wie sehr es ihn anstrengte.
„Udo, du mußt lauter reden, sonst kann ich dich nicht verstehen“, sagte ich.
Er wurde auch lauter, aber seine lallenden Laute konnte ich nicht übersetzen. Immerfort deutete er mit dem Kopf zur Tür, bis ich endlich begriff.
„Jetzt weiß ich was du meinst“, sagte ich. „Du willst raus, stimmt's?“
Udo nickte heftig.
„Willst du ganz raus oder nur eine rauchen gehen?“
Ich hatte die Frage noch gar nicht zu Ende gestellt, da merkte ich schon, daß es Blödsinn war. Er konnte ja nicht zwei Fragen mit einem Mal beantworten.
Die Reaktion bei Udo war auch so, daß er nicht recht wußte, ob er mit dem Kopf schütteln oder nicken sollte.
„Willst du hier abhauen?“ fragte ich deshalb noch einmal.
Er schüttelte energisch mit dem Kopf.
„Also willst du eine rauchen gehen?“
Heftiges Nicken.
„Ach so“, sagte ich erleichtert, denn ich hatte schon befürchtet, daß er hier gleich wieder abhauen wollte, wie er es immer in der Vergangenheit getan hatte, wenn er im Krankenhaus war.
„Ja, Udo, das geht heute noch nicht. Da müssen wir noch ein paar Tage warten, bis du aufstehen kannst. Außerdem habe ich gar keine Zigaretten mit“, versuchte ich ihn zu besänftigen.

Das gelang mir auch. Trotzdem brabbelte er mir in einem fort etwas vor. Von Franzi nahm er überhaupt keine Notiz mehr.
Schließlich sah ich zu ihr herüber und deutete ihr an, sie solle doch auch mal etwas sagen.
„Udo, Bernd hat mir den Zweitschlüssel für deine Wohnung gegeben. Ist das okay, daß ich bei dir wohne?“ fragte sie ihn.
Udo hatte sie angesehen und kurz genickt, dann drehte er sein Gesicht wieder zu mir und brabbelte weiter.
Wir merkten, daß es immer anstrengender für ihn wurde. Ich war mir sicher, daß er gleich wieder einschlafen würde. Deshalb verabschiedeten wir uns wieder von ihm.
Franzi versprach, am nächsten Tag wieder zu kommen. Zum Abschied küßte sie ihn auf die Stirn.
Ich sagte, daß ich am Nachmittag noch einmal mit Regina vorbeikommen würde. Dann ließen wir ihn in Ruhe.
Ich fuhr Franzi schnell nach Hause und danach gleich zu Regina ins Geschäft, um ihr das Neueste vom Neuen zu berichten.

Am Nachmittag ging es Udo nicht viel anders und der Arzt meinte, daß das noch einige Zeit dauern würde.
Wenigstens hatte er Regina erkannt. Das war wichtig.
Am Mittwoch Abend, als ich ihn mit Regina zusammen besuchte, fragte Udo wieder nach Franzi.
Sein Gemurmel war etwas besser geworden, denn hin und wieder konnte man ein Wort verstehen.
„Ja, die muß doch heute hier gewesen sein“, sagte ich.
Udo schüttelte mit dem Kopf.
„Vielleicht war sie hier, als du geschlafen hast?“ fragte ich ihn.
Er schüttelte wieder mit dem Kopf.
„Mal sehen“, sagte ich, „ich werde sie nachher mal anrufen. Wahrscheinlich mußte sie wieder arbeiten.“
Udo gab sich damit zufrieden.
Nachdem wir das Krankenhaus verlassen hatten, rief ich Franzi an. Ich hörte, wie ihr Handy ein paar mal klingelte, dann kam das Besetzt-Zeichen. Seltsam, dachte ich mir. Das war bald so, als hätte sie mich weggedrückt. Ich versuchte es den ganzen Abend lang, aber es war immer das Gleiche.
Ich erreichte sie nicht, auch den ganzen nächsten Tag nicht.

Am Freitag Morgen, bevor ich zu Udo ins Krankenhaus fuhr, versuchte ich wieder Franzi am Telefon zu erreichen.
Ich hätte sie abholen können und wir wären dann gemeinsam zu Udo gefahren, aber es war wie am Tag zuvor. Ihr Handy klingelte ein paarmal, dann war es besetzt.
Udo fragte mich natürlich wieder nach Franzi, aber ich konnte wieder nur mit den Schultern zucken und sagen, daß sie sicherlich arbeiten mußte.
Er murmelte etwas vor sich hin, und ich mußte ihn mehrmals auffordern, lauter mit mir zu sprechen.
Endlich konnte ich mir ungefähr zusammenreimen, was er gemeint hatte. Er hatte mich gefragt, wie groß Franzi sei.
„Ungefähr einen Kopf kleiner wie ich", antwortete ich ihm.
Ich fand diese Frage ziemlich merkwürdig.
Das konnte nur bedeuten, daß er am Dienstag, als ich zusammen mit ihr hier war, noch nicht viel mitgeschnitten hatte. Von Bernd wußte ich, daß die beiden sich vorher höchstens erst vier bis fünf mal gesehen hatten. Da fehlten Udo vielleicht die einprägenden Erinnerungen an dieses Mädel.
Trotzdem ließ mir das alles keine Ruhe.
Nachdem ich mich von Udo verabschiedet hatte, fuhr ich in seine Wohnung in der Hoffnung, daß ich Franzi dort antraf.
Sie war auch dort. Mit meinem Klingeln hatte ich sie geweckt.
„Du wolltest doch gestern zu Udo ins Krankenhaus?" fragte ich sie.
„Ich war arbeiten", antwortete sie verschlafen.
„Du gehst doch nicht den ganzen Tag über arbeiten", sagte ich verständnislos.
„Na, zur Zeit arbeite ich in einer Nachtbar in der Neustadt in Dresden. Da muß ich halb fünf los und meistens komme ich erst früh halb sieben wieder."
„Da hast du tagsüber keine Zeit mal ins Krankenhaus zu gehen?"
„Na irgendwann muß man ja mal schlafen. Ich gehe heute Mittag mal ins Krankenhaus", sagte sie.
An ihrer Stimme konnte ich unschwer erkennen, daß ich ihr auf den Docht ging.
„Und was ist mit deinem Handy. Ich versuche laufend dich anzurufen, aber nachdem es ein paar Mal geklingelt hat, kommt das Besetzt-Zeichen", nervte ich sie weiter.

„Ich hab dir doch gesagt, daß das eine Macke hat."
„Das haben wir gleich", sagte ich.
Ich nahm mein Handy zur Hand und wählte ihre Nummer.
Es dauerte nicht lange und Franzis Handy, welches auf dem Wohnzimmertisch lag, begann zu läuten. Sie wollte den Anruf entgegennehmen.
„Nee, laß das mal klingeln", sagte ich schnell.
Es klingelte und klingelte, aber es kam bei mir kein Besetzt-Zeichen. Ich stoppte den Anruf.
„So, das wollte ich eigentlich bloß wissen", sagte ich zufrieden.
„Kannst du mir mal erklären, wieso jetzt kein Besetzt-Zeichen kam?"
„Das hat eben 'ne Macke, mal geht's und mal geht's nicht."
Ich stand auf. Es war mir einfach zu blöd, mich weiter mit ihr zu unterhalten.
„Vergiß nicht Udo zu besuchen, mach's gut", sagte ich und ging.
Abends, auf der Intensivstation, fragte Udo wieder nach Franzi.
„Na, die muß doch heute Mittag hier gewesen sein?"
„War ni hier", sagte Udo und schüttelte mit dem Kopf.
„Ich hab heute früh noch mit ihr gesprochen. Da hat sie gesagt, sie wollte dich mittags besuchen kommen."
„War ni hier", sagte Udo erneut.
„Das versteh' ich auch nicht", sagte ich und zuckte mit den Schultern. „Vielleicht ist sie angerufen worden, daß sie arbeiten kommen soll?"
Udo murmelte wie immer am laufenden Band vor sich hin. Erst als er mich ansah und immer wieder mit seinem Kopf zur Tür hin nickte, verstand ich, daß er wieder rauchen gehen wollte.
„Nee, das geht jetzt noch nicht, solange du überall noch verkabelt bist", versuchte ich auf ihn einzuwirken. „Die paar Tage hältst du das schon noch aus."
Ich erzählte ihm, daß wir uns um seine Miete und den Strom gekümmert hatten, damit da nichts anbrannte. Dem Arbeitsamt hatten wir auch gemeldet, daß er zur Zeit im Krankenhaus lag. Damit konnte ich ihn von dem Gedanken, rauchen zu gehen etwas ablenken.
Ich hatte nämlich in Udos Post ein Schreiben vom Arbeitsamt gefunden, in welchem ihm mitgeteilt wurde, daß man ihm rückwirkend für einen Monat das Arbeitslosengeld gestrichen hatte, weil er dem Amt nicht nachgewiesen hatte, daß er sich innerhalb eines

Monats bei 20 Stellen von sich aus beworben hatte. Soweit waren die jetzt schon. Anstatt einem Arbeitslosen Stellen zu vermitteln, konzentrierten sie sich jetzt darauf, die Arbeitslosen zu kontrollieren, ob sie sich auch fleißig um Arbeitsstellen bemühten, die sie selber gar nicht anbieten können, weil sie ja mit der Kontrolle der Arbeitslosen voll ausgelastet sind.
Außerdem war Udo in der Zeit vor dem Krankenhaus mit Sicherheit nicht arbeitsfähig, denn da hatte ihn seine Sucht viel zu fest im Griff.
Als wir das Krankenhaus verlassen hatten, versuchte ich sofort Franzi anzurufen.
„Der gewünschte Gesprächspartner ist vorübergehend nicht erreichbar", klang es am anderen Ende des Funkkontaktes.
Er war auch nicht am nächsten und am übernächsten Tag erreichbar. Franzi hatte das Handy ausgeschaltet.
Am Sonntag Nachmittag, Regina und ich standen gerade am Bett von Udo, kam eine Schwester und sagte mir, daß die Frau Doktor anschließend mal mit mir reden wolle.
Udo ging es inzwischen ganz gut. Man spürte, daß es ihm nicht unangenehm war, daß er auf der Station ein bißchen der Mittelpunkt war, denn er versuchte bereits mit den Schwestern zu flirten. Hier muß ich aber auch der gesamten Station B2 ein riesiges Kompliment machen.
Ich hatte Udo inzwischen schon zig mal besucht und konnte immer mit Bewunderung beobachten, wie unermüdlich freundlich das gesamte Personal mit unserem „Sorgenkind" umgegangen war.
„Wer bin ich?" rief jemand hinter uns.
Ich drehte mich um und sah verwundert auf das kleine Persönchen, das Udo lachend zuwinkte.
„Harten..., Harten..., Hartenstein, Doktor Hartenstein", sagte Udo und strahlte.
„Richtig Herr Wirbeleit. Na sehen sie, das klappt doch schon ganz gut."
Ich traute meinen Augen kaum. Diese freundliche kleine Frau war Doktor. Sie war klein und zierlich, hatte lange dunkle Haare und ich hätte sie für eine Krankenschwester gehalten, die gerade mit ihrer Ausbildung fertig war. Sie gab Regina und mir die Hand und sagte: „Da brauch' ich mich ja gar nicht mehr vorstellen. Sie sind

sicher die Schwester und der Schwager von Herrn Wirbeleit." Dann wandte sie sich mir zu: „Kann ich Sie mal kurz sprechen?"
„Aber klar", sagte ich.
Wir gingen hinaus auf den Flur.
„Ja, wie Sie sehen, geht es mit Ihrem Schwager immer weiter bergauf", sagte sie. „Er hat noch kleine Schwächen mit dem Erinnerungsvermögen, aber das wird auch von Tag zu Tag besser. Das trainieren wir. Er fragt aber ständig nach einer Franzi."
„Ja, das ist ein riesiges Problem", sagte ich nachdenklich.
„Das ist seine Freundin. Die beiden kennen sich noch nicht lange. Immerhin hat er wegen ihr mit dem Trinken aufgehört. Jetzt hat es allerdings den Anschein, als wolle sie nichts mehr von ihm wissen. Wir sagen Udo immer, sie sei arbeiten, weil sie sich hier nicht sehen läßt, aber lange können wir ihm das nicht mehr erzählen. Ich habe nur eben die Bedenken, daß wenn wir ihm die Wahrheit sagen, daß er dann gleich wieder aufgibt."
Dr. Hartenstein nickte nachdenklich. „Ja, warten Sie lieber noch ein zwei Tage damit, wenn es möglich ist. Das wäre im Moment vielleicht wirklich nicht so gut. Ich wollte aber noch etwas anderes mit Ihnen besprechen. Wir müssen Herrn Wirbeleit in den nächsten Tagen, vielleicht schon morgen oder am Dienstag auf eine andere Station verlegen. Für die Intensivstation geht es ihm inzwischen zu gut."
„Schade", sagte ich, „bei euch ist er am besten aufgehoben."
„Ja, das nützt aber nichts", sagte sie lächelnd.
„Unten auf der Station, ich nehme an, er kommt auf die A1, ist er eben nicht mehr so unter Kontrolle, aber das ist nur das eine. Ich habe mich inzwischen gekümmert und das Ganze auch schon mit Ihrem Schwager durchgesprochen. Er ist einverstanden damit."
„Womit ist er einverstanden?" fragte ich neugierig.
„Er hat sich bereit erklärt, anschließend im Krankenhaus auf dem Weißen Hirsch ein dreiwöchige Therapie zu machen."
„Das gibt's doch nicht", sagte ich erstaunt. „Ich hab' mir auch schon überlegt, wie es mit Udo weitergehen soll und hatte auch gehofft, daß man ihn zu einer Therapie überreden könnte, aber daß das so schnell geht, hätte ich nicht gedacht."
„Ja, ich hatte wirklich Glück, daß das geklappt hat", sagte sie fröhlich. Ihre Augen leuchteten vor Freude.
Eine wunderbare Frau, dachte ich.

„Allerdings hat das einen Haken“, sagte sie nun ernst.
„Wieso einen Haken?“
„Das Dumme ist“, erklärte sie, „wir dürfen von hier aus keine Überweisung für die Therapie am Weißen Hirsch ausstellen. Das muß der Hausarzt tun. Wie mir ihr Schwager gesagt hat, hat er keinen Hausarzt. Wüßten sie jemanden, der die Überweisung ausstellen kann?“
„Dr. Laqua“, sagte ich spontan.
Die Idee war mir eben erst gekommen. Frau Dr. Ruth Laqua war meine langjährige Betriebsärztin gewesen und kannte sich gut mit der Alkoholsucht aus. Ihre neue Praxis hatte sie am Riegelplatz. Die war für Udo günstig mit dem Bus zu erreichen.
„Gut, ich gebe Ihnen, wenn es soweit ist, ein Schreiben für die Ärztin mit, aber da gibt es noch ein anderes Problem“, sagte Frau Dr. Hartenstein.
Ich spitzte die Ohren.
„Ist es Ihnen möglich, Herrn Wirbeleit einen Tag bei sich aufzunehmen?“
Ich nickte. Das war kein Problem für uns.
„Wir müssen ihn nämlich erst aus dem Krankenhaus nach Hause entlassen, ehe er die Überweisung der Hausärztin bekommt. Zu ihr müßten Sie dann zusammen mit Ihrem Schwager hin gehen. Geht das Herr Hoffmann?“ fragte sie mich etwas zaghaft.
Wahrscheinlich hatte sie die Befürchtung, daß es bei mir durch die Arbeit nicht klappen konnte.
„Ach, das kriegen wir schon hin“, konnte ich sie beruhigen.
Sie lächelte erleichtert und sagte: „Schön, dann drücken wir die Daumen, daß Ihren Schwager der Mut nicht verläßt, aber er hat ja durch Sie die beste Unterstützung.“
Wir verabschiedeten uns und ich schaute ihr nach, bis sie in einem der Zimmer verschwand.
Ein Glücksfall für Udo, dachte ich mir, daß er auf dieser Station gelandet war.

Wir hielten uns nicht mehr lange hier auf, denn Udos Mutter war gekommen. So konnten wir uns zurückziehen.
Ich hatte noch etwas anderes vor, was mir wichtig war.
Als wir das Krankenhaus verließen, wählte ich mit dem Handy

Franzis Nummer. Ich hatte eigentlich erwartet, daß ihr Telefon, wie immer in der letzten Zeit, ausgeschaltet war.
Zu meinem Erstaunen meldete sich aber eine Männerstimme.
„Ja?“ fragte die Stimme.
„Hallo, hier ist der Stephan, ich hätte gern mal die Franzi gesprochen“, sagte ich verdutzt.
Im nächsten Moment wurde die Verbindung unterbrochen. Der auf der anderen Seite hatte mich weggedrückt.
„Komm, wir fahren gleich mal in Udos Wohnung“, sagte ich zu Regina.
Aber dort war niemand da. Es schien auch so, als ob Franzi schon lange nicht mehr hier gewesen sei. Selbst der Zettel auf dem Wohnzimmertisch, den ich ihr geschrieben hatte, lag so da, wie ich ihn hingelegt hatte.

Hallo Franzi,
Udo fragt laufend nach dir.
Was soll ich ihm sagen?
Ruf mich unbedingt mal an.
Stephan

„Am besten ist es, wenn wir mal zu Bernd gehen“, schlug Regina vor. „Vielleicht weiß der etwas? Weißt du wo der wohnt?“
„Genau nicht, aber das kriegen wir raus, auf jeden Fall im Nachbarhaus“, stimmte ich ihr zu und wir machten uns auf den Weg.
Wir hatten auch Glück, denn Bernd war zu Hause.
„Ja, die Franzi war bei mir gewesen“, sagte Bernd. „Die hat sich von mir gestern nur schnell einen Schlafsack geborgt und ist wieder weg.“
„Hat sie nicht gesagt, wohin sie will?“ fragte ich.
„Doch, zu ihren Eltern. Die haben am Stausee in Radeburg einen festen Campingplatz.“
„Na, toll“, sagte ich, „und Udo fragt laufend nach ihr.“
„Wieso?“
„Weil sie schon seit Dienstag nicht mehr im Krankenhaus war“, sagte ich wütend.
„Also, ich hab’ sie natürlich gefragt, wie es Udo geht“, sagte Bernd. „Da hat sie erzählt, daß sie ihn jeden Tag besuchen war und daß, so

lange er auf der Intensivstation liegt, kein anderer zu ihm darf. Das hatte sie mir schon mal gesagt, sonst wär ich schon lange mal drin gewesen."
„So was Verlogenes", sagte ich aufgebracht, „daß keiner weiter auf die Intensivstation darf, daß stimmt zwar, das ist aber auch das einzige."
„Ich ruf mal meine Freundin an", entschied sich Bernd. „Die beiden hängen doch oft zusammen."
Er ergriff sein Handy und sprach ein paar Worte mit ihr. Dann sagte er: „Warte mal Anja, ich geb' ihn dir mal!"
Er reichte mir das Telefon.
„Hallo?"
„Wer bist du eigentlich?" fragte eine junge Stimme am anderen Ende.
„Ich heiße Stephan. Ich bin der Schwager von Udo", erklärte ich.
„Und was willst du von mir?"
„Ich will wissen, wo die Franzi steckt. Bernd sagt, sie wäre zu ihren Eltern an den Stausee in Radeburg gefahren."
„So ein Quatsch", antwortete sie.
„Die fährt doch nicht zu ihren Eltern. Die haben sie doch zu Hause rausgeschmissen. Deswegen hatte sie doch bei Bernd gewohnt."
„Und wo ist sie dann ?" fragte ich.
„Das weiß ich doch nicht. Ich will mit der nichts mehr zu tun haben. Die hat uns alle beklaut und belogen. Sicher zieht sie mit ihren zwei Kumpels durch die Gegend."
„Na, das ist ja der absolute Hit", sagte ich entsetzt. „Das kann doch wohl nicht wahr sein?"
„Ist aber so, tschüs!"
Das Gespräch war beendet.
Ich erzählte Regina und Bernd, was Anja mir eben gesagt hatte.
„Nu, mich hat sie doch auch beklaut", meinte Bernd und nickte mit dem Kopf.
„Deshalb war ich ganz froh, daß sie ihre Sachen genommen hat und zu Udo rübergezogen ist."
„Und da konntest du uns nicht warnen vor dem Weib", hielt ich ihm vor.
„Na, ich dachte ja, daß es die große Liebe ist. Jedenfalls hat sie so getan", verteidigte er sich.

Da gab es ja eigentlich nur eine Lösung, überlegte ich und sagte: „So bald ich sie sehe, knöpfe ich ihr Udos Wohnungsschlüssel wieder ab."
„Das kannst du doch nicht machen", meinte Regina. „Da müßtest du erst mal mit Udo darüber sprechen."
„Ach, na irgendwie werde ich ihm das schon erklären", wehrte ich ab, aber Regina beharrte auf ihrem Standpunkt.
„Na, stell dir mal vor, du nimmst ihr den Schlüssel weg und sie hat nichts Eiligeres zu tun, als zu Udo ins Krankenhaus zu laufen und ihm vorzuheulen, was er für einen miesen Schwager hat. Das wäre jetzt der größte Mist in dieser Situation."
Sicher hatte sie damit recht. Es war nicht auszudenken, wie Udo reagieren würde. Es konnte durchaus sein, daß er durchdrehte und die ganzen letzten Tage im Krankenhaus umsonst waren. Das war es eigentlich nicht wert.
„Trotzdem", sagte ich nach einer Weile nachdenklich, „mir läßt das aber keine Ruhe. Wenn die Franzi so verklaut ist und mit zwei Kerlen herumzieht, dann hab ich Angst, daß sie dem Udo die Bude ausräumen. Das ist mir einfach zu heiß."
Wir ließen es dabei bewenden, verabschiedeten uns von Bernd und fuhren nach Hause.
Wir mußten noch Bestellungen für die Firma erledigen und danach wollte ich noch ein paar Seiten am zweiten Teil meines Buch weiter schreiben.
Doch ich hatte nicht den richtigen Nerv dafür.
Meine Gedanken drehten sich in einem fort um Udo und Franzi, auch noch die ganze Nacht hindurch.
Es war die absolut blödeste Situation eingetreten, die ich mir vorstellen konnte. Nach vielen Jahren, die wir erfolglos versucht hatten, Udo davon zu überzeugen, daß er sich mit seiner Sauferei in ärztliche Behandlung begibt, hatte es endlich ein Mädchen geschafft. Er hatte mit einem Mal den Willen, etwas dagegen zu tun und nun das. Genau dieses Mädchen, diese blöde Kuh, ließ ihn jetzt, bei seinen ersten Schritten in ein besseres Leben im Stich.
Es war zum verrückt werden. Sollte denn alles umsonst sein?
Ich hatte keine Ahnung, wie ich das Udo beibringen sollte. Ich wußte aber auch, daß ich es ihm bald sagen mußte und malte mir schon aus, daß wir danach keine Chance mehr hatten, ihn im Kranken-

haus zu halten. Mit Sicherheit wollte er dann weg und nur noch weitersaufen. Das würde ich sogar verstehen.
Zu gut wußte ich ja selbst, wie charakterlich labil man noch ist in den ersten Tagen nach dem Entzug. Udo hatte ja bis jetzt noch keinerlei psychologische Betreuung gehabt.
Es war zwar bereits erstaunlich, wie geschickt Frau Dr. Hartenstein bei ihm den Schalter umgeknipst hatte, damit er sich zu der anschließenden Therapie bereit erklärte.
Doch genau dieser Schalter konnte jetzt wieder kippen.

Am Montag, dem 23. 06. 2003, fuhr ich vormittags, nachdem ich beim Großhandel einkaufen war, zu Udos Wohnung.
Ich hatte nur noch einen Gedanken gehabt, irgendwie mußte ich diese Franziska erwischen und wenn ich früh, mittags und abends hierher fuhr. Irgendwann mußte sie ja mal ihre Sachen wechseln.
Ich hatte mit Bernd vereinbart, daß er mich sofort anrufen sollte, sobald er sie irgendwo sah.
Ich klingelte nicht. Ich versuchte gleich die Wohnungstür zu öffnen, aber ich kam mit meinem Schlüssel nicht richtig hinein.
Nach mehreren Versuchen war mir klar, daß von drinnen der Schlüssel stecken mußte. Franzi war also da.
Ich klingelte und klopfte an die Tür. Als sich nichts rührte, wiederholte ich das Ganze und rief: „Franzi mach auf, ich weiß ja, daß du drin bist!“
Es rührte sich wieder nichts. Ich klopfte und klingelte erneut. So einen festen Schlaf konnte niemand haben.
„Komm mach auf. Das hat doch keinen Sinn, sonst muß ich die Polizei holen!“
Es war wieder kein Geräusch zu hören. Ich ging um das Haus herum und blieb vor Udos Wohnzimmer stehen. Die beiden Fenster waren angekippt. Ich rief mehrmals „Franzi!“, aber vergebens.
Um in die Wohnung zu gelangen, mußte ich den Schlüssel, der von innen im Schloß steckte, irgendwie ein Stück hinein schieben. Ich suchte den ganzen Hof ab, um etwas Geeignetes dafür zu finden. Doch ich fand nichts Passendes.
Da fiel mir Bernd ein, der im Nachbarhaus wohnte. Sicher konnte der mir helfen. Ich ging hinüber.
„Kein Problem“, sagte er, als ich ihm alles erklärt hatte.

Er kannte sich mit Schlössern gut aus. Er kramte eine Weile in seinem Werkzeugkasten herum und nahm schließlich ein Stück Draht und einen kleinen Schraubenzieher mit.
„Das müßte gehen", meinte er zuversichtlich.
Fast im Handumdrehen hatten wir die Tür geöffnet.
Als wir ins Wohnzimmer kamen, lag Franzi, anscheinend tief und fest schlafend, auf dem Sofa mit dem Gesicht zur Wand.
Bernd sah mich schulterzuckend an.
„Hee, Franzi" rief er dann laut. „Wann warst'n das letzte Mal bei Udo im Krankenhaus?"
„Gestern" antwortete die tief Schlafende und regte sich nicht.
„Ob du mal spinnst!" Bernd wurde wütend.
„Du warst seit sechs Tagen nicht mehr dort. Kannst'e vielleicht mal erklären warum?"
„Ob ich vielleicht auch arbeiten gehen muß", antwortete die scheinbar Schlafende jetzt auch schon etwas lauter.
Sie bewegte sich aber immer noch nicht und zeigte uns weiter ihren Rücken.
Bernd winkte ab. „Zwecklos, ich muß wieder rüber. Die wollen mir dann eine neue Küche liefern. Mach's gut!"
Dann ließ er mich mit Franzi allein.
Ich konnte es eigentlich nicht so richtig begreifen, was sie hier für eine Show abzog. Eigentlich hatte ich erwartet, daß sie tausende von Ausreden hatte. Statt dessen tat sie so, als wenn sie unser Kommen gar nicht interessierte.
Ich mußte noch ein paar Papiere aus Udos Unterlagen suchen, die ich mitnehmen wollte und dachte, daß sie sich in der Zwischenzeit vielleicht dazu bequemen würde, mit mir zu sprechen.
Nach etwa 10 Minuten hatte ich alles gefunden, was ich brauchte. Franzi hatte sich bis dahin nicht gerührt und tat weiter so, als wenn sie schliefe.
Ich überlegte, was ich jetzt mit ihr anstellen sollte.
Eigentlich hätte ich sie mit samt ihren Sachen hinauswerfen müssen. Doch das war mir viel zu dramatisch. Ich war schon aufgeregt genug. Da kam mir eine ganz andere Idee.
Ich ging zur Wohnungstür, zog den Schlüssel, der noch von innen steckte ab und ließ ihn in meiner Hosentasche verschwinden. Danach ging ich wieder ins Wohnzimmer zurück.

„Franzi", sagte ich, „ich gehe jetzt. Deinen Schlüssel habe ich eingesteckt. Du kannst also die Wohnung noch verlassen, kommst aber nicht mehr hinein."
Franzi rührte sich nicht.
Ich wartete noch einige Sekunden, ob vielleicht doch eine Antwort käme, dann ging ich.
‚Ja, und wie soll ich das Ganze nun Udo schonend beibringen?' ging es mir draußen durch den Kopf.
Bernd hatte recht gehabt.
Er war der Meinung, daß sie nur eine Bleibe gesucht hatte und nichts weiter. Dafür hatte sie Udo schöne Augen gemacht und der war darauf hereingefallen. Daß Franzi, nachdem sie bei ihren Eltern rausgeflogen war, sich bei Bernd einquartiert hatte, sollte von seiner Seite aus nur eine Notlösung sein, denn es hatte ihn von Anfang an genervt, daß er ihr jedes Mal im Morgengrauen die Tür aufmachen mußte, wenn sie von der Arbeit kam. Außerdem hatte er keinen Platz. Deshalb kam ihr Udo gerade recht.
Auf jeden Fall mußte ich später noch mal hierher, nahm ich mir vor.
Wenn man die Wohnungstür nur zuschnappen ließ, aber nicht abschloß, konnte man mit einem Stück Plaste problemlos wieder hinein. Das hatte mir Bernd gerade vorhin erst demonstriert.
Am späten Nachmittag fuhr ich deshalb noch einmal zu Udos Wohnung.
Franzi war nicht mehr da, aber ihre Sachen lagen noch überall herum.
Trotzdem schloß ich die Wohnungstür jetzt ab, als ich ging. Sollte sie sich doch bei mir melden, wenn sie die Sachen brauchte. Meine Handy-Nummer hatte sie ja.

Am Abend fuhren Regina und ich wieder ins Krankenhaus.
Ich war am Vormittag schon einmal kurz hier gewesen und konnte da zum ersten Mal zusammen mit Udo in einem Rollstuhl durch die Station spazieren.
Das durften wir jetzt auch.
Für ihn war das eine schöne Abwechslung und wir ließen uns ausgiebig Zeit.
„Leider" ging es Udo schon viel zu gut für die Intensivstation, wie

die Ärzte meinten, deshalb sollte er morgen auf die A1, eine normale Station verlegt werden.
Auf beiden Seiten herrschte deshalb heute ein wenig Wehmut.
Udo war nun den 14. Tag hier und hatte sich prächtig entwickelt.
In den letzten Tagen neckte und scherzte er munter mit dem Personal herum, manchmal sogar ganz schön frech, wie ich es selbst miterleben konnte, aber inzwischen hatten sie ihn alle ganz gut kennengelernt und wußten, daß er es nicht so meinte. Im Gegenteil, manchmal mußte er auch von ihnen ganz schön einstecken. Trotzdem fühlte er sich hier so richtig wie der Hahn im Korbe.
Doch nun hieß es Abschied nehmen, von Schwestern, Pflegern, Ärztinnen und Ärzten, die ihn allesamt so liebevoll umsorgt hatten.
Natürlich ließen sie ihn auch nicht eher gehen, bevor er nicht versprach, sie bald wieder besuchen zu kommen, um zu berichten, wie es ihm ging.
Frau Dr. Hartenstein hatte auch, genauso wie ich ein wenig Angst.
Die A1 war eine offene Station. Das heißt, Udo konnte tagsüber ohne Begleitung hinaus in das Krankenhausgelände gehen, wann immer er wollte. Das wäre auch nicht weiter schlimm, wenn es da nicht einen kleinen Laden geben würde, in dem man auch Bier kaufen konnte.
Wir konnten also nur die Daumen drücken, daß das gut ging.
Man konnte im Moment ganz schlecht einschätzen, wie stark Udos Willen war, keinen Alkohol zu trinken, zumal er immer damit scherzte, daß er sich gleich als erstes eine Flasche Bier kaufen wollte.
Ich neigte aber eher dazu zu glauben, daß die Zeit auf der Intensivstation für ihn ziemlich prägend war.
Sein Bett mit den vielen Schläuchen und Kabeln, dem Tropf und dem Monitor, die erste Zeit noch zusätzlich festgebunden, nach dem Koma Erinnerungslücken, sich wieder bewegen lernen zu müssen, all das hatte sich bei ihm eingeprägt und er wußte, daß er das dem Alkohol zu verdanken hatte.
Ich hatte das Gefühl, daß er das ganz genau wußte, irgendwie spürte ich das.
Udo hatte auch eine ganz feste Planung.
Für ihn stand fest, daß er hier am 1.7.03 entlassen wurde und dann bei uns schlafen durfte, worauf er sich schon freute und am nächsten Tag dann von mir zum Weißen Hirsch gebracht wurde.

Ich glaube, er wußte zu diesem Zeitpunkt schon ganz genau, mit einem Bier war alles vorbei, ging das ganze Theater von vorne los, aber sicher war ich mir nicht, denn die Versuchung lauerte überall, auch eben hier im Krankenhaus.
Ich machte mir einen Zettel, damit ich nichts vergaß, was ich Udo am nächsten Tag alles mitbringen sollte.
Am wichtigsten waren für ihn natürlich Zigaretten und Feuerzeug, das sah ich auch ein. Selbst die Ärzte waren da meiner Meinung. Es ist für einen Alkoholkranken unglaublich schwer mit dem Trinken aufzuhören. Wenn er dann noch gleichzeitig mit dem Rauchen aufhören soll, ist alles doppelt so schwer, also dann lieber rauchen, als ein Tropfen Alkohol.

Als ich Udo dann am Dienstag Morgen besuchen kam, fand ich ihn, zu meiner Bestürzung, vollkommen aufgeregt vor.
Natürlich hatte ich die versprochenen Zigaretten mitgebracht und wir gingen sofort, nachdem er sich umgezogen hatte, hinaus in den Park.
Er war noch ziemlich wackelig auf den Beinen, das sagte ich ihm auch. Doch Udo wischte meine Bemerkung nur lässig mit einer Handbewegung fort und meinte: „Ach, das geht schon. Ich war ja vorhin erst drüben in der Verkaufsstelle und hab' gleich mal zwei Flaschen Bier getrunken."
Im ersten Moment war ich natürlich geschockt.
Da es aber nicht das erste Mal war, daß er mich mit solchen Aussprüchen foppen wollte, hatte ich mich schnell wieder gefaßt. Außerdem hatte ich überhaupt keine Alkoholfahne gerochen.
„Also, daß find' ich blöd, daß du mich damit immer verarschen willst", sagte ich. „In deiner Situation ist das ein etwas makaberer Scherz, denn möglich ist es ja wirklich, oder?"
„Nee, nee, da brauchst du keine Angst haben. Hast du mir Apfelsaft mitgebracht?" fragte er, während wir eine Bank erreicht hatten und uns setzten.
„Ja, ist drin' im Beutel."
Wir zündeten uns die Zigaretten an.
„Und, wie geht es dir sonst so?" fragte ich, denn irgendwie schien mir Udo heute etwas zu aufgeregt.
„Nu ja, es geht. Mit der Hand hier krieg' ich langsam eine Macke."

Er hielt mir seine rechte Hand hin und versuchte die Finger zu bewegen. „Das wird schon noch. Es ist doch schon besser geworden“, beruhigte ich ihn. „Der Arzt hat doch gesagt, daß das noch eine ganze Weile dauern kann, bis du wieder richtig zufassen kannst.“
Udo hatte seit dem Koma Probleme mit seiner rechten Hand. Er hatte kein richtiges Gefühl mehr darin.
Die Ärzte meinten, daß es davon kam, weil er die ganze Zeit angeschnallt gelegen hatte. Hauptsächlich den kleinen und den Ringfinger konnte er fast gar nicht bewegen.
In den letzten Tagen war es aber wirklich schon besser geworden. Er gab sich jede Mühe, die Hand zu trainieren und hatte sogar schon begonnen, Kreuzworträtsel zu lösen. Wenn die Buchstaben auch noch nicht so schön geschrieben waren, wie er es von früher her gewohnt war, so war es doch ein Anfang.
Seine Mutter, die ihn auch laufend besuchte, hatte ihm einen ganz kleinen Teddy mitgebracht, weil sie einen so kleinen Ball nirgends bekommen konnte. Den knetete er jetzt regelmäßig mit der Hand, damit es mit der Genesung schneller ging.
„Hast du mein Handy mitgebracht?“ fragte er.
„Ja, aber dein Ladegerät ist weg. Ich hab deine ganze Bude auf den Kopf gestellt, aber es ist nirgends zu finden.“
„Komisch, das war doch immer beim Sofa auf dem Fensterbrett. Da hat es vielleicht die Franzi, hast du die mal gefragt?“
Da war das Thema, um daß ich eigentlich noch ein paar Tage herum reden wollte.
Jetzt sah er mich fragend an und fügte noch hinzu: „Hast du die überhaupt mal wieder gesehen?“
Da Udo mir so direkt ins Gesicht sah, konnte ich nicht mehr ausweichen. Er hätte es sofort gemerkt, wenn ich geschwindelt hätte. Kurz entschlossen berichtete ich ihm der Reihe nach alles, was vorgefallen war und ließ nichts dabei aus.
Als ich geendet hatte, wartete ich gespannt und voller Angst seine Reaktion ab, denn schließlich ging es ja um genau dieses Mädel, wegen dem er schlagartig mit dem Trinken aufgehört hatte. Ich könnte das gut nachvollziehen, wenn ihm jetzt die Sicherung durchbrannte.
Unendlich lange, so schien es mir, starrte er jetzt vor sich hin und sagte kein Wort.

Endlich regte sich wieder etwas in ihm. Er griff nach der Schachtel und fingerte sich umständlich eine Zigarette heraus. Er brannte sie an und inhalierte nachdenklich den ersten Zug.
Schließlich meinte er: „Ist auch besser so!"
Mann, was war ich froh! Es war nicht nur ein Stein, der mir vom Herzen fiel, es war ein riesiger Steinbruch, eine gewaltige Steinlawine.
Nachdem er aufgeraucht hatte, gingen wir zurück in sein Zimmer. Udo wollte unbedingt gleich probieren, wieviel Saft noch auf dem Akku von seinem Handy war.
Ich verabschiedete mich von ihm bis zum Nachmittag und fuhr guter Dinge wieder ins Geschäft.

Schon zwei Tage später ging Udos Handy nicht mehr.
Wir hatten inzwischen mehrmals telefoniert, denn er brauchte ständig noch dies und das und jenes. Damit hielt er mich schon die ganze Zeit über ganz schön in Trab.
Deshalb hieß er inzwischen bei mir nur noch „Nervensäge".
Das war aber liebevoll gemeint und er wußte das auch, denn er meldete sich nun selbst so am Telefon: „Du, hier ist wieder deine Nervensäge", sagte er dann.
Jedenfalls hatte er sein Handy laufend ganz abgeschaltet, damit der Akku nicht so schnell leer wurde und plötzlich hatte er seine Geheimzahl vergessen, um es wieder aktivieren zu können. Nach mehrmaligem Probieren war er beim Superpin angelangt.
Trotzdem war es seit dem Koma mit seinem Denken schon bedeutend besser geworden. Hatte er anfangs noch ständig Aussetzer gehabt, kam das jetzt nur noch selten vor. Außerdem konnte es auch sein, daß das manchmal durch die vielen Medikamente kam, die Udo noch nehmen mußte.
Jetzt war nun guter Rat teuer, denn ich mußte alle Papiere bei ihm zu Hause durchsehen, um eventuell Unterlagen vom Kauf des Handys zu finden. Ich wurde aber nirgends fündig.
Deshalb brachte ihm Yvonne ihr altes Handy ins Krankenhaus, damit er weiter „an meinen Nerven sägen konnte".

Als ich ihn am Donnerstagabend zusammen mit Regina besuchen wollte, trauten wir unseren Augen kaum. Wie vom Schlag gerührt blieben wir stehen.
Udo saß mit zwei alten Kumpels auf einer der Bänke im Krankenhauspark.
Als wir sie erblickt hatten, sah ich, wie gerade einer der beiden genüßlich aus einer Bierflasche trank.
Das konnte doch nicht wahr sein! War jetzt etwa mit einem Schlag alles vorbei? Wie war das möglich?
Udo hatte uns inzwischen erblickt und kam auf uns zu.
„Was machen die denn hier?" fragte ich, nachdem wir uns begrüßt hatten und deutete mit dem Kopf in Richtung der Bank.
„Kommt nur erst mal mit rein", sagte er.
Wir hatten ihm einiges mitgebracht, was wir jetzt erst einmal in seinem Zimmer auspackten.
„Na, sag doch mal, was das hier darstellen soll. Was machen die hier?" fragte ich erneut.
„Ach, ich hab doch alle Telefonnummern auf meinem Handy gespeichert. An die komme ich doch jetzt nicht mehr ran. Die einzige Nummer, die ich noch aus dem Kopf wußte, ist die vom Mike. Den habe ich heute Mittag angerufen und jetzt ist er eben mit seinem Kumpel hier. Hab' ich mich ehrlich gefreut, daß er gleich gekommen ist."
„Und warum müssen die jetzt hier im Krankenhaus vor deinen Augen Bier saufen, wenn sie doch genau wissen, warum du hier bist?" fragte ich weiter verständnislos und fluchte: „Müssen die denn unbedingt auch noch das Bier mit hierher schleppen?"
Mike war mir vor einigen Jahren zusammen mit Udo schon einmal begegnet und ich hatte ihn schon damals als heruntergekommenen Trinker eingestuft.
„Nee, nee", währte Udo ab, „die sind ohne Bier gekommen und haben mich dann gefragt, ob ich was dagegen hätte, wenn sie sich eins am Kiosk holen. Ich hab' ihnen gesagt, daß sie das ruhig machen können. Mich stört das überhaupt nicht."
„Na, trotzdem ist es doch das letzte", sagte Regina entrüstet. „Ich gehe jetzt 'raus und erzähle denen ein paar Takte. Die spinnen wohl!"
Sie drehte sich um und verließ zornig das Krankenhauszimmer. Udo und ich folgten ihr. Wir wollten sowieso draußen im Park eine rauchen gehen.

Als wir die Bank erreichten, auf welcher Mike mit seinem Kumpel saß, waren die Bierflaschen verschwunden. Sie hatten sie sicher, als sie uns vorhin kommen sahen, schnell ausgetrunken und in den Beutel getan, den sie mit hatten.
Demnach hatten sie doch so etwas wie ein schlechtes Gewissen. Sie hielten sich deshalb auch nicht mehr länger auf, sondern verabschiedeten sich gleich von uns und trotteten davon.
„Da haben die aber Glück gehabt, daß sie sich gleich dünne gemacht haben“, wetterte Regina hinter ihnen her.
„Naja, den Mike kennt ihr ja auch“, sagte Udo und wandte sich uns wieder zu. „Ich denke mal, bei dem ist es noch schlimmer als bei mir.“
„Ja aber, wenn der sich nicht mal hier beherrschen kann, dann ist das zur Zeit nicht gerade der beste Umgang für dich Udo“, sagte ich.
„Naja, stimmt schon, aber er tut mir doch irgendwie leid“, meinte er.

Durch seine Drängelei bei den Ärzten hatte Udo erreicht, daß er nicht erst am 1. Juli, sondern schon einen Tag eher zu uns nach Hause durfte.
Vorher waren allerdings noch einige Untersuchungen notwendig, denn er klagte ständig über Schmerzen im Genick und auch die Fortschritte, die er mit seiner rechten Hand machte, gingen Udo viel zu langsam voran.
Jedenfalls holte ich ihn dann am 30. Juni 2003 vormittags aus dem Krankenhaus ab. Ich sah ihm an, daß er sich riesig darüber freute, daß er jetzt zwei Tage bei uns wohnen konnte.
Bevor wir heimwärts fuhren, gingen wir zusammen noch einmal zur B1, der Intensivstation.
Die Schwester, die uns nach dem Klingeln öffnete, strahlte über das ganze Gesicht und sagte: „Oh, das trifft sich aber gut.“
Im Dienstzimmer merkte ich sofort, daß wir gerade in eine Arbeitsbesprechung hineinplatzten, denn es waren alle Ärzte und Schwestern der Station anwesend.
Da auf der Intensivstation Blumen nicht gestattet waren, hatte Udo ein Päckchen Kaffee besorgt und ich übergab der Station ein Exemplar meines ersten Buches mit persönlicher Widmung als kleines Dankeschön.
Ich spürte, daß sie alle sehr gerührt waren, als sie sich von Udo

verabschiedeten und ihm die besten Wünsche mit auf den Weg gaben. Sie ließen ihn auch nicht eher gehen, bevor er ihnen erneut versprochen hatte, daß er sie mal besuchen kommt, um ihnen zu berichten, wie es ihm geht. Als wir die Treppe herunter gingen, sagte ich: „Nee, was hast du für ein Schwein gehabt, daß du bei so einer tollen Truppe gelandet bist. Ob Ärzte oder Schwestern, die sind hier alle Spitze."
„Ja, das kannst du laut sagen", stimmte mir Udo leise zu und ich spürte, daß ihm der Abschied ein wenig an die Nieren ging.

Gleich anschließend fuhren wir zu Frau Dr. Laqua.
An der Anmeldung erklärten wir der Schwester, warum wir gekommen waren.
Da das Wartezimmer brechend voll war, holte sie uns sofort zwei Stühle aus einem anderen Raum und stellte sie draußen an der Treppe hin.
Das fanden wir ausgesprochen nett, denn im Freien war es angenehmer, als in dem vollen Wartezimmer.
Nach ein paar Minuten wurde ich zur Ärztin gerufen.
Nachdem wir uns begrüßt hatten, fragte sie mich, warum ich mit meinem Schwager ausgerechnet zu ihr kam, denn in Dresden-Pieschen, wo Udo wohnte, gab es auch Ärzte und sie sei eigentlich total überlastet. Außerdem hatte sie schon eine ganze Anzahl von Patienten mit Alkoholproblemen.
„Na, das ist meiner Meinung nach auch eine Frage des Vertrauens", sagte ich. „Dadurch, daß wir uns schon so viele Jahre kennen, weiß ich, daß Sie sich in der Alkoholproblematik bestens auskennen."
„Ja aber, gerade jetzt habe ich so einen Haufen Scherereien mit solchen Patienten, da wollte ich eigentlich keinen mehr annehmen. Ich schaff' das nicht mehr."
Da war wohl nichts zu machen, dachte ich mir. An dem überfüllten Wartezimmer konnte man ja auch unschwer erkennen, daß sie viel zu tun hatte.
„Wie ist er denn so?" fragte sie zaghaft. Sie mußte mir wohl angesehen haben, wie ratlos ich im Moment war.
„Ich meine, hat er denn überhaupt den Willen, ganz mit dem Trinken aufzuhören?" fügte sie hinzu.

Ich faßte wieder neuen Mut und berichtete ihr in groben Zügen, daß Udo ganz allein aufgehört hatte zu trinken, daß er aber auf Grund der extremen Entzugserscheinungen schnellstens ins Krankenhaus mußte, daß er stolz darauf war, daß er schon 22 Tage keinen Alkohol mehr angerührt hatte und daß er sich sofort bereit erklärt hatte, die drei Wochen Therapie auf dem Weißen Hirsch zu machen. Außerdem würden sich meine Frau und ich weiter um ihn kümmern.

Es schien so, als hätten meine Argumente sie überzeugt, denn schließlich sagte sie lächelnd: „Na gut, ich kann mir Ihren Schwager ja mal ansehen. Das kann aber heute eine ganze Weile dauern. Sie sehen ja, was draußen los ist."

„Danke!" sagte ich erleichtert.

Am liebsten hätte ich sie umarmt.

Aus eigener Erfahrung wußte ich doch, wie wichtig es ist, bei den ersten Schritten zur Abstinenz einen Arzt zu haben, dem man vollends vertraute und ihr konnte man vertrauen.

„Und, was war?" Udo sah mich fragend an.

„Alles, okay", sagte ich. „Die war nur neugierig, wen ich ihr da angeschleppt habe."

Ich erklärte ihm kurz, daß sie eigentlich keine neuen Patienten mehr annehmen konnte, die nicht im Umfeld ihrer Praxis wohnten und daß sie bei ihm aber eine Ausnahme machte.

Die zwei Tage bei uns vergingen wie im Fluge.

Am Mittwoch fuhr ich Udo dann in die Klinik auf dem Weißen Hirsch in Dresden zum Motivationstraining, so nannte sich die Therapie.

Ich konnte mir darunter gar nichts vorstellen, erst recht nicht, daß sie nur drei Wochen andauern sollte.

Ich ging immer von mir aus. Ich war damals in Arnsdorf drei Monate zur Entziehungskur gewesen und fand die Dauer als gerade ausreichend.

Nachdem wir uns auf der Station im Schwesternzimmer gemeldet hatten, wurden wir von einem Psychologen in sein Sprechzimmer gerufen.

Er erklärte uns kurz in groben Zügen, was auf Udo in den drei Wochen alles zu kam. Zum Beispiel gab es Einzelgespräche mit

Psychologen und Gruppengespräche, aber auch Musiktherapie und gemeinsame Spaziergänge in die nahe gelegene Dresdner Heide. Als er geendet hatte konnten wir dazu noch Fragen stellen.
„Gibt es denn außerdem auch eine medizinische Betreuung, denn Udo hat noch ziemliche Probleme mit seiner rechten Hand und außerdem laufend Schmerzen im Genick?“ wollte ich wissen.
„Ganz gewiß“, antwortete der Psychologe.
„Jeden Tag ist Visite und solche Probleme, wie Sie sie gerade geschildert haben, werden natürlich mit behandelt.“
Das beruhigte mich, denn im Krankenhaus, war die Ursache für die starken Schmerzen, die Udo hatte, noch nicht gefunden worden.
Ich begleitet ihn dann noch auf sein Zimmer.
Hier standen drei Betten und ansonsten war es schlicht und einfach eingerichtet. Dafür hatte man durch die beiden hellen Fenster einen wunderbaren Ausblick auf den schönen Park.
Ich verabschiedete mich von Udo und versprach, daß wir ihn am Wochenende besuchen kommen würden. In der Woche abends nach Ladenschluß ging es nicht, denn dann war keine Besuchszeit mehr und außerdem war der Weg zu weit, aber wir konnten ja telefonieren.

Noch am selben Abend rief ich ihn an.
Schon bei den ersten Worten, die Udo sagte, merkte ich, daß etwas mit ihm nicht stimmte.
„Was ist denn los mit dir?“ fragte ich. „Du klingst so niedergedrückt.“
„Ach Mensch, das ist doch alles hier der reinste Kindergarten. Ich hau’ hier wieder ab“, sagte er.
„Wieso denn das?“ fragte ich erschrocken.
„Na, einfach alles hier. Das ist ein absolutes Kaspertheater.“
„Wieso denn das?“
„Zum Beispiel darf ich die Station nicht verlassen. Rauchen darf man nur im Raucherzimmer zu ganz bestimmten Zeiten. Die Fenster dürfen wir nicht öffnen, die sind verriegelt usw., ich hau’ hier wieder ab“, sagte Udo entrüstet.
Ich konnte mich zum Glück noch daran entsinnen, was der Psychologe gesagt hatte. Er hatte erklärt, daß Udo in ein paar Tagen auch mit hinunter in den Park gehen konnte.

„Mensch, die paar Tage hältst du doch durch, bis du auch mit runter gehen kannst“, rief ich in den Hörer und fügte etwas leiser hinzu: „Dafür ist es eben ein Krankenhaus. Da kann nun mal nicht jeder kommen und gehen, wie er will.“
„Trotzdem ist es blöd“, antwortete er trotzig.
„Also, jetzt hast du das bis hierher geschafft, dann wäre das wohl ein Witz, wenn du die paar Tage nicht auch schaffst, oder?“
„Naja, ist trotzdem Mist hier“, sagte Udo schon friedlicher.
„Wann kommt ihr denn, am Sonnabend oder am Sonntag?“
„Wir kommen gleich am Sonnabend, das ist doch klar“, sagte ich erleichtert.

Bereits in den folgenden Tagen besserte sich Udos Stimmung enorm oder besser gesagt, er war wie ausgewechselt.
Er hatte sich mit einigen Patienten angefreundet und als wir ihn am Samstag besuchten, war er zum Küchendienst eingeteilt. Wir trafen ihn, als er gerade dabei war, das Fleisch einiger Kochhühner von den Knochen zu lösen. Begeistert berichtete er uns, daß sie einmal in der Woche selbst kochen durften und daß es diesmal Hühnerfrikassee gab.
Auch mit seinen Zimmergenossen verstand er sich ausgezeichnet. Er berichtete uns von diesem und jenem und erzählte und erzählte.
„Na, da wirst du wohl länger als drei Wochen hierbleiben wollen?“ fragte ich spöttisch.
„Ach, nu hier kannst du’s wirklich aushalten“, sagte er lachend.
„Haben die schon mal was wegen deinen Schmerzen unternommen?“ fragte ich nun wieder etwas ernster.
„Ja, da soll ich nächste Woche nach Neustadt noch mal zum Röntgen. Der Arzt nimmt an, daß da was mit der Wirbelsäule ist.“
„Oh“, entfuhr es mir.
„Naja, wissen die ja noch nicht, aber wenn sie an der Wirbelsäule nichts finden, können sie das wenigstens ausschließen.“
„Sind denn die Schmerzen wenigstens besser geworden?“ fragte Regina ihren Bruder.
„Na, ich würde sagen, eher schlimmer“, schätzte Udo ein.
„Das liegt aber sicherlich daran, daß ich immer nicht daran denke und dann eine dumme Bewegung mache und dann war’s das wieder.“

„Da bin ich ja gespannt, ob die was finden“, sagte ich mit sorgenvoller Miene.
„Ich auch“, meinte er.
Dann fing er wieder an, uns von seinem Stationsleben zu berichten. Wir hörten ihm zu und wie ich ihn so dabei beobachtete, konnte ich feststellen, daß er sich inzwischen super entwickelt hatte und das in so kurzer Zeit. Er war wieder richtig fröhlich geworden und steckte voller Energie.
Die zwei Stunden Besuchszeit waren im Nu herum.
Als wir uns verabschiedeten, brachte uns Udo noch bis zur Stationsgrenze. Weiter durfte er nicht gehen, noch nicht.
Als Regina und ich dann weiter gingen, drehten wir uns nach ein paar Metern noch einmal um, um ihm zuzuwinken. Doch er war schon wieder in der Küche bei seinen Hühnern.

Am darauffolgenden Dienstag konnten wir ihn wieder besuchen, weil wir eine Vertretung im Geschäft hatten.
„Kannst du das nächste Mal, wenn ihr kommt, mal noch ein Buch von dir mitbringen?“ fragte er mich.
„Na klar kann ich das machen“, sagte ich.
„Harty will nämlich unbedingt eins haben, wenn es geht mit Widmung.“
Ich nickte.
Er hatte mir Harty schon vorgestellt und ich wußte, daß er eine Woche vor Udo entlassen wurde.
Udo hatte sein Exemplar von meinem Buch natürlich auch mit hierher genommen. Es lag bei ihm immer auf dem Nachttisch, so daß es jeder sehen konnte.
Wie er mir berichtete, interessierten sich viele dafür und ich glaube, er war schon ein bißchen stolz, wenn er den anderen sagen konnte, daß dieses Buch sein Schwager geschrieben hat.
Vielleicht war auch genau das sein Ansporn, auch zukünftig keinen Alkohol mehr zu trinken. Ich weiß es nicht.
Sollte das der Fall, dann hätte sich für mich schon allein deshalb das Schreiben dieses Buches gelohnt.

Auch beim nächsten Besuch am Sonntag überraschte er uns wieder. Inzwischen hatte auf der Station eine Radebeulerin ihre Therapie angetreten. Udo regte sich maßlos über sie auf.
„Die ist so bescheuert. Die blöde Kuh denkt doch wirklich, daß sie nach den drei Wochen weiter Wein trinken kann und das denkt die nicht nur, das macht die auch!“
„Naja, das ist wirklich bekloppt“, mußte ich zugeben, „und wie sieht das bei dir aus?“
„Ich trinke nichts mehr“, sagte er überzeugt. „Die Ärzte haben mir ganz schön klar gemacht, daß ich das dann nicht mehr lange überleben könnte.“
„Man hört und staunt“, sagte ich lachend.
„Nee, das ganze Theater, und ihr habt mir ja so geholfen, das möchte ich nicht noch einmal durchmachen“, sagte er ernst.
„Das klingt wirklich gut. Da freu’ ich mich aber.“
„Scheint ja, als wenn du auch langsam erwachsen wirst“, sagte Regina und strahlte.
„Übrigens hab’ ich hier eine neue Freundin. Ich zeig sie euch nachher mal. Sie heißt Jana und ist erst vor ein paar Tagen gekommen“, berichtete er uns.
Später zeigte er sie uns. Ein hübsches Mädel, fand ich, dem man zumindest nicht ansah, daß sie früher viel getrunken hatte.
Trotzdem maßen Regina und ich der ganzen Sache noch keine Bedeutung zu.
„Was ist denn eigentlich beim Röntgen herausgekommen?“ fragte ich Udo und wechselte damit das Thema.
„Ach ja, das wollte ich euch ja noch erzählen“, sagte er. „Die Ärzte haben entdeckt, daß bei mir ein kleiner Splitter von der Wirbelsäule abgebrochen ist. Das ist wahrscheinlich passiert, als ich kurz bevor ich ins Krankenhaus kam, schon mal umgekippt war.“
„Ach du Schreck“, sagte ich und fragte ihn:
„Muß das operiert werden?“
„Das wissen sie noch nicht. Sie wollen erst einmal sehen, ob er sich von selbst auflöst.“
„Wie soll denn das gehen?“ fragte Regina.
„Das haben die mir auch erklärt. Um die Wirbelsäule herum wäre irgend so eine komische Schicht, in der sich der Knochen auflösen kann.“

„Und da wollen die jetzt gar nichts machen? Du hast doch noch Schmerzen, oder?“ fragte ich weiter.
„Na klar, habe ich noch Schmerzen. Ich soll mir dann draußen von Frau Dr. Laqua Massagen verschreiben lassen. Das würde dann den Schmerz lindern.“

In den nächsten Tagen schien sich die Freundschaft zwischen Udo und Jana noch zu festigen.
Er erzählte uns, daß sie eine Tochter hatte und mit einem Kerl zusammen lebte, für den sie nur der letzte Dreck war.
Sie hatte sich aber nicht zu wehren gewußt und ständig immer mehr getrunken, bis sie dann schließlich hier gelandet war.
Jetzt hatte sie auch wieder neuen Mut gefunden, um ihr Leben neu zu ordnen.

Am 22. 07. 2003 wurde Udo aus der Klinik am Weißen Hirsch entlassen. Inzwischen war er 45 Tage „trocken“ geblieben und die Aussichten waren nicht schlecht, daß er das auch weiter durchhalten würde.
Einige Tage später holte er seine Jana aus der Klinik ab und sie zog gleich mit zu ihm.
14 Tage später wurden Regina und ich von den beiden abends zum Grillen eingeladen, „als kleines Dankeschön“, wie sie sagten.
Udo ahnte wahrscheinlich nicht, daß auch ich ihm dankbar war, allein durch sein Beispiel, was er mir gegeben. Es erfüllte mich mit Hoffnung und gab mir Kraft, mit der hinterhältigen Krankheit leben zu können.
Es wurde ein sehr schöner Abend.

Heute, am 17. Januar 2004 hat Udo bereits über 7 Monate lang keinen Alkohol mehr getrunken und auch ich war mittlerweile 9 Jahre abstinent.
Ich finde, das ist ein wunderschöner Abschluß für dieses Buch? Finden sie das nicht auch?

Nachwort

Ich könnte jetzt sagen: „Das Leben hatte mir bisher übel mitgespielt“, aber das stimmt nicht.
Es war der Alkohol.
Ich konnte mit ihm nicht umgehen. Dafür ging er mit mir um, wie er wollte und machte aus mir, was er wollte.
Viel tiefer, wie ich in der Vergangenheit gesunken war, konnte man nicht mehr sinken.
Haltlos, zum Teil verwirrt und fast gänzlich ohne Willen irrte ich durch das, was man nicht mehr mit Leben bezeichnen konnte.
Glück im Unglück hatte ich dadurch, daß man mir von Gerichts wegen die Auflage erteilt hatte, eine Entziehungskur zu machen. Aber das alleine half mir nicht wieder auf die Beine, denn mir fehlte der Glaube an den Erfolg dieser Behandlung.
Auf dem weiten und unendlich schweren Weg zur Abstinenz wurde mir von vielen Menschen geholfen. Ohne ihre Hilfe hätte ich keine Chance gehabt, „trocken“ zu werden.
Bis ich so weit war, hatte ich eine Reihe von schweren, schicksalhaften Rückschlägen einstecken müssen.
Rückschläge, die durch Irrtümer und Leichtsinn entstanden waren.
Am eigenen Leib hatte ich zu spüren bekommen, daß ein Alkoholkranker niemals geheilt ist, auch wenn er sich das selbst gar zu gern einbilden möchte.
Ich habe daraus gelernt.
Trotzdem besteht immer die Gefahr, rückfällig zu werden. Niemals ist man von dieser heimtückischen Krankheit geheilt.
Die einzige Chance ist Lernen damit zu leben, denn immer lauert der Teufel ...

An dieser Stelle ist es mir wichtig, all jenen zu danken, die mir unermüdlich halfen, wenn ich sie so dringend brauchte und immer an das Gute in mir glaubten.
Ganz besonders danke ich meiner Mutter Rita Hoffmann, meiner Frau Regina, meinem Arzt Dr. Rößger und seiner Frau, meinen Schwiegereltern, meinem ehemaligen Brigadeleiter Siegfried Micklich und meinen Kollegen. Ich danke meiner früheren Ehe-

frau Veronika, ich danke Mike, Torsten, Yvonne, Sabine und Christina, ich danke Margot Schmieder, Herbert Hildmann und den vielen anderen, deren Namen ich hier aus Platzgründen nicht aufzählen kann.

Schließlich gilt mein ganz besonderer Dank der Schriftstellerin Tine Schulze-Gerlach, die mich überhaupt erst auf die Idee gebracht hat, dieses Buch zu schreiben und meinem Verleger Jens Kuhbandner, der es mir ermöglichte, es zu veröffentlichen.

Für Anfragen: StephanHoffmann1957@hotmail.com